Ansichtsexemplar

Eduard Maria Schranka
Ein Buch vom Bier.
Eine (humoristische) historische Untersuchung
von 1886

SEVERUS Verlag

ISBN: 978-3-95801-536-4
Druck: SEVERUS Verlag, 2018
Coverbild: www.pixabay.com
Neusatz der Originalausgabe von 1886

Der SEVERUS Verlag ist ein Imprint der Diplomica Verlag GmbH.
Bibliografische Information der Deutschen Nationalbibliothek:
Die Deutsche Nationalbibliothek verzeichnet diese Publikation in der Deutschen National-
bibliografie; detaillierte bibliografische Daten sind im Internet über http://dnb.d-nb.de
abrufbar.

© SEVERUS Verlag, 2018
http://www.severus-verlag.de
Printed in Germany
Alle Rechte vorbehalten.
Der SEVERUS Verlag übernimmt keine juristische Verantwortung oder irgendeine Haftung
für evtl. fehlerhafte Angaben und deren Folgen.

Eduard Maria Schranka

Ein Buch vom Bier
Eine (humoristische) historische Untersuchung von 1886

Inhalt

I. Teil 3

   Proverb 5
   »Bier« als Wort und seine Etymologie. 8
   Cerevisia 15
   Das Ale 20
   Das Bier in der Studentensprache 24
   Die Onomatologie und Nomenklatur des Bieres.
   (Mit einem Lexikon der Biernamen) 37
   Gambrinus 63
   Bier und bierartige Getränke 77
   Die Farbe des Bieres 84
   Bier und Wein 93
   Bier und Tabak 124
   Bier und Brot 129
   Das Bier in der Küche 135
   Das Obst des Biertrinkers 145
   Aphorismen zu einem Bierrecht 150
   Die Statistik des Bieres 168
   Wie Mythologie des Bieres 176
   Das Bier im Aberglauben 187

II. Teil 197

   Das Bier in der Sage 199
   Das Bier im Märchen 203
   Bräuhaus und Kloster 206
   Das Bier und die vierte Fakultät 211
   Das Bier im Rätsel 237
   Das Bier im Sprichwort 247

Das Bier im Spruche 256
Die Poesie des Bieres 271
Das Bier im Bilde 398
Das Bier im Humor 409
Das Bier und unsere fünf Sinne 441
Cerevisiologie 445

I. Teil

Proverb

So bändereich auch eine Spezialbibliothek der Bierliteratur heute bereits wäre, ich beabsichtige nächstens eine kleine »Literatur des Biers« zu edieren, so fehlte es meines Wissens bisher doch an einem speziellen »Buch vom Biere« feuilletonistisch-wissenschaftlichen Genres mit kulturhistorischem Gepräge, ich möchte sagen an einem Brevier vom Bier. Eben als ich die letzte Feile an mein Werk legte, kamen mir Dr. J. G. Th. Graeffe's »Bierstudien« unter die Hand und ich muss diesen meinen eben getanen Ausspruch, um gerecht zu sein, dahin modifizieren, dass der genannte Autor mit seiner Schrift doch eine Art Vorläufer der meinigen geschaffen, die äußerst verdienstvoll genannt werden muss, doch ist das System und die ganze Anlage meines Werkes eine wesentlich neue. Alle in die Bierliteratur einschlägigen Werke und Werkchen, ihre Zahl ist Legion, haben entweder technologische Tendenz, sind speziell der Chemie, besonders der Zymotechnik, der Bierbraukunst u.s.w. gewidmet oder aber sie haben irgendeinen bestimmten Zweig der zahlreichen cerevisiologischen Hilfsdisziplinen als besonderen Zweck im Auge. Diese sind für den Fachmann geschrieben. – Es gibt eine Wissenschaft des Bieres, jenes Weltgetränkes, bei dem so viele Wissenschaften studiert werden, nebenbei auch viel Politik getrieben wird, deren allgemeiner Name nach dem Beispiele der Oenologie oder Tabacologie – Cerevisiologie lautet und welcher zahlreiche Hilfswissenschaften frohnbar sind. Mit dem Fortschritt der Wissenschaften und Künste, beide sind bei der Erzeugung unseres Getränkes tätig, bieten gelehrte oder praktische Fachmänner für ihre Branche stets diesbezügliche Nova und in der literarischen Hochflut tauchen auch für diese Fachliteratur stets in Hülle und Fülle neue Bücher und Monographien auf.

Sie sind für die Branche, für den Fachmann geschrieben. – Die Zymotechnik, die Chemie des Bieres, die Zymochemie sind große Zweige der Technik und der Chemie geworden und fördern stets Neues für die Praxis zu Tage. Man vermöchte leider, und nicht zum

Wohl der Hygiene, ein dickes Rezeptenbuch von Bieren zusammenzustellen, indes das einzige und eine Rezept vom Bier doch so kurz und bündig ist.

Leider ist auch die Botanik mehr als nötig Hilfsdisziplin der Cerevisiologie geworden: »Jetzt bringt uns vereinigt Der Neuzeit Genie In einem Laib Brode Die ganze Chemie. Und dass uns nichts fehle, So bringt es uns schier Die ganze Botanik In einem Glas Bier.«

Man denke an die umfangreiche Lehre von den Surrogaten, während der Brauakademiker zur Genüge leistet, wenn er sich auf Getreide- und Hopfenstudium wirft. Hopfenbau ist eine wichtige Zweigdisziplin. Ebenso die einschlägige Maschinenkunde mit ihren vorzüglichen Neuerungen und Erfindungen u.v.a.m.

Alles was in einer dieser Richtungen publiziert wird und auf den Büchermarkt kommt, ist für den Fachmann geschrieben. –

Und doch lässt gerade das Bier, das kosmopolitischste der Getränke, noch eine literarische Behandlung zu, die nicht nur für den Biermacher, sondern auch für den Biertrinker, für den Produzenten, wie für den Konsumenten, ich kann vielleicht sagen, für jeden Gebildeten von Interesse sein dürfte. Ein Buch vom Bier in diesem Stil zu verfassen war meine Absicht und ich bitte meine freundlichen Leser beider Kategorien um Nachsicht, wenn auch bei meinem bescheidenen Werke die Leistung oft hinter den besten Intentionen zurückbleibt. »Cerevisiologische Studien und Skizzen« betitelte ich mein Buch und es mag Vieles nur skizzenhaft sein.

Vom Technologischen und Chemischen sehe ich ab; auch von einem ursprünglich mit beabsichtigten speziellen Kapitel »Geschichte des Biers« habe ich Abstand genommen, denn kürzere Historietten des Biers kann man teils in Kulturgeschichten, teils im Vorworte mancher Fachschriften begegnen und eine eingehende Geschichte des Biers vermöchte allein einen Band zu füllen. Dazu kommt, dass in meinen diversen einzelnen Skizzen genug des historischen Materials mit verwertet ist, ich mich also nicht durch Einfügung eines speziellen Kapitels wiederholen wollte, da doch mein ganzes Buch mit einen Beitrag zur Geschichte des Bieres bildet. Schon die bloßen Titelüberschriften der einzelnen kleinen Kapitel weisen auf die vielfachen verschiedenen Beziehungen zu unserem Getränk. Obwohl die einzelnen Kapitel als lose aneinandergereihte feuilletonistische Skizzen aber auf wissenschaftlicher Basis erscheinen, einzelne veröffentliche ich auch in kürzerer gleichsam embryonaler Fassung in loser Folge im »Gambrinus« und in der »Allg. Brauer- und Hopfenzeitung«, so zieht sich doch durch alle bei genauerer Betrachtung ein roter Faden und dürfte mir vielleicht Systemlosigkeit gerade nicht vorgeworfen werden, denn ich hielt mich an die Maxime bene docet, qui bene distinguit. Der entsprechende Titel soll im Allgemeinen das betreffende Kapitel charakterisieren, dasselbe enthält aber bei passender Gelegenheit noch Manches eingeflochten, dem ich gerade kein eigenes Kapitel widmen wollte. Mit Absicht stellte ich die philologischen und linguistischen Skizzen an die Spitze, und ebenso lasse ich die Studien No. XV, XVI bis XXI über Bierrecht, Mythologie des Biers und seine Stellung zur dritten Fakultät hintereinander folgen, da darin das Verhältnis und die Stellung des Biers zu den einzelnen vier Fakultäten, Theologie, Medizin, Jus und Philosophie behandelt wird. Auch IX, X, XI bilden ein Trifolium, an das sich Xll und Xlll als logisches Appendix anreihen. Ebenso stellte ich absichtlich die noch weiter in einer Anthologie der Bierpoesie auszuspinnende Poesie des Biers mehr an den Schluss und stellte das Bier im Sprüchworte und Spruche knapp voran.

Diese wenigen einleitenden Worte scheinen mir nicht nur nicht überflüssig, sondern sogar nötig und so erübrigt mir nur noch pro primo Herrn Gustav Noback, dem ich mein Werk dedicire, da er mir seine großartige Fach-Bibliothek zur Verfügung gestellt und pro secundo meinem geschätzten Herrn Verleger für die splendide Ausstattung an dieser Stelle meinen Dank auszusprechen.

Smichov bei Prag im Jahre 1886.

Ergebenst der Autor Dr. Eduard Maria Schranka.

I.

»Bier« als Wort und seine Etymologie.

Eine ganze Serie von Studien über »Bier«, die ich in diesem Buche zu publizieren gedenke, glaube ich nicht passender eröffnen zu können, als mit einer Studie über den Namen des Gegenstandes, mit dem wir uns hier befassen. In erster Linie ist es aber wieder der Ausdruck »Bier«, der unsere Untersuchung herausfordert und wenn ich auch der zweitwichtigen technischen Bezeichnung »Cerevisia« eine zweite, ferner dem »Ale« eine dritte eigene Betrachtung folgen lassen will, so müssen wir doch die Etymologie und Geschichte des Wortes Bier gleichsam als Einleitung zu der ganzen folgenden Kette von Skizzen an die Spitze stellen.

»Es gibt nicht so bald ein Wort, an dem man die Unterschiede der Völker und Stämme so recht verfolgen könnte, wie das Wort Bier.« So sagt der große Germanist Grimm. Man gestatte mir hinzuzufügen: es gibt aber auch nicht so bald ein Objekt, wie gerade das mit diesem Worte ausgedrückte Getränk, an dem man die Unterschiede der Nationen besser studieren kann. So teilt man beispielsweise die Länder und Völker unter anderem auch in bier- und weintrinkende; ich erinnere ferner an die verschiedenen nationalen Biere, das baierische Bock, das englische Ale, die böhmischen Biere u.s.w. ; ich bemerke, dass aus dem Genuss der Getränke, ebenso wie aus dem der Speisen – es gibt bereits eine historische Küche – sich Schlüsse und Konsequenzen für die Sitten- und Kulturgeschichte, für die Ethnographie u. dgl. ziehen lassen.

Doch von Alledem und dem Einfluss des Biers auf diese Fragen an späteren Orten. Für jetzt kleben wir am Worte, am Worte »Bier«.

Die Abstammung unseres heutigen deutschen Wortes »Bier« ist eine unsichere, wir wissen nicht ob eine gotische Form bestand oder nicht, wenigstens besitzen wir keine; wohl besitzt das Gotische eine andere Bezeichnung für Bier, nämlich »laithus«, aus welchem sich später »Laith« als Gegensatz zu »Beoir« entwickelte. Wir müssen uns also zunächst mit den althochdeutschen Formen »pior« und »bior« begnügen, denen das mittel- und neuhochdeutsche »bier« entspricht.

Von den übrigen germanischen Sprachen lautet »bior« auch die altnordische Form, die friesische »biar«; das Angelsächsische hat »beor« und im Englischen entwickelte sich »beer« (sprich bier).

Das sind aber nicht alle germanischen Sprachen, wo bleiben die anderen? Und wir müssen die Tücken in der Kette germanischer Idiome noch ausfüllen. Dazu aber bedürfen wir eines zweiten anderen Ausdrucks, der sich gewissermaßen in diese Lücken einschiebt. Da mehrere der genannten germanischen Sprachen, welche bereits die unserem Bier entsprechende Form besaßen, auch diesen zweiten Ausdruck akzeptierten, so finden wir in manchen doppelte Bezeichnungen.

So gibt es außer dem angelsächsischen »beor« noch ein angelsächsisches »ealo« und »ealod«, dem das altsächsische »alo« und altnordische »alu« – »öl« entspricht.

Daher stammt das schwedische und dänische »öl« und das englische »ale« (sprich ehl). Aus dem Gesagten ergibt sich, dass das Schwedische und Dänische kein bier kennt. Der Uebersicht halber sei das Gesagte durch eine kleine Tabelle illustriert und übersichtlich gemacht.

I.		II..	
altn.	bior	altn.	alu – öl
–	–	alts.	alo
fries.	biar	–	–
–	–	schw.	öl
–	–	dän.	öl
ahd.	pior – bior	–	–
mhd.	bier	–	–
nhd.	bier	–	–
ags.	beor	ags.	ealo – ealod
engl.	beer	engl.	ale

Nach der germanischen Mythologie ist öl älter als bior und daher der jüngere Ausdruck der vornehmere, weshalb Alvismal sagt, öl sei der

Trank unter Menschen, bior aber der Trank unter Göttern. Ehe wir die germanischen Sprachen verlassen, sei noch eines isländischen und norwegischen Ausdrucks für schlechtes, sogenanntes Nach- oder Tischbier »mungât« gedacht.

Beide Ausdrücke nun bior und öl verbreiteten sich, aber nicht gleichmäßig, weiter in die romanischen, slawischen und übrigen Sprachen; so zwar, dass in den romanischen sich nur das bier und nicht das ale, im Lettischen, Esthnischen, Finnischen, Lappischen nur das öl und nicht das bier, natürlich in den entsprechenden Lautformen, findet. Im Litauischen begegnen wir aber, wie im Englischen, beiden Bezeichnungen wieder.

Versuchen wir also obige Tabelle fortzusetzen, so erhalten wir:

I.		II.	
Ital.	birra	Lett.	allus
Franz.	bière	Est.	öllet
Armor.	biorch	Finn.	olut
Gal.	beoir	Lapp.	Vuol
		aber Lith.	pywas und alus,
böhm.	pivo	–	–

Interessant ist zu bemerken, dass pywas das stärkste gebraute Getränk bedeutet im Gegensatz zum schwächeren alus, wie auch in England beer stärker ist, als ale und verbinden wir damit die früher erwähnte Notiz Alvîsmal's, dass bior als das vornehmere, der Trank der Götter gegenüber dem öl als Trank der Menschen, so finden wir immer die Bevorzugung des hier vor ale und können die Proportion aufstellen: Pywas : alus = beer : ale = bior : öl = Trank der Götter : >   >
>   > Trank der Menschen.

Ebenso wie früher in der germanischen Sprachreihe einige Idiome fehlten und wir die Tücken mit Formen des Ausdrucks aus der Gruppe II ausfüllen mussten, so fehlt uns nun in der romanischen Kette das Spanische. Auch hier muss die Lücke mit einem neuen und zwar dem dritten Hauptausdruck ausgefüllt werden, der sich neben und zwischen die Formen von bier hineinschiebt, wie es nachstehende Tabelle veranschaulicht. Der Ausdruck öl entfällt hier ganz, an seine Stelle treten unter II. Formen des Wortes cerevisia, das uns, wie ich ja gleich in der Einleitung sagte, den Gegenstand einer eigenen Studie bieten wird. Also:

I.		II.	
Franz.	bière	Franz.	cervoise
Ital.	birra	Ital.	cervogia
–	–	Span.	cerveza.

Dies nur der Vollständigkeit halber, das Detail am eigenen Orte.

In's Spanische drang also »bier« eben so wenig, als in's Schwedische und Dänische und die Stellung des Spanischen zu den anderen romanischen Sprachen ist diesbezüglich, was die Nomenklatur, richtiger Onomatologie unseres Getränkes anbelangt, eine ganz analoge wie die Stellung des Schwedischen und Dänischen zu den germanischen Sprachen. Selbstverständlich ist im Romanischen, z. B. im Französischen, »bière« ein aus dem Deutschen überkommenes Fremdwort, denn der eigentliche ältere Ausdruck ist der dem lateinischen nachgebildete romanische »cervoise«, doch hat auch bière sein Bürgerrecht im Französischen erlangt.

Mit dem Terminus »Bier« (bere) und seiner reichen Sippe nahe verwandt und verschwägert ist auch das Wort »Brace«, nach dem Lexikon med. latinitat. von Du Cange definiert als »Grani spetc. ex quo cerevisia conficitur.« In diese Reihe gehören auch die Formen braceum, bracium, brasum, brais usw.; sowie die Ableitungen davon, besonders das Verbum braciare – cerevisiam conticere, brasiator der Brauer, (s) (wieder zu erkennen im Französischen brasseur), bracina – id est locus, ubi cerevisia conficitur, ferner ebenso brasseria, braxatorium, braxaton und das Verbum braxare, sowie noch eine stattliche Reihe anderer Ausdrücke. Auch brassamen, d.h. soviel als cerevisiae confectio gehört mit hierher. Dr. Graesse will auch das deutsche »brauen« und »Brauer« von brace abgeleitet wissen. Endlich sind noch zwei Ausdrücke in Betracht zu ziehen, nämlich das griechische »ζυθος«, dem wir noch im Verlaufe begegnen werden und welchem die Böhmen und Polen eine Bierbenennung »zyto« nachgebildet haben und der belgische Ausdruck »kuyt« verwandt mit »kwow« der Bewohner von Wales. Nun aber zur Erklärung der Ausdrücke bier und ale.

Da das litauische pywas und slawische pivo, überhaupt die Formen mit hartem p – wir haben schon im Althochdeutschen neben bior eine Form pior getroffen – sich an das griechische πινον und πινειν, πιειν anschließen und auch in bier, sowie in allen übrigen Formphasen mit weichem b, das bi des bibere enthalten zu sein scheint, so ist man sehr versucht, das Wort von dieser Wurzel abzuleiten und dann wäre bier gleichsam das »Getränk« κατ' εξοχην.

Vertreter dieser Ansicht sind Germanisten von klingendem Namen, wie Wackernagel und Grimm und auf die Autorität besonders dieses letzteren hin hält man diese Interpretation für die richtige und dennoch ist sie falsch. Die zweite Erklärung, die hauptsächlich durch Sanders vertreten ist, dem Germanisten der Neuzeit, dem auch ich mich nicht nur anschließe, sondern im Stande bin, neue Argumente für die Erhärtung seiner Ansicht in's Treffen zu führen, ist die Ableitung des bier von bere.

Suchte die erste Ansicht die Erklärung des Ausdrucks in dem Zwecke, zu dem das durch ihn bezeichnete Objekt dient, »Getränk«, so sehe ich in der zweiten Ansicht einen Stoffnamen und leite die Benennung des Objekts nicht von seinem Gebrauche, sondern von dem Stoff ab, aus dem jenes Getränk bereitet ist.

Wir finden schon im angelsächsischen »bere« die Gerste und heute noch heißt die sogenannte sechszeilige Gerste in Schottland »bear«. »Bere» entspricht aber auch dem lateinischen »far« (farris) oder griechischen »πυρος« (Waizen) und findet sich als baris, bere in allen germanischen Sprachen. Sogar die Ebräer besaßen schon ein Getränk mit dem Namen »beri« oder »peri«.

Dass auch die alten Juden schon eine Art Bier kannten, darauf spielt eine Inschrift im Münchner Keller an: »Die Juden brauten Bier aus Obst und Korn, Vor dem uns Gott behüt in seinem Zorn!

Demnach wäre also »bier« unser deutscher »Gerstentrank«, was doch einleuchtender ist, als nach der ersten Ansicht bloß »Trank«.

Schon Tacitus nennt ja das Bier ein weinähnliches Getränk aus gegorener Gerste, worauf wir des Näheren in der Skizze »Bier und Wein« zu sprechen kommen werden. Mit unserer zweiten Ableitung hängt auch die Beziehung des »öl« zu »oleum« und »oliva« zusammen, worauf wir aber hier nicht näher mehr eingehen. Zur Erhärtung dieser einzig richtigen Erklärung, das Wort Bier als einen Stoffnamen zu fassen, mögen noch einige Analogien dienen. Wie schon gesagt, ist »bier«, von »bere« abgeleitet, der »Gerstentrank«; in einer englischen Bezeichnung für Bier als »maltliquor« ist unser »Malzgebräu« wiedergegeben und selbst in »Cerevisia« als »cereris vis«, Kraft der Ceres ist das stoffliche Element verborgen, da doch Ceres, die Göttin des Getreides ist. Dazu kommt ferner, dass auch die bierartigen Getränke anderer Nationen gewöhnlich den Namen nach den Pflanzen tragen, die das Hauptingredienz bilden. Darüber spare ich mir aber das Nähere abermals für eine eigene Studie »Bier und bierartige Getränke« auf und nenne hier nur vorweg die Chica oder Pulque der Mexikaner oder eine Bierart der alten Slaven Jaky, sogenannt von jecmen Gerste.

Aus all' dem Gesagten folgt also, dass es unrichtig, weil zu allgemein, wäre, Bier mit Getränk zu übersetzen, denn das Getränk κατ' εξοχην bleibt und ist doch nur das Wasser und es ist im Worte Bier ganz gewiss der Stoff bereits mit angegeben, aus welchem dieses Getränk zu jener Zeit bereitet wurde, als man es mit dem Namen Bier belegte. Ja, der Volksmund nennt ja spottweise das Wasser geradezu »Fischbier«, geradeso wie »Gänsewein«.

Bei Weidner findet sich die Stelle:

Giebt es nicht Tischwein, so giebt es Tischbier,
Giebt es nicht Tischbier, so giebt es Fischbier.

Nur der Vollständigkeit wegen sei auch die in Martini Lexic. philolog. angegebene, freilich ganz absurde Etymologie von dem lateinischen Worte »pyrus«, die Birne, erwähnt.

Dem »Bier im Sprichworte« wollen wir später eine engere Betrachtung weihen, aber zum Schlusse dieser Studie über das Wort Bier als solches fei, was doch in den Rahmen dieser Abhandlung gehört, seines Reichtums an Zusammensetzungen, sowie der von Bier als Stammwort gebildeten anderen abgeleiteten Worte gedacht. So gibt es zwei Diminutivformen: »Bierlein« und »Bierchen«, dem lateinischen »cerevisiola« entsprechend, ein Adjektivum : »bierig«, im Sinne »nach Bier riechend« oder »nass vom Bier« (cerevisia madens) und zwei Verba: ein intransitives »bierln«, »nach Bier riechen« und ein transitives »bieren«, ein bei der Corduangärberei gebräuchlicher terminus technicus, womit man die Prozedur des Befreiens der Felle vom Tran mittelst Kleie und Mist versteht.

Was das Heer der mit Bier zusammengesetzten Worte anbelangt, so hat Grimm in seinem großen deutschen Lexikon von ‚»Bieramsel« bis »Bierzwang« nicht weniger als 144 angeführt, in denen das Wort Bier den ersten Teil bildet; das zweite, nächst größte Lexikon von Sanders führt dafür 85 Zusammensetzungen an, in welchen Bier den zweiten Teil des Kompositums bildet, von »Afterbier« bis »Zuckerbier«. Ich verweise auf beide Lexika, deren jedes anderes Material bietet und aus deren statistischen Ziffern von 229 Worten allein sich ein kleines Speziallexikon anlegen ließe.

Dazu kommt aber, dass selbst Grimm und Sanders nicht vollständig sind, sich die Ausdrücke fort mehren – so spricht die neueste Zeit auch von einer »Bierpolitik«, » Bierphilosophie« und »Bierpoesie«, welch' Letztere uns den Titel einer längeren Studie bieten wird – und einige wichtige geradezu selbst von Grimm nicht aufgenommen worden sind.

So führt Grimm wohl die Bierkirsche (Sonderkirsche) an, es fehlt aber bei ihm das Bierkehlchen, eine Bezeichnung der Zirzente; ebenso fehlt bei ihm der Bierstein, d.i. das Zeïlithoïd, ein durch Eindampfen aus der Bierwürze erzeugter, höchst wichtiger Exportartikel, aus dem Bier gemacht wird (analog kondensierter Milch etc.). Auch jene, Bierwachs genannte, chemische, schädliche Mischung, um dem Biere Geschmack und Stärke zu geben, kennt Grimm nicht. So haben aber alle Zweige der Naturwissenschaften – Zoologie, Botanik und Mineralogie, ferner Chemie und andere Wissenschaften – ihnen unterstehende Objekte mit dem Worte Bier spezifiziert. In neuerer Zeit unterscheidet die Mykologie auch einen Bierkahmpilz Mycoderma cerevisiae Desm. Ein weiteres Kontingent von mit Bier zusammengesetzten Worten stellt der Studenten-Bierkomment und die burschikose Sprache.

Dies also wären die Quellen für die Zusammenstellung und Abfassung eines derartigen Vokabulars.

Auf ein cerevisiologisches Vokabular ganz anderer Art aber, nämlich der verschiedenen Benennungen der Bierarten und Gattungen, kommen wir schon in einer meiner nächsten Abhandlungen zu sprechen.

II.

Cerevisia

»*Cerevisiam bibunt homines, animalia cetera fonts.*«

So beginnt ein kurzes, altes, lateinisches Studentenlied das Bier als Getränk der Menschen, dem Wasser, als Getränk der übrigen Tiere gegenüber stellend. Eindringlicher und sehr detailliert wird das Bier in einem anderen Studentenliede als charakteristisches Menschengetränk geschildert, ich meine das aus nur christlichem Urtext in das Lahrer deutsche Kommersbuch aufgenommene, höchst ulkige Menschenlied, mit dem jede Strophe wiederkehrenden Refrain: »im Gegensatz, im Gegensatz, im Gegensatz zum Thier«.

Wir sind schon in der vorigen Studie dem Ausdruck cerevisia begegnet, bei den romanischen Sprachen, in der aufgestellten Bierwörtertabelle, haben aber das Nähere für diese unsere zweite Studie aufbewahrt. Wir fanden französisch »cervoise«, italienisch »cervogia«, spanisch »cerveza«. Wir stellten cervoise neben bière und vermögen den Unterschied zwischen beiden Ausdrücken für unser deutsches Bier dahin festzustellen, dass man unter cervoise mehr ein Kräuterbier versteht, wie es denn auch im großen Dictionaire de l'Academie definiert wird. »Boisson faite avec du grain et des herbes.« Daselbst heißt es weiter: »La bière est une espèce de cervoise«, also Bier eine besondere Art der cerevisia. Jedenfalls ist bière ein in das Romanische aufgenommenes Lehnwort, denn der eigentliche romanische Ausdruck ist cerevisia.

Die Etymologie des Wortes cerevisia ist eine verschiedene. Einer sind wir auch bereits in der vorigen Studie begegnet, nämlich cerevisia als contrahirt aus Cereris vis, welche Etymologie aber nicht nur unrichtig ist, wie eine andere aus cerebibia, sondern auch gesucht und überflüssig, da wir auch ohne sie in dem Ausdruck cerevisia das stoffliche Element und viel richtiger niedergelegt finden können. Mögen wir an Weizen oder Gerste denken, wir denken dabei an Getreide und die Göttin desselben, Ceres liegt zu nahe, als dass man nicht darauf verfallen wäre, auch das Bier ihr zuzuschreiben, als Gerstentrank, mit der Kraft der Ceres (Cereris vis) aber, wie wir gleich sehen werden, mit Unrecht. Eine solche Etymologie darf sich nur der Poet erlauben und von dieser licentia poetica machte z.B. E. Daelen in seinem »Hohen Lied vom Bier« Gebrauch, worin sich die Strophe findet:

> *Das ist's ja, was das Herz erhebet,*
> *Was Stärke und Gesundheit schafft,*
> *Vorzüglich in des Bieres Kraft:*
> *Aus »vis« und «Ceres» setzt sich ja*
> *Zusammen »Cerevisiai«.*

Bevor wir aber in der Etymologie fortfahren, dünkt es mir hier der beste Platz, Einiges aus der Mythologie des Bieres, der cerevisia, schon hier einzuschalten. Besonders interessant ist folgende, fast schon in Vergessenheit geratene Mythe, die für uns aber von hohem Werte ist. Die über den Verlust ihrer Tochter Proserpine auf's Tiefste betrübte Ceres kam auf ihrer Wanderung auch als Gast zu Metanira, wo sie des kleinen Demophoon Kinderwärterin und nur durch die Scherze der Magd Jambe etwas erheitert wurde. Das Erste, was sie verlangte, war ein Trunk, und zwar wies sie jeden Wein zurück und verlangte ein besonderes Getränk von Mehl (Getreide), Wasser und Kräutern (Bier?). Dabei wird noch eine zweite Fabel der Ceres eingeflochten. Da nämlich die Göttin allzu hastig trank, spottete ihrer der etwas größere Sohn der Metanira, der kleine Ascalabus. Darüber erzürnte die Göttin und begoss den Ascalabus mit dem Reste des Tranks, worauf dieser in eine von dem Malze buntgefleckte Eidechse (Ovid. Met. V. 447, nur wird hier Ascalabus-Abas genannt) verwandelt wurde. Seltsam, dass man dabei immer von Getreide, Weizen, Gerste und Malz spricht, lauter Ingredienzien des Bieres.

Seltsam aber auch, dass in der nordischen Mythologie, besonders bei den alten Engländern eine Göttin Ceridwen heißt, welche von den Mythographen ebenso mit der römischen Ceres verglichen wird, wie die griechische Demeter, ägyptische Isis (auch die uralten Ägypter kannten schon ein Bier) oder selbst die mexikanische Centeotl. Aus der alten Ceridwen wurde später die Brittish Ked.

Dies erinnert mich sofort an die vielleicht viel wichtigere Ableitung des cerevisia vom britischen Keirch, Hafer (es gibt ja auch Haferbier). Dann wäre cerevisia von keirch, Hafer, ganz analog dem bier vom bere, Gerste, wie wir in der vorigen Studie fanden und auch das stoffliche Element des Getränkes hervorgehoben.

Doch wir sind damit mit der Etymologie von cerevisia noch lange nicht fertig. Wir begegnen Ausdrücken und Variationen, wie Cerevisia, Cervisia (Cervasia, Cervesia), Cervisa (Cervesa) cerveyse usw.; dagegen aber auch ceria und celia. Letzteren Ausdrücken begegnen wir schon im alten Spanien als Bezeichnung für ein Weizenbier (Plinius XXll, 82; Flor II, 18; Orosius V, 7). Dies Getränk mögen die Gallier nachgeahmt haben und statt wie die ceria ex tritico (Weizen), ex hordeo (Gerste) unter dem ähnlichen Namen cerevisia gebraut haben. Das Wort terwe hat sich noch in rheinischen Gegenden erhalten und wird unter einem Getränk terwise Weizenbier verstanden, im Gegensatz zu Gerstenbier und sowie man ein terwe-brot Weizen- und bere-brot Gerstenbrot unterschied, so kann man cerevisia dem »bier« gegenüberstellen. So ergibt es sich als altes gallisches oder keltisches Wort und Tacitus in seiner Germania, 23, bezeichnet es auch als »(h)umor ex hordeo frumento in quandam similitudinem vini corruptus«, also eine Abart von Wein, ein Gerstenwein statt Rebenwein.

Auch spätere Schriftsteller äußern sich somit Berufung auf ältere Autoren, z. B. Gloss. Mss. ad Alex. Jatrosophistam lib. I. Passion. Cibiriaticon: »Cervisia, vox gallica vetus, qua Galli nostri potum, qui ex hordeo conficitur, nuncupabant, ut auctor est Plinius lib. 22, cap. 25. Nos etiamnum »cervoise dicimus«. Die Römer bezeichneten auch das spanische Getränk als ceria oder celia, das gallische hingegen als corma. Aus einer anderen diesbezüglichen Stelle lernen wir ein besonderes Trinkgefäß für diese cerevisia in dem sogenannten typrus kennen, welcher als eine vasculi species pro cerevisia erscheint.

Oder: Jonas in Vita S. Columbani cap. 16: »cum refectionis appropinquaret hora et minister refectorii vellet promere cerevisiam, quae ex frumenti vel hordei succis decoquitur, quaque prae caeteris in orbe terrarum gentibus, praeter Scoticas et Dardanas, quae Oceanum incolunt, utuntur, nempe Gallia, Brittania, Hibernia, Germania, ceteraeque, quae ab eorum moribus non discrebant, vas, quod typrum nuncupant in cellarium deportavit et ante vas, in quo erat cerevisia, deposuit, extractoque epistonii vestibulo, in illud cerevisiam excepit.«

Noch andere Stellen lese man an den zitierten Orten der angegebenen Schriftsteller und im Lexikon mediae latinitatis nach. Nur Henricus Abricensis, der unter dem englischen Heinrich III. blühte, sei seiner interessanten Stelle wegen hier noch allegirt:

> *Nescio, quod Stygiae monstrum conforme paludi.*
> *Cerevisiam plerique vocant, nil spissius illa*
> *Dum bibitur: nil clarius est, dum mingitur; unde*
> *Constat, quod multas faeces in ventre relinquat.*

Um die Reihe der versuchten Etymologien des Wortes cerevisia zu schließen, könnte man auch des heiligen Cerevisius in der Burschensprache gedenken.

Mit dem Jus cerevisiae und Jus cerevisiarum werden wir uns noch eingehend in unserer Studie »Aphorismen über ein Bierrecht« befassen. Andere, mit diesem Worte zusammenhängende Ausdrücke sind: das verbum »crevisiare«, Bierbrauen, »cerevisor«, Brauer, »cerevisiaria«, Bierverkäuferin, auch Kellnerin; in den mittelalterlichen Quellen begegnet man speziell einer »Katharina cerevisiaria«. Und endlich scheint Cervisa auch ein bestimmtes Biermaß bedeutet zu haben, nämlich so viel, als gerade auf einmal gebraut wurde, wenigstens finden wir im Kontext die Ausdrücke duas cervisas u.dgl.

Schließlich ist auch das Wort als »Cerevis« in's Deutsche übernommen worden, besonders in burschikoser Sprache, wo man oft statt Bier Cerevis hört. Der eigentliche Studentenausdruck für Bier ist aber bekanntlich »Stoff«. In vielen Studentenliedern ist das »Cerevis« Refrainwort geworden, z.B.:

> *Das Bier streicht durch den Magen,*
> *Cerevis!*
> *Was hilft das viele Klagen?*
> *Cerevis!*

Ein Beispiel mag für viele genügen.

In der burschikosen Sprache bedeutet aber Cerevis auch so viel wie Ehrenwort und sind die Ausdrücke »auf Cerevis« usw. gleich »auf mein Ehrenwort«.

Es ist gleichsam das Studentenja, ein Studenteneid, besonders das große Cerevis; die Studenten unterscheiden nämlich zweierlei Cerevis, ein großes und ein kleines. Das Verletzen des großen Cerevis zieht perpetuellen, das des kleinen Cerevis temporären Verschiss (das ist den cerevisiellen Tod des Studio) nach sich. So bestimmt es der Bierkomment. Die Erklärung ist wohl darin zu suchen, dass man den bekannten Satz »in vino veritas« noch erweiterte durch den Zusatz »etiam in cerevisia veritas«. Diese Wendung findet sich übrigens auch bei Auerbach in seinen »Dorfgeschichten« (S. 293).

Auch eines der verschiedenen Bier- (Karten-) Spiele heißt Cerevis und auch der Burschenname heißt Cerevisname.

Und endlich, wer kennt sie nicht, die reich goldgestickten Studenten-Solideokäppchen möchte ich sie nennen, die auf das Vorderhaupt, fast auf die Stirn gesetzt werden und eigentlich eine Art der ebenso geformten und »Bierdeckel« genannten Studentenmützchen, nur in Prachtausgabe sind.

III.

Das Ale

Ich widme auch diese Studie nicht einer speziellen Biersorte, z.B. dem Bairischen, Pilsner oder Schwechater Biere, sondern einer , ich möchte sagen, Biergattung, welche noch dazu auch hierzulande einheimisch ist und den dritten Hauptnamen für Biere bildet, daher mich kein Vorwurf treffen kann, als wollte ich in der Konkurrenz der Biere dem einen besondere Reklame machen.

Denn ursprünglich ist auch das Wort »ale« (sprich ehl) keine Bezeichnung einer speziellen Bierart, sondern gewissermaßen ein Synonymum zu dem Ausdruck »Bier«. Schon im Angelsächsischen findet sich bekanntlich neben der Form »beor« noch eine andere »ealo« und »ealod«, welch' letzterer das angelsächsische »alo« und altnordische «alu» = »öl« entspricht. Auch im Schwedischen und Dänischen finden sich, wie überhaupt in den nordischen Idiomen, die Ausdrücke »öl«. Auch dürfte der Ausdruck »öl« älteren Datums sein, als »bior«, wofür auch die germanische Mythologie spricht. Nach Alvismal wird unterschieden zwischen öl als Trank unter Menschen und bior Trank unter Göttern. Es findet sich die Stelle: *Öl heitir med monnom en med âsom bior* d.h. eben »Öl« heißt es bei Männern, aber bei Asen – »bior«. Im Alvismal, dem Eddalied mit den rätselhaften Fragen und Antworten frägt Thor:

> *Sage mir Alvis,*
> *Da alle Wesen,*
> *Kluger Zwerg, du kennst,*
> *Was heißt das Ael,*
> *Das Alle trinken*
> *In den einzelnen Welten?*

worauf der Zwerg Alvis antwortet:

Ael bei Menschen,
Bei Asen Bier,
Wanen sagen Saft,
Riesen helle Fluth,
Bei Hel heißt es Meth,
Geschlurf bei Suttungs Söhnen.

Auch in weitere Sprachen drang der Ausdruck und so findet sich z.B. im Lettischen »allus«, im Esthnischen »öllet« im Finnischen »ollut«, im Lappischen »vuol«, im Litauischen »alus« u.s.w. sowie auch aul, ol, oela und oelo. Auch die slavonische Form »Ollo« ist von demselben Stamme abzuleiten.

Einiger litauischer Sprichwörter muss ich hier gedenken, wie: *Der Alus hat Hörner,* was an den Biernamen »Bock« gemahnt.

Der Alus ist gesprächig.

Der Alus ist kein Wasser.

Der Alus wird mich nicht zwingen, ich werde noch Meth brauchen.

Bedenken wir die letzten zwei Dicta, so besagt das erstere, dass der alus immerhin eine gewisse Stärke und Kraft besitzt, während er nach dem zweiten doch schwächer als Meth ist.

Besonders bei den Litauern gilt alus als Hausbier, z.B. in der Phrase: *Behalte den alus für die Kindstaufe!*

Das Wort öl findet sich übrigens nicht bloß als Bezeichnung für das Getränk, sondern auch für das Gast- und Trinkgelage bei demselben; auch begegnen wir stammverwandten Verbis wie ölr, ölteitr, ölreifr für »trinken« und Kompositis wie »ölskal« und »ölkrâs« für Becher. Ein Epitheton Oegirs (Aegirs), der bei seinen Festen die andern Götter mit Bier bewirtete, ist ausdrücklich: »Ölsmidr« d.i. der Bierbrauer. Auch eine Komposition »Ölgögr« für Schankgeräte findet sich.

Wie das Wort »Bier«, findet sich auch »ale« in zahlreichen Kompositis. So die Bezeichnungen »al-ehouse« für Bierhaus, »alewife« für Bierwirtin, »aleconners« für die Beamten, denen schon im sechzehnten Jahrhundert die polizeiliche Aufsicht über die Brauereien oblag; oder ein Getränk aus Zucker, Bier, Gewürz und Brot unter dem Namen »ale-berry«. Ebenso ist der ins Französische übernommene Ausdruck »Godale« für ein starkes Doppelbier, im Gegensatz zum petit bierre (leichtes, Dünnbier) wohl von dem englischen »good ale« abzuleiten. Hochinteressant ist es ferner, dass der Begriff »Trunkenheit« von englischen Studenten mit »alecie« ausgedrückt wird, wohl weil sie ihre meisten Räusche dem »ale« verdanken.

Eine große Anzahl solcher Wortzusammensetzungen mit ale liefern die zahlreichen Namen einzelner besonderer Feste, wobei das ale seine große Rolle spielte. Da gibt es brid-ales, clerk-ales, give-ales, lamb-ales, leet-ales, Midsummer-ales, Scot-ales, Whitsun-ales, Church-ales u.v.a.m. Davon mehr in der »Mythologie des Bieres«. Als Analoga erinnere ich hier nur an das Erndtebier und Kindelbier im Deutschen.

Heute wird besonders noch der englische Ausdruck ale (sprich ehl) gebraucht, womit aber eigentlich nicht mehr, wie früher jedes Bier überhaupt, als bereits eine besondere Biergattung, ja Biersorte bezeichnet und gemeint wird. Was die sonstige Etymologie und logische Ableitung betrifft, so hat man analog dem Bier von bere (vide die Studie »Bier als Wort und seine Etymologie«) das öl mit oleum und oliva in Verbindung und Zusammenhang gebracht. Der Name eines Rostocker Bieres war geradezu »Oehl«.

Was nun die Qualität des Ale betrifft, das hierher zuweilen neben dem englischen Porter importiert wird, so ist es ein leichtes Bier, das auch zu Mischungen benützt wird. Andere verstehen unter Ale wieder ein starkes ungehopftes Bier von gelblicher Farbe, reich an Kohlenstoff und Alkohol. Sanders z.B. versteht darunter nur ein ungehopftes Bier.

Jedenfalls haben wir unter Ale heute eine große Gattung von Bieren zu verstehen, welche nicht nur in England, fast in jeder Provinz durch eine eigene Sorte vertreten ist, besonders »Pale-ale« oder das schottische »Scotch-Ale« in Edinburgh, welches mit Honig versetzt, speziell wieder als »Aloa-ale« früher beliebt war, oder das »Burton-ale«; sondern auch am Kontinent, besonders in Norddeutschland in mannigfachen Abarten gebraut wird. So befinden sich z.B. in Hamburg, Bremen und Stettin die besten Alebrauereien Deutschlands.

Auch Berlin braut bereits ein »Ale«. Interessant ist die Gehalt-Tabelle des Chemikers Otto in Reichs Genussmittelkunde, woraus ich nur entnehme:

	Malzext.	Alkohol.	Kohlen-Säure.	Wasser.
Burton-Ale	14.5	5.9	–	79.6
Scotch-Ale				
zu Edinburgh	10.9	8.50	15.80	45
Ale zu Berlin	6.3	7.6	0.17	85.93

So gibt es heute nicht nur englische Ale-Sorten, die als spezielles ale for export nach Deutschland wie überhaupt in die ganze Welt importiert werden, sondern auch deutsche Ale-Sorten. Die Engländer loben das Ale von Derby in demselben Maße, wie die Deutschen das Münchner, die Böhmen das Pilsner, die Polen das Przemzsler, die Österreicher das Schwechater und die alten Ägypter das Hag von Pelusium. Als besondere Kriterien der Güte eines Ale werden genannt: Weinklarheit gelbliche Farbe, pikanter Geschmack und champagnerähnliches Prickeln.

Ale ist nicht nur das Bier der Engländer, es ist das Nationalgetränk der Söhne Albions, weshalb dies auch Emanuel Geibel in seinem Trinkliede konstatiert:

Thee beherrschet die Bezirke,
Wo die lange Mauer steht;
Heißen Kaffee trinkt der Türke,
Und der Perser schlürft Sorbet.

Bei des Kumis hellem Guße
Wird der Sohn der Steppe froh,
Quas und Fusel trinkt der Russe,
Wallsischthran der Eskimo.

Schwärmt der Franzmann beim Champagner,
Glotzt der Brite stumm ins Ale,
Heißes Wasser trinkt der Spanier,
Kaltes Wasser das Kameel.

Aber wir bekränzten Hauptes
Trinken uns'res Stromes Wein;
Soll die Welt sich dreh'n, o glaubt es
Muß die Welt auch trunken sein.

So hat jedes Land, jedes Volk seine Vorliebe für ein besonderes Getränk, das Bier ist ein germanisches Getränk und auch die Engländer sind Verwandte der Germanen und was ist ihm Ale anderes als Bier?

IV.

Das Bier in der Studentensprache

Das Bier ist das charakteristische Getränk der Studenten, die, wie wir bereits wissen, das Cerevis am Kopfe auf das Cerevis schwören und ihren ganzen Comment, das Studentenzeremoniell, auf dem Biere aufbauen. Ihr einziger, erster und letzter § 11 konzentriert sich auf das Bier, dem Studentenmaß κατ᾽ ἐξοχήν und zu den Kompositionen mit Bier stellt die Studentensprache das reichste Kontingent, ja wir begegnen ganz neuen Kompositis, welche sich unter den (gelegentlich Studie 1. erwähnten) von Grimm und Sanders nicht befinden. Ich verweise diese Komposita kennen zu lernen, auf ein drittes spezielles Lexikon, nämlich auf Dr. rei. cneip. J. Vollmann's »Burschikoses Wörterbuch« (Schaffhausen 1847). In der Studentensprache begegnen wir übrigens auch einem ganz speziellen Ausdruck für Bier, der ebenso kurz als gut »Stoff« heißt. Um den Stoff dreht sich das ganze Studentenleben, die ganze Studentenexistenz. In einem Studentenlied heißt es:

> *Im Biere liegt Weisheit, im Biere liegt Kraft,*
> *Die treiben zu herrlichen Thaten,*
> *O Studio! was hast du beim Biere geschafft,*
> *Nie wär' es dir sonst wohl gerathen!*

Und im Hohen Lied vom Bier von E. Daelen findet sich die Strophe:

> *Zur Kneipe schreitet der Student,*
> *Er weiß nach rechtem Werth zu schätzen*
> *Das Bier, sein Lebenselement.*
> *Da zieht er ein des Humpens Schwere*
> *Den Maßkrug leer mit Konsequenz*
> *Und zieht aus ihm die beste Lehre,*
> *Der höchsten Weisheit Quintessenz.*

Auch bei Chr. Dehn heißt es:

> *Nun aber sagt ihr Leute*
> *Wie mag es wohl gescheh'n,*
> *Daß gestern, morgen, heute*
> *Wir stets zum Biere geh'n?*
> *Das kommt, ich wills Euch sagen,*
> *Nur vom Studiren her,*
> *Wer will sich damit plagen!*
> *Das Bier behagt uns mehr.*

Daher ist aber auch jeder Missbrauch des heiligen Getränkes untersagt, man nennt dies Stoffvergeudung und eine solche fand doch unlängst in größerem Maße statt, wenn es wahr ist, was einige Blätter schrieben, dass am 20. März 1885 ein Brand in der Kalbächer Straße in Frankfurt a. M. mit Bier gelöscht worden sein soll.

Stoff oder auch die Materia ist eben zunächst die Flüssigkeit, das Getränk, bei welchem oder in welchem gekneipt wird und wenngleich diese vornehmlich sowohl Wein, als Bier sein kann, die schwedischen Studentenkneipen heute noch selbst in Milch, ihnen gilt also Milch als Stoff, so ist doch heute bei den deutschen Studenten Stoff mit Bier vollkommen identisch geworden.

In der dritten Strophe des »Lustigen Studenten« heißt es:

> *Ich bin ein lustiger Student,*
> *Potz Himmel tausend Sapperment,*
> *Was kümmert mich das Wassers.*
> *Für Manichäer ist es gut,*
> *Doch nicht für akademisch Blut,*
> *Das Bier ist zehnmal nasser.*

Das Bier ist die der Pflanze »Student« entsprechende Feuchtikeit und recht originell schildert Franz Hirsch im ersten Gesange seines »Aennchen von Tharau«:

> *Diese Menschenpflanze blüht nur*
> *Wo Bier fließet in der Nähe,*
> *Darum hat man einst errichtet*
> *Hohe Schulen, wo ein Fluß ist*
> *Dessen Wasser biergeeignet.*

> *Jene Pflanzen aber wachsen,*
> *Viel begossen gern im Feuchten*
> *Und ihr Name heißt:* »*Studenten.*«

In allen Tonarten und Varianten singen die Studenten:

> *– – Du sollst leben,*
> *Sollst reichen Stoff uns geben,*
> *Du bist ein Bierkanal.*

Hier wäre wohl der passendste Ort, auch Einiges über den Comment zu erwähnen. Abgesehen eines allgemein gültigen Comments, der im großen Ganzen an allen deutschen Universitäten in usu, haben sich einzelne Comments besonders entwickelt. Hier wiederholte sich, was sich in der Geschichte des Rechtslebens und der Gesetzbücher im Großen zugetragen. Man kann übrigens heute statt den oben genannten »Universitäten« »alle deutschen Hochschulen« setzen, indem man auch die Techniker mit hereinbeziehen kann, wobei man aber erwähnen muss, dass die Kommandosprache die lateinische ist, was bei den Technikern als Nichtlateinern schon zur Entstehung ganz artiger Quid pro quo's und Anekdoten führte.

Die wichtigsten speziellen Comments sind der Marburger, der Jenenser, der Hallische und der Leipziger, in neuerer Zeit auch der Berliner; als differenzierte Comments erlangten auch der Wiener und Prager, besonders letzterer, bei der hohen Bedeutung der ersten deutschen Universität, ihre Geltung.

Ich kann mich auf das Einzelne des Comments nicht einlassen, erwähne nur, dass sich auch in diesem Codex ein Personen- und Sachenrecht unterscheiden lässt, und möchte nur bezüglich der oft ventilierten Frage nach dem »Salamander«, wofür so viele etymologische Erklärungen versucht wurden, (Die Einen lesen das Wort als etymologische Kuriosität kontrahiert aus »Sauft Alle mit einander«,

> *– – Und steht das Wort erfunden,*
> *Geflügelt voller Geist:*
> *»Sauft alle mit einander«,*
> *Was Salamander heißt.*

auch in einem Gedichte Müllers von der Werra heißt es:

Es saß beim goldnen Biere
Vor Zeit ein lust'ger Schwarm,
Damit er exercir
In Waffen beim Allarm
Vom Burschen bis zum Brander
Ist jeder kreuzfidel:
Sauft Alle mit einander
Schreit's plötzlich im Krakehl.

nach Andern rührt es von dem Spitznamen eines Bonner Universitätsrichters her, die dritten verweisen auf Scheffels »Eckehardt«, in welchem die Stelle vorkommt: »Die Männer hatten ihre Krüge ergriffen, sie rieben sie in einförmiger Weise dreimal auf dem geglätteten Fels, dass ein heulendes Getön entstand, hoben sie gleichzeitig der Sonne entgegen, tranken aus und in gleichem Takte setzte Jeder den Krug nieder, es klang wie ein einziger Schlag« und sehen es als mythologische Reliquie an u.s.w.), auf einen neuen erschöpfenden Aufsatz in dem von Paul Fritsche redigierten Kolloquium der »Kyffhäuser Zeitung« in Berlin aufmerksam machen, dessen Verfasser Alfred Schmarda sehr viel Interessantes über den Salamander zusammengetragen und auf Grund zahlreicher Quellen noch allerlei mögliche und unmögliche Etymologien vorführt.

Neben den diversen Studentenverbindungen, darf auch einzelner Bierorden, die ebenfalls dem Comment Folge leisten, nicht vergessen werden. Es gab da Orden des h. Gambrinus, des h. Cerevisius, des h. Bock, des St. Salvator, des h. Dr. Suff u.s.w. u.s.w. und begegnen wir da Würden wie, Bierkönig, Bierherzog, Biergraf, Bierdoktor (auch bei den Engländern finden sich Analoga im Bierlord und der Bierlady, welche als Lord and Lady of the ale beim Whistumale, dem Pfingstbierfeste ihre Rollen spielen), und Namen wie »Bierlieb«, Bierhold u.a.m. Auch von einem Vogel »Bierhol« ist die Rede in einer Göttinger Studentenweise, wo er auch der Vogel Pirol genannt wird. Ich teile nur die erste, vierte und fünfte Strophe mit:

Es sitzt ein schöner Vogel
Dort oben auf dem Bim-Bum-Baum,
Es sitzt ein schöner Vogel
Dort oben auf dem Baum,

> *Bierhol Bierhol*
> *Oder ich fall um*
> *Der Vogel der kann saufen*
> *Wie ein Fi-Fa-Fuchsmajor*
> *Bierhol, Bierhol etc.*
> *Der Vogel schreit frühmorgen:*
> *Ci-Ca-Cerevisia!*
> *Der Vogel schreit frühmorgen:*
> *Ci- Ca- Cerevisia!*
> *Bierhol, Bierhol*
> *Oder ich fall um.«*

Es ist übrigens möglich, dass der Pfingstvogel (oriolus galbula) seinen Namen Piroll, Beroll oder Bierholer von seinem Geschrei oder einer mit dem Bier kombinierten Sage erhielt.

Bierorden muss es übrigens schon im Mittelalter gegeben haben und schon damals spielte der Hopfen als heraldisches Abzeichen seine Rolle. Aber auch außer dem Ausdruck Stoff weist das Studentenlexikon noch einzelne termini für Bier auf, die wir ebenfalls kennen lernen müssen. Vor Allem müssen wir zweier burschikoser Variationen des Wortes Bier gedenken, ich meine »Bich« Und »Birch.« Von beiden Substantiven treffen wir auch die Verba »bichen« und »birchen« für Bier trinken oder »bieren«. Der Name »Bich« ist natürlich von Pich, Pech, abzuleiten, womit die Bierfässer ausgegossen, ausgepicht sind und welcher Name denn auch tropisch dem nach Pich oder Pech riechenden Biere beigelegt wurde, bis er schließlich aufs Bier im Allgemeinen überging. Als besondere Bezeichnung für besonders schlechtes Bier findet sich in der Studentensprache auch »Bums«, »Wumm.« Während vom letzteren nur das Verbum »wummen« für bechern, kneipen, saufen und die »Wummerei« für Bierhaus abgeleitet und gebräuchlich sind, weist das genannte burschikose Lexikon eine ganz stattliche Reihe von Kompositen und Ableitungen des Wortes Bums auf, dafür findet sich aber gerade kein damit verwandtes Zeitwort.

Auch der Ausdruck »Fett« findet sich, besonders in den Zusammensetzungen Kameelfett, Dachsfett, Löwenfett u.dgl.m. sehr oft zumeist für schlechte Biersorten. Dagegen ist gerade »Menschenfett« der

Spitzname des besten Jenenser Bieres. Weiter ist auch »Laich« besonders in Zusammensetzungen für Bier gebräuchlich und wenn auch gerade Laich selbst nicht für Bier gebraucht wird, so bedeutet doch beispielsweise «Laicherei« soviel wie Commers; »Laichhahn« Bierheld; »Laichjamm« Bierjamm (Verschüß); »Laichkalb« Bieresel, »Laichname«Cerevisname, usw., worin immer Laich identisch mit dem studentischen Biere i.e. Stoff gefasst werden muss.

Schon beim Cerevis habe ich erwähnt, dass ein spezielles Bierspiel den Namen Cerevisspiel führt. In Studentenkreisen sind diverse Bierspiele gebräuchlich, so da heißen: Bieruhr, Bierskat, Salamander etc., bei denen einem guten Spieler die beste Gelegenheit geboten ist viel zu trinken und wenig zahlen zu müssen. So singt der Skatspieler:

Zur Karte gehört das schäumende Bier
Wie zur Mailuft der tiefblaue Himmel;
Einen vollen Humpen, den lob' ich mir
Bei des Skates Kartengewimmel!
So wie der Schaum aus dem Glase quillt,
So quillt mir die Skatlust im Herzen;
Ein verlorener Grund selbst – ist's Glas frisch gefüllt –
Macht mir keine größeren Schmerzen!
Skatbrüder, ihr lust'gen, stimmt fröhlich mit ein:
Auf ewig soll Bier und der Skat uns erfreu'n!

Und ein parodierender Skatspruch lautet:

Wer nicht liebt Skat, Tobak und Bier,
Das ist der größte Narr allhier.

der im Knittelreim August Sturms Wort wiederholt:

Ich lob' mir Tobak, Bier und Skat.

Auch der Bierramsch ist eines solcher Bierspiele. Ernst Meinert in seinem kleinen Epos »Die Kneipe« lässt seinen studentischen Helden bei jeder Gelegenheit in die Klage ausbrechen:

Ha, wo bleibt der Comment, die Burschenschaft ist auf dem Rückschritt.
Nimmer wird mehr geübt das Ramschen und sonstiges Bierspiel
D'ran der Geist sich erfreut und auch das Gemüth sich ergötzet.

Und wenn schon Alle nach Hause ausbrechen wollten, da rief er immer noch:

Wollen wir ramschen nicht jetzt?«
Und er nannte die Namen der Männer,
Die mit ihm einst geramscht und sonstiges Bierspiel getrieben.

Den Bierspielen wird übrigens ein hohes Alter zugesprochen, z.B. der Bieruhr, wie es in dem alten Schwedenliede heißt:

König Hundingur
Vertrieb sich die Zeit mit der Bieruhr:
Er gab auch mannigfachen Suff o!
Sein Vorfahr hieß König Uffo.

König Hundingur
Ward eingesetzt Abends vier Uhr;
König Hudding erschlug den Uffo,
Das setzte ab einen Suff o!

König Hundingur
Auf die falsche Kunde mit Gier verfuhr,
Daß erschlagen sei König Hudding;
Er speiste grad einen Pudding.

König Hundingur
Genaß zugleich von der Schmierkur;
Vor Freuden fiel er ins Bierfaß,
König Hudding, der ging fürbaß

König Hundingur.
Verröchelte wie eine Bierruhr,
Und in gräulichem Bierfaßbuffo,
Rief er aus dem Bierfaß: Uffo!

Wir haben bereits gehört, dass Cerevis auch ins Deutsche übergegangen und zu einer Bezeichnung für Bier in der Studentensprache geworden ist, also ein Doppelsinn, Cerevis einmal als Getränk, das andere mal als charakteristische uniforme Kopfbedeckung, zulässig ist, wie dies beispielsweise in meinem Gedichte »Studenten« durchgeführt erscheint:

> *'In einer Hand das volle Glas,*
> *Der anderen den Schläger,*
> *Umstehen sie das volle Faß,*
> *Des Cerevises Träger.*
>
> *Und fällt manchmal das Cerevis*
> *Auch tiefer in die Stirne,*
> *So leuchtet drunter doch gewiß*
> *Der Phosphor in dem Hirne.*

Oder in dem bekannten Studentenlied:

> *Ich hab den ganzen Vormittag*
> *Auf meiner Kneip' studirt,*
> *Drum sei nun auch der Nachmittag*
> *Dem Bierstoff dedicirt,*

welches mit der Strophe schließt:

> *Herr Wirth, nehm' er das Glas zur Hand*
> *Und schenk` er wieder ein,*
> *Schreib' er's nur dort an jene Wand,*
> *Gepumpet muß es sein!*
> *Sei er fidel ich laß ihm ja*
> *Mein Cerevis zum Pfande da.*[1]

Der trinkende Student verpfändet also für Cerevis sein Cerevis.

Endlich dürfen wir auch der Sauf-Mette, der missa cerevisiaca, nicht vergessen, es singt hierbei abwechselnd ein trinkendes Solo und der Chor:

Solo: Ei guten Abend, guten Abend, meine Herrn confratres!
Chor: Ei guten Abend, mein Herr confrater!
Solo: Ist's den Herrn confratribus nicht gefällig, eine kleine Saufmette mit mir anzustellen?
Chor: Ei, warum denn das nicht?
Solo: So belieben die Herrn confratres nur zu bestimmen, in wie viel Zügen es geschehen soll!
Chor: In den bekannten sieben Zügen!

---

[1] V.: »Gedichte Von Egon Rail« S. 118.

Solo: So belieben die Herrn confrates nur fein richtig nachzuzählen. (Trinkt.)
Chor: Eins – Zwei – Drei – Vier!
Solo: Ei das Bier, das mundet mir! (Trinkt.)
Chor: Fünf – Sechs – Sieben!
Solo: Ist auch nicht die Nagelprobe drin geblieben.
Chor: Solche Brüder müssen wir haben, Die versaufen, was sie haben, Strumpf und Schuh, Strumpf und Schuh, Laufen dem Teufel barfuß zu. Zum Zipfen, zum Zapfen, zum Kellerloch 'nein, Heute muß Alles versoffen sein. –

Sowie Stoff das Kernwort der Studenten für Bier, so haben dieselben für das, diesem κατ᾽ ἐξοχην gewidmete Lokal das Kraftwort »Kneipe«.

Das Wort Kneipe rangiert unter jene Worte, wie Weib oder der Gruß Adieu, welche eine verächtlichere, herabsetzende Bedeutung erlangten. Und doch ist Weib das schönste Wort, Adieu der schönste Gruß und das Kraftwort Kneipe das kernigste, biederste. In seinen »Burschenfahrten« hat Julius Otto sein »Lied von der Kneipe« gesungen:

Kennt ihr das Wort, so hehr, so mächtig,
Der deutschen Sprache schönsten Klang?
Es tönt so voll, es tönt so prächtig,
Erfüllt die Brust mit heißem Drang.
Heimlich erklinget, süß es und traut,
Zum Herzen es dringet mit kraftvollem Laut
Wie Donnersturm, wie Glockenton,
Du kennst es deutscher Musensohn,
Das deutsche Kraftwort: Kneipe!

Herab von eures Hauses Wänden
Kneipjes, der wälschen Worte Zier!
Kaffé – Hotel – nicht länger schänden,
Soll es der deutschen Kneipe Thür!
Fränkische Lettern, nieder mit euch,
Sonst soll euch zerschmettern ein kräftiger Streich,
Laßt doch, Kneipjes, den wälschen Tand

Und schreibt mit Stolz an eure Wand
Das deutsche Kraftwort: Kneipe!

Auf brauner Bank lang ausgestrecket,
Liegt in der Kneip' der Bursche hier,
Das Haupt von farb'ger Mütz' bedecket,
Die pfeife dampft, es schäumt das Bier.
Ach, wie gemüthlich raucht er und trinkt,
Wie thut er sich gütlich und jubelt und singt!
Ja, kneipen laßt uns immerfort,
Zu Ehren diesem deutschen Wort,
Dem deutschen Kraftwort: Kneipe!

Ein bekannter Tropus angewendet, dient dem Studenten das Wort Kneipe auch für Kneiperei, das Lokal für die in demselben vollzogene Handlung. Mit Kneipe hängt auch »Knipp« zusammen, d.h. ein einmaliges Kneipen, analog gebildet wie z.B. Kniff. Auch Raab spricht die Hoffnung aus, bald an der Stelle der fremden Ausdrücke das anheimelnde deutsche »Kneipe« zu finden, hört man doch schon auch aus Frauenmunde das ursprünglich so verketzerte Wort.

Erwähnt sei noch, dass oft in den unscheinbarsten Kneipen ein besserer Stoff gefunden wird, als in prunkvollsten Hotels.

Die Qualität belangend, eignet sich zum Kneipen jedenfalls besser ein leichteres Bier, denn von einem schweren Bier lassen sich keine großen Quantitäten konsumieren. Zum Kneipen gehört ein Bier, dem, ich vermag es nicht verständlicher auszudrücken, das Epitheton »süffig« gebührt. Bei dem Wort »süffig« muss ich einen Moment verweilen. Man hat nämlich die Biere auch eingeteilt in süffige und vollmundige. Die süffigen sind die weinartigen es sind jene wo der Extrakt gleich dem Alkoholgehalt, während man unter vollmundigen Bieren jene versteht, wo der Extrakt vor dem Alkohol prävaliert. Diese Vollmundigkeit der Biere zu prüfen, besitzt man im Viskosimeter ein eigenes Instrument.

Was die Quantität betrifft, so ist dies sehr relativ, doch eins möchte ich noch bemerken denjenigen gegenüber, die so gerne rasch bereit sind mit Bezug auf den Comment, aber ohne Verständnis desselben und des § 11, die deutschen Studenten als Trunkenbolde hinzustellen. Nur ein Argument sei die Frage, woher denn so mancher arme Teufel eines deutschen Burschenschaftlers das viele Geld nehmen sollte für die Bierunmassen, die ihm vorgeworfen werden. Alle Klage gegen den übermäßigen Biergenus, besonders unserer Jugend ist übrigens ziemlich alt; und die Mäßigkeitsvereine sind keine Produkte der Neuzeit. Schon 1524 vereinigten sich Kurfürsten und Bischöfe zu einem solchen. Der wegen seiner Sparsamkeit bekannte Herzog Ernst von Sachsen wendete sich gegen das viele Biertrinken an seinem Hofe und bestimmte im Jahre 1648 in einer Kellerordnung Folgendes: »Vors gräfliche und adeliche aber 4 Maß Bier und des Abends zum Abschenken 3 Maß Bier«. Im Jahre 1495 wurde geboten, sich des »Zutrinkens zu Gleichen, Vollen und Halben« zu enthalten. Edikte gegen die Trunksucht finden sich schon im 7. Jahrhundert. In den ersten Jahren des 9. Jahrhunderts wurden besonders die älteren Geistlichen ermahnt, den jüngeren mit gutem Beispiele voranzugehen und sich des Trunkes, dieser Amme aller Laster, zu enthalten. Das älteste Schriftstück aber, welches sich gegen das starke Biertrinken der Jugend wendet, ist ägyptischen Ursprunges und einige Jahrtausende alt. Es ist ein Brief, welcher in einem ägyptischen Grabe gefunden und von Professor Lauth in München veröffentlicht wurde. Darin heißt es: »Es ist mir gesagt worden, Du vernachlässigst das Studium, sehnest Dich nach Luftbarkeiten und gehest von Kneipe zu Kneipe. Wer nach Bier riecht, ist für alle abstoßend; der Biergeruch hält alle fern, er macht Deine Seele verhärtet... Du findest für gut, eine Wand einzurennen und das Bretterthor zu durchbrechen... Dein Ruf ist notorisch; es liegt der Greuel des Weines auf Deinem Gesichte, Thue doch nicht die Krüge in Deine Gedanken, vergiß doch die Trinkbecher... Du trommelst auf Deinem Bauche, Du strauchelst, Du fällst auf Deinen Bauch.« Der Schreiber dieser Zeilen hieß Amenemann und der, an den sie gerichtet waren, war sein Schüler Petaur.

Ärger jedenfalls als ein fröhlicher Rundgesang bei kreisendem Horn ist der – heimliche stille Suff der Gegner. Doch wohl bekomms auch diesen. Übrigens zum Schluss dieses Kapitels folgendes:

Rezept für Biertrinker

Es lohnt, mein Sohn, beherz'ge das,
Der Mühe kaum das erste Glas.
Man steht doch nicht auf einem Bein,

Drum schenk' das zweite Glas Dir ein.
Füll´ Dir das Glas zum dritten Mal,
Denk: drei ist eine heil'ge Zahl.
Auf Vieren geht das Vieh einher,
Der Menschen Sinn steht stets auf mehr.
Fünf Sinne sind des Menschen Gaben,
Ein Glas muss jeder Sinn doch haben.
Lass' Dir die Warnung offenbaren:
Mit Sechsen darf nur Kaiser fahren.
Ein Vivat Allem, was wir lieben,
Ein Pereat der bösen Sieben.
Beim achten Glase fromm betracht':
Den Ketzer thut man in die Acht.
Neun Mußen sind auf dem Parnaß,
Und jeder ziemt ein volles Glas,
Philister lass' nach Hause geh'n,
Der echte Bursch hält aus nach zehn.
Schwankst Du, so trau' den guten Elfen,
Ein Freund wird dir nach Hause helfen.
Du sollst, lass' Dir bei zwölf befehlen,
Die Gläser trinken, doch nicht zählen.

Bei der Konsumtion von derlei Quantitäten wäre es nicht uninteressant, last not least, den Bierrausch speziell zu behandeln und besonders verdienstlich müsste die Zusammenstellung der zahllosen Bezeichnungen für den Rausch zu einem kleinen Lexikon sein, denn gerade die deutsche Sprache hat logischer Weise dafür eine kleine Legion. Doch sehe ich vorläufig davon noch ab und begnüge mich- um doch etwas getan zu haben auf ein Bier ABC hinzuweisen, dass sich kalligraphisch ausgeführt unter Glas und Rahmen in der Nähe des Buffets eines großen Restaurants in Berlin angebracht befindet und worin eine Anzahl der bekanntesten Ausdrücke für den Rausch angebracht sind:
»Meine geehrten Gäste können von meinen reinen und unverfälschten Getränken so viel trinken, als sie wollen, ohne dass sie einen Affen bekommen. Sie Werden aufs angenehmste angeschickert, aber nie angeäthert, angeraucht, angeschossen oder angerissen werden. Wer bei mir Bier oder Wein hinter die Binde gießt, wird nicht die Balance verlieren, Kenebelt, betrunken, berauscht werden, noch den

Himmel für eine Baßgeige halten. Wer bei mir einen bläst, dem steigt wohl beglückende Begeisterung in's Capitolium hinauf, aber nimmer wird er vom Kurse verschlagen werden, Nichts wird er Doppeltsehen noch wird er Ecken umreißen und ganz fertig werden. Wie Mancher hat schon bei mir tief ins Glas geguckt, ohne gläserne Augen davongetragen, ohne seine Großmutter für einen Trompeter gehalten, ohne einen Haarbeutel oder Hieb bekommen zu haben! Von meinen Stammgästen ist wohl Mancher schon illuminiert, aber noch Keiner in den Zustand von Knickebeinen versetzt oder durch einen »Käber« in der Krone belästigt worden. Das sogenannte Kübeln oder Lampebegießen bewirkt in meinem Lokal keineswegs ein Lavieren oder Marode werden. Ich behaupte zuversichtlich, dass selbst ein Dutzend Schoppen, bis zur Nagelprobe geleert, das Oberstübchen in keinen »Oelkopp« verwandeln wird. Wer freilich in anderen Lokalen schlechte Getränke pokuliert, kann sich nicht wundern, wenn ein qualmichter Schädel und ein gewaltiger Rausch auf dem Fuße folgen, wenn er in Schuss und Sturm gerät, einen Spieß kriegt und so selig wird, dass er mit vollen Segeln schwankt, hin und her turkelt, in Thran kommt, umfällt, sich mit den Beinen verheddert oder bedenklich wackelt. So wahr X und Y zu den drei letzten Buchstaben des Alphabets gehören, werden die geehrten Gäste in Folge meiner Getränke höchstens einen kleinen Zacken verspüren, aber niemals einen Kirchturm für einen Zahnstocher halten!«

V.

Die Onomatologie und Nomenklatur des Bieres.
(Mit einem Lexikon der Biernamen).

Es gibt Zwillingspaare von Worten, welche nicht nur dem äußeren Gehör, sondern auch ihrer Etymologie nach dasselbe zu besagen scheinen und doch ganz diverse Begriffe bezeichnen, z.B. Philologie und Linguistik, Onomatologie und Nomenklatur. Wie so grundverschiedene Begriffe sind in diesen wissenschaftlich streng geschiedenen terminis niedergelegt, deren ganzer etymologischer Unterschied nur in der Verschiedenheit der Sprache, aus der sie stammen, zu liegen scheint. Onomatologie und Nomenklatur, das eine griechischen, das andere lateinischen Ursprungs, ergänzen einander und umfassen erst gemeinsam das reiche Lexikon von Namen für einen und denselben Gegenstand, in unserem Falle das Heer von Biernamen, weshalb ich dieses Kapitel »Onomatologie und Nomenklatur des Bieres«, richtiger wäre der Biere, überschrieb.

Wir haben »Bier«, »Cerevis« und »Ale«, (daneben auch Brasa) als die drei Hauptnamen für unser Getränk gefunden. Burschikose Synonyme lieferte uns auch die Studentensprache, doch ist nur »Stoff« die ebenbürtige Benennung, alle anderen, die wir trafen, sind mehr Scherznamen. Gelegentlich der vorangeschickten philologisch und linguistisch, sowie etymologisch gehaltenen Kapitel, haben wir auch die verwandten Benennungen für Bier in anderen Sprachen kennen gelernt z.B. biere, cerevoise, öl etc.

Mit der Aufführung dieser Namenreihen hat sich die Onomatologie zu befassen. Nun haben aber besondere Biergattungen ihre besonderen Namen erhalten, und je nachdem selbe der Fabrikation nach zu einander in gewissen Verhältnissen stehen, so wären diese Namen der Nomenklatur zuzuweisen. Man könnte die Biere nach verschiedenen Einteilungsgründen in Klassen einteilen, so nach der Substanz in

Weizen-, Roggen-, Hafer-, Gersten-, Mais-, Wurzel-Biere u. dergl. m. (Rüben-, Kartoffelbiere etc.); nach dem Grad der Stärke in Doppelbiere (starke Biere), Einfache (leichte) Biere und Halb-(Nach-)biere. Auch schon Trippelbiere, noch stärkere als Doppelbiere wurden gebraut; nach der Farbe, doch darüber in einem späteren Kapitel speziell; nach der Gährung in Ober- und Untergerige; nach dem Geschmack in Süß- und Bitterbiere, auch Gewürzbiere (aromatische); nach der Zutat; nach dem Orte, wo sie gebraut (z.B. Klosterbiere) oder dem Ort (Zweck) für den sie gebraut sind (z.B. Export-, Seebiere; nach der Zeit wann sie gebraut sind (Märzenbier); nach dem Alter; nach der Art der Verpackung (Flaschenbiere etc. etc. Jede dieser Klassen vermag ganze Reihen von Namen zu liefern beispielsweise nach der Substanz: das Saki oder Reisbier der Japaner (wir kommen darauf im Kapitel VIII.) oder nach der Stärke und Gerung: einfache und Doppelbiere, einfache und Lagerbiere, Dick- und Dünnbiere, welche an verschiedenen Orten verschiedene Namen tragen. Hier vereinigen und kreuzen sich die Kreise der einzelnen Einteilungsgründe vielfach, denn gerade die Dünn- und Dickbiere, einfachen und Doppelbiere, leichten und schweren Biere haben an verschiedenen Orten ihre speziellen Namen.

Eine ziemlich allgemeine Geltung hat besonders in früherer Zeit für Dünnbier oder Nachbier, cerevisia tenuis, der Name kovent, kofent erlangt gegenüber dem stärkeren Paterbier, Paternus, Doppelbier, starkes Bier, cerevisia fortior, double bière, strong beer (dialektisch dubbelt Bier); unterschieden doch schon die alten Griechen, die neben dem ζυθος auch ein διζυθος als Vorläufer unseres Doppelbieres kannten.

Auch nach der Zutat (im Allgemeinen gilt die Einteilung in gehopfte und ungehopfte Biere, die gehopften, also eigentlichen Biere, in unserem Sinne sind die historisch jüngeren) unterscheidet man verschiedene Arten und Namen, die besonders in der Medizin ihre Rolle spielen. Dahin gehören die diversen Kräuterbiere z.B. Wermuth-, Salbei-, Hirschzungen-, Poley-, Rosmarin-, Lorbeer-, Wachholder-, Kirsch-, Birken-, Anis-, Fenchelbier etc. Ein westphälisches Kräuterbier heißt ausdrücklich »Gräsisch«. So führt ein besonders aromatisches Bier den Namen »Purl«.

Was endlich den Ort betrifft, so haben besonders manche Biere eine gewisse Berühmtheit erlangt z.B. vor Allem die Bayrischen

Biere (besonders Münchner Bier); unter den Östreichischen das Schwechater, Liesinger etc.; unter den Böhmischen das Pilsener, Saazer, Leitmeritzer, Maffersdorfer, Tepler ehemals auch Rackonitzer; in Holland das Mastrichter Braunbier, das Geldernsche Weißbier und das Diester und von den Belgischen das Antwerpener, Brüsseler, Ather, Genter und Löwener usw.

Einzelne Biere erhielten ganz besondere Benennungen, die sogar zu Gattungsnamen wurden und welche ursprünglich in einer bestimmten Stadt gebraut, bald auch anderswo versucht wurden.

Zu diesen Namen gehören das Ale, diesmal nicht in der allgemein synonymen Bedeutung für Bier, sondern als besonderer Gattungsbegriff, das Porter, die Mumme, der Broyhan, die Gohse, der Bock, Samec u.v.a. Endlich gibt es eine Legion von Namen, tatsächlich ein Biernamenheer, das in die Hunderte geht, für welche ich die von Dr. Pruck-Mayr in Haag geistreich erfundene Bezeichnung »Die Spitznamen der Biere« akzeptierte. Der genannte Forscher publizierte in einem der früheren Jahrgänge des »Gambrinus« einen Artikel betitelt »Die Spitznamen der Biere«, der als trefflich, aber auch leider noch unvollständig bezeichnet werden muss. Dem Autor dürften zu wenig Quellen vorgelegen sein. Der Artikel ist lexikographisch geordnet, ein System, das ich auch beibehalten möchte, doch wären, nach dem Titel seines Lexikons, nicht nur noch viele Spitznamen aufzunehmen gewesen, sondern auch vice versa manche Benennung zu streichen, die keine Spitznamen, sondern Gattungs- oder Artnamen sind. Darum wählte ich den umfassenderen Titel »Onomatologie und Nomenklatur«, womit mir ein größerer Rahmen geboten, der mich berechtigt diverse Namen in mein Lexikon, das aber leider immer noch nicht auf Vollständigkeit Anspruch erheben darf, aufzunehmen. So darf ich ganz gut die Worte Mumme, Gohse etc. aufnehmen, die keine Spitznamen sind und welche daher in Pruck-Mayr's Wörterbüchlein mit anderen confundirt werden. Da manche Namen gar gewaltige Schimpfnamen sind, andere wieder das Lob des Bieres ausposaunen, so könnte man auch ein Kapitel überschreiben »Das Bier in Schimpf und Glimpf«.

Dieses Verständnisses und der besseren Übersicht wegen, habe ich meinem Lexikon auch diese Einleitung vorangestellt, welche ich nun noch des Näheren ausspinnen muss.

Das Heer von Biernamen, seien es nun Gattungs- und Art- oder Spitznamen lässt sich noch in gewisse weitere Klassen bringen, je nach dem Grunde, warum ein oder das andere Bier diesen oder jenen Namen erhielt. So gibt es Biernamen, die nach dem Brauer benannt wurden, der sie erfand d.i. der sie zuerst braute, z.B. besonders der »Broihan« (Broyhan) nach seinem Erfinder Broihan aus Stocken bei Hannover, oder die »Mumme«, ein Braunschweiger Bier, so genannt nach Christian Mumme, einem Brauer, der es 1492 zum ersten Mal braute. Später wurden beide Namen zum Sortenbegriff und es wurde in ganz Deutschland Broihan, ebenso Mumme gebraut. Besonders die letztere erwies sich als vorzüglich haltbares Seebier, so dass man geradezu eine spezielle Schiffsmumme, auch englische Mumme genannt, von der Landmumme unterschied. Man unterschied von der Mumme noch mehrere andere Sorten, so eine einfache und eine doppelte Mumme, ferner eine im März gebraute März- oder Erndtemumme und endlich eine Kirschmumme, in welche Kirschen ausgedrückt wurden, welch letztere aber bereits in das Kapitel »Das Bier in der Küche« zu verweisen ist. Conrad Broihan ist anno 1570 gestorben und in Hannover mit großem Pomp begraben worden. Ihm zu Ehren wurde auch noch bei seinen Lebzeiten eine kupferne Denkmünze geprägt mit der Aufschrift: »1546. B. H. T.« d.h. Broi-Hans-Teiken. Zwischen dem H und T findet sich die Abbildung eines Hahns.

Andererseits wurden' Biere nach ihren Konsumenten benannt, so der bereits oben erwähnte Paternus, und der Covent.

Auch das englische Porter hat seinen Namen von den Lastträgern (porters), die es am meisten tranken.

Dass nach dem Orte viele Biere ihre Namen erhielten wissen wir bereits und es erübrigt nur noch einige weitere Beispiele aufzuzählen, so das Belgernsche, von dem ein lateinisches dictum sagte »Belgerana est omnibus sana«, ferner das Braunschweiger (wir lernten es bereits als Mumme kennen), das Breslauer (wir werden davon noch unter dem Namen Scheps hören), das Danziger (eine besondere Sorte heißt Jopenbier), das Erfurter, das Frankfurter, das Gardelebener (geradezu Garley), das Grätzer, das Goslarer (geradezu Gofe genannt), das Hamburger, das Leipziger, das Lübecker, das Magdeburger, das Pasewalker (geradezu Pasenelle), das Zerbster u.a.m. Ich nenne nur die wichtigsten, vielen werden wir noch begegnen. In diese Klasse gehört auch das verschiedene Klosterbier, weil es im Kloster gebraut wird, doch kann es auch seinen Namen davon haben, weil es von Klosterbrüdern getrunken wird, dann gehört dieser Name in die vorige Gruppe.

Auch die Zeit, wann ein Bier gebraut wurde, war namengebend. So gibt es Märzenbier. Ferner nach der Zeit wann es getrunken wurde, das Nonenbier (cerevisia nonalis), weil es den Mönchen um die neunte Stunde (nonae) verabreicht wurde, also nicht etwa Nonnenbier.

Nach dem Preise wird das englische Twopenny, das Brüsseler Sechs-Soubier und das deutsche Fünfpfennigbier benannt.

Nach den Gefäßen hieß ein Berliner Bier des siebenzehnten Jahrhunderts Kupenbier, da es in großen Kufen aufbewahrt wurde und sowie wir auch heutzutage von abgezogenen Flaschenbieren im Gegensatz zu Fassbieren sprechen, so gab es z.B. zu Delft, auch im siebenzehnten Jahrhundert ein Bobbel-Bier (von bobbel, die Blase), auch Bottelbier (von Bottel, Flasche, das französische bière à bouteilles) genannt.

Auch die Farbe wirkte benennend, Weiß-, Rot-, Braun-, Grünbier, davon das Nähere im Kap. IX. Dort werden wir auch Namen wie »Die kühle Blonde« (Berliner Weißbier), »Amber« (gelbes Bier) oder »Black« (ein tiefdunkles, fast schwarzes Bier, daher der Name) begegnen. Abermals können wir auch hier die Mumme nennen, da Einige ihren Namen dem holländischen »mymer«, dunkel, ableiten.

Außer diesen einzelnen Namensgruppen gibt es noch zahlreiche, einzelne besondere Gründe für die Benennungen gewisser Biere, z.B. wenn ein Danziger Bier »Jopen« (Joppen ist nicht richtig) – »Joopen« Bier von joop (holländisch der Saft) und das Zerbster speziell »Würze«, das Zittauer – »Tunke« oder ein anderes »Brömmelbier« heißt, weil es ehelose Meister zur Strafe zahlen mussten; oder wenn ein Weißbier zu Königslutter »Duchstein« oder »Duckstein« auch »Tuckstein« heißt, weil es mit dem Wasser der Lutter gebraut wird, welche aus einen Duckstein (einem lehmigen schwammartigen Boden) entspringt. Für einzelne Biernamen kursieren sogar mehrere Deutungen, z.B. für die bereits genannte Mumme. Entscheiden ist aber nur die uns bereits bekannte, individuelle, die einzig historisch richtige, obwohl Manche auch von einem früheren englischen Biere »mum« wissen wollen und

Andere ein komisches, aber dummes Geschichtchen auftischen, demzufolge einst ein Ochse in eine Gesellschaft von beratenden Biertrinkern eingedrungen sein soll, nach dessen Gebrüll »Mum – mum« sie ihr Bier benannt hätten. Endlich bringen Manche die Etymologie der Mumme mit Ottfrieds und Notkers »mammen« lieblich sein und »mamunti« Lieblichkeit zusammen. Sowie für die Mumme verschiedene Etymologien versucht wurden, so geschah es für den Broihan. Auch hier ist diejenige, den Namen vom Erfinder abzuleiten, die einzig richtige, doch deutete man es auch als »Brau den Hahn« und als Metathese von »Hannobera«. Solche krampfhaft gesuchte Etymologien sind natürlich lächerlich, wo doch die Ableitung vom Namen des Brauers auf der Hand liegt. Sehr viel wurde schon über die Benennung des Bockbieres debattiert und geschrieben und ganze Historien gibt es darüber. So ist besonders eine Erklärung des Namens Bockbier wichtig, welche dem Münchener Stadtbuche von Joh. Meyer entlehnt: »Und es saßen einst Herzog Christoph, genannt der Kämpfer und ein Bruder Albrecht II. im Bankensaal ihrer Hofburg und zechten. In ihrer Gesellschaft befand sich auch ein braunschweiger Ritter, der als Gesandter am bairischen Hofe weilte. Diesem setzten die Fürsten einen tüchtigen Humpen guten, echten Braunbieres aus dem herzoglichen Hofbräuhause in München zum Frühtrunk vor; der Ritter tat einen guten Zug; aber bald setzte er den Humpen ab und legte seinen Mund in saure Falten. Er lästerte, es sei gar kein Bier, sondern nur ein brauner Essig. Ja, er vermaß sich zu behaupten, er wolle den baierischen Herzögen einen Trunk senden, den man in der Stadt Einbeck braue, den aber kein bairischer Brauer, selbst der Braumeister des Hofbräuhauses nicht, nachzumachen im Stande sein würde. Darob ergrimmten die beiden Herzöge, namentlich Christoph der Kämpfer, der Urbaier, höchlich! Sofort ließen sie den Hofbraumeister herauskommen und Herzog Christoph fuhr ihn gar ungnädig an: »Du loser Schalk! Haben wir dich deßhalb immer gnädig gehalten und sind mit dir nie karg verfahren, weder in Geld noch in unserer Gnade, daß du uns lässest hier von unseren Gästen zu Schanden werden, also daß sie sagen, wir setzten ihnen eitel braunen Essig vor, statt Bier?« – Da wollte sich der Braumeister verdefendiren, allein der Braunschweiger lachte und sprach: »Laß es gut sein, du magst in deiner Kunst sehr erfahren, aber nie wirst du im Stande sein, ein Bier zu brauen, wie es hier zu Lande nicht noth, denn wenn Ihr mit dem zufrieden seid, dann verlangt ihr nicht nach besserem.« Da gerieth das leicht entzündliche bairische Blut in jähen Zorn und der Braumeister rief mit lauter Stimme: »So möge ein Gewett entscheiden! So ihr, wie man sagt, in Jahresfrist wieder nach München kommt, so bringt ein Faß eures Bieres anher und ich will ein Faß sieden, so dem von euch wohl obsiegen soll oder ich will der schlechteste Meister sein und ihr o Gnaden sollen mich auf einem Esel verkehrt aus der Stadt ausreiten, auch alle meine Habe zu euren Gunsten verlustig werden lassen.«

Da lachte der Braunschweiger noch mehr und setzte 200 Gulden als Gewett entgegen. Die Herzöge aber verbürgten sich für ihren Braumeister; der Bürgermeister Balthaser Riedler und Herzog Christophs Hofmeister, Christoph von Parzberg, aber für den Braunschweiger. Ein Jahr war bald herum, Woche für Woche, Monate für Monate vergehen. Und endlich kam auch der Tag der Entscheidung. Es war der erste Mai. Der Braunschweiger war schon zwei Tage vorher mit einem mächtigen Fass Einbecker, das gar lieblich mit Tannenreis geziert war, in München erschienen und hatte das Bier, damit es ausruhe, im fürstlichen Keller und eigener Bewachung verwahrt. Am 1. Mai beriefen die Herzöge die Bürger und Kämpfer zusammen. Viele von der Ritterschaft und auch der hohe Rat der Stadt München wurden geladen. Im Hofe der herzoglichen Burg waren Galerien aufgeschlagen und schön mit bunten Teppichen, Tannenbäumen und Kränzen geschmückt. Hier nahmen die edlen Fräulein platz, das seltene Gewettspiel mit anzuschauen. Da um 9 Uhr früh traten die Kämpfer in den Kreis und gelobten ihre Wette ehrlich und ohne Falsch auszustreiten. Darauf wurden die Bürger ihres Eides entlastet. Und es flogen die ehernen Krahnen in die Bäuche der Fässer und das edle Nass ergoss sich schäumend in die Humpen. Diesmal verzog der Braunschweiger das Gesicht nicht, aber er meinte geringschätzig: »Das mag wohl ein guter Trunk sein, aber nur für eure Weibsen, denn Kraft ist keine mehr darinnen«. – »So, meint ihr, gnädiger Herr?« entgegnete siegesbewusst der Braumeister. Und er befahl einem Brauknecht zwei Humpen herbeizubringen, von denen jeder 2 ½ Maß Baierisch hielt. Beide Riesengefäße wurden aus den beiden aufliegenden Fässern bis zum Rande vollgefüllt. »Gesegn' euch Gott den Trunk vom Münchener Hofbräuhaus«

und reichte ihm den Humpen, »ich will den euern auf euer Gnaden Wohl leeren! Und wer nach einer halben Stunde noch auf einem Beine stehend einen Zwirnsfaden in eine Nadel einfädeln kann, der hat die Wette gewonnen.« – Das war dem Herrn von Einbeck recht und der Strauß begann. Beide Kämpfer setzten an und leerten ihre Humpen bis auf die Nagelprobe. Nun ging die Burgpflegerin auf ihre Stube, in welcher sich ein Geißlein befand, von dessen Milch der Pflegerin krankes Mägdelein trinken musste, um Nadel und Zwirnsfaden zu holen.

Als sie heraustrat, entwischte das Geißlein und sprang in den Hof, gerade als sich die beiden Kämpfer auf ein Bein stellten. Der Braumeister hatte seine Nadel schon längst eingefädelt, als der Ritter seine Nadel schon zum dritten Male hatte fallen lassen. Plötzlich torkelte er um und kugelte unter vergeblicher Anstrengung, sich wieder auf die Beine zu stellen, am Boden herum. »Ei, edler Herr,« lachte der Braumeister, »was ficht euch an, dass ihr auf dem Boden herumkugelt?« – Da lallte der Ritter mit schwerer Zunge: »das Böcklein da, das hat mich umgestoßen!« – »O nein,« lachte Herzog Christoff vergnügt ob des Sieges seines Braumeisters. Dieser aber meinte: »Dies Böcklein hat euch so wenig getan, als mir Euer Einbecker. Der Bock, der euch umgestoßen hat, den hab ich gesotten.« Das war ein Jubel im Burghof. Bis in die Pfistenergasse und zum »Platz« drang die Kunde, drang der Sieg des Hofbraumeisters, der einen Bock gesotten, der den Braunschweiger Ritter in den Sand geworfen. Der Meister wurde reich beschenkt, der Braunschweiger aber verlor seine 200 Gulden, und zog beschämt nach Hause, nachdem er seinen Rausch ausgeschlafen hatte. »Seht,« sagten die Leute, als er fürbass ritt, »das ist der, den des Hofbraumeisters Bock gestoßen.« Zum Andenken an jenes große vaterländische Ereignis wurde im Frühjahr lange Zeit nur ausschließlich im Hofbräuhause das starke süße Bier gebraut, das noch bis in die spätesten Jahrhunderte hinein »Bock« genannt werden möge.«

Das böhmische Gegenstück zum deutschen »Bock« ist der »Samec« (Samec heißt soviel wie Bock); doch wird hier ein anderer Grund für diese Benennung angegeben. Der alte Samec, der gewöhnlich in andere Biere der Mischung wegen gegossen wurde, brauste auf und wirkte gleichsam männlich befruchtend – daher Sametc. Jedenfalls hängt »Samec« auch mit der lateinischen Benennung des

Saazer Biers im 17. Jahrhundert logisch zusammen, welches »masculus« genannt wurde, »eo, quod aliis collata vere masculescere vidctur.« Heute mag freilich der Name Samec nur mehr eine Übersetzung des deutschen Bock sein. Auch Komposita vom Bock finden sich, so der »Bocksbart« in Wantenburg oder das »Bockhinger« in Wollin (in Pommern). Tiernamen für Biere gibt es übrigens mehrere und der Bock steht nicht vereinzelt da, denn vor Allem kann dem »Bock« der »Scheps« (Schöps) Breslau's an die Seite gestellt werden. Diesem widmet Raab in seinen »Bildern aus dem Reiche der Getränke« ein eignes, das achte Kapitel, unter der Titelüberschrift: »Ein Bierveteran und der Schauplatz seiner Taten«. Außerdem gab es in Schweidnitz einen »Stier«, in Frankfurt einen »Büffel«, in Jena einen »Maulesel«, im Braunschweigischen, besonders in Dasseln, einen »Hund«, im Bremischen den Stader »Kater« und in Wittenberg einen Kuckuck. Nach einigen soll auch das »Clune« in Mecklenburg und Gröningen, das Andere von dem holländischen Worte »kloen« Knäul (weil es Fäden zieht) ableiten, seinen Namen von clunae (Affen) besitzen, da es die Trunkenen zu Affen mache, sowie auch das Nimweger »Moll« von »moll« (Maulwurf) aus ähnlichem Grunde seine Benennung habe. Außerdem hieß das Stendaler Bier – »Taubenschwanz« und das Delitscher »Kuhschwanz«. Diese Tiernamen bezeichnen schon die Wirkungen der einzelnen Biere, welche, wie wir im Weiteren sehen werden, ein großes Kontingent von Biernamen stellten. Personen – und zwar Zunamen haben wir im Broyhan und der Mumme gefunden und als Vornamen müssen wir des Brandenburger »alten Klaus« (antiquus Nicolaus) sowie des Dortmünder »Adam« und besonders des Hanselbiers erwähnen über dessen Etymologie und über welches Bier überhaupt, der bereits rühmlich genannte Dr. Pruck-Mayr ebenfalls im Gambrinus eine eigene wissenschaftliche Betrachtung publizierte. Auch der Vorname »Heinrich« findet sich für eine besondere Bierart (dieser hängt auch mit Heinzelbier zusammen). In diese Namengruppe gehört auch der Biername »Israel« in Lübeck.

Ein anderer Biername, welcher eine doppelte Etymologie zulässt, ist »Kniesenack« ein Mecklenburgisches, besonders in Güstrow, gebrautes Bier. Einige, selbst Adelung, leiten es von dem slavischen Worte »knêz« Fürst, Priester, ab wofür auch die deutsche Benennung

»Herrentrank« spricht. Andere verweisen aber wieder auf das dänische »kneisenakke« was so viel, wie eine Kokette bedeutet, von »kneise med nakken« d.h. den Nacken steif tragen. Möglich dass damit auch die Wirkung des Bieres ausgedrückt werden soll, wie es so oft der Falls ist und dürfte dieser Ausdruck wie so viele andere aus dem Dänischen herübergenommen sein.

Ähnlich dem Namen »Kniesenak« ist ein anderer »Hartenak«. So hieß ein Bier zu Frankfurt a.d. Oder, sowie auch zu Lübeck. Eine höchst originelle, einzeln stehende Benennung führt auch ein Mecklenburger Bier, das da »Pipenstael« d.i. Pfeifenstiel genannt wird und dessen Name auf die enge Allianz des Bierkruges mit der Pfeife hinzuweisen scheint.

Aus der großen Anzahl von Namen sei noch besonders als Kuriosum angeführt das Leipziger »Rastrum«. Das lateinische Wort bedeutet so viel als Karst, Egge und es ist auch ein schlechtes Bier, dessen Name eine Parallele zu dem Weinspitznamen »Rachenputzer« zu sein scheint. Übrigens wurde ein Wolliner Bier geradezu »Rachenputzer« genannt.

Eine andere Biernamen-Kuriosität ist auch der »Todtenkopf« für welchen sich auch die Benennung »Wittenkiel« findet. So wurde eine besondere Abart des Breihan im Herzogtum Braunschweig und zwar in Schöningen genannt. Jena hatte drei Arten, das bereits genannte, auch unter dem Namen »Klatsch« gebräuchliche Stadtbier »Maulesel«, ferner ein Dorfbier »Dorfteufel« und das Beste, »Menschenfett« geschimpfte. Das Erfurter führte den Namen »Schlunz«, das Mauensche »Zitzenille«, das Münstersche »Koite« von dem holländischen Wort »Koyt« – Bier, womit wohl auch das Wettiner »Keuterling« zusammenhängt. Endlich ein onomatopoetischer origineller Biername die Eckernförder »Cacabella« oder »Kakabulle« im Holsteinischen. Auch in diesem Namen liegt die Wirkung und zwar, die purgierende, niedergelegt. Ebenso wirken viele Biere besonders Urintreibend und andere z.B. die Gose als Aphrodisiakum, weshalb sie auch »Ehestandsbier« genannt wird und in dem Namen des Eylauer Bieres liegt sogar die Frage: »Wo ist der Magt bet?« und das Bier von Nimwegen hatte den Namen »Jucksterz« ein Kompositum aus dem Imperativ von jucken und sterz (Penis). Analog lautet der Name des Merseburgers – »Streckefisel«. Gegenüber diesen erotisch und obscön wirkenden Bieren, war z.B. der »Fitscherling« in Frankfurt a. O. ein schamhaftmachendes Bier. Die verschiedenen Tieren entlehnten Namen weisen, wie wir schon erwähnten, besonders auf die Wirkung hin. Es soll der Bock, Stier usw. störrig und stößig, Scheps lustig und springend machen, das Dasslicher Bier wird wohl darum Hund genannt, weil es im Leibe knurret und murret usw.

Ähnlichen Gründen verdanken andere Biere ihre Namen, so der Hallische »Puff« weil er dem, der viel davon trank, einen puff gab oder aber der, welcher viel davon trank, Puffe austeilte und rauflustig wurde. Heißt doch z.B. ein anderes, das Merseburger sogar »Mord und Todtschlag«. Umgekehrt heißt es von der »Zitzenille« dass sie einen sehr ruhigen Rausch erzeugt und das Segritzer Bier heißt: »Fried` und Einigkeiten.« Ein Rausch von Eislebener Bier muss gar toll wirken, denn Eislebisch Bier führt den Spitznamen »Krabbel an der Wand« oder auch »Schlacknack« und ein Breslauer Weißbier hieß »der tolle Wrangel«. Manche Biere stimmen wohl besonders sanglich, denn es heißen z.B. das Frauenburger: »Singewohl« und das Zinter – sogar »Lurley«. Weniger Vertrauen erweckend und einladend heißen das Grawdunger Bier »Krank Heinrich«, das Grimma'sche – »Bauchweh«, das Lutzenroder »Auweh!« Das Bier von Mewe: »O, Jammer!« von Heilsberg: »Schreckengast« u.a.m. Ganze Sätze selbst dienten manchen Bieren als Namen, sie erinnern gleichsam an die langen Namen jenes historischen englischen Parlaments. So hießen

das Boitzenburger Bier	Biet den Kerl d.h. Beiß' den Kerl,
das Buxtehuder	Ich weiß nicht wie.
das Danziger	Wehre dich.
das Eglauer	Wo ist der Magt bet?
das Hohensteiner	Ich halte es.
das Leimbacher	O wie!
das Lauenburger	Es wird nicht besser.
das Riesenburger	Speie nicht! usw.

So hätten wir denn die wichtigsten Namen in gewisse Kategorien gebracht; außerdem gibt es noch eine ganze Legion, die ich mit den bereits genannten der Übersicht wegen am Schlusse dieses Kapitels noch in einem kleinem Lexikon alphabetisch zusammenstelle. Das Bemerkenswerteste habe ich in dieser Einleitung zu meinem Lexikon bereits vorweggenommen und es erübrigt mir nur noch zuvor die verschiedenen Versus memoriales zu citiren, worin mehr oder weniger Biernamen beisammen genannt werden; sowie einzelne auf spezielle Biernamen lautende Stellen und Zitate zu allegieren. Vor Allem finden sich in der Falkensteiner Chronik von Schwabach folgende Verse:

Leipzig, sonst die Lindenstadt
Rastrum in dem Keller hat,
Hall' kann mit dem Puff stolziren
Und dahin die Säuffers führen;
Wittenberg den Kuckuk zeigt,
Breslau ist zum Scheps geneigt,
Halberstadt den Breihan braut,
Gardeleben Garley schaut,
Mord und Todtschlag droht Eisleben,
Goslar kann uns Gose geben,
Kyritz Fried und Einigkeiten,
Braunschweig brauet Mumm bei Zeiten,
Gustrau schenkt uns Kniesenack,
Colberg trinkt uns zu das Black,
Keuterling Wettin uns schenket,
Rummeldeuß an Ratzburg denket.
Delitsch hält den Kuhschwanz her,
Herford hat an Kamma Ehr,
Osnabrück kann Buse zeigen,
Witte will in Kiel nicht schweigen,
Jena hat Dorffteufels gnug,
Israel macht Lübeck klug.
Helmstädt muß Clapit ausschenken,
Junker muß an Marburg denken,
Münster schenket Koite ein,
Königslutter Duckestein,
Eckenforder Cacabulle
Brandenburg giebt alten Klaus,
Wartenburg schenkt Bocksbart aus.
Zerbster Würze läßt sich trinken,
Gera will in Angst versinken,
Wernigerode hat Lumpenbier,

> *Boitzburg Biet den Kerl zur Zier,*
> *Dransfeld Hasenmilch verkaufet,*
> *Brockhuß nach dem Wollsack laufet,*
> *Königsberg hat Preussing feil,*
> *Pattensen braut Pohk mit Weil,*
> *Wenn man in die Kehlen gießet.*

Viele Namen sind uns schon aus dem Vorhergesagten bekannt, doch treffen wir in den genannten Versen noch neue und in unserem Lexikon, wo wir ein möglichst vollständiges Namensverzeichnis bieten wollen, werden abermals neue Namen auftauchen.

Nun will ich aber zuvor noch einzelne auf spezielle Biere bezügliche Verslein, wie ich versprach, zitieren, weil sie mir zur Charakterisierung der betreffenden Biere dienlich erscheinen, sie bilden aber zugleich einen Beitrag zum letzten Kapitel, zur »Poesie des Bieres«.

Besonders reich an Versen besungen erscheint die Gose:

> *Es ist zwar ein sehr gutes Bier*
> *Die Goslarische Gose;*
> *Doch wenn man meint, sie sei im Bauch,*
> *So ist sie in der – Hose.*

In diesen vier Zeilen ist die Güte aber auch die Purgierfähigkeit der Gose geschildert. Ein anderes Quatrain ist folgender Klapphorn:

> *Zwei Dresd'ner prüften einen Trank,*
> *Der And're sprach: 'S ist bayrisch Schank,*
> *Der Eine sang: 'S ist Gose –*
> *Es war Corinthensauce.«*
> *Oder vice versa:*
> *»Auch in Leipzig, an der Pleiß,*
> *Gibt es gute Gose,*
> *Sieht sie auch so gelblich aus,*
> *Schmeckt wie Wein mit Sauce.*

Aus den »Weisheetsregeln eines alden Leibz'gersch« entnehme ich einen Wink für angehende Gosentrinker von Edwin Bormann:

> *Wennste probst der Gose Saft*
> *Wappne dich mit Heldenkraft,*
> *Denn du weeßt nich, werd dei Magen*

> *Ja un' Amen derzu sagen?*
> *Drum bevor de rechde Hand*
> *Noch um's Stengelglas sich wand,*
> *Leg' aus Vorsicht deine Linke*
> *Uf de Stuwendhierenklinke.*

In Gohlis, wo dem Menschen so wohl is, singt man:

> *Die Gose schmeckt frühmorgens gut,*
> *Nicht minder zu Mittage;*
> *Nachmittags sie nicht schaden thut,*
> *Ist Abends keine Plage.*
> *Auch soll ein feines Göselein*
> *Um Mitternacht sehr dienlich sein.*

Endlich besitzen wir aus dem achtzehnten Jahrhundert noch einen langen Poetischen Erguss, den ich wiedergeben will:

Ein Pladdütsch Gedichte

in welchen Dat Himmel-seüte Goßlär'sche Beir siene innerlicke Dögend beriement un dem günstigen Leser taur Nachricht vor dei Ogen stellet.

> *Et wör twar unvondaun dat eck hier fülfest stünne,*
> *Un lofe minne Döegt de sau veel dusend Münne*
> *Veel hundert Jahr erfrait, da nu der gantzen Welt*
> *Aßt achte Wunder Warck vorlängst iß vorestellt.*
> *Doch dat eck desto mehr ein jeden gah tau Kragen,*
> *Sau wil eck ock einmahl mien lof tau Marcke tragen,*
> *Un reumen minne Krafft, sau wert ein jeder wieß,*
> *De Gose sy en Spring vam edlen Paradieß.*
> *Drum höret flitig tau ji Jungen mit den Olen,*
> *Un lehret wat ji schült van meinen Saffte holen,*
> *Eck heff van wiesen Lün vor langen Jahren hört,*
> *De gue Beucker kennt de sy all halff gelehrt.*
> *Sau dünkt merk sy et ock met natter Woche bewennet,*
> *De lefft noch halff so woll, wei dei taum besten kennet.*
> *Will öhn Melanckoly un andere Dorheit plagen,*
> *Sau kan de gue Drunck de Noth vam Harten jagen.*
> *Nu dat ji mögt tau erst van miener Herkunfft wetten,*

Sau wilck mien Vaderland hier tau Papiere fetten;
Dat iß de ole Stadt, de Goßlär warte neumt
De seck mat Prieß und Ehr van Kanzsers Friheit reumt.
Ja miener Lannes-Stadt kann dat am meisten baten,
Dat seck in öhren Schort hefft Kaysers nedder laten,
Dat böhrt meck utem Stroh, dat mackt dei Gose wehrt,
Dat man se for en Drunck des Römschen Rieckes ehrt.
Tau deme wer eck nich van Hafer-Kafe bruet,
Aß mannig Pittipat, davor den Düfel gruet
Van klaren Weiten-Moolt kumt all mien Krafft und Macht,
Dat iß de güllen Glantz die ut der Gose lacht.
D'rum loft meck jung un oolt, un mögt meck geren rucken,
Kriegt sei meck forren Hals, help Gott wo künt sei schlucken,
Sau lang deit mancher nich tau Godde sien Gebet,
As hei den Höfet-Krauß vorm dörstgen Halse het,
Vergefens daut feet nich, man kan dat balle marken,
De meck rechtschapen supt, de mestet aß en Farken,
Dat glätzern Fruen-Volck dat mack eck prick un prall,
Oehr gantze Hinterstell wert as en dubbelt Ball.
Ja wat dat beste is van allen mienen Früchten,
De meck by klücken drinkt, da kan ock brafe tüchten,
Will einer sienen Halß mit Gose woll verwahren,
Da kan seck rechte braff mit siener Fruen paaren.
Dal marck de Meumckens woll, drum seht set leident geren,
Dat öhre Vaders mögt den Kraus mit Gose böhren:
Drinckt se süs ander Beer potz hergt wo kifft dat Wieff,
Se marck, et folgt hierup taum Döpen schlecht betrieff.
Darum we tüchten wil un siene Art vermehren,
De maut van Jugend up de Gose trinken lehren,
Kan he denn for ein Mann bier Meuncken nich bestahn,
Sau mag he seck by tien taur groten Gille schlan.
Tau lest, san kan eck dat met allem Rechte seggen,
Van meck schall nemmes nich den Kop taur halse leggen,
Hätt einer schon van meck recht schwarn Töge dahn,
Sau kan hees Morgens doch an siene Arfeit gahn
Un dat eck jo noch mög en Meercken hier vertellen,
Sau will eck affe Tüegen hier miene Navers stellen,
Hannauver, Bronsewieck, ja Hilmsen boren ut,
Dar segt se Junck un Olt, de Gose de is gut.

Ja dat se meck dar hoolt vort beste vam Geträncke,
Dat tüngt de Nie-Schae, un öhre Nien-Stäer Schencke,
De hoolt se meck tau Ehrn, dar drinckt' en Gödderdranck,
Dar frait seck manche Seel, de vor was matt un kranck.
Sau sy nu kort un guht de Gose hier beschrefen,
Ein jeder deucker tau, wenn he well lange lefen,
Sau trinck he Goßlarsch Beer, dat let nich undergahn,
Darna kan Junck un Oolt mit Loff vorm Türe stahn.
Will einer aferst nich van meck seck laten seggen,
Sau mag he siene Mund by dünne Drüncke leggen,
Wenn kümt Podall un Kolck, gar tiedig mot hei fort
Drum supet Wieff un Kind, düt sind de lesten Wort.

Ein moderneres Gosenlied, das nach der Melodie »Steh' ich in finstrer Mitternacht« gesungen wird, entnehme ich dem von Müller von der Werra redigierten Allgemeinen Deutschen Reichskommersbuch:

Die Gose ist ein feiner Trank,
Sagt dem Erfinder dafür Dank,
Sie löschet stets den größten Durst,
Auf Sauerkraut und frischer Wurst.

Besonders wenn sie hell und klar,
Fein schäumend stellt dem Blick sich dar,
Und der Geschmack wie kühler Wein,
Dann schenkt man sie behutsam ein.

Steckt man die Nase in das Glas,
Und prickelt kohlensaures Gas,
Auch ihre Farbe grüngelb ist,
Dann trinkt sie jeder gute Christ.

Von Goslar hat den Namen sie,
Weil dort man gab sich viele Müh'
Zu brauen einen Weizensaft,
Der edelste Begeist'rung schafft.

Jetzt braut man sie in Döllnitz nur,
Kein andrer Brauer fand die Spur,
Wie es mit dem Geheimniß sei,
Brach sich umsonst den Kopf entzwei.

In ihren Flaschen pfropft sie sich,
Sobald sie gährt, gar wunderlich;
Denn etwas Hef' sitzt obenauf,
Als wär' ein alter Kork darauf.

In Leipzig trinkt man sie sehr gern,
Auch auf den Dörfern, die nicht fern:
In Eutritzsch, Gohlis, Lindenau,
Als wär's der beste Himmelsthau!

Weinsäuerlich soll sie nur sein,
Dann schlürft man sie behaglich ein,
Trinkt einen Kümmel noch dazu, –
Herzbruder, Pros't, auf Du und Du!

Auf die Gose will ich mit logischer Berechtigung, auf Grund einer Ideenassoziation, sofort die Cacabulle folgen lassen:

Cur Eckefordensis potus Cacabella vocatur?
Nonne, quod haec bene pota cacare facit?

Auch das Leipziger Rastrum ist in einem lateinischen Vers von Taubmann verewigt, der zugleich ein Wortspiel enthält: *Non propter rastrum, sed propter amabile rostrum Virginis, ad rastrum plebs studiosa venit*; d.h. nicht wegen des Rastrum, sondern wegen der liebenswürdigen Schnäbel der Jungfrauen kömmt die studierende Jugend zum Rastrumtrinken. Über das Rastrum schrieb Dr. Pruck-Mayr mit Benutzung des Wörterbuchs von Johann Christian Adelung (Wien 1808) und anderen Quellen folgende Notiz: »Der Rastrum, der eigentliche Name des gemeinen Stadtbieres zu Leipzig. Da fast an jedem Orte das daselbst einheimische Bier seinen eigenthümlichen Namen hat und dieser oft auf einen Scherz gegründet ist, so glaubt Frisch, daß ein solcher auch hier zum Grunde liegt. Rastrum bedeutet im Latein einen Karst oder Rechen; vielleicht glaubte Frisch, daß der Name des Bieres eine Anspielung auf dessen schlechte, im Halse kratzende Eigenschaft sei, welche es doch nicht hat, ob es gleich übrigens ein dickes, schweres Bier ist. Allein es hat seinen Namen allem Ansehen nach einer ernsthafteren Figur zu danken. Das Zeichen solcher Häuser, wo Rastrum oder Stadtbier geschänkt wird, war vor

Alters ein eiserner Rechen (Rastrum) mit einem darauf gesetzten langen Glase oder Topfe, daher der alte deutsche Übersetzer, Pantagruels von Rabelais, schon des Leipzigischen Rechenbieres gedenkt. Noch jetzt hat das Kreuzholz, welches solchen Häusern zum Zeichen dient, einige Ähnlichkeit mit einem Rechen, obgleich das darauf stehende Glas oder die Kanne die Gestalt eines Kegels bekommen hat. Übrigens kommt Burgerastrum, Borgeraste, Borgerasa, Borgeralstrum, Orgerasto, Burgacea u.s.f. bei Dufresne und Campentier häufig von einer Art eines bei den Mönchen in den mittleren Zeiten üblichen sehr süßen Getränkes vor, welches noch von dem Pigmentum verschieden war, aber mit unserem Rastrum nicht die geringste Verwandtschaft hat, man müßte denn erweisen können, daß Rastrum ehedem ein allgemeiner Name eines süßlichen Getränkes gewesen, welchen man hernach den süßlichen Stadtbieren gegeben und aus Urkunde der Bedeutung es von einem Rechen erkläret, der denn aus dieser falschen Etymologie das Zeichen eines solchen Bieres geworden.«

Von böhmischen Bieren ist das Rakonitzer in folgendem Verslein verherrlicht:

> *Unus papa Romae,*
> *Unus portus Anconae,*
> *Una turris Cremonae,*
> *Una Ceres Rakonae.*

Drei Biersorten zugleich, worunter auch das Rastrum, sind in folgendem, halb deutsch, halb lateinischen Vers beisammen genannt: *Eyn topff scherpentum zwen rastrum dat span que coventum.*

Ebenso werden Garley und Klappit zusammen genannt: *Garlia bibit homo, caetera animantia Klappit*; oder ein anderer Vers, der des Klapit gedenkt: *Crux tibi signat Clapit, Witkrantius tibi dat Schietsack.*

Über das Helmstedter Klapit oder Klepit äußert sich auch der gelehrte Meibom, aber ungünstig in seinen Versen:

> *Noxius est tenuis labens in viscera potus.*
> *Corporis is vires, robur et omne clepit,*
> *Hinc olidi ructus et flaccescentia membra*
> *Turgidus hinc hydrops et luis omne genus.*

Auch über das Erfurter Schlunz findet sich in der Satire »de generibus ebriosorum« 1516 von einem unbekannten Autor ein Verspaar:

> *Ah, pereat, crassam praestet quicunque sodali*
> *Schlunz Rydegern; nunquam vina meraca bibat.*

Von demselben Schlunz soll nach Dr. Knaust sein Freund der Magister Ludolphus Prigius sich geäußert haben: *Schluntius, du schmeckst mir wohl in meinem Muntzius.* Ebenso findet sich das Scheps betreffend folgendes lateinische macaronische Verslein:

> *Scheps caput adscendit, nec scalis indiget ullis,*
> *Sessitat in stirnis, mirabilis intus in hirnis.*
> *O Scheps, Scheps, te libenter bibit omnis plebs.*

Ein anderes lateinisches Distichon rühmt den Broyhan: *Grandia si fierent summa convivia coelo, Broyhaunm superis Jupiter ipse daret.* Wogegen Chr. Weise sang:

> *Leipziger Breyhan schmeckt mir nimmer,*
> *Doch das Rastrum ist noch schlimmer.«*

Auch das Zerbster Bier, das wir bereits unter einem speziellen Namen »Würze« kennen und das mit rheinischem Wein verglichen wird:

> *Zerbster Bier und Rhein'scher Wein,*
> *Dabei wollen wir lustig sein*

ist in lateinischen Versen behandelt:

> *Si Servestani quis culpat pocula zythi*
> *Illi nec cerebrum nec caput esse prodest.*
> *Renibus et nervis cerebroque hic humor anucus*
> *Nulla unquam leprae semina foeda jacit.*

welche auch frei ins Deutsche folgendermaßen übertragen wurden:

> *Wer nicht das Zerbster Bier nach Würden will erheben,*
> *Dem aller Rebensaft nicht zu vergleichen ist,*
> *Der muß ohn' allen Witz und ohne Sinne leben,*
> *Ich sage, daß er gar Gehirn und Kopf vermißt.*
> *Dies sehr gesunde Bier verschleimet nicht die Nieren*

> *Und wer es öfter trinkt, der wird zuletzt verspüren,*
> *Daß er durch diesen Trank vom Aussatz sei befreit.*

Diesen Versen scheint ein poetisches Inserat eines Gastwirtes in der Danziger Zeitung nachgedichtet worden zu sein, der sein Gräzer Bier nach ähnlicher Schablone folgendermaßen anpreist:

> *Dat Beer gewt Schlag,*
> *De Win gewt Gicht,*
> *De Branntwein Kopper im Gesicht,*
> *De Porter ons das Blot verdickt*
> *Champagner gor de Been ons knickt,*
> *De Grogh makt domm, de Koffee blind,*
> *De Thee makt uns de Kraft to Wind.*
> *Dat, wa de Mensch noch trinken kann,*
> *Is Grätzer Beer, dat nährt den Mann,*
> *Makt fresch dat Hart,*
> *De Darmkens rein*
> *Und klor de Kopp und flink de Bein.*

Endlich ist auch die Mumme, die Braunschweiger Mumme, noch besonders poetisch verherrlicht. In einem plattdeutschen Volkswort: *Mumme un en Stümpel Vorst, Stillt den Hunger, löscht den Dorst.*

Und in einer Oper, »Heinrich der Vogler«, von dem Dresdner Hofpoeten Ulrich König gedichtet und dem Kapellmeister Schumann komponiert und 1719 in Braunschweig aufgeführt wurde, befindet sich ein Wurstlied, das in folgender Strophe das Lob der Mumme besingt:

> *Brousewik, du leife stadt vor vel dusend städten*
> *dei sau schöne Mumme hat,*
> *da ick vorst kann freten.*
> *Mumme schmeckt noch mal sau fin*
> *as Tokay und Mosler win,*
> *Slackworst füllt den Magen*
> *settet Neiren Talg.*
> *Kane dei Winne ût den Balg*
> *as der Schnaps verjagen.*

Überaupt sind Braunschweiger Wurst und Mumme Berühmtheiten, welche auch literarisch fixiert wurden. So erschien zu Schweinfurt im Lande Wurstan 1662 eine Schrift »Wurstologia et Durstologia nova et aucta« von Hans Darm. Vom Pilsner Bier sagt Wander: »Das Pilsner Bier ist blond, wie die Heldin einer Ballade, leicht wie das Gewissen eines Diplomaten, glänzend wie die Versprechungen eines Finanzministers und schäumend wie die Rede.«

Und mit den poetischen Stellen über die bayrischen Biere im Allgemeinen, denn das Bock haben wir bereits abgetan, vermöchte man eine kleine Broschüre zu füllen, doch will ich nicht zu sehr meinem Kapitel »Das Bier in der Poesie« vorgreifen, aber eine Berührung bayrischen Bieres, zugleich eine Buchstabenspielerei, will ich noch hier einflechten: »Brave, biedere, brauchbare Bierbrauerbursche bereiten beständig bitteres braunes, bayerisc hes Bier – bekanntes, besonders billiges Bedürfniß begnügsamer, behaglich beisammenbleibender, brüderlich besorgter Bürger. Bierfeindlich bethörte Bacchusjünger behaupten bisweilen bestimmt: Bier beherrsche Bayern, berausche bald, befriedige blos besoffene Bauern, beraube bessern Bewußtseins, beschränke blühende Bildung, begründe breite Bäuche, bereite Barhäuptigkeit, befördere blinden Blödsinn, breche bedauerlichen Begierden bedenkliche Bahn. Begeistert Bacchus besser, bleibet beim Bessern! Besinget Burgunder, Bordeaux, Brausewein, beschimpfet böswillig bayerisches Bier! Bevor Beweise Besseres bewähren, bleibt Bayern beim braunen Becherblinken, bleibt bayerisch Blut beim braunen Bier! Bernhard Benno Braun, bürgerlicher Bierbrauer.«

Ebenso finden sich auch andere Biernamen bei Poeten so hingeworfen z.B. bei Picander der Duckstein: *Hier hast du Kellergeld, laß frischen Duchstein kaufen;* oder das Sprüchlein: *Den keiterling sucht mancher Mann vor reformirten kofent an.*

Die folgende Stelle erscheint fast als ein Vorläufer der Goethe'schen:

Ein starkes Bier, ein beizender Tabak
Und eine Magd im Staat, das ist so mein Geschmack.

hab ich dies (Frauenzimmer) in allen Ehren,
keiterling und rheinschen Wein
will ich alles Bier verschwören.

Besonders Weise's »Überflüssige Gedanken« strotzen von Biernamen. Auch da heißt es vom keuterling: *Du angenehmer keuter-*

ling, es ist um dich ein edel Ding. Oder eine Häufung von Biernamen: *Kuhschwanz, Zerbster, Wurzner Bier, klatsche, duchstein, garley, Gose.*

So viele Quellen für Biernamen auch fließen, in jeder begegnet man einigen neuen Benennungen, so dass die Vollständigkeit erfordert, sie alle zu Rate zu ziehen. Nach dieser Einleitung schließe ich meine »Onomatologie und Nomenklatur der Biere« mit dem versprochenen

LEXIKON DER BIERNAMEN

Adam, in Dortmund.
Afterbier, – Nachbier.
Aimbock, Ainpock, in München.
Ale
Aliklaus, Alter Claus, in Brandenburg.
Angst, in Gera.
Antiquus Nicolaus, lat. Benennung f. Alter Claus.
Assenhäuser, Weiß-Bier bei Naumburg.
Augenblendig, ein Beiname eines Bieres für alte Leute, die nicht gut sehen.
Augustin, in München.
Auweh!, in Lutzenrode
Bairisch
Bastard, in Frankfurt a. O
Batzmann, in Frankfurt a. O.
Bauch, in Würzburg.
Bauchweh, in Grimma.
Beinecken, in Lüneburg
Beit den Kerl, = beiß den Kerl in Boitzenburg
Belgerana, lat. Bez. f. Belgernsches Bier.
Benichen, Lüneburger Weißbier.
Bess're dich!, in Dessel.
Beyderwan, in Frankfurt a. O.
Biet den Kerl! wie oben.
Binackel,
Bitterbier, bes. in Zerbst.
Black, dunkles Bier in Colberg (Pommern.)
Bleichbier = Weißbier.
Blerrkatze, in Marienwerder.
Block – Black
Blonde, in Berlin, bes. kühle Blonde.
Bobbelbier,
Bock, bes. in München.
Bockhinger, in Wollin.
Bocksbart, in Wartenburg.
Böcking, Borge nicht!, in Altenstein.
Bottelbier,
Brahward,
Braunbier,
Brausegut, im Harz, Bruckensteiner Bier.
Brauseloch, in Brandenburg.
Breihan,
Breyprott, in Frankfurt a. O.
Broihan,
Brömmelbier,
Brown-beer, engl. Bez. f. Braunbier.
Brown-stout, engl. Doppelbier.
Broyhan,
Bruse, in Osnabrück.
Bruynen Barendt – Brauner Bernhard in Friesland.
Bubarsch, in Magdeburg.
Buff, in Halle.
Büffel, in Frankfurt a. O.
Bürste, in Osnabrück,
Bulion, ein Lütticher Dünnbier aus Spelt.
Cacabulla, Cacabella, Eckernförder Bier
Casernenbrühe, in Zweibrücken
Clappit, Helmstädter Bier – Klappit v.d.
Claus, bes. alter Claus wie oben.
Clune, in Mecklenburg, ebenso in Gröningen von dem holländischen Worte »kloen« Knäuel, weil seine Teile, wie die Fäden in einem Knäul zusammenhängen, oder auch von Clunae (Affen), weil es die Trinker zu Affen macht.
Cofent, Coffent, corrumpirt aus Covent.
Convent,

Covent, bes. früheres Prager Bier.
Cuyte, holländische Bez. f. Bier.
Dasslich, Bier in der Stadt Dasseln im Braunschweigischen.
Dewsel, in Altenburg.
Dicke Brei, in Possenheim.
Dickkopf, in Eulenburg.
Doppel-Augustin, in München.
Doppelbier,
Dorfbier,
Dorfteufel, Jenenser Dorfbier.
Dortsergel, ein dem engl. Ale ähnliches Bier in Dortrecht.
Double-Stout, stärkeres, englisches Bier.
Dubbelt-Bier,
Duchstein, in Königslutter.
Duckstein,
Dünnebacken, in Osterode.
Dünnbier,
Durant, in Culmensen.
Egelei, in Egeln, Reg. Bez. Magdeburg.
Ehestandsbier, Bez. f. versch. Biere; bes. Beiname der Gose.
Einbeck, bes. das Bier in Grubenhagen.
Ein guter Kerl, Anagram von Keuterling v. d.
Erndtebier,
Es wird nicht besser, in Lauenburg
Exportbier.
Faro, eine Sorte Atherbier.
Farokraten, flandrisches Bier, bes. in Brüssel.
Fertzer, Fidelia, in Frankfurt a. O.; ein Bier f. alte Weiber.
Filz, in Magdeburg; auch in Rostock.
Fitscherling, ein schamhaft machendes Bier, bes. in Frankfurt a. O
Flaschenbier,
Flickebier, in Passenheim.
Foreign Stout, eine englische Biersorte für warme Klimate bestimmt.
Freudenreich, in Dürschau.
Fried' und Einigkeit, Dünnbier in Kyritz.
Füllewurst, in Welau.

Gammel Oel, in Kopenhagen.
Garlei, in Gardeleben.
Garley – Garlei.
Gerstenbier,
Gesalzen Merter, in Heiligenspiel.
Gingerbier – Ingwerbier.
Glatze, in Culmen.
Glückelshan, in Frankfurt a. O.
Godale, ein Doppelbier.
Gohse, Gose,
Gottvaterbier – Salvatorbier.
Gräsich, ein westphälisches Kräuterbier.
Grisette, eine Sorte Atherbier.
Guckguck = Kukuk v. d.
Haferbier
Halbander, bes. ein Covent in Preußen.
Halbbier,
Hanselbier,
Hanske, in Bamberg.
Harlemay, in Liebemühl.
Hartenack, in Lübeck.
Hausmuff, ein durch Wasser versetztes, dünnes Bier in Magdeburg.
Heidecker, ein Merseburger Bier.
Heiliger Vater, ein bes. Salvator in München.
Heinrich,
Heinzelbier,
Helschepoff, in Frankfurt a. O.
Hengst, ein Covent.
Herrentrank, ein Gustraner Bier.
Hiksebier,
Hock, weinähnliches, durchsichtig, hell.
Hölsing,
Hösing, in Wolgast.
Horlemotsche, in Frankfurt a. O.
Hosenmilch in Dransfeld.
Hoterbach, in Frankfurt a. O.
Hund, ein Corweyer Bier in Westphalen; auch in Dasseln, in Braunschweig.
Ich halte es, in Hohenstein,
Ich weiß nicht wie? in Buxtehude.
Iglauer, ein mährisches Bier.
Itax, in Frankfurt a. O.

Iammer, in Ostpreußen.
Ioopenbier, ein Danziger Bier vom holl. Worte »joop« der Saft.
Iopenbier dto.
Israel, Lübecker Bleichbier; auch Dortrechter Bier.
Iucksterz, in Nimwegen.
Iumber in Marburg.
Iunkerbier, in Danzig.
Kaiserbier, ehemals ein Wiener Bier.
Kalte, in Münster.
Kamma, in Herford.
Kater, ein Stader Bier.
Keiterling, ein Wettiner Bier, bei Halle.
Kelberzagel, in Marienburg; auch in Frankfurt a. O.
Keut, in Wettin,
Keuteljuchen, ein schwaches, dünnes Bier.
Keuterling, in Wettin.
Kicksverdenthun,
Kidegern,
Kinast, in Wormdit.
Kirbel, in Straßburg.
Kiwit,
Klapit, ein Helmstädter Bier.
Klappit, ein Helmstädter Bier.
Klawenich, in Neydenburg.
Klotzmilch, in Bautzen, von »klotzen« d. i. ankleben.
Knisenack (e), in Eisleben.
Koervinck, in Frankfurt a. O.
Kofent, Kovent, = Covent.
Koite, Koyte, in Münster.
Kolleber, ein Königsberger Convictbier.
Komma, in Herfort.
Kopfbrecher, in Torgau.
Krabbel an der Wand,
Krank Heinrich, ein Graudenzer Bier.
Krausemünze, in Rosenburg.
Krebsjauche, in Mühlhausen.
Kreser, in Frankfurt a. O.
Krewsel, in Rastenburg.
Kronski pivo, eines der besten russischen Biere.
Kufenbier,
Kuhrfink,
Kuhschwanz, ein Delitscher Bier; ebenso eines in Tangermünde.
Kühle Blonde, in Berlin, ein Weißbier.
Kühmaul, in Bartenstein.
Kühschwanz, = Kuhschwanz.
Kukuck, in Wittenberg.
Kuyte, holländische Bez. f. Bier.
Kvas, ein russisches Bier.
Kynast, in Wormdit.
Kyrmes, in Neuburg.
Lachbier,
Lachemund, in Wartenburg.
Lagerbier,
Lambik, ein Brüsseler Bier.
Landbier,
Langfahn, ein Meißner Covent.
Langfel, Langvel = Langweile v. d.
Langweile, ein schlesischer Covent.
Laucke, in Möllen, Herzogtum Lauenburg.
Leertasche,
Leertz, in Melsack.
Lieber Herr Lorenz! in Guttstadt.
Lorch, in Frankfurt a. O.; auch in Livland.
Lorche, ein liesländisches Bier; auch Bez. f. schlechtes Bier sowie schlechten Kaffee.
Loröl, in Thorn.
Löteraffe, in Frankfurt a. O.
Löwiginer,
Lumpenbier, in Wernigerode.
Lurley, ein Zieter Bier.
Lustiger Pater, in Corvei.
Mama,
Mammon,
Masculus, lat. Benennung des Saazer Bier.
Masnotz, in Teschen.
Maulesel, ein Jenenser Stadtbier.
Märzen, in Rostock.
Märzenbier,
Menge es wol! in Creutzburg.
Menschenfett, das beste Bier in Jena.
Mill, in Nimwegen.
Moca, Veraltete Bezeichnung f. Mumme.

Moll, in Nimwegen; auch ein Köpnicker Bier.
Mom de Bronsvic, franz. Bez. f. Braunschweiger Mumme.
Mord = Botner.
Mortpotner, in Frankfurt a. O.
Mord und Todschlag, ein Kywitzer Bier in der Altmark; auch ein Merseburger Bier; ebenso hieß ein Bier in Eisleben.
Muff, in Halle; auch in Halberstadt.
Mumia, Mummia,
Mumme,
Mungat, Nachbier in Island, Norwegen.
Mückensenff, in Frankfurt a. O.
Münster, ein früheres Bier in Wien.
Nachbier
Nasewisch, in Schippenheil.
Nicolaus, in Brandenburg.
Nonenbier,
Nöster, Covent in Hamburg.
Oehl, in Rostock.
Oel, Öl,
Ohne Dank, in Morungen.
O Jammer, in Weve.
O Stockfisch, in Heldt.
O wie! ein Limbacher Bier.
Owy = O wie! v. d.
O Zetter! in Schönecke.
Pasenelle, in Pasewalk.
Paternus,
Patersbier,
Petermann, in Ratzeburg.
Pharao, ein Dortweiler Dünnbier.
Pilsner,
Pipenstael, in Mecklenburg.
Plempelbier, ein gepantschtes Bier.
Plunder, in Jürgenrück.
Plutzerl, in Horn bei Wien.
Pohl, in Pattensen.
Porter,
Preussing, ein altes, fettes, dickes Danziger Bier.
Preibott,
Prisan,

Puff, in Halle.
Puffel, in Frankfurt.
Pumpernickel, ein Bier im Marktflecken Nercha bei Grimma.
Purl, ein aromatisches Bier.
Puse, in Osnabriick.
Quackeldeiß eine frühere Benennung der Cacabulla.
Quas – Kvas
Quête double, ein Doppelbier in der Picardie.
Quitschart, in Frankfurt a. O.
Rachenputzer ein Wolliner Bier.
Rakonitzer, ein böhmisches Bier.
Ramanach, in Glückstädt, zusammengezogen aus (»es rahmt was nach.«)
Rammeldeiß (t), ein Liebisches Bier.
Ramna, ein Horforder Bier.
Rarkatter, in Tolkemit.
Rastrum, ein berühmtes Leipziger Bier.
Reading beer.
Rennerkatter, in Pautzke.
Reuterling, ein Webbinger Bier bei Halle; auch in Weimar.
Raysselkopff, in Frankfurt a. O.
Rockenzagel in Stumm.
Roite, in Münster.
Rolah, in Thorn.
Rolingsbier, in Frankfurt a. O.
Roloch, in Thorn.
Rommeldeiß (t) – Rammeldeiß v. d.
Rorkatter, in Tolkemit.
Rummeldeuß in Ratzeburg.
Rutetorp, in Frankfurt a. O.
Saazer, ein böhmisches Bier.
Salat, in Frankfurt a. O.
Salvator, in München.
Salz es bas! in Fischhausen.
Samec,
Sausewind, in Reden.
Saure Magd, ein Königsberger Bier.
Schackrach, in Thüringen.
Schemper, eine Bez. f. Covent.
Scheusel, in Altenburg.

Schiffs-Mumme,
Schlacknack, in Eisleben.
Schlaner, ein böhmisches Bier.
Schleppenkittel, in Fischhausen.
Scheps, bes. ein Breslauer Weißbier.
Schlichtim, in Elbing.
Schlickerei, in Passeheim.
Schlipschlap, in Frankfurt a. O.
Schlucknach, in Eisleben.
Schlunz, ein Erfurter Bier.
Schmiere nicht! in Stolpe.
Schöps,
Schreckegast, in Heilsperg.
Schüttekappe, in Rittershaus, bei Braunschweig; auch auf Rügen.
Schwechater, berühmtes Wiener Bier.
Schüttelkopf, in Rüddagshausen.
Schweinspost, in Straßburg.
Schweis in Nacken, in Güstrau.
Schwente, in Neuteich.
Seebier,
Singewohl, in Frauenburg.
Single Stout, Bezeichnung für Porter.
Sohl den Kerl, in Hadeln.
Sollewurst, in Welau.
Soltmann, ein Gerstenbier in Salzwedel.
Sommertrank, in Zerbst.
Söhlrock,
Speie nicht! in Riesenburg.
Speisebier,
Sperpipe, in Frankfurt a. O.
Spülekanne, in Stargart.
Spülwasser, in Löbe.
Stadtbier,
Stadt-Mume,
Staffeling, in Frankfurt a. O.
Stampf in die Aschen, in Frankfurt a. O.
Stäffelin, in Frankfurt a. O.
Stähl den Kerl! in Hadeln.
Stier, ein Schweidnitzer Bier.
Streckefisel ein Merseburger Bier.
Streckelbörtzel,
Streckepertzel in Frankfurt a. O.
Stroheinger, in Frankfurt a. O.
Strutzing, in Löbe.
Stürzen Kerl! in Braunsperg.
Swädrikke, ein gewöhnliches Bier in Schweden.
Tafelbier,
Taraet, in Culmeser.
Taubenschwanz, das Standaler Bier.
Taubentanz,
Tepler, ein böhmisches Bier.
Tibi soli, ein Braunschweiger Bier, im Kloster zum h. Kreuz gebraut.
Tischbier,
Todtenkopf,
Toller Wrangel, ein Breslauer Weißbier.
Traficifium, lat. Bez. eines Lübecker Bier.
Trawöl, in Lübek.
Trinke! ein Covent.
Trumpe, in Neumark.
Tuchstein, ein Königslutter Bier.
Tuckstein,
Tunke, in Zittau.
Uytzet, ein Genter Bier.
Vasemann, in Frankfurt a. O.
Waldschlößchen, in Dresden.
Wehre dich! ein Danziger Bier.
Weißbier,
Weizenbier,
Witte, ein Kieler Bier, in Holstein.
Wittelaus in Kiel.
Wittenkiel, ein Schöninger Breihan.
Wo ist der Magd bet? in Eulau.
Wolgemuth, in Friedland.
Wollsack, in Brockhausen.
Wuistdas, in Liebstedt.
Wullsack, in Brockhuß.
Wuttu, Hannovrischer Covent.
Würze, ein Zerbster Bier.
Zacherl = brau
Zacherl = Oel
Zals, ein Eilenburger Schwachbier.
Zitzenille, ein Mauensches Bier, in der Mittelmark.

VI

Gambrinus

Auch Ferdinand Reiber, der Verfasser der »Études Gambrinales« widmet in denselben dieser hohen Persönlichkeit ein ganzes Kapitel und zwar nicht so unberechtigt das Eröffnungs-Kapitel. Ich halte es hier für den richtigsten Ort, eine kleine Kritik des verdienstvollen Reiber'schen Werkes einzuschalten, umso mehr, als solche spezielle Werke Raritäten sind. Ferdinand Reiber hat bei seiner interessanten Schrift besonders das Elsasser Bier im Auge und schenkt Straßburg als Bierstadt par excellence seine, so zu sagen ungeteilte Aufmerksamkeit. Wie ich in meinem Proverb sagte, fehlte bisher ein Bier-Brevier; Reiber hätte annähernd eines den Franzosen geschrieben. Er ist ganz der Mann darnach und sein hochinteressantes Werk wurde nur durch seine Vorliebe für das spezielle Studium der Elsaß'schen Bierbrauereien von der löblichen Tendenz abgelenkt. Zwar findet sich zahlreich allgemein Bierinteressantes in seinem Buche, doch ist er vorwiegend wieder Spezialist und Detaillist, als was er sich ja schon am Titel bekennt durch den Titelbeisatz: »Histoire et Archaeologie de la bière et principalement de la bière de Strasbourg.«

Es betiteln sich aber auch einzelne Kapitel geradezu z.B. das III. La bière a Strasbourg et en Alsace jusqu'au dix-huitième siecle, das IV. La bière de Strasbourg au dix-neuvième siecle, das V. Les Enseignes et la Tribu des Brasseurs de Strasbourg, das VI. ist sogar eine Biographie David Gruber's eines berühmten Brauers zu Straßburg und das VII. ist überschrieben »Legislation de la Brasserie strasbourgeoise«. Aber auch in den übrigen der 15 Kapitel nimmt er vorzugsweise zu Straßburgs Bierbrauerei Stellung. Das erste Kapitel handelt von Gambrinus, das zweite behandelt das Bier und den Hopfen, das dreizehnte den Tabak, das vierzehnte vorletzte endlich das Bier in Frankreich und das letzte das Bier in Deutschland.

Ich habe hier mit Absicht Gelegenheit genommen eine förmliche kleine Rezension des Reiber'schen Buches einzuflechten, denn es verdient umso mehr Beachtung, da es zu den rari nantes in gurgite vasto gehört mit Bezug auf meine Bemerkungen über die zwar so reiche, in unserem Genre aber doch arme Bierliteratur. Übrigens dürfte das fremdsprachliche Werk der großen Menge auch unzugänglich sein.

Mit Elsaß ist aber Lothringen engverbunden und es wundert mich, dass Reiber das »Lothringer Lied« von Wollheim sogar entgangen ist. Es wird nach der Melodie des Dr. Eisenbart gesungen und lautet:

Jetzt kenn' ich das gelobte Land waleri juchhe!
Wonach so lang der Sinn mir stand walleri juchhe!
Das Herzogthum des Herrn Lothar walleri juchheirassa
Das ist's gelobte Land fürwahr walleri juchhe
Lothringen ist nicht weit von hier
Lothringen ist nicht weit.

Da ist's so schön, so wonniglich,
Da ist der schönste Himmelstrich,
Die Gerste blüht in voller Pracht,
Daß einem 's Herz im Leibe lacht.

Wenn irgendwo ein Wagen fährt,
Mit hundert Tonnen Bier beschwert,
Dein Wagen folgt! ich wette drum,
Er fährt gewiß in's Herzogthum.

Ein Fluß geht mitten durchs Revier,
Das ist der sogenannte Bier,
Der fließet ohne Rast und Ruh',
Und friert im Winter niemals zu.

Und um den schönen Fluß herum,
Da liegt das ganze Herzogthum;
Sie trinken d'raus zu jeder Stund'
Und kommen doch nicht auf den Grund.

Dort gehn die Menschen nie allein,
Es müssen drei beisammen sein;
Der mittelste, der kann nicht steh'n,
Es müssen zwei zur Seite geh`n.

Der Herzog thront, sein Glas zur Hand,
Sorgt väterlich fürs ganze Land;
Die Ritter fest, die Bürger treu,
Die helfen redlich ihm dabei.

So sitzen sie, für's Land bedacht,
Die lieben Herrn, die ganze Nacht,
Und wenn kein Mensch mehr trinken kann,
So ist die Sitzung abgethan.

Doch sintemal und alldiweil
Die Flaschen voll, der Kopf noch heil,
So trinken wir in froher Schaar,
Und rufen: Vivat Herr Lothar!

Ebenso wie Reiber, darf auch ich Gambrinus, dem Träger dieses hochinteressanten Namens, an Rang einem König, an Verehrung einem Gotte gleich, eine eigene, wenn auch kurze Abhandlung nicht versagen. Habe ich meinen Studien das spezifische Epitheton »cerevisiologische« vorangesetzt, indem ich den Gegenstand vor Augen hatte, so hat Reiber die seinigen »gambrinale« genannt, mit Bezug auf diesen unseren Gambrinus. »Jedenfalls war Gambrinus«, um mit Dr. Graesse zu reden, »nicht bloß einst der mächtigste König der ganzen Welt, denn seine Herrschaft geht heute noch von Aufgang bis Niedergang, kein König hat ein größeres Reich, keiner zählt mehr Untertanen; er wird von den Studenten noch heute cerevisiell canonisirt, ihm zu Ehren stiftete man Orden, Feste und Feiertage, sein Name ist unsterblich, seine Erfindung unvergänglich.« Gambrinus ist eine sagenhafte, in mystisches und mythisches Dunkel gehüllte Gestalt und zirkulieren von ihm die diversesten Sagen mit allerhand Variationen; historisch genau Erwiesenes weiß man nicht. Er wird ein König von Brabant, auch von Flandern genannt und ihm wird die Erfindung des eigentlichen Bieres, nämlich des Getränkes aus Malz und Hopfen zugeschrieben.

Was seinen Namen betrifft, so erklärt eine interessante Version die Etymologie des Wortes Gambrinus als eine Metathese, richtiger Verstümmelung des Namens Jan primus (Jan I.) Dieser war ein im Jahre 1251 geborener Prinz aus burgundischem Fürstengeblüte. Vielfach wurden über Gambrinus sowie seine ihn umgebenden Sagen ganze Abhandlungen geschrieben. Andere identifizieren ihn mit Jean sans peur (1371 bis 1419) also späteren Datums, nennen ihn auch Gambrivius und sprechen sogar von einem deutschen Volksstamm der Gambrivier, die in Norddeutschland um Gambrivium (das heutige Hamburg) gewohnt haben sollen. Er ist jedenfalls der Erfinder des eigentlichen Biers, dem so viele bierartige Getränke schon seit der alten Pharaonenzeit als Vorläufer dienen und bekannt sind die Verse, die man allenthalben unter seinen zahlreichen, oft äußerst naiv gefassten Bildern und Gemälden findet:

> *Gambrinus im Leben ward ich genannt,*
> *Ein König in Flandern und Brabant,*
> *Aus Gersten hab ich Malz gemacht,*
> *Und das Bierbrauen daraus erdacht.*
> *D'rum können die Brauer mit Wahrheit sagen,*
> *Daß sie einen König zum Meister haben.*

Der Gambrinusbilder gibt es gar viele und verschiedene. Das älteste dürfte das in Aventin's Bairischer Chronik (Frankfurt a. M. 1580) enthaltene sein. Gambrinus in römischer Rittertracht, den einen Arm eingestemmt, hält in der andern einen Helm mit einer Krone, auf dem Haupte trägt er einen Ährenkranz. Links mähen Leute Korn, rechts wird eine große Biertonne gewälzt. Der Hauptunterschied der späteren Bilder von diesem ältesten besteht eben in der Gambrinus zugewiesenen Tracht, denn die meisten späteren kleiden ihn als flämischen Ritter des Mittelalters. Auch unter Aventins Bilde befinden sich Verse, die aber, wie Dr. Graesse richtig meint, erst später von Nic. Eisner, dem Herausgeber der Aventin'schen Chronik gedichtet und untersetzt worden sein dürften. Sie lauten:

> *Gambrivius, genannt der Gämpffer,*
> *Ein kühner Held und starker Kämpffer,*
> *Gleich wie er geboren von Edlem Blut,*
> *Hatt er ein Adelichen Mut,*
> *Er war gantz streng und ernst von Sitten,*
> *Kein Unricht ward bei ihm gelitten,*
> *Alle Freffel er gar peinlich strafft,*
> *Die Frauen schützt und Frieden schafft,*

Wie wol man nicht beschrieben sind,
Wo er und nochmals seine Kind,
Nach ihm regiert han und geherrscht,
So hat man dennoch das erforscht,
Daß im Tornacher Stifft ein Statt,
Gambrv (Cambray) von jm den Namen hat.
Darbey man wol abnehmen kann,
Daß er daselbst regiert muß han.
Er hat aus Gersten Malz gemacht
Und das Bierbräuwen erst erdacht.
Wie er solches von Osirida
Gelehrnet hat, und von Isida.
Und hatt gelebt der Kämpffer kuhn,
Wie die Historie zeigen thun,
Da Belocho dem zehend König
Assyrien war unterthänig.

Von den neueren Bildern sind besonders jene von Moritz Schwind zu nennen, der ihn wieder besonders auf dem Titelblatt von Spindlers »Zeitspiegel« (München 1831) am genialsten aufgefasst hat. Auf ein Bild Schwinds kommen wir noch in einem späteren Kapitel gelegentlich zurück.

Seine Tat wurde ebenfalls vielfach besungen, ich begnüge mich nur ein von einem Studenten verfasstes launiges Gedicht hier anzuführen, nach dem ihm eigentlich ein Student bei der Erfindung behilflich gewesen ist.

Die Erfindung des Biers

Gambrinus fluchte zornentbrannt:
»So'n Leben nutzt mir wenig!
Was kaufe ich mir für mein Land?
Was kauf' ich mir für'n König?

Da sitz' ich nun in meinem Reich
Und ring' die Königshände,
Mein Scepter geb' ich hin sogleich,
Wenn ich das Bier erfände. –

In meinem Keller stehn schon da
Die Flaschen und die Pfropfen;
Der dummste Schafskopf sieht es ja
Mir fehlt nur Malz und Hopfen.

Und wenn ich mit den Händen mir
Auch wund die Stirnhaut scheure,
Das bringt in mein zukünft'ges Bier
Noch keine Kohlensäure.«

Die Klage hörte ein Student,
Der Sonntags war geboten,
Und weil der Monat grad' zu End,
Den Mammon hat verloren.

»Heissa!« – so rief er – »Majestät
Was fehlt, will ich besorgen,
Paßt nur mal auf, ich wett', es geht,
Wenn Ihr mir's Geld wollt borgen!«

Dem König wurde weich zu Sinn;
»Komm an mein Herz, mein Junge
Das Wasser läuft im Munde drinn
Schon rings um meine Zunge!«

Und was versprochen war, geschah,
Gambrinus wollt` nicht lumpen
Und schenkte dem Studenten da
Das Geld, was er wollt pumpen.

Der and're hat dann peu à peu
Und rief: »Zum Schluß, mon roi adieu,
Um die Zeit geb' ich Stunden.«

Sowie der historische Gambrinus als König sein Reich besaß, so erhielt auch der mythische Gambrinus seinen Bierstaat. Ein Gedicht von Wollheim behandelt diesen:

Ha, wie die Pokale blinken,
Brüder kommt und laßt uns trinken,
Zur Erholung, zur Erquickung
Ladet uns der Purpurtrank,

Von dem Durst gelehrter Tröpfe
Schwirren uns die armen Köpfe;
Weckt die Geister, labt die Herzen
Beim Gesang an Freundes Brust.

Wer einst Flanderns Thron beglückte,
Necktar aus der Gerste drückte,
Seinem edlen Angedenken,
Weih'n wir diesen Zecherstaat.

Wie so schön ist's hier bei Hofe,
Hier scherwenzelt keine Zofe;
Keine Schmerzen, keine Neider,
Freude führt das Regiment.

Wenn der Rausch das Hirn durchsauset,
Jubel durch die Lüfte brauset,
Dann umarmen sich begeistert
Bürger, Knecht und Edelmann,

Friede lacht im Reich der Zecher,
Wir tourniren mit dem Becher,
Füllt die Schranken, brecht die Lanzen,
Singt, daß das Gebälk erdröhnt!

Einst wenn unser Lenz entschwindet,
Wenn ein ernstrer Staat uns bindet,
O dann denket unter Thränen,
An den schönen Bund zurück!

Nun so laßt die Gläser klingen,
Trinkt bis Euch die Schädel springen,
Vivat princeps potatorum!
Vivat tota civitas!

Auch das Studentenlied »Ganz Europa wundert sich nicht wenig, welch ein neues Reich entstanden ist« gehört hierher. Es ist ebenfalls von Wollheim und lautet:

BIERKÖNIGREICH

Sind wir nicht zur Herrlichkeit geboren,
Sind wir nicht gar schnell emporgediehn?

»Malz und Hopfen sind an Euch verloren,«
Haben unsre Alten oft geschrie`n.
Säh'n sie uns doch hier, vallerallera!
Bei dem lieben Bier, vallerallera!
Das uns Amt und Würden hat verlieh'n.
Ganz Europa wundert sich nicht wenig,
Welch' ein neues Reich entstanden ist,
Wer am meisten trinken kann ist König,
Bischof, wer die meisten Mädchen küßt.
Wer da kneipt recht brav, vallerallera
Heißt bei uns Herr Graf, vallerallera!
Wer da randalirt, wird Policist.
Unser Arzt studirt den Katzenjammer,
Trinkgesänge schreibt der Hofpoet,
Der Hofmundschenk inspicirt die Kammer,
Wo am schwarzen Bret die Rechnung steht.
Und der Herr Finanz, vallerallera!
Liquidirt mit Glanz, vallerallera!
Wenn man contra usum sich vergeht.
Um den Gerstensaft, Ihr edlen Seelen,
Dreht sich unser ganzer Staat herum;
Bis die Wände kreisen um und um.
Bringet Faß auf Faß, vallerallera!
Aus dem Faß in's Glas, vallerallera!
Aus dem Glas ins Refectorium.
Im Olymp, bei festlichem Gelage,
Brüder, sind wir uns einander nah,
Wenn dann Hebe kommt, um uns zu fragen:
»Wünschen Sie vielleicht Ambrosia?«
»Wie kommt Sie mir für, vallerallera!
Bring Sie Bairisch Bier! vallerallera!
Ewig bairisch Bier! Hallelujah!«

Nach Reibers Angaben, der beständig für Straßburg plädiert und das Straßburger Bier als die Krone aller Biere ansieht, würde Gambrinus, wenn er auf diese Welt zurückkehrte, nur Straßburg zu seiner Metropole erheben. So ist Pilsen die Biermetropole von Böhmen, München von Bayern und Basel jene der Schweiz. Von München heißt es, dass es keine Klassenunterschiede kenne. Dort unterscheidet man nur solche, die vom Biere kommen und solche, die zum Biere gehen. Aber auch göttliche Ehren werden Gambrinus zu Teil. Die Apotheose versetzt ihn unter die Götter und er wird dem Bacchus als Gegner an die Seite gestellt. Doch will man schon gerade einen Gott für das Bier und dem Biere göttliche Abkunft vindizieren, so kann man mit Bezug auf die Vorläufer des Bieres den ägyptischen Osiris dazu ernennen, denn er war es, der zuerst diesen Gerstenwein erfand und von Ägypten wurde dies Getränk unter dem Namen Ζύθος nach Griechenland eingeführt. Gegorene Gerste war dieses Bier, Äschilos und Sophokles bezeichnen dies genau und übereinstimmend, ob aber die Gerste durch Keimen in Malz umgebildet wurde ist unsicher. Doch ist der Name Βύνη für Gerstenmalen üblich gewesen.

Schon vor 2300 Jahren tranken die Soldaten Xenophons eifrig diesen Gerstensaft, der in Tongefäßen (Pithasin) in die Erde vergraben aufbewahrt wurde, um das Sauerwerden zu verhüten. Nach einer humoristischen Notiz Dr. Pruck-Mayrs wird dem Bier noch höheres Alter zugeschrieben. Schon Adam soll ein Biertrinker gewesen sein, wenigstens wird die Cartilago thyroidea, welche im Volksmund »Adamsapfel« genannt wird, von vielen Deutschen sprichwörtlich der »Bierknotten« genannt.

Im »hohen Lied vom Bier«, einer Phantasie von E. Daelen heißt es:

> *Vor ungefähr viertausend Jahren*
> *Ward's in Egypten eingeführt,*
> *Und damals schon hat man's erfahren,*
> *Wie solch' ein Stoff illuminirt:*
> *Denn freudestrahlend sprach Osiris:*
> *»Ihr biederen Egypter, schaut,*
> *Was das für a schönes Bier is;*
> *So was hat keiner noch gebraut!«*
> *Doch war der Alten dunklem Ahnen*
> *Zunächst nur ,»Gerstenbier« bekannt,*
> *Und erst im Lande der Germanen*
> *Ward Bier gebraut mit Kunstverstand.*

Der Deutschen und des deutschen Bieres Gott wurde aber erst Gambrinus, der Bacchus des Hopfens, der Noe der Gerste.

> *Heil Euch, wer an Gambrinus glaubt,*
> *Er macht mit seinen Gaben*
> *Den Jüngling zum bemoosten Haupt,*
> *Den Greis zum frohen Knaben.*

Darum:

> *Trinket die Blume*
> *Gambrinus zum Ruhme!*

Der zahlreichen Bilder unseres königlichen Gambrinus haben wir erwähnt, aber auch die Plastik hat sich denselben bereits zum Thema gewählt. Sowohl von Holzbildhauern, als auch von Steinmetzern wurden Statuen und Statuetten des Gambrinus gemeißelt und auch in Terrakotta und Gips ausgeführt. Die größte Leistung aber sowohl in der Figur, als auch im ganzen Bildarrangement ist zweifelsohne das neueste aus der Berliner Metall- und Bronzewarenfabrik Hahn & Harnisch hervorgegangene, 97 Zentimeter breite und 122 Zentimeter hohe Gambrinusbild vollständig aus cuvre-poli-Bronze in vier Schattierungen hergestellt und an 70 Kilo schwer. Die Komposition ist das Werk eines der ersten Künstler, des bekannten Professors Herter.

Unter die besten Lichtdruckbilder des Gambrinus gehören unstreitig die von der Redaktion der Wiener Fachzeitschrift »Gambrinus« edierten. Sie genießen auch bei ihrer Beliebtheit große Verbreitung. Die von S. Spitz und A. Lichtblau trefflich redigierte Braufachzeitschrift »Gambrinus« in Wien, die unter den vielen Fachschriften einen hervorragenden Rang einnimmt und als passenden Titel gerade den Namen des Bierkönigs gewählt hat, ediert auch jährlich einen prachtvollen in Farben künstlerisch ausgeführten Wandkalender, welcher mit dem Bilde des Gambrinus, dessen Arrangement jedes Mal wechselt, versehen ist. Im Jahresgruß 1885 (XII. Jahrgang) motivieren die Herausgeber geradezu den Titel ihres Organs folgendermaßen:

Unser Gruss 1885

> *Gambrinus gleich, der einst, wie weltbekannt,*
> *Glorreich regiert in Flandern und Brabant,*
> *Unsterblich ist geworden dieser König,*
> *So für die Menschheit hat gethan nicht wenig.*

Dieweil er ja in seinen Mußestunden
Ein Götter-Elixir: »das Bier« erfunden!
Der Gerste und des Hopfens edler Saft
Gab damals schon den Unterthanen Kraft:
Mit Eifer zu erfüllen ihre Pflichten
Und namentlich die Steuern zu entrichten!
Drum tauften wir »Gambrinus« unser Blatt,
Weil selbes unverdrossen und nie matt
Sich treu bestrebt, vor Schaden und Gefahren
Der Brauer Interessen stets zu wahren!
Und weil's beim Jahreswechsel frommer Brauch,
Daß man mit treugemeinten Wünschen auch
Da jedes Fest solch frommer Wunsch versüßt,
Drum bringt Gambrinus seiner Treuen Schaar
Aus vollem Herzensgrund sein Wünschchen dar:
Gerathen lasse heuer Gott für's Erste
So reich als gut den Hopfen wie die Gerste!
Das Wetter sei so lieblich angehaucht,
Wie es der wack're Brauer eben braucht;
Es möge auch normal vor allen Dingen
So Brauproceß als Gährung stets gelingen,
Auch soll der Brauer, frei von allen Klagen,
Mit der Finanzwach' sich stets gut vertragen!
So blicken dem Neujahr wir froh entgegen,
Gott gebe allen Brauern Glück und Segen,
Nicht minder reiche, zahlungsfäh'ge Renten
Den Bierschleißern und den Consumenten!

Die unternehmenden Redakteure des »Gambrinus« ließen auch gelegentlich des 10jährigen Jubiläums eine künstlerisch ausgeführte Denkmünze prägen. Der Avers zeigt einen Gambrinus mit der Linken an ein Fass gelehnt, das den Namen des Blattes und das Gründungsjahr weist, in der erhabenen Rechten einen schäumenden Becher. Der Revers umrahmt von einem Kranz aus Gerste und Hopfen enthält die bekannten Verse, wie sie unter Gambrinusbildern zu stehen pflegen und der Rand nennt die Namen der beiden Herausgeber und Redakteure. Die Medaille ist bis ins Minutiöse künstlerisch ausgeführt.

Ich erwähnte gerade dieses verdienstvolle Fachorgans gelegentlich des Gambrinus in der bildenden Kunst und weil der Titel dieses Blattes hier nicht vergessen werden darf. Die gesamte sonstige cerevisiologische Presse verweise ich in die im Proverb beabsichtigte Literatur der Cerevisiologie, worin dieselbe einen eigenen Abschnitt, die periodische Literatur zu bilden haben wird. Das Gleiche gilt auch vom Kalender. Doch eines, des größten Fachkalenders, darf nicht vergessen werden; es ist der bekannte B. Waldmann'sche, gang und gäbe »Deutsche Brauerkalender«, der bereits den 8. Jahrgang erreichte und unter Krandauer's und anderer Fachmännern vorzüglichen Redigirung der einzig allgemeine geworden ist. Er besteht aus nicht weniger als drei Bänden und ist von dem rührigen Verleger auf das ebenso Eleganteste als Sinnigste mit passenden Emblemen ausgestattet.

Der Ehrenname »ein zweiter Gambrinus« hätte auch dem nicht lange verstorbenen Brauer Michael Thomas Baß beigelegt werden können. Den Beinamen »Bierkönig« hat derselbe übrigens erhalten. Michael Thomas Baß war der Eigentümer der größten Brauerei der Welt. Hören wir, was z.B. schon Thackeray in den fünfziger Jahren über ihn schrieb: »Wol ist der Union Jack die Flagge Englands in den entferntesten Gegenden der Welt, auf allen Meeren gekannt und häufig gesehen; wol kennt jeder Gebildete den Namen des größten englischen Dichters; allein noch viel besser gekannt und häufiger gesehen, als selbst das St. Georgen-Kreuz, viel verbreiteter als der Name und Ruhm Shakespeares ist der Name und Ruhm von Baß und das rothe Dreieck, die Handelsmarke seines Bieres auf den schwarzen Flaschen. Von den Anden bis zum Himalaya, von China bis Peru kennt Jedermann Baß's Bitterbier, das berühmte Pale Ale des Herrschers von Burton.«

All' das Gesagte zu resümieren sind wir also auch berechtigt, von einem königlichen Bier zu sprechen:

> *Ein alter, weiser König war*
> *Des Bieres erster Schenke,*
> *Drum ist's auch ein so herrliches,*
> *So fürstliches Getränke.*

Shakespeare legt einer seiner Personen die Worte in den Mund: »A quart ale is a dish for a king« – denn nicht nur ein König war sein erster Brauer, auch hervorragende andere Monarchen nahmen, wie die Geschichte des Bieres erzählt, zu diesem Getränk besondere Stellung. Wir werden hören, um nur einige zu nennen, dass z.B. Napoleon III. das Bier aus volkswirtschaftlichen Gründen in seinem Reiche einführte; oder der große Friedrich der Verächter des Kaffee's mit Biersuppe erzogen wurde; unter Karl VI. in Frankreich das Bier eine hervorragende Rolle an der königlichen Tafel spielte; dass Richard von England dem König von Frankreich ein Fass Bier zum Geschenk machte. Solche Geschenke zwischen Regenten kamen des öftern vor. Auch gelegentlich des Bismarck-Jubiläums gab es zahlreiche Biergeschenke für den geliebten Reichskanzler, denn außer den zahlreichen Kisten mit edlen Weinen von den deutschen Strömen haben die deutschen Brauereien es sich angelegen sein lassen, dem Reichskanzler Proben ihrer Industrie zu stiften. Franz Stockbauer in Passau hat seinem Fasse die Inschrift gegeben:

Ich kam aus Baierland
Von Passau hergesandt,
Bin rein in meinem Stoffe
Und schneidig wie ich hoffe.

Die Hansabrauerei von Könnekamp (P. Rickmers) in Bremen sendete das Reisbier. Das Fass ist aus Eichenholz gearbeitet, die Reifen aus poliertem Schmiedeeisen.

Aus Indiens Frucht ein edles Naß,
Aus deutschem Holz gebaut das Faß.

So lauten die Verse auf dem einen Boden, der andere zeigt die Firma der Brauerei. Beide Inschriften sind mit Eichenlaubkränzen umgeben, Muster deutscher Holzbildhauerkunst. Aus München kam ein Maßkrug mit schwerem Silberdeckel, statt des Knopfes das Münchner Kindl, mit der Inschrift:

So lang da hint am Platzl no steht das Hofbräuhaus,
So lang geht die Gemüthlichkeit uns Münchnern gar net aus.

Aus München erhielt der Kanzler ferner ein Bierfass, 1½ Hektoliter fassend, dessen Rückdeckel eine Ansicht Münchens und dessen Vorderseite die Widmung enthält: Ein Geschenk des Großbrauereibesitzers Pschorr. – Vom bürgerlichen Bräuhaus in München ein mächtiges Fass aus Eichenholz, das auf der einen Seite eine Ansicht der Stadt München, auf der andern das Wappen des Fürsten und das Datum »1. April« trägt; es enthält 100 Flaschen besten Bieres. Außerdem haben viele andere Brauereien in mehr oder minder kostbaren Fässern Biere gesandt. Wir werden ferner hören, dass Rudolf von Habsburg einen Bierherold machte und der Sachsenkurfürst Christian II. seiner Vorliebe für das Merseburger Bier wegen, der »Merseburger Bierkönig« genannt wurde und Anderes mehr.

*Und all das
hat mit seinem Getränke
Der König Gambrinus gethan. –*

VII

Bier und bierartige Getränke

Mehr als sonst ist es diesmal nötig, uns schon über den Titel unserer Studie klar zu werden. Es gibt zahllose Arten des Bieres, welche die verschiedensten Namen tragen, doch haben wir uns um diese Benennungen diesmal weniger zu kümmern, darauf kamen wir bereits in der »Nomenklatur und Onomatologie des Bieres« eingehend zu sprechen; wir haben es also nicht mit den Bieren zu tun, die da heißen: Porter, Ale, Kvas oder Bock, Gose, Mumme usw., sondern es ist uns daran gelegen, jene Getränke zu betrachten, welche in der einen oder anderen Hinsicht mehr oder weniger unseren Bieren gleichen; wir haben also die Absicht, die bierähnlichen oder bierartigen Getränke aufzusuchen, jene Flüssigkeiten, die da die Stelle des Bieres einnehmen, ohne selbst gerade Bier zu sein, denn alle die oben genannten sind Biere. Dr. Graesse, der so verdienstliche Historiker, scheint mir mit Unrecht medizinische Biere mit bierartigen Getränken zu konfundieren, auch halte ich die Aufnahme mancher Namen in seinem betreffenden Kapitel für gewagt. Hier müssen eben die charakteristischen Kriterien des Begriffs »Bier« scharf im Auge behalten und die Kulturgeschichte streng zu Rate gezogen werden.

Da wir eben bei außereuropäischen Völkern in die Kost gehen wollen und jene Flüssigkeiten aussuchen, von denen uns die reisenden Forscher berichten, dass selbe unseren Bieren ähneln, so dürfte sich diese Skizze so recht kulturhistorischen Genres gestalten.

Schwer ist es zwar unserer Betrachtung Gebiet genau abzugrenzen; sollen wir z.B. den »pelusischen Trank« der alten Ägypter noch mit hineinbeziehen oder selben bereits zu den Bieren verweisen? Oder wie steht es mit der »ceria« oder »celia« der Gallier?

Die Kreise der verschiedenen Skizzen tangieren sich nicht nur, sie kreuzen sich auch vielfach. So gehört auch der Kvas teilweise doch in unsere heutige Betrachtung und andererseits wieder nicht. Das englische Ale können wir freilich entschieden von unserem heutigen Forum verweisen.

Die Historiker des Bieres beginnen die Geschichte desselben mit den alten Ägyptern und verlegen seine Entstehung möglichst in das graue Altertum zurück. Der Stammbaum des Bieres ist also ein sehr alter. Raab in seiner interessanten Schrift »Bilder aus dem Reiche der geistigen Getränke« betitelt sein siebentes Kapitel: »Der Stammbaum des Biers«. Von den Ägyptern die es Osiris brauen gelehrt haben soll, lernten die Griechen einen Gerstenwein bereiten und trinken und andererseits, wie bekannt, ist erst Gambrinus der Erfinder des eigentlichen Bieres und der Beginn dieses Bieres κατ᾽ ἐξοχην auf die Benutzung des Hopfen-Ingredienz zu terminieren.

Wir berührten diese Punkte bereits in »Cerevisia« und werden in der »Mythologie des Bieres« noch darauf zu sprechen kommen. Wir werden uns daher über den Begriff Bier klar zu werden trachten oder wenigstens für die Dauer dieser Studie den Begriff Bier in einer Richtung fixieren müssen. Das Bier ist ein gegorenes und noch in schwacher Nachgärung befindliches alkoholisches Getränk, welches aus gekeimten Getreidesamen und Hopfen, oft unter Zusatz von Surrogaten, aber ohne Destillation bereitet wird. Zu betonen sind gegorenes, ferner alkoholisches Getränk und die Ingredienzien, sowie auch noch viertens die berauschende Eigenschaft. Nebenbei bemerkt, pflegen manche berauschende Genussmittel auch nervöse zu heißen und nicht mit Unrecht.

Recht übersichtlich und interessant ist folgende Zusammenstellung und Einteilung:

I. Aromatisch:	Die verschiedenen Gewürze. z.B. Salbei, Zimt, Pfeffer, Knoblauch, Zwiebel usw.
II. Alkoholoidisch:	1. Kaffeehaltig, z.B. Kaffee, Tee, Maté usw. 2. Narkotisch: Tabak, Opium, Haschisch, Coca usw.
III. Alkoholisch:	1. Destillierte: Branntwein, Rum, Arak, die verschiedenen Liköre usw. 2. Gegorene: Cyder, Hydromel, Chicha, Wein, Bier usw.

Wir sehen die dem Bier eingeräumte Stelle graphisch dargestellt.

Wir werden also bei unserer Aufgabe die vier Punkte in Betracht ziehen müssen. Aus der Zusammenstellung ersehen wir, dass eigentlich auch Wein ein bierartiges Getränk ist und in der Tat wurde umgekehrt Bier ein weinartiges genannt, darum der griechische Gerstenwein. Auf die Chicha kommen wir des Besonderen.

Da Wein das ursprünglichere und Bier das spätere, so ist diese Benennung Gerstenwein gerechtfertigt, seitdem aber beide nach Art des spartanischen Doppelkönigtums gleiche Herrschaft erlangt, stehen beide für sich und können wir dies griechische Getränk ganz selbstverständlich als einen Vorläufer des Biers betrachten. Ähnlich ist es mit der »Ceria« oder »Celia« der Gallier, ferner der Franzosen und Spanier. Ein dem Bier besonders verwandtes Getränk ist der Meth, der gar oft mit Bier identifiziert wird.

Doch zurück zu den Ägyptern bei denen wir länger verweilen müssen. »Hans Gerstenkorn's Herzblut« war, wenn auch vielleicht anderer Qualität, in der Tat bereits den Pharaonen bekannt. Bei den Griechen führte es den Namen »Zythos«. Bei den Ägyptern finden wir es auf allen Inschriften als »Hek« bezeichnet. Es ist eben das von Osiris den Ägyptern geschenkte Getränk, das besonders in Pelusium einen ähnlichen Ruf erlangte, wie z.B. unser Bier in Pilsen. Seltsam im Altertum Pelusium und heute Pilsen – freilich eine äußere Zufälligkeit – aber immerhin der Kuriosität wegen zu erwähnen, dass die Namen beider berühmten Bierstädte, der antiken und der modernen, die charakteristischen Buchstaben P-l-s enthalten. Außer »Hek« findet sich auch die Form »Hag« und auf einem Papyrus soll ein Vater seinem Sohne Vorwürfe machen, dass er den ganzen Tag in den Schenken liege, um das verfluchte Hag zu trinken. Also schon damals auf den Hochschulen tout comme chez nous. Übrigens muss bei den Ägyptern ein »Hag-Bier« und ein »Sehd-Bier« unterschieden werden. Herodot schildert das ägyptische »Hag«, das die Griechen Zythos nannten, als Gerstenwein. Außerdem soll nach Athenaeos bei den Ägyptern noch ein bierartiges Getränk Namens »Kurmi«, auch aus Gerste, aber mit Honig versetzt, gebraut worden sein.

Auch die Griechen brauten aber außer dem Zythos genannten ägyptischen noch einen eigenen Gerstenwein, »Pinon«, und die Thrakier zwar auch aus Gerste, aber mit Obstcider vermengt, ein »Bryton«.

Auch die bereits genannte Ceria oder Celia der spanischen und keltischen Briten ist ein Getreidegetränk, und zwar aus Hafer. Hierüber ist Tacitus Berichterstatter und Gewährsmann. Erst dann kommt historisches Hopfenbier. Alle die genannten waren also gegorene Getränke aus Getreide, und wirkten mehr oder weniger berauschend. Es waren also bierartige Getränke und weil sie dem Biere am ähnlichsten, konnten sie als Vorläufer des Bieres bereits selbst von den Historikern in die Geschichte des Bieres aufgenommen werden.

Damit ist meines Erachtens diese Frage abgetan und gehen wir nun an die vielen anderen sonstigen bierartigen Getränke der verschiedenen Völker, immer die vier charakteristischen Momente des Begriffes Bier im Auge haltend, denn das sind ja die Kriterien, nach welchen wir die größere oder geringere Bierähnlichkeit bestimmen wollen.

Um eine gewisse Übersicht zu erlangen, wollen wir, da uns die Ethnographie als Quelle dienen muss, die einzelnen Weltteile nacheinander behandeln.

In Europa sebst, trotz der zahllosen Arten, können wir getrost alle als Bier ansehen und allenfalls nur den »Quas« oder »Kvas« der Russen separieren und ihn bloß als bierartiges Getränk hinstellen. Der Quas ist von besonderer nationaler Wichtigkeit.

Wenden wir uns nun vorerst nach Asien.

Abgesehen von den heute dahin ebenso, wie in der ganzen übrigen zivilisierten Welt importierten europäischen eigentlichen Bieren, ist ein Getränk der Asseten im nördlichen Kaukasus, Namens »Bagani«, von großer Bierähnlichkeit zu nennen. Auch die tatarischen Stämme haben ihre bierartigen Getränke, sowie auch die Krim-Tataren ihre aus Hirse gebraute bierähnliche »Boura« oder »Murra« trinken.

Ferner ist ein Getränk bei den Chinesen – »Tara-sum«, und ein anderes bei den Japanesen, Namens »Saki«, ausdrücklich auch Reisbier genannt. Gleich bei diesem Reisbier sehen wir, dass die Ingredienzen und zwar der Hauptbestandteil das charakteristische ist.

Wir sagten, das Bier sei aus Getreide, dies ist aber ein weiter Begriff und so finden wir auch in Europa je nach der Substanz a) Weizenbiere, b) Roggenbiere, c) Haferbiere, d) Gerstenbiere »κατ᾽ ἐξοχην« e) Maisbiere, wozu noch Biere aus verschiedenen Weizen und Biere aus verschiedenen Wurzeln und Kräutern kommen. Es gibt ja auch

Kartoffelbier, ferner Kräuterbiere, ein Fichtenbier und diverse andere Medizinalbiere. Diese würden die bierartigen Getränke in Europa bilden.

Doch nun, nach diesem nochmaligen gelegentlichen Rückgriff auf Europa bei Nennung des japanischen Reisbieres, wenden wir uns nach dem an bierartigen Getränken reichen Afrika. Die alten Sorten, das Hag usw., sind abgetan und wir lassen auch das heutige Ägypten, das europäische Biere trinkt, unberührt. Doch der Nubier dürfen wir nicht vergessen, die aus ägyptischer Hirse ihre bierartige »Beuza« oder »Buza« bereiten.

In Abessinien und den angrenzenden Ländern wird eine Art Meth, »Tetsch« genannt, bereitet, bierähnlich, nur dass statt Hopfen und Hefen eine andere bittere Pflanze, Amdat, hinzugetan wird. Dieses abessinische Bier Tetsch wird gewöhnlich in Rindshörnern aufbewahrt und auch die Becher zum Trinken bestehen aus Hörnern. Das Tetsch ist sehr berauschend. Ausnahmsweise wird auch von zentralafrikanischen Völkern ein ähnliches Getränk bereitet, das bei uns Europäern den Namen Busa oder Merissa führt, ein berauschendes bierähnliches Getränk aus Getreide. Es gehört übrigens ein guter Magen dazu, dieses abscheuliche Getränk zu trinken. Doch muss man, da es weniger alkoholartig und daher weniger berauschend als Tetsch, mehr davon trinken. Es sieht schon äußerlich widerlich aus, indem es chocoladefärbig ist.

Verschiedene Reisende äußern sich verschieden darüber. So sagt z.B. Schweinfurth, er habe auf seiner letzten Reise ein gutes, dem deutschen Bier ähnliches Getränk getrunken und meint damit die Busa oder Merissa. Die Maba in Wadai vertilgen ungeheure Quantitäten von »Merissa« und auch in Bagermi und Mandola wird stark »Busa« getrunken; in Bornu weniger. Merissa ist eigentlich der arabische Name, dem das tigrische »Soa« und das arabische »Dalla« entspricht. Auch letzteres ist eine Art Bier, das in Abessinien meist aus Gerste und Dagussa, in Sudan aus Büschelmais und in Kordofan von Docken fabriziert wird. Die Bereitung ist folgende: Man bäckt zu diesem Behufe dünne Brotkuchen, die in Wasser gebrockt werden; nach zwei Tagen wird gewöhnlich keimende Gerste (in Sudan Blätter von Asclepias gigantea) zugesetztes, um den Gärungsprozess noch zu befördern.

In Abessinien wird es meist von der ärmeren Klasse als Nahrungsmittel benützt, und zwar teils schon vergoren, teils noch während des Gärungsprozesses genossen. Im ersten Falle wird es in verpfropften Töpfen aufbewahrt, wobei sich die ganz klare, bierfärbige Flüssigkeit vom Satze säubert. Dieses Bier ist ungemein nahrhaft und ziemlich berauschend, jedoch nicht in dem Grade wie das »Hydromel«. Ferner kommt auch für ein in Abessinien aus mehreren Getreidearten gebrautes Bier ein Name »Sasoir« vor.

In Zentral-Afrika ist noch in Tumale eine Art Bier zu erwähnen, das viel getrunken wird und mit dem man auch die Kranken wäscht, um die Krankheitsgeister auszutreiben. Dieses Bier führt den Namen »Ngaslo«.

Die Völker Ostafrikas brauen aus Durra (Holcus sorghum) mit Honig und Gewürz versetzt ein – »Durra-bier«, das besonders die Makalolo trinken und »Boyáloa« oder »Oála« nennen und im Westen Afrikas, besonders im Gebiete Eiva, wird ein Maisbier von den Eingeborenen bereitet, das große Ähnlichkeit mit unserem Braunbier hat. Auch die Mundombe in Benguela, einem unter portugiesischer Oberhoheit stehenden Ländergebiet an der Westküste Afrikas, brauen ein bierähnliches Getränk, »Kapata«, aus einem Gemisch von Mais und Maniokmehl. Und in Südafrika heißt ein Bier der Mangandscha-Neger – »Pombi«. Die meisten Völker der Goldküste bereiten aus Mais ein Bier, dem sie statt Hopfen eine bittere Wurzel zusetzen. Die Koossa bereiten aus ihrem Hirse ein sehr berauschendes Bier »Tjalu« und sogar ein Doppelbier »Inguhja«. Nach den verschiedenen Graden der Gärung gewinnen sie die einzelnen Getränke, selbst auch den Essig.

Schließlich haben auch die Zulukaffern ein eigenes Gebräu aus einer Art Hirse, dem sogenannten Kaffirkorn. Dieses »Kaffirbier« hat einen säuerlichen Geschmack und ist leicht berauschend. Es wird aus einer großen Kalabasse getrunken, die von Mund zu Mund geht.

Betreten wir nun den Weltteil Amerika, so müssen wir vor Allem eine Pulqueria in Mexiko aufsuchen. Die Pulqueria ist ein Wirtshaus, das den Namen nach dem daselbst ausgeschenkten Getränke »Pulque« führt. Das ist der spanische Name, die Mexikaner nennen dieses Getränk »Octli«. Es ist sozusagen das Bier dieses transatlantischen Landes und wird aus dem Saft mehrerer Agave-Arten bereitet. Eine Pflanze liefert oft 2000 Kilogramm dieses Saftes, welcher der Gärung ausgesetzt, einen Geschmack zwischen dem der Buttermilch und dem unseres Bieres erhält. Diese Pulque wirkt kühlend, aber nur schwach berauschend.

Verschiedene Agave-Arten dienen zur Bereitung der »Pulque« oder auch des »Metl«, wie dies Bier genannt wird, vornehmlich aber die Maguey oder Agave mexicanar.

Wahrscheinlich wurde durch übermäßiges Trinken dieses Getränkes die Kraft der alten Tolteken erschüttert.

Endlich kommen wir auf die »Chicha« (spr. Tschitscha) zu sprechen, besonders die Chicha mascada, ein sehr bierartiges Getränk, das gewöhnlich aus Maiskörnern bereitet wird, die von eigens angestellten Weibern gekaut, ausgespien und der Gärung überlassen werden.

Es bietet dies ethnographische Kuriosum einen wichtigen Beitrag zum Kapitel des Ekelhaften.

Wohl könnte man den Mais auch mahlen, allein der menschliche Speichel befördert die Umwandlung des Stärkemehls in Zucker und die Gärung, weshalb auch Tschudi, der bekannte Reisende und Forscher, die gekaute Chicha vorzog und sich damit tröstete, dass sie noch immer appetitlicher sei, als das Brot, dessen Teig mit Negerschweiß zusammengeknetet wird. Auf ähnliche Weise, wie diese Chicha in Südamerika, wird auch der Masato der wilden Indianer, aber aus Wurzeln, besonders Cassave, einzeln bereitet. Auch das »Kavi« der Indianer und der »Ebeltir« der Arowaken gehört in diese Kategorie. Und zum Schluss sei in unserer ambulanten Brauküche noch des »Paivari« in Brasilien genannt, ein sehr erfrischendes bierartiges Getränk, das durch die vielen darin aufgelösten Cassadebrotstückchen sehr nahrhaft wirkt, und vielfach mit unserer Bierkaltschale verglichen werden kann. Der Geschmack des Paivari ist säuerlich und die Zubereitung auch ekelhaft.

Jedenfalls dürfte sich an der Hand der noch lange nicht vollständigen Ethnographie auch diese unsere Studie durch manchen wertvollen Beitrag vervollständigen lassen.

VIII

Die Farbe des Bieres

Nicht ohne natürlichen Mutterwitz war die Antwort, die ein Prager Fremdenführer einem Fremden erteilte, als dieser vor der großen Wandkarte von Böhmen mit ihrer alten Kreiseinteilung, in einem der großen Säle der Kaiserburg am Hradschin stand und nach der Bedeutung frug, warum alle Kreise weiß und nur der Pilsner so gelblich oder bräunlich koloriert sei. »Da ist wahrscheinlich das Bier umg'schütt' worden«, meinte der Dienstbeflissene Cicerone.

Fürwahr, obwohl ganz Böhmen ein Bierland κατ' ἐξοχήν ist, kann doch der Pilsner Kreis als der hervorragendste Bierkreis angesehen werden. Aber die Pilsner trinken ihr Bier, und sie verschütten es nicht.

> *Wer hat denn's Bier umg'schütt',*
> *Wer war denn gar so g'schickt,*
> *Wer hat denn dös than?*
> *Wer hat's denn than?*

möchte ich zitierend ausrufen; das ist Stoffvergeudung und doppelt schade um jeden Tropfen Pilsner.

Diese Anekdote führt mich aber auf den Gedanken, dass eine Karte der Bier-Produktion der gesamten Erde höchst interessant wäre, wobei je nach Erzeugung und Konsum bald braune, bald gelbe Farben in ihren verschiedenen Nuancen zu benützen wären.

Aber noch von einem anderen Prinzip ließe sich eine solche statistische Karte des Bierverbrauchs anlegen, wollte man auf die zwei Hauptfarben Braunbier und Weißbier Rücksicht nehmen. Im Vorhinein sei gleich bemerkt, dass in diesem Falle Österreich als Weißbierland, Bayern z.B. als Braunbierland zu bezeichnen wäre.

Doch, obwohl das dunkle Bier gegenüber dem hellen Bier im niederen Produktsatze steht (man kann die Proportion beiläufig dahin aufstellen, dass im Allgemeinen 1/5 dunklere und 4/5 hellere Biere erzeugt werden), so nehmen in jüngster Zeit doch wieder auch die dunkleren Biere überhand, und man kann bereits gegenüber von sogenannten Ein-Bierländern von Zwei-Bierländern sprechen; Deutschland wäre als Viel-Bierland zu bezeichnen und erinnert mit seinem vielerlei Bier an seine ehemaligen, vielen politischen Staaten. Andererseits findet auch umgekehrt ein Andringen der helleren Biere gegen die dunklen statt, welchem aber die sogenannten Braunbierfestungen Nürnberg, Kulmbach, Erlangen und München Wehr und Damm entgegensetzen.

Man ist also faktisch im Stande, von einer Geographie des Bieres zu sprechen (im Allgemeinen könnte der Satz aufgestellt werden: »Der Branntwein dominiert im Norden, das Bier in der Mitte und der Wein im Süden und Dr. Stamm teilt die Völker, jedenfalls nur an die europäischen denkend, in Wein-, Branntwein- und Biervölker, zu ersteren die Franzosen, Spanier und Italiener, zu den zweiten die Polen und Russen rechnend; als Repräsentanten der Biervölker gelten ihm die germanischen Völker, wie die Weinvölker – die romanischen); die Farbe spielt dabei eine große Rolle, und dieser unser Augenmerk zuzuwenden, ist der Zweck dieser Abhandlung. Das deutsche Corps Knüllia trug eine Trikolore weinrot, biergelb und schnapsweiß, doch ist keine dieser Farben dem genannten Getränke speziell eigen und so wie es Schnäpse aller Farbennuancen und Weine diverser Couleure gibt, so kann man auch beim Bier eine reiche Farbenskala unterscheiden.

Die Frage zwischen hellerem und dunklerem Biere, welche schon des Öfteren erwähnt wurde und eben durch das Bedürfnis nach zweierlei Bier, je nach verschiedener Arbeits- und Lebensweise immer schärfer hervortritt, zu ventilieren, ist aber hier nicht so sehr unsere Aufgabe, als vielmehr die Farbe selbst in's Auge zu fassen. Daher könnte man ganz analog jenem Schriftsteller, welcher Schwarz- und Braunbeeren Trauerobst nannte, das schwarze Bier – Trauerbier nennen und jüngst erst zirkulierte eine Anekdote, wo ein Student, dem ein anderer zum Tode seines reichen Onkels kondoliert, sagt: »Siehst du, Bruder, ich trinke aber während der Trauerzeit auch nur schwarze Biere.«

Und umgekehrt ist vom Weißbier ein Sprichwort entnommen: »Er sieht aus wie Weißbier«, wenn man das schlechte Aussehen eines Menschen bezeichnen will.

Wie sich beim Wein der Dualismus Weiß- und Rotwein findet, jeder der beiden aber in verschiedensten Nuancierungen auftritt, so ist dies beim Bier der Fall, wo sich sogenanntes Weiß- und Braunbier gegenüber stehen und zwar ebenfalls in einer ganzen Scala von Farbentönen. Sowie der Weißwein im Allgemeinen aber eigentlich ein gelber Wein, so ist das Weißbier, in so ferne es dem dunkelbraunen gegenübertritt, ein hellbraunes, gelbes oder gelbliches Bier und man sollte von Weißbier im Allgemeinen und von Braunbier im engsten Sinne sprechen, denn die Farben-Skala der helleren Biere ist entschieden reicher, als die der dunkeln braunen Biere, die freilich bis in's tiefe Schwarz sich verlieren. Die Farbe ist zunächst für das Auge maßgebend, wenngleich auch beim Bier der Geschmack dadurch beeinträchtigt wird.

Man könnte eine Betrachtung der fünf Sinne beim Bier daran knüpfen. Mancher will das Bier im Glase sehen und mustert und gustirt es mit den Blicken. Er liebäugelt mit seinem Glase. Es ist charakteristisch, dass der Bayer sagt: »Das Bier ist gut« und es aus undurchsichtigen Steinkrügen trinkt und der Norddeutsche: »Das Bier ist schön«, selbes aber auch aus Gläsern trinkt. Es hat das Sehenkönnen des Bieres doch sein Gutes, wie jene Anekdote beweist, wonach der Wirth klagte: »Wenn nichts im Bier ist, ist's nicht recht; is a mol a todte Maus drinn', ist's wieder nicht recht.«

Schon Dr. Knaust, der alle 1575 gebrauten Biere in drei Klassen einteilt, unterscheidet 1.) Weizen- oder Weißbiere, 2.) Gersten- oder Rot Biere und 3.) daneben Gewürzbiere. Als Repräsentanten für die Weißbiere sieht er das Hamburger, für die Roth- (Braun-)Biere das Danziger an.

Gewöhnlich wird aber stereotyp vom gelben, goldigen Wein und braunem Bier gesprochen.

In einem Liede Wollheims lautet eine Stelle:

> *Es war ein Edelmann vom Rhein,*
> *Gar fürnehm und gebildet,*
> *Der trug ein Kleid wie Demantschein*

hiezu tritt

> *… ein schlichter Bürgersmann*
> *In einer braunen Jacken.*

Und der bekannte Schluss lautet:

> *Sie thun noch heute weit und breit*
> *Selbander Wunder machen,*
> *Der Herr von Wein im güldenen Kleid,*
> *Der Bier in braunen Jacken.*

Ich erinnere ferner an das Lied: *Das Jahr ist gut, braun Bier ist gerathen,* sowie an eine andere Stelle:

> *Aus braunen böhmischen Granaten*
> *Schäumte bald ein braunes Bier.*

Auch ein köstliches humoristisches Gedichtchen gehört hierher, worin ein Student sich trotz der Entgegnung seiner Verwandten die Kellnerin, in die er sich verliebte, zur Frau nehmen will, denn, so spricht er am Schlusse:

> *In ihren braunen Augen*
> *Liegt eine Welt voll Bier.*

Und so findet sich usuell beim Bier als Epitheton zumeist die braune Farbe genannt. Die Böhmen lieben es dafür, die rote Farbe zu sehen, natürlich braun rot im Auge: *pivo, pivo, pivo červené!*

Noch mit einigen schönen Stellen kann ich aufwarten und ohne mich zu wiederholen; sie bilden zugleich einen weiteren Beitrag zur Poesie des Bieres, doch will ich selbe mit Absicht nicht in jener Studie zitieren, weil ich sie als passender für diesmal halte. Ich entnehme sie den Inschriften im Münchener Ratskeller und zwar im speziellen Bierkeller. Besonders folgende zwei sind reizend:

> *Sei, Ceres, mir gegrüßt,*
> *Mit deinen Aehren da,*
> *Gegrüßt dein braunes Kind:*
> *Die Cerevisia!*

und

> *Dich grüße ich, Salvatorquell,*
> *In deiner braunen Schöne!*
> *Ach ja, zu diesen Versen warst*
> *Du meine Hippokrene.*

Das schwarzbraune Bier finden wir auch in dem bekannten Lied:

> *Das schwarzbraune Bier,*
> *Das trink ich so gern,*
> *Und schwarzbraune Mädchen,*
> *Die küss' ich so gern. (etc.)*

gepriesen. Aber auch die anderen Bierfarben werden glorifiziert. In eben dem genannten Keller begegnen wir nämlich auch anderen Stellen, wie:

> *Ein Kardinal, nach Polen gesandt,*
> *In Striegau, beim Weißbier bleibt kleben,*
> *Lant kündet er, dieser Gerstensaft*
> *Beschämt selbst Italiens Reben*

und

> *Nach Weißbier trug der Wallenstein*
> *Gar heftiges Verlangen,*
> *Da schenkt der Tod ihm eines ein –*
> *D`rauf hat er ihn kalt umfangen.*

Letztere Stelle hat einen historischen Hintergrund und will ich das Nötige hier mitteilen. Noch zur Zeit des dreißigjährigen Krieges braute man Weizenbier. Vorbemerken möchte ich, dass man Gerstenbier mit Braunbier, Weizenbier mit Weißbier identifizieren kann, wie dies schon Dr. Knaust getan. Wallenstein zog nun das Weizenbier dem Gerstenbiere vor.

In einem Briefe vom 2. Juli 1628 schrieb er an den Feldmarschall Arnim, der vor Stralsund hielt: »Die weil ich das Gerstenpier nicht trinken kann, bitt, der Herr thu die Anordnung, auf daß von Barth auf Anklam vor mich Weizenpier gebracht wird«.

Professor Rudolf Fiedler hat Recht, wenn er in seinem im XII. Jahrgang (1884) der »Allgem. Zeitschrift für Bierbrauer« erschienenen Artikel »Zur Geschichte des Bieres und des Brauwesens« sagt: »Was würden die alten Egerianer, die den Friedländer von Angesicht zu Angesicht gesehen, sagen, wenn sie heute nach Wien kommen möchten, wo man jetzt Erlanger und Nürnberger, Münchner und

Anspacher trinkt!... Die alten Erzgebirgler würden bedenklich die Köpfe schütteln, dass man der »kühlen Blonden« untreu geworden und in auffälliger Weise der »feurigen Schwarzen« den Hof mache.«

Auch G. H. Schneideck preist in seiner Gedichtsammlung: »Jenenser Leben« das Weißbier und widmet demselben ein eigenes Gedicht »Der Weißbiertrinker«, welches ich in meiner »Poesie des Bieres« vollends zitiere, so dass ich hier nur darauf verweise.

Und zwar meint Schneideck das Weißbier von Lichtenhain.

Dies mag uns darauf führen, die wichtigsten, ich möchte sagen, typischen Weiß- und Braunbiere von Berühmtheit aufzusuchen. Ein Vierzeiler sagt:

Nürnberg, Augsburg, München
Liefern braune Biere,
Diesen Stoff zu tilgen,
Kost't uns nicht viel Mühe.

Doch zuvor noch einige allgemeine Bemerkungen: Bier kann bekanntlich aus allen mehlhaltigen Pflanzen und zwar aus dem Schleimzucker erzeugt werden. Besonders eignen sich nun Getreidearten zur Biererzeugung. Unter diesen aber wieder ganz vornehmlich Gerste und Weizen.

Auch Roggenbier war einige Zeit, aber nur weniger im Gebrauch und wenn ich es hier auch mit erwähne, so geschieht es in so Ferne speziellem Zweck zuliebe, da es zumeist von sozusagen grünlicher Farbe war. Nebenbei bemerkt, ist es sehr nährend, aber schwer verdaulich.

Wie schon früher vorgegriffen, sind Gerstenbiere zumeist die dunklen, braunen Biere und Weizenbiere die helleren Weißbiere.

Außerdem ist Weizenbier stärker und berauschender als Gerstenbier und werden Weizenbiere auch unnährliche Biere genannt.

Was die Farbentöne betrifft, so sind wie gesagt vom lichtesten bis zum gelblichen, gelben, braungelben, bräunlichen, hellbraunen, dunkelbraunen, bis in's schwarze von der Farbe des schwarzen Kaffee's, wie bei manchem Bockbiere, eine große Reihe von Nuancierungen doch dünken mich der Nuancierungen hellerer Biere mehr zu sein, als jener dunkler Biere. Die Farbe der Biere zu bestimmen, besitzt man wieder ein eigenes Instrument, den sogenannten Kolorimeter. Es ist dies ein

Glas nach Art der Brausepulvergläser durch eine Wand in zwei Hälften getrennt. In die eine kommt das auf die Farbe zu prüfende Bier, in die andere Wasser, welches mittelst einer Quetschhahnburette so lange mit einer Jodlösung gefärbt wird, bis man die Farbe des betreffenden Bieres erhält. Der Prozentsatz des Jod gibt den Gradmesser für die Farbe ab. Dazwischen liegen natürlich auch das bereits genannte grünliche Bier und dann ein speziell als rotes Bier bezeichnetes niederländisches Bier – das Diester Bier. Auch die Juden sollen schon in früherer Zeit zweierlei Sorten Bier gebraut haben, ein weißes, leichtes »Zithoum« und ein rotes, starkes »Carin«.

Doch führte das eigentliche bierartige Getränk der Ebräer, dessen wir bereits Kap. 1 in einem Sprüchlein gedachten, den Namen »שבד«, »Sechar«, entsprechend dem griechischen »τίκερα« und korrespondierend mit dem lateinischen sicera.

Geradezu nach der Farbe benannt ist von dunklen Bieren das Colberger Bier in Pommern, das wegen seiner in's schwärzliche fallenden Farbe »Black« genannt wird, und von weißen Bieren die Berliner Blonde, auch »die kühle Blonde« genannt. Dabei fällt mir jener Vergleich ein, den ich einmal vom Pilsener Biere las und der da heißt: »Das Pilsener Bier ist blond, wie die Heldin einer Ballade, leicht wie das Gewissen eines Diplomaten, glänzend wie die Versprechungen eines Finanzministers und schäumend wie die Rede«. Blond ist aber die Bezeichnung eines lichten Farbentons. Auch die als Vorläufer unseres Bieres bekannte »celia« oder »ceria«, soll nach der einen Etymologie ihren Namen von der Farbe entlehnt haben, man leitet nämlich »ceria« von cereo (scillicet colore), gelb oder gelblicher Farbe ab.

Obwohl schon das englische Porter an und für sich eine dunkle Farbe besitzt, so wird außer diesem und dem Ale und Beer noch ein sogenanntes Doppelporter gebraut, das ausdrücklich auch noch die Benennung »Brown-Staut« führt.

Seinen Namen hat das Porter bekanntlich davon, weil es als starkes Bier ursprünglich von den Lastträgern (Porters) getrunken wurde. Als Gegensatz zum Brown-Staut heißt ein hochgelbes Ale geradezu nach seiner Farbe »Amber«, das heißt Bernstein.

Bernsteingelb ist überhaupt auch bei deutschen Bieren eine öfters angewandte Farbenbezeichnung. Bekanntlich ist aber auch Bernstein verschiedenfarbig, selbst in's grünliche spielend, so dass auch diese Bezeichnung nicht sehr bestimmt ist. Freilich muss man bei dieser schwankenden Farbenbezeichnung den gewöhnlichen Bernstein vor Augen haben. In diesem Falle ist das Malz eben weniger gedarrt, während es bei dunklen Bieren scharf gedarrt ist.

Von den niederländischen Bieren ist außer dem roten Diester noch das Mastricher Braun- und das Geldern'sche Weißbier; von belgischen Bieren das Gersten-, Braun- oder Gelbbier, das Mecheln'sche Braunbier, das St. Troner Braun- oder Gelbbier und das Hoegarder Weißbier zu nennen, welche alle besonders in früherer Zeit berühmt waren.

Unter den zahllosen deutschen Bieren sind von den braunen dunkeln Sorten die verschiedenen Bockbiere, die bayrischen Biere, das bereits genannte Colberger Black, die dunkelbraune Mumme und das Garley der Altmark zu nennen, letzteres braungelb mit nur wenig Hopfen, während die Braunschweiger Mumme, eines der stärksten Hopfenbiere, tiefdunkel ist.

So ziemlich kann man braune dunkle Biere als mehr gehopft gegenüber den schwach gehopften gelben Bieren bezeichnen.

Auch pflegen die dunklen Biere dicker, die helleren leichtflüssiger, dünner zu sein. Oft sind tiefdunkle Biere syruppartig. Ebenso lassen sich die Lager- und Doppelbiere als dunkle den einfachen lichten gegenüberstellen.

Von den verschiedenen Klosterbieren sind gewöhnlich auch zwei Arten, das hellere leichtere Convent- oder Nachbier für die Fratres und das dunklere kräftigere für die Patres. Unter letzteren ist wieder besonders das im Kloster »zum heiligen Kreuz« gebraute Braunschweiger Bier »Tibi Soli« hervorzuheben. Von weißen Bieren heben wir namentlich hervor das Breslauer Bier, das Lübecker Bier, auch Lübisch »Bleichbier« (auch die Czechen sagen bleda piva) genannt, auch unter dem Spitznamen »Israel« bekannt, das Kottbuser Weißbier, »Krabbel an der Wand«, ferner das Hamburger Bier, die Königin der weißen oder Weizenbiere, das Nimweger Weißbier, auch »Moll« geheißen, und die bereits genannte Berliner »kühle Blonde«, sowie die ältesten Weißbiere: die Goslarer »Gose« und der Hannover'sche »Broyhan«.

Abgesehen von den verschiedenen Mitteln, fertige und alte Biere zu färben, was mir wie das Schminken bei älteren Schönen erscheint und durchaus nicht gustiös ist, ist bei der Erzeugung des Bieres die Farbe primo loco von der Farbe des Darrmalzes abhängig. Die verschiedenen Farbenveränderungen des Malzes aber hängen wieder von der Temperatur ab und folgende Skala dürfte nicht uninteressant sein:

Bis zu 380° R. dünsten bloß die Wasserteile aus, die Farbe der Körner bleibt;

von 41° geht die Farbe ins Hellgelbe über und eine Geschmacksveränderung beginnt;

von 44° an wird die Farbe weingelb;

von 46° wird sie ähnlich gelbem Bernstein;

von 48° wird sie bräunlich;

von 50° erscheint sie hellbraun;

von 52° wird sie zimmetbraun;

von 54° erscheint sie kastanienbraun;

von 56° verdunkelt sie sich mehr;

von 58° wird sie schwarzbraun;

von 60° vernachtet sie noch mehr;

von 62° ist sie gleich zu stark gerösteten Kaffeebohnen

und von 64° endlich tritt wirkliche Verkohlung ein.

Selbstverständlich ließe sich unsere Bierfarbenstudie noch weiter ausspinnen, doch mag dies genügen. Erwähnt sei nur noch, dass sich auch sonst Analogien finden, denn z. B. auch der russische bierähnliche Quas findet sich in zwei Arten, als weißer und brauner Quas.

Zum Schlusse dieser unserer Bierfarben-Betrachtung sei aber noch eines erwähnt, dass bei jeder Farbe das Bier hell sein muss (das heißt, hell im Gegensatz zu trüb, nicht im Gegensatz zu dunkel), weshalb es vortheilhafter, den dunklen Bieren die lichten, statt hellen entgegenzustellen, sonst ist es ein Zeichen, dass seine Gährung noch nicht beendet ist.

IX

Bier und Wein

Bier und Wein sind es, welche das spartanische Doppelkönigtum unter den Getränken repräsentieren;

> *Was mir Frau Hebe schenken will*
> *Bier oder Wein – ich halte still!*
>
> *Ein fein Weinchen oder Bierchen,*
> *Dieses ist so mein Pläsirchen*

und

> *Bier oder Wein,*
> *Eins muss sein:*
> *Beide müssen sein.*

Und wie der alte Heim (1747 – 1834), der Berliner Geheimrat »Dr. Ernst Ludwig Heim« fünf Ursachen Wein zu trinken angab, deren fünfte lautet »Um jeder Ursach willen«, so gilt dies auch vom Bier, es gibt zahllose Ursachen; denn: »Ist der Biertrinker gesund, so trinkt er aus Antrieb der Kraft; ist er krank, so trinkt er, weil Bier hilft. Ist er durstig, so trinkt er, weil Bier löscht; ist er nicht durstig, so trinkt er, weil in und mit ihm etwas los sein muss und er daher den alten Durst herbeizuschaffen hat. Ist er hungrig, so trinkt er, weil Bier die Verdauung befördert. Ist ihm warm, so trinkt er Bier, weil es kühlt; ist ihm kalt, so trinkt er Bier, weil es wärmt. Ist er aufgeregt, so trinkt er Bier, weil es beschwichtigt; ist er abgespannt, so trinkt er, weil es anregt. Hat er zu viel Bier getrunken, so trinkt er wieder Bier, weil es das beste Mittel für den Magen ist; hat er zu wenig Bier getrunken, so trinkt er rasch abermals. In einem Trauerfalle oder in Melancholie trinkt er Bier, weil es heitere Gedanken anregt; ist er in einer sehr lustigen Stimmung, so trinkt er es, weil es ihn wieder zu sich bringt. Vor einem Weingelage trinkt er Bier, weil man Bier nach Wein doch nicht trinken kann; nach einem Weingelage trinkt er Bier, weil zufolge seiner Versicherung nichts besser ist. Ist er rabulistisch, so trinkt er, um Ruhe und Frieden zu gewinnen; ist er ruhig und friedlich, so trinkt er sich Kourage und Schwung. Ob schön, ob Regen, ob Sommer oder Winter – der Witterung wegen wird getrunken. Den Alten gibt das Bier junge Kraft, der jungen Kraft das Gesetzte des Alters. Ist er schlaflos, so trinkt er Bier zu guter Ruh; ist er schläfrig, so erhält ihn Bier wach. Kurz, der ächte Biertrinker weiß für jede Gelegenheit den Trunk zu motivieren; ihm ist das Bier das Universalmittel der ganzen Menschheit.«

Bier und Wein streiten sich um die Suprematie, in manchen Ländern hat dies, in manchen das andere Getränk die Oberhand, man unterscheidet Bier- und Weinländer wenn man von einer potologischen Geographie spricht und in manchen Gegenden halten sie sich sozusagen das Gleichgewicht. Im Ganzen und Großen aber stellt das Bier das größere Kontingent der Trinker.

Wo man das Bier nur kennt,
Führt Bier das Regiment.

Schon der schwedische Historiker Klaus Magnus sagte im Mittelalter, die Zahl der Biertrinker in der Welt sei größer, als die der Weintrinker und ein moderner Gelehrter, der so vielfach genannte Pasteur hat berechnet, dass die Zahl der Weintrinker höchstens ein Drittel der Zahl der Biertrinker betrage.

Beide Getränke, Bier und Wein, sind alkoholische Getränke, beide sind gegorene Getränke, also ziemlich nahe verwandt und doch wieder so sehr verschieden, besonders in ihrer Wirkung. Der Rebentrank (Rebenblut, Saft der Reben) und der Gerstentrank (Gerstenschleim, Malztropfen, Hopfentrank) sind ganz konträre Getränke.

Die nahe Verwandtschaft zeigt sich besonders im Altertum. Entschieden ist der Wein das ältere Getränk. Heinrich Knaust schreibt diesbezüglich: »Nachdem die Natur des Menschen also von Gott geschaffen, daß wir neben dem Essen auch trinken müssen, hat Gott, der gütige und barmherzige Vater den ersten Menschen der Welt den Wassertrunk aus den Quellen und Wasserbrunnen der Erden verordnet, wie solches noch heutigen Tages (Knaust's Werk datirt aus 1575) den armen Leuten in Franken, am Rheinstrom und in den Landen, da kein Bier, sondern nur eitel Wein zu trinken, bestes Getränke ist, dieweil sie den Wein nicht vergelten (bezahlen) können. Damit haben sich die Leutte für der Sindfluß, neben einem guten Kraut und Gemäß, so guter Ding und fröhlich gemacht, daß es nicht unbillig zu verwundern, das es bei Wasser und Kraut geschehen könne, und das noch wol mehr zu verwundern, sein sie zuletzt so frech und ubermüthig dabei geworden, das Gott sprach: «poenitet me fecisse hominem.»Denn sie schlugen einander tod, richteten allerlei Anlust an und trieben mancherhande Barbarrey und unzucht, bis Gott die ganze Welt mit Wasser verderbet und in Grund vergehen ließ. Nach der Sindfluß aber wandte Gott sein gnädiges Angesicht wider zu den Menschen und erquicket sie mit gutter Speiß der Fische im Meer und Wasser, den Vogel in lüfften und aufs Erden, auch dem vierfüßigen Thiere in wäldern und feldern, ließ ihnen dazu Korn auff dem acker, davon sie Brod zu backen hatten und gute Weinreben erwachsen, welches alles sie durch sonderliche dazu gehörende Kunst, darin Gott Meister und Eingeber war, dahin arbeiteten, das gut Brodkorn und Wein davon kommen konnte, damit die Leute dazumal, nach der Sindfluß, immer guten Essen und Trank hatten, damit sie sich laben möchten, und das menschliche Geschlecht also wieder zunemen, zu krefften kommen und stark werden sollte, welchs zuvor durch die Sindsluß gar geschwächet und gekranket war. Doch hernach, wie der Leutte viel worden, also das sie sich in die Lande hin und wider teilen müssen, hats gleichwol an allen Oertern des gantz Erdkreiß nicht Weinwachs gehabt, Gott der Allmächtige aber, hat die Leutte der örter, da nicht Wein erwuchsen, dennoch auch nicht vergessen, hat sie anstatt der Weinreben und Weins mit einer andern Gabe gesegnet, das sie es nach der Sindfluß auch etwas besser haben solten, denn es ihre Vater für der Sindfluß gehabt hatten. Also hat er sie gelehret von Weitzen und Gersten einen Trank zu machen, der gesundt und lieblich zu trinken war, daran die Natur des Menschen nicht weniger zunemen, gesterket und erhalten werden könnte, als eben von Wein. Und sein also beide, Wein und Bier, Gottes hohe und wunderbarliche Gaben dem armen, gebrechliche, menschlichen Geschlecht zu guht, von Gott dem Herrn aus Gnaden mitgetheilt und gegeben.«

Dies mag wohl Theodor Schöpfer bewogen haben, unter das Titelkupfer seines 1732 erschienenen »Tractats vom Bierbraurecht« folgende Verse gesetzt zu haben, die dasselbe besagen:

>»Gott schenkt nicht jedem Land den Wachsthum derer Reben,
> Woraus der Menschen Fleiß den edlen Wein erpreßt,
> Doch weil Er anderwärts die Gerste wachsen läßt,
> So weiß des Menschen Kunst uns daraus Bier zu geben.
> So Wein als Bier sind gut, wenn man sie braucht in Schranken
> Und nicht vergißt, davor dem lieben Gott zu danken.«

Auch in der Einleitung zu Kobrer's Werk finden sich diesbetreffe de Verse, welche hier am richtigsten Platze sind:

>» – – – – wo kein Weinwachs ist,
> In Landen gege Mitternacht allfrist,
> Darzu in andern Landen weit,
> Da es viel Traid und Hopfens guit,
> Gebrannet wird guet Getrunk,
> Dabei manchem die weil nit langh,
> Genenet Byer, welches sonst auch gemacht
> In Landen viel und wird geacht;
> Ein guet Getrank zu aller Zeit,
> Welches Menschen und Vieh die Nahrung geit;
> Es trenkt und speiset jedermann,
> Der ims zu nutz guet mache kann;
> Guet mache heisst aber nit allein,
> Wie etlich sagen in Gemein,
> Wanns nur guet Malz und Hopfen hat,
> So wollens machen ohn ablan.
> Ein guet Getrunk, das meinigkleich
> Soll schmecken Arm und auch Reich,
> Drauff Antwort solchen Rhümern Ich,
> Und sag Ihn ohne scheuh kecklich,
> Obgleich das Malz und Hopfen allein
> Des Byers beste Materien sein,
> So mag doch Smalz mancherleiweiß
> Am waikn, Ausbringen durch urfleiß
> Ersauern, verwachsen, verdorrt werden,

> *Durch böß zuefall leicht verderben,*
> *Gleichfalls so kann und mag das Byer*
> *Verderbet werden in der Gyer*
> *Durch unflaß und ungschmahn zung;*
> *Das glaub Du mir, weil ich nit tring;*
> *Durch gschwind und überflüssig Gyer*
> *Und von unsauberkeit der Geschirr*
> *Sauer werden und gar abstehn;*
> *Wie muß man dann damit umgehn?*
> *Hilft nu das Maltz und Hopfen guet?*
> *Das sag Du mit mit künnem mut;*
> *Nein – – – – – – – – «*

Ja, wie muss man mit Bier umgehn? selbst mit dem fertigen – auch das ist eine hochwichtige Frage, die ich erst jüngst wieder ventiliert gefunden: »Es ist nicht genug, gutes Bier in die Welt zu schicken, man sollte auch jedem Wirt und Trinker die Behandlung lehren! Neun Zehntel der Wirte verstehen nicht einzuschenken und neun Zehntel der Trinker verstehen nicht zu trinken! Dem Biere muss seine, Kohlensäure erhalten werden bis zum Munde des Trinkers. Durch die Kohlensäure nur bekommt uns das Bier gut. Wird sie durch verkehrtes Verfahren dem Biere entzogen, so hat es einen widrigen faden Geschmack und liegt wie Blei im Magen, macht Kopfschmerzen und allerlei Übelbefinden. Durch mehrmaliges Umgießen verflüchtigt sich auch die Kohlensäure, desgleichen auch durch Erwärmung. Also 1. Bedingung ist: Berührung des Bieres mit der Luft und Erwärmung zu vermeiden so viel als möglich; 2. das Bierglas muss dicht unter dem Hahne gehalten werden. Verkehrt ist aber: das Einschenken unterm Hahn und Auf- und Niederfahren des Glases oder gar Lust einzuspritzen, wodurch die Kohlensäure gerader gemordet wird. Die meisten Trinker, die kein Verständnis haben, wollen aber viel Schaum sehen. Wirt und Trinker sagen bei viel Schaum: »Das ist ein Bier!« Der Verständige sagt aber: »Das ist kein Bier!«

Alles was man gewissermaßen als Bier oder bierartig ansehen kann vor der Erfindung des eigentlichen deutschen Biers, lässt sich doch auf den Wein zurückführen, ja trägt geradezu die Benennung desselben und wir begegnen dergleichen Getränken immer in zum Weinbau ungeeigneten Ländern. So heißt es auch bei Fischart:

> *Wo man nit Wein und Reben het,*
> *Dort lehrt er machen Bier und Meth.*

Wer? Bacchus – denn Fischart kannte den Gambrinus noch nicht; seltsam genug, dass erst so spät Gambrinus das männliche Pendant zu Bacchus wurde, früher galt dieser für Wein oder wie wir bei Fischart sehen für beides und Ceres für das Bier.

> *Daß Ceres Göttin und Bacchus Gott*
> *Das wußten die Alten vor Moleschott*

sagt Julius Grosse.

So wird z.B. auch schon den alten Ägyptern ein Bier zugeschrieben, das sie Osiris brauen gelehrt haben soll und zwar erzählt Diodor von Sizilien, dass Osiris die Bewohner der zum Weinbau ungeeigneten Gegenden, an dessen Statt einen Wein aus Gerste bereiten lehrte. Auch Herodot nennt dies ägyptische Bier – Gerstenwein. Denselben Namen gaben ihm auch Archilochus, Aeschylos und Sophokles, sowie andere Schriftsteller damaliger Zeit. Ich habe selbst in neuerer Zeit Bier auch – Malzwein nennen gehört. Plinius in seiner Naturgeschichte nennt es einen abscheulichen Trank, der die Menschen weit betrunkener, als der Wein selbst mache. In der Tat besaßen auch alle diese bier-, richtiger weinähnlichen Getränke, welche man als Mittelglieder und Übergang vom Wein zum Bier ansehen kann, einen weinartigen, hauptsächlich weinsäuerlichen Geschmack, was ganz natürlich erscheinen muss, man kannte ja das eigentliche Bier noch nicht und wollte Surrogat für den fehlenden Wein, weshalb man sich mühte, den Geschmack des Weines so viel als möglich auch ohne Reben zu erreichen. Bei antiken Schriftstellern, wie Aeschylos, Sophokles, Xenophon, Theophrast, Diodor von Sizilien, Strabo und Anderen findet sich für Bier geradezu der Ausdruck Gerstenwein οίνον κρίθης oder κρίθης οίνον so viel wie vinum hordeaceum. Ich lasse nun das Bier in einigen griechischen klassischen Originalstellen der genannten Autoren alphabetisch folgen:

Aeschylos in supplicib. 925:

„Ἀλλ' ἄρσενας, ταύτης δὲ γῆς οἰκήτορας
Εὑρήσετ' οὐ πίνοντας ἐκ κριθῶν μέθυ."

Athenäus:

„οἶνον — πινεῖν δ' ἀπὸ ὀρύζης ἀντὶ κριθίνων συντεθέντες."

Diodor von Sicilien lib. IV, cap. II de Aegyptis:

„εὑρεῖν δ᾽ αὐτὸν καὶ τὸ ἐκ τῆς, κριθῆς κατασκευαζόμενον πόμα. τὸ προσαγορευόμενον μέν ὑπ ἐνίων ζῦθος, οὐ πολὺ δε λειπόμενον τῆς περὶ τὸν οἶνον εὐωδίας."

Diodor lib. V, cap. XXVI de Gallis:

„πόμα κατασκευάζουσιν ἐκ τῆς κριθῆς τὸ προναγορευόμενον ζῦθον."

Galen 2. simp. medic. 6: „ζῦθος δρομύτερός ἐστι τῶν κριθῶν οὐ σμικρῷ."

Hecatäus: „τὰς κριθὰς εἰς πότον καταλεαίνοντας."

Herodot lib. II de Aegyptiis:

„οἴνῳ δὲ ἐκ κριθέων πεποιημένῳ διαχρέωνται, οὐ γάρ σφί εἰσι ἐν τῇ χώρῃ ἄμπελοι."

Hesychius lib. X: „βρύτον — οἶνον κρίθινον."

Strabo lib. XVII de Aethiopiis:

„ζῶσι δὲ ἀπὸ κέγχρου καὶ κριθῆς, ἀφ᾽ ὧν καὶ πότον ποιοῦσιν αὐτοῖς."

Suidas: „οἶνον ἀπο κριθῆς γιγνόμενον."

Theophrastus lib. VI, cap. XV: „τῶν οἴνους ποιούντων ἐκ τῶν κριθῶν."

Theophrasthistor.plant.4,10: „ἐν βρύτῳ τῷ ἀπὸ τῶν κριθῶν ἕψουσι."

Daran lasse ich noch jene Homerische Stelle aus Jlias 11, 638 folgen, aus welcher man auf ein bierähnliches Getränk schon bei Homer zu schließen versuchte:

„ἐν τῷ ῥα σφι κύκησε γυνὴ εἰκυῖα θεῇσιν οἴνῳ Πραμνείῳ, ἐπὶ δ᾽ αἴγειον κνῆ τυρὸν κνήστι χαλκείῃ, ἐπὶ δ᾽ ἄλφιτα λευκὰ πάλυνεν, πινέμεναι δ᾽ ἐκέλευσεν, ἐπεί ῥ᾽ ὥπλισσε κυκειῶ."

Voß übersetzte die Stelle folgendermaßen: »Hierin mengte das Weib, an Gestalt den Göttinnen ähnlich, Ihnen des Pramnischen Weins und viel mit eherner Raspel Ziegenkäse darauf, mit weißem Mehl ihn bestreuend, Nöthigte dann zu trinken vom mehlbereiteten Weinmuß.«

Hans von der Planitz weist in seiner höchst gediegenen historischen Arbeit »Das Bier und seine Bereitung einst und jetzt«, abgedruckt in der von Dr. Carl Lindner trefflich redigierten »Zeitschrift für das gesammte Brauwesen« II. Jahrgang 1879, die kühne Konjektur eines Biers bei Homer geistreich zurück.

Endlich lasse ich zugleich noch einige lateinische klassische Stellen als Belege für unsern Zweck folgen:

Ambrosius Calepinus: «potus ex hordeo aqua resoluto confectus, acris gusto et vini in morem inebrians, hoc Aegypti vini loco utebantur.»

Ammian Marcell. 26, 8: »Est autem ›sabaja‹ ex hordeo vel frumento in liquorum conversus pauperrimus in Illyrico potus.«

Florus 2,18: »›Celia‹ sic vocant indigenae ex frumento potionem.«

Isidorus Origin. 20,3: »Celia a calefaciendo appellata: est enim potio ex succo tritici per artem confecta: suscitatur enim igne illa vis germinis modefactae frugis ac deinde siccatur et postea in farinam redacta molli succo admiscetur, quo fermentato sapor austeritatis et calor ebrietatis adjicitur, qui fit in iis partibus Hispaniae, cujus ferax vini locus non est.«

Orosius 5, 7: »Subito (Numantini) portis eruperunt, larga prius potione usi, non vini, cujus ferax is locus non est, sed succo tritici per artem confecto, quem succum a calefaciendo celiam vocant: suscitatur enim sapor austeritatis et illa ignea vis germinis madefactae frugis ac deinde siccatur et post in farinam redacta molli succo admiscetur, quo fermento calor ebrietatis adjicitun.«

Plinius lib. XXII, cap. XXV ret. historiar: »ex iisdem (cerealibus, frugibus) fiunt et potus.«

»Zythum« in Aegypto, ›celia‹ et ›ceria‹ in Hispania, et cerevisia et plura genera in Gallia, aliisque provinciis.« Geradezu sagt er aber: »Et frugum quidem haec sunt in usu medico.«

Simeon Seth. de Alimentis: »Camum sicera, potus factus ex hordeo et aliis rebus calidis, ut zinziber, et similia, quae ponuntur in testaceis parvis bene obturatis (in gut verschlossenen Steinkrüglein), et cum aperiuntur, salit in altum et vocatur cerevisia.« Zugleich die erste Erwähnung eines Flaschenbieres, wie Hans von der Planitz richtig bemerkt, das der Engländer Alexander Nowell unter der Königin Maria erfunden haben soll.

Tacitus de moribus Germanorum cap. XXII: »potui humor ex hordeo aut frumento in quandam similitudinem vini corruptus.«

Ulpianus Lex. L. IX.: »certe zythum quod in quibusdam provinciis ex tritico, vel hordeo vel pane conficitur, non continebitur; simili modo nec camum nec cerevisia continebitur, nec hydromel.«

Und endlich last not least ein Dichter, Virgil in Georg. 3, 380, wo er von den eine Art Bier trinkenden Scythen spricht: ... *et pocula laeti fermento atque acidis imitantur vitea sorbis.* Zu Deutsch: ... *zum Gelag nachbildet er Rebengetränke lustig aus gehrendem Saft und säuerlich schmeckendem Spierling.* Spierling dürfte wohl eine Frucht des Sperberbaums oder der Eberesche gewesen sein.

Gibt es doch noch heute unter den zahllosen Biersorten solche weinsäuerliche Biere. Hauptsächlich ist dies bei den Weizenbieren der Fall, z.B. das »Matzmotz«, d.i. Weizenbier von Teschen, das geradezu spanischen Weinen verglichen wird oder der »Keiterling« auch »Reuterling«, das so benamste urintreibende Wettinger Bier, das an Geschmack ganz weinsäuerlich schmeckt. Auch der Kvas (Quas) der Russen ist ein weinsaures Bier. Freilich unsere Hopfenbier verwöhnte Zunge verschmäht heute ein saures Bier, uns gilt saures Bier identisch mit schlechtem Bier.

Aber nicht nur in Ländern ohne Weinbau, selbst im Weinlande Gallien, bereitete man bereits frühzeitig ein Bier, gegen welches Kaiser Julian in einem Spottgedicht zu Felde zieht. Auch er nennt es Gerstenwein. Das Epigramm lautet:

„Τίς; πόθεν εἶς Διόνυσε; μὰ γὰρ τὸν ἀληθέα Βάκχον
Οὔ σ᾽ ἐπιγιγνώσκω. Τὸν Διὸς οἶδα μόνον.
Κεῖνος νέκταρ ὄδωδε. Σὺ δὲ, τράγου, ἦ ῥά σε Κέλτοι
Τῇ πενίῃ βοτρύων, τεῦξαν ἀπ᾽ ἀσταχύων,
Τῷ σε χρὴ καλέειν Δημήτριον, οὐ Διόνυσον
Πυρογενῆ μᾶλλον, καὶ βρόμον οὐ Βρόμυον."

Der Gerstenwein der Gallier sei nämlich nicht der wahre Sohn Jupiters, denn der Wein rieche nach Nektar, das Bier aber stänke wie ein Bock. Von Erasmus existiert eine lateinische Übersetzung des griechischen Kaiserwortes:

> *Bacche quis? unde venis? verum tibi dejero Bacchum*
> *Te haud novi, tantum est cognitus ille Jovis.*
> *Is nectar redolet, hircum tu: dic age, num te*
> *E spicis finxit Gallia vitis inops?*
> *Non igitur Bacchum te dejero, sed Cerealem,*
> *Et frumentigenam nec Bromium, imo Bromum.*

Auf Julians Stelle scheint auch einer der Sprüche im Münchener Keller gemünzt zu sein, der da scherzend lautet:

> *Das classische Alterthum spottet herfür,*
> *Nur Wein riecht wie Nektar, es stinket das Bier,*
> *»Quod non, e contrario!« ruft der Professor,*
> *Und der hat studirt, der weiß es bessor!*

Das Aroma betreffend äußert sich ein vortreffliches Epigramm von Hugo Littauer:

> GAMBRINUS UND BACCHUS
>
> *Nicht will ich kürzen an Gambrinus Ruhme,*
> *Doch Bacchus hat weit größ'ren Stein im Brett,*
> *Beim Biere spricht der Trinker von der Blume,*
> *Beim Weine aber lobt er das Bouquet.*

Auch der von Tacitus in seiner Germania cap. 25 erwähnte Biertrank war seiner Beschreibung nach mehr eine aus gegorener Gerste erzeugte Flüssigkeit, als Bier.

So neigen sowohl dem Namen, als dem Geschmacke nach alle diese Vorläufer der Biere mehr zum Wein. Was uns berechtigt, sie unter die bierartigen Getränke auch zn rechnen, sind, wie wir in der Studie »Bier und bierartige Getränke« des Näheren gesehen haben, die Bier-Ingredienzien. Sind doch auch viele der modernen Biere weinähnlich oder weinartig im Geschmack und tragen geradezu die

Bezeichnung »weinige Biere«, es macht dies der Alkoholgehalt, sodass alkoholische und weinige Biere identisch sind. Ich erinnere auch an Champagnerbiere.

Soviel über die Eingangs aufgestellte Affinität zwischen Bier und Wein, der man auch auf Schritt und Tritt in der Rede, besonders im Sprichwort begegnen kann. Gewöhnlich werden Bier und Wein wie ein Dioskurenpaar gemeinsam genannt. Im Allgemeinen bekommt man Wein neben Bier geschenkt, weniger umgekehrt und in speziellen Weinhäusern findet man, wenn überhaupt ein Bier, immer eine edlere Sorte. Der Wein wird nämlich gewöhnlich als das edlere Getränk angesehen, worauf wir übrigens bald näher eingehen wollen. Die Hauptunterschiede zwischen Bier und Wein bestehen darin, dass das Bier mehr schleimige Teile (wie Dextrin, Kleber) besitzt, man nennt ja das Bier auch »Gerstenschleim«, also mehr Blut und Muskelbestandteile besitzt, als der Wein.

Ein reiner, frischer Gerstensaft
Gibt Herzensmut und Muskelkraft.

Dem Bier fehlt die Weinsteinsäure, dagegen hat es Kohlensäure. Ferner enthält das Bier einen geringeren Teil an Alkohol, mehr Wasser und bitterlichen Geschmack, daher ist das Bier dem Brot ähnlich, wie wir noch sehen werden und mehr nutritiver, während der Wein durstlöschender ist.

Auch im Sprichwort findet man, wie gesagt, Bier und Wein in einem Atem genannt. Ich habe mit Absicht die diesbezüglichen Sprichwörter und dicta in meine spätere große Studie »Das Bier im Sprichwort«, wohin sie mit gehören, nicht aufgenommen, weil sie mir hier passender erscheinen und ich mich so wenig als möglich in den einzelnen Skizzen wiederholen möchte.

So heißt es vor allem: »Bier und Wein folgt dem Zapfen«. Unter Zapfen ist hier Wirtshaus zu verstehen. Das Wort soll wohl so viel besagen, als »Wohnung und Nahrung ist umsonst, Getränke muss man aber bezahlen«. Eine Analogie finden wir bei unseren großen Festessen und Banketten, wo man auch freilich nach früher geleisteter Zahlung das ganze Couvert mit allen Gängen erhält und sich nur mehr um die Getränke zu kümmern hat.

In vielfachen Versionen begegnen wir der Mahnung, dass man stets Wein dem Bier, aber nicht umgekehrt folgen lassen müsse.

Bier auf Wein,
Das lass' sein;
Doch Wein auf Bier
Behaget schier.

Wein auf Bier
Das rath' ich dir
Bier auf Wein,
Das lasse sein.

oder

Bier auf Wein
Säuft ein Sch –

Das viele und besonders gleichzeitige Mischen von Bier und Wein ist nicht rätlich, wie wir auch aus einer Stelle einer Ballade von Ernst Riß (Ludwig Petzold hat sie illustriert) ersehen können und welche ich hier zitiere. Sie bietet auch sonst einen interessanten Beitrag zur Geschichte, sowie eine Perle zur Anthologie der Poesie des Biers. Die Ballade lautet:

Die Alsecker Schenkung

Beim Abt von St. Peter – manch Säkulum
Ist drüber hinweggegangen –
Sprach Herzog Heinrich Iasomirgott vor;
Nach Herberge ging sein Verlangen;
Er fand Pflege in der alten Abtei,
Auch ohne zu künden, wer er sei.

Als nun der Abt und sein hoher Gast
Im Refektorium saßen
Und über Imbiss und frischem Trunk
Gesellen Wort's nicht vergaßen,
Da fragte der Gast so von ungefähr,
Wie etwa vom Herzog die Rede wär'.

»Herr Ritter«, meinte drauf der Prälat,
»Was kann Euch am Urteile liegen?

Er solle Bayern dem Weisen lân
Und sich mit Öst'reich begnügen!
Das ist die Meinung in Land und Stadt,
Und selber wüsst' ich nicht bessern Rath.«

Der Herzog stutzt und spült den Verdruss
Hinunter mit schäumendem Biere;
Denn keine Weine lagerten noch
Im kühlen Kellerreviere.
Und in dem weitbaucj'gen Eimerfass
Da ruhte zumal nur das bayrische Maß.

»Herr Abt«, hub Heinrich zum zweiten an,
»Ich führe von Österreich unten
Ein Fäßlein Weines als Reisetrost mit,
Das wollen wir jetzo entspunden;
Ihr sollt mir Versuchen das flüssige Gold,
Wie's leicht und rasch durch die Kehle rollt!«

Das Fäßlein wurde herbei gebracht;
Sie tranken in langen Zügen;
Dem Abte begann sich allgemach
Die Stube im Kreise zu wiegen!
Im Magen rumorten das Bier und der Wein
Und stiegen ihm in den Kopf hinein.

»Ich forsche nun«, fuhr der Herzog fort,
»Bei Euer Gnaden nach Gründen,
Warum in Stadt und Land und bei Euch
Nicht andere Meinung zu finden;
Warum das herrliche Bayern wohl
Dem Welfenhause verbleiben soll?«

Mit lallender Zunge sagte der Abt:
»Das will ich getreulich vermelden:
Der Österreicher Wein und bayrisches Bier
Vertragen zusammen sich selten,
Und wollt Ihr ein treues Exempel hân,
So schauet nur Eueren Gastfreund an!«

Da lachte der Herzog aus vollem Hals:
»Das will ich Euch freundlich gedenken

Und meine Gärten vom Eck an der Als
Für ewige Zeiten schenken.
Dann schöpfe sich Wahrheit und mutige Kraft
Im Rebenblute die Brüderschaft!

Ich, Heinrich selber, bestimme noch:
Vom Alseck führ er den Namen!
Dann sei die Schenkung von mir verbrieft,
Ja, so mir Gott helfe, Amen:
Der Weg zur Wahrheit sei Allen frei,
Drum gründet auch eine Stiftskellerei!«

Da huben vom braunen Eichengestühl
Die Brüder sich jauchzenden Chores;
Dem gnädigen Herzog huldigten sie,
Der Abt und die fratres minores.
In jedem Gesichte leuchtete mild
Ein rötlicher Schimmer, der Zukunft Bild.

Das Salzburger Kind und der Alpentourist,
Sie haben's an sich erfahren,
Was wir von Kindern hören oft
Und auch bei Narren gewahren:
Dass ihnen von der Lippe dort
Geflossen manch' kühnes und wahres Wort.

Endlich sagt Lessing sogar:

Gevatter Hinz, nun folget mir:
Erst Wein – und dann – kein Bier.

Doch ich möchte mit einem andern Worte einwenden: »Gut Bier ist besser als schlechter Wein«, wie auch der Holländer sagt: »Goed bier is betet dan schlechte wyn« und »Heimisch Bier ist besser als fremder Wein«. Auch könnte entgegnet werden, dass manches Bier verhältnismäßig den Wein übertrifft; so heißt es z.B. vom Hamburger Bier ausdrücklich: »Hamburger Bier wollte gern mit dem Wein um die Wette laufen«; Zerbster Bier wird mit Rheinwein in einen Rang gestellt:

Zerbster Bier und Rheinischer Wein,
Dabei wollen wir lustig sein,

und einige Biere werden landläufig in den betreffenden Gegenden geradezu mit einer bestimmten Weinsorte parallelisiert, mit dem Malvasier. So hört man:

> *Breslauer Bier ist dem Schlesier Malvasier,*
> *Naumburger Bier ist der Döringer Malvasier,*

und

> *Torgauer Bier ist der Armen Malvasier.*

Auch allgemein findet sich:

> *Sauer Bier ist armer Leute Wein.*

Auch des Ausspruches möchte ich hier gedenken, den Kardinal Raimundus tat, der aus Rom als päpstlicher Legat nach Hamburg geschickt, nachdem er das dortige Weizen- oder Weißbier trank, ausgerufen haben soll:

> *O quam libenter esses vinum*

Da fällt mir auch eine Analogie zu den Lacrimae Christi auf dem Gebiete des Bieres ein. In den Geschichten vom Hockewanzel wird nämlich eines Engelbieres gedacht, das so heißt, nicht etwa, weil es Engel trinken, sondern weil es so schmeckt, als wenn einem Engel auf die Zunge p... möchten.

Damit ist auch genug Beweis geliefert für meine früher getane Bemerkung, dass man Wein als das edlere Getränk, als höher über dem Biere stehend anzusehen pflegt. Am kräftigsten und markantesten ist dies ausgedrückt in dem Satz: »He settet den Buur up den Eddelmann« von einem gesagt, der Bier auf Wein trinkt. Wein ist der Aristokrat unter den Getränken, Bier der Demokrat – nun und der Schnaps? Das ist der Sozialdemokrat. Vom Bier und Branntwein sagte Dr. Meyer: »Bier und Branntwein sind wie Ormuzd und Ahriman, der eine ist das böse Prinzip und der andere bezeichnet einen Fortschritt im Wohlstande eines Volkes.« Oder, um mit einem Anderen zu reden: »Bier, der Proletarier, ist heute auch bereits ein Gentleman geworden und sitzt gegenwärtig fast aller Orten in der feinsten Gesellschaft zu Tische.«

Freilich einst war es anders, weshalb die Stelle des Meisters:

Es schenkte der Böhme des perlenden Weins

heute Ironie, geradezu Blasphemie gegen das Bierland Böhmen zu sein scheint.

Hingegen widmet Müller von der Werra, ein Gedicht den böhmischen Bieren und betitelt selbes

Das böhmische Königstöchterlein

Ich kenn' ein Königstöchterlein
Wohl aus dem Böhmerland,
Das strahlt in einem goldnen Schein,
Krystall ist ihr Gewand.
Ihr Kuß der klingt wie Sing und Sang,
Ich kos' mit ihr, o süßer Hang!
Stoßt an, es gilt dem Bier so fein,
Dem blonden Königstöchterlein!
Hurrah hoch!

Es trägt auch einen Reiherbusch,
Wie Schnee so weich und weiß,
Ihr wird gebracht manch' Ehrentusch,
Denn köstlich ist ihr Preis.
Sie giebt uns Frohsinn, Muth und Kraft,
Begeistert alle zauberhaft.
Stoßt an etc.

O holde Maid von Leitmeritz
Gegrüßt viel tausendmal,
Wo lächelnd Du genommen Sitz,
Da ist ein Freudensaal.
Es fleußt so mild und wonnehell
Das beste Heil aus Deinem Quell.
Stoßt an etc.

Die letzte Strophe hat der Dichter mit verschiedenen Varianten versehen z.B:

O holde Maid von Bodenbach
Gegrüßt viel tausendmal,
Wo Du erscheinest unter'm Dach etc.

Oder:
> *O holde Maid von Pilsen dort,*
> *Wo Du uns öffnest Deinen Hort etc.*

Welch' schöne Perle für die Kette der Bierpoesie! Doch zurück zu unserm leitenden Faden.

Da fällt mir auch aus Burn's Gedicht »Frau Wirthin, macht die Zeche« die erste Strophe ein, die von Karl Bartsch übersetzt lautet:

> *Der Tag ist hin und schwarz die Nacht,*
> *Wir geben auf das Licht nicht Acht,*
> *Denn Bier und Schnaps sind Stern' und Mond,*
> *Die Morgensonn' im Rothwein wohnt.*

Um nun einmal mit den Sprichwörtern aufzuräumen, müssen wir noch jenes von der Sparsamkeit diktierte: »Hab' ich kein Geld auf Wein, so trinke ich Bier,« oder wie es bei Renner heißt:

> *Hab' einen Pfennig lieb, als vier,*
> *Fehlt Dir's an Wein, so trinke Bier!*

zitieren, worin auch das Bier als das Niedere gegenüber dem Wein als Höherem gestellt wird, doch stimmt dies zuweilen gar nicht und ich erinnere mich jenes böhmischen Müllers, der seine Mühle in Bier vertrank, schließlich an das Wasser gewiesen, ausrief: »Hätte ich gewusst, dass das Wasser so gut ist, ich besäße noch meine Mühle.« Ferner lautet ein Sprichwort: »Bier soll man gewachsam, Wein frisch einschenken.«

Schließlich wollen wir mit dem Erfahrungssatz »Bier nährt, Wein zehrt« auf die verschiedene Wirkung dieser zwei Hauptgetränke unser Augenmerk richten. In der Tat wirkt das Bier nährender; starke Biertrinker sind schwache Esser, Weintrinker entwickeln hingegen stärkeren Appetit. Ich verweise auf das in der Studie »Bier im Sprichwort« gelegentlich zu Sagende. Auch eignet sich zu manchen Speisen besser Bier, zu anderen Wein. Verkocht werden beide Getränke zu den nach ihnen benannten Suppen. Zum Obst passt kein Bier, wohl aber Wein, Kompotte werden ja in Wein angemacht. Im Allgemeinen gehört Wein zu Mehl-, Bier zu Fleischspeisen, doch sind sowohl Bier als Wein auf fette Speisen zu trinken. Aber auch der

Biertrinker hat sein Obst; ich möchte mir erlauben, den Rettig so zu nennen. Der Rettig ist gleichsam das Obst des Bierspießers, das sich für den letzteren ebenso eignet, wie z.B. der Dessert-Apfel zum Wein.

Als besondere Allianz ist bekanntlich noch Bier und Käse zu nennen; eine Art des letzteren heißt ausdrücklich Bierkäse, ich erinnere an die »Bierhunde«, wahrscheinlich ihres beißenden Geschmacks wegen so genannt. Derselbe Grund empfiehlt auch den Rettig. Hingegen ist Käse zum Wein schädlich und kann andauernder Genuss bekanntlich zum Steinleiden führen. Was schließlich das Rauchen anbelangt, so harmoniert Havannaduft und Weinbouquet weniger und ist ein starker Tabak besonders in der Pfeife der beste Cumpan der Bierkanne. Wer kennt es nicht, das bekannte Goethe'sche Wort:

Ein starkes Bier, ein beizender Tabak
Und eine Magd im Staat, das ist so mein Geschmack.

Auch die Tageszeit weiß ein Kenner richtig in den Bier- und Weingenus zu teilen, Wein Vormittags, Abends Bier. Manche freilich trinken zu jeder Tagesstunde Bier, so sagt z.B. Lereboullet von den Elsässern: »En Alsace, on boit de la bière à toute heur de jour: avant les repas comme apéritif, après les repas comme digestif, et l'on ne s'en porte pas plus mal.« Auch sagt Ferdinand Reiber in seinen »Études Gambrinales«: »Le buveur de bière se recrute non seulement dans toutes les classes, mais encore dans tous les âges, depuis l'adolescence jusqu'à la vieillesse la plus avancée.« »Que ne frait-on pas à Strasbourg pour l'amour de la bière?« fragt er noch.

Ein deutsches Liedchen unterscheidet zwar die Tageszeiten:

Des Morgens bei dem Branntewein,
Des Mittags bei dem Bier,
Des Abends bei dem Mägdelein,
Ist das nicht ein Pläsir?

und unter den altdeutschen Sprüchen zur Verzierung von Handarbeiten von Pauline Kabilka fand ich einen:

Es schuf Natur im Morgenschein
Kaffeeliches Gewächse,
In Mittagsglut den edlen Wein

> *Den Hopfen Abends um Sechse:*
> *Drum ist es Regel der Natur*
> *Früh des Kaffees zu pflegen,*
> *Der Wein ist Mittags an der Tour,*
> *Das Bier vor'm Schlafenlegen.*

Doch trinkt gerade der Deutsche zu allen Stunden des Tages und der Nacht und vornehmlich Abends. Wie beginnt doch ein Lied:

> *So pünktlich zur Sekunde*
> *Stellt keine Uhr sich ein,*
> *Als ich zur Abendstunde*
> *Bei meinem Gerstenwein.*

Und ein Trinkspruch lautet:

> *Um Dein Leben hoch zu bringen,*
> *Trinke Bier vor allen Dingen;*
> *Aber soll es Dich erfrischen,*
> *Früh und spät nur – und dazwischen!*

Oder:

> *Morgens, Mittags, Abends, Nachts*
> *Trink' Dein Bier und sonst veracht's!*

Und schließlich:

> *Ein gutes Bier, o Zecher, merke!*
> *Giebt Morgens Muth zum neuen Werke;*
> *Des Mittags hilft das Bier verdaun;*
> *Des Abends schafft es gute Laun';*
> *Doch Alp' und böse Träum' es bringt,*
> *Dem, der des Nachts zu wenig trinkt,*

ergo Bettschwere!

Bismarck zwar nannte im deutschen Reichstage »das Bier einen Zeittödter, denn die Deutschen schlagen mit dem Biertrinken viel Zeit tot«, worauf Gambrinus die treffliche Antwort geben kann: »Der Biertrinker schimpft gewöhnlich, wenn das Bier schlecht ist, die schlechte Politik vergisst er beim guten Bier.« Darum die Mahnung:

Trink' Bier, aber sauf' nicht,
Disputir', aber rauf' nicht.

Übrigens trinkt Bismarck auch und gerne Bier – sein »Frühschoppen« ist geflügeltes Wort geworden und auf einem Bismarckkruge steht die Aufschrift:

So lang da hint am Platze no steht das Hofbräuhaus,
So lang geht die Gemüthlichkeit uns Münchnern gar net aus.

Interessant ist auch die Stellung unserer Getränke gegenüber dem Urquell alles Feuchten, dem Wasser. Der eben genannte Ferdinand Reiber sagt Chapitre IX, S. 120: »L'eau est la prose des liquides, l'alcool en est la poésie.« Ein schönes Bild und für Alkohol könnten wir ebenso gut Bier als Wein setzen. Wein lässt sich mit Wasser mischen, ist sogar in gemischtem richtigen Verhältnis anzuraten, ein getaufter Wein geht noch an, aber gepanschtes Bier ist nicht zu trinken, manche behaupten sogar, Wasser im Biere wirke belladonnaartig.

Sowie sich besonders gewisse Weine als Medizinalweine eignen, werden auch gewisse stärkende Biere aus Gesundheitsrücksichten getrunken. Besonders das weltberühmte Pilsner eignet sich dazu, wenn der Betreffende es nicht überhaupt unmäßig zu trinken gewöhnt ist. Auf einige spezielle Medizinalbiere kommt in einem besonderen Kapitel die Rede. Unmäßig genossen ist Alles Gift und auch zwischen dem Bierrausch und Weinrausch ist ein gewaltiger Unterschied. Jemand hat behauptet, der Wein wirft den Betrunkenen rückwärts, das Bier aber vorwärts auf den Bauch! Freilich spielt hierbei die genossene Quantität und die Individualität eine große Rolle, aber man hat versucht, gewissen Bierarten ganz charakteristische Räusche abzulauschen; ebenso äußert sich der Bier- und Weinkater jeder anders.

So wird z.B. besonders das Breslauer Scheps als sehr berauschend geschildert, und von der Mauen'schen »Zitzenille« heißt es sogar:

Wer getrunken Zitzenille,
Muß drei Tage liegen stille.

Lustig stimmt Bier und Wein:

Im Biers und Weinhaus
Denk' nicht an's Beinhaus.

Jedenfalls äußert sich die vis Cerevis viel plumper, als die vis Bacchi, obwohl Ceres eine Dame ist. Beide regen zum Singen an, ein Spitzname des Biers in Dirschau heißt »Freudenreich«, ein anderer in Frauenburg »Singewohl«; man spricht von einem Bierbaß; doch besungen wird gewöhnlich nur der Wein; der Weinpoesie gibt es kein Ende, und eigentlich wie ungerecht, die ganze beim Bier kultivierte Kneippoesie gedenkt des Bieres selbst seltener und rühmt den Wein. Doch finden sich schon in den Bibeln und Gesangbüchern der Studenten hin und wieder einzelne Bierlieder, die wir bei der »Poesie des Bieres« und dem »Bier im Liede« aufsuchen wollen.

Nicht uninteressant wäre eine potologische Karte, worin nicht so sehr der Wein- und Hopfenbau, als vielmehr die Konsumtion des Bieres und Weines in Farben erkenntlich gemacht wäre und woran man das mächtige Eindringen des Bieres selbst in reiche Weinbauländer graphisch so recht veranschaulicht finden könnte. Wie viele Bierinseln gäbe es da! Wie viele Aufsätze unter dem Titel: »Das Bier in Weinländern« wurden schon geschrieben und es ist ganz natürlich, dass schließlich überall das Bier als Alltagsgetränk über den Wein den Sieg erringt. Manche erblicken im Siege des Bieres über den Wein einen Triumph des alten germanischen Geistes – und mit Recht, denn das eigentliche Bier war ursprünglich ein deutsches Nationalgetränk und hat die Germanen, die mit Biermanen sonst in einem Atem genannt wurden, zu seinen Erfindern.

Übrigens wäre auch eine Karte des Wein- und Hopfenbaues das würdigste Pendant zu der potologischen Karte. Sehr oft erbt der Hopfenbau die Fluren des früheren Weinbaues, woraus sich auch die Bezeichnung Weiner und Hopfenweiner erklären lassen dürfte. Auch der böhmische Ausdruck babka gilt sowohl für Wein- als Hopfenstock. Einer Hopfenbaukarte Mitteleuropas von J. Carl (1875) will ich gedenken; potologischer, statistischer Karten werden wir bei der Statistik erwähnen; aber besonders aufmerksam machen möchte ich auf eine S. 52 des Jahrgangs 1879 der Zeitschrift für das gesamte Brauwesen zum Aufsatze von Hans von der Planitz gegebene interessante Karte antiker Bier-Geographie, worauf in den einzelnen Ländern die dort getrunkenen bierartigen Vorfahren des Biers angegeben sind; wir finden da Spanien mit der celia, Gallien mit der cerevisia und corma,

Italien mit cerevisia und corma, Pannonien und Illyrien mit sabaia, Päonien mit parybia, Thracien und Phrygien mit bryton und Ägypten mit Zehd (ζυθος, κουρμι) besetzt.

Dank den Exportbieren, die gewissermaßen als Pioniere in die ganze Welt versandt werden, leider kommen selbe zu teuer, dringt das Bedürfnis nach Bier überall durch und werden Brauereien errichtet. Man denke nur an die großen Fortschritte des Bieres in Russland und die Massenauswanderung von Brauerburschen, die dort noch ihr Glück suchen. In Frankreich z.B. wurde das Bier so eigentlich und recht erst unter Napoleon III. eingeführt, denn dieser kluge Volkswirt begünstigte die Brauereien, einerseits, um dem Volke einen neuen, einträglichen Industriezweig zu gewinnen, andererseits aber wohl auch, um die stets aufgeregte, viel Wein trinkende Nation durch den auch billigeren Biergenuss ruhiger und lenksamer zu machen.

So entstanden denn in den letzten dreißig Jahren eine große Anzahl Brauereien in dem nördlichen Frankreich und man trinkt wirklich jetzt in dem Lande jenseits der Vogesen mindestens ebenso viel Bier als Wein. Obgleich das Bier nach Münchener und Wiener Art gebraut wird, weicht es doch bedeutend im Geschmack ab.

Der Franzose liebt das Scharfe und Feinschmeckende, und dem tragen die Brauer Rechnung. Auch die Brasserie unterscheidet sich sehr wesentlich von der deutschen Bierstube. Letztere ist ein Lokal, gemütlich, verräuchert, nicht zu hell, so recht geschaffen, um lange hier zu sitzen. Die französische Bierstube hat den Charakter eines Cafè, sie ist hell, elegant, luftig und mahnt an Delikatessenhandlungen durch die reiche Auswahl von allerhand feinen Esswaren, die hier zu haben sind, vor Allem durch die mit Stroh bedeckten Körbe von Austern, durch die Hummern, Krabben, Seefische und feinen Gemüse, wie Bratenstücke, die hier dem Auge verlockend ausgestellt sich befinden. Man sitzt in den Pariser Brasseries nicht lange und nicht gemütlich. Man trinkt ein, auch wohl zwei kleine, spitze Gläser des scharfen, feinduftigen Bieres und isst vornehmlich Austern dazu. Demnach ist auch das Publikum ein ganz spezielles, das nämlich der Cafés und deutsche Kneipgesellschaften, Stammtische, Stammplätze etc. trifft man in den Pariser Bierlokalen nicht. Manchmal mag wohl doch auch die media in eine tenuis umschlagen und aus einer Brasserie eine – Prasserie werden.

Und wirklich wirkt Wein mehr nervenaufregend, aber auch wieder schaffend, Bier mehr besänftigend, beruhigend, aber auch wieder erschlaffend und kann träge machen. Daher ne quid nimis!

In seinem reizenden Idyll »Aus der Burschenzeit« in Scheffe'lscher Manier gedichtet, hat der Geh. Medizinalrat Prof. Volkmann unter seinem Pseudonym Richard Leander den Unterschied zwischen Bier und Wein folgendermaßen schön besungen:

> *Muth zum Kuß und Muth zum Schwerte,*
> *Schwung des Liedes und der Rede*
> *Trink aus hellgeschliff'nen Römern:*
> *Schäumend in die dunkle Blutbahn*
> *Bricht der goldne Quell des Weines;*
> *Rascher treibt sie. Jede Faser*
> *Spannt sie an. In ungeahnten*
> *Kombinationen reichen*
> *Die Molekel des Gehirnes*
> *Sich die Hände. Klang der Sphären*
> *Tönt – Die Erde sinkt – gesichert*
> *Steigst Du auf mit Götterflügeln*
> *Und am feurigen Firmamente*
> *siehst du hin! Im Nebel unten,*
> *Kaum erkennbar liegt die Erde,*
> *Nur ihr dumpfes Brausen hörst du. –*
> *Aber sinnige Betrachtung,*
> *Philosophische Gedanken,*
> *Takt zu praktischem Geschäfte*
> *Schöpfst du besser aus dem Biere.*
> *Keinem Zweifel unterliegt es,*
> *Daß die Attraktion der Erde*
> *Es vermehrt. Behaglich sitzt du*
> *Hinter'm Bierkrug, deutlich fühlend,*
> *Wie stabil're Elemente*
> *Dir er zuführt und antike*
> *Ruhe das Gemüt dir sänftigt.*

Volkmann stimme ich eher bei als einem andern, der da sagt:

> *Was deutsche Männer erschafft, erdacht,*
> *Verdanken wir dem Wein,*

> *Das Bier hat es niemals zu Wege gebracht,*
> *Drum' hoch Neckar, Mosel und Rhein.*

denn dieser andere hat einfach Unrecht und zahllose Köpfe überstimmen ihn und beweisen das Gegenteil; sein Wort mag und nur im Allgemeinen für die Poesie gelten, aber nicht für die Wissenschaft. Übrigens haben auch die größten Dichter Bier gekneipt, wie es schon in dem Kap. II erwähnten ulkigen »Menschenlied« heißt:

> *Es trank sein Bier der Goethe,*
> *Der Schiller und Shakespeare.*

Goethe, dem auch das Lied »Mit Männern sich geschlagen, mit Weibern sich vertragen« etc. zugeschrieben wird, sagt in der sechsten Strophe desselben:

> *Bestaubt sind unsre Bücher,*
> *Der Bierkrug macht uns klüger,*
> *Das Bier schafft uns Genuss,*
> *Die Bücher nur Verdruß.*

Es ist auch dasselbe Lied, das da schließt:

> *Das Hemd vom Leib verkeilen,*
> *Stets in der Kneipe weilen,*
> *Bezopft nach Hause geh'n.*
> *Das heißt Comment verstehn.*

Auch bei Heine findet sich eine Stelle im Gedicht »Der Exnachtwächter«:

> *Und zu München an der Isar*
> *Ward er Schauspiel-Intendant,*
> *Das ist eine schöne Gegend*
> *Ebenfalls, es schäumet hier,*
> *Geist und Phantasie erregend*
> *Holder Bock, das beste Bier.*

Ein Gegner des Biers ist umgekehrt Friedrich Geßler, der in seinem von H. Keyl komponierten Lied »Das Heidelberger Faß« nicht nur für den Wein playdoirt sondern ausdrücklich ausruft:

> *Am Biersumpf wird die Wissenschaft*
> *Elendig bald verenden,*
> *Studenten! Studenten!*
> *Schwört ab dem Gerstensaft, dem Saft!*
> *Schwört ab dem Gerstensaft!*
> *Schwört ab Gambrin von Flandern!*
> *Und ich befehle, dass die Professoren wandern*
> *Zum Heidelberger Faß!«*

Dem großen Heidelberger Fass vermögen wir übrigens ein würdiges Gegenstück von einem Riesenbierfass an die Seite zu stellen, denn als Georg IV. von England die große Brauerei von Barclay & Perkins in London besuchte, erbaten sich die Besitzer die Ehre, ihn mit einem Frühstück bewirten zu dürfen. Dieses wurde in einem ziemlich geräumigen, festlichen Gemache eingenommen. Als aber der Monarch endlich die Einrichtung und besonders die kolossalen Fässer zu sehen begehrte, erhob sich Perkins und erklärte, dass sich Se. Majestät eben im Bauche eines dieser Fässer befände.

Geßler's Befürchtung ist längst geschlagen durch die voran zitierten Belege, seine Furcht hat sich als überflüssig erwiesen und seine Stimme ist fruchtlos verhallt an den Ohren der gesamten Studentenschaft, die wie wir aus Kap. IV ersehen haben, auferzogen, großgenährt wurden bei ihrem Stoff. Doch kehren wir zu Leander's Idyll zurück.

Das beruhigende, besänftigende Moment, das Leander betont, rühmt auch der »Bierschwelg« (wir werden ihm in der Poesie des Bieres noch begegnen).

> *Bier, Bier, du gefühlvolles Wort,*
> *Hör' ich den Namen, so reißt es mich fort;*
> *Feurig und glücklich macht auch der Wein,*
> *Aber ach Bier allein schläfert uns ein.*

Bier vermag so recht die Bettschwere zu geben.
Darum der Spruch:

> *Immer trinken ohne Singen*
> *Schläfert nur den Trinker ein;*
> *Soll das Bier uns Freude bringen,*
> *Muß dabei gesungen sein.*

Aber auch den Mut, welchen Leander dem Weine zuschreibt, vermag das Bier zu erhöhen, den Mut und die Kraft. Im Rostocker Liederbuch findet sich ein Text:

> *Auf singet und trinket den kräftigen Trank!*
> *Auf singet und bringet der Freud' euren Dank!*
> *Trinkt vornehme Sünder aus Gold euren Wein,*
> *Wir freu'n uns nicht minder beim Bierkrug von Stein.*
> *Aus gold'nen Pokalen trank Rom seinen Wein,*
> *Bei festlichen Malen des Siegs sich zu freu'n,*
> *Der Deutsche der Gerste weit edleren Saft,*
> *War dafür der Erste an Muth und an Kraft.*

Auch das in die »Poesie des Bieres« aufgenommene Gedicht »Gerstensaft« bitte ich für dieses Moment nachzulesen. Und in anderen Liedern wird sogar geradezu eine Negation des Weines ausgesprochen:

> *Brüder hier steht Bier statt Wein,*
> *Traute Brüder schenket ein,*
> *Hoch leb' jeder brave Mann,*
> *Der für Freiheit fechten kann.*

Die vierte Strophe des Gedichts »Der lustige Student« lautet:

> *Ich bin ein lustiger Student,*
> *Potz Himmel tausend Sapperment,*
> *Was kümmern mich die Reben?*
> *Ich lobe mir den Gerstensaft,*
> *Er giebt den Lenden Muth und Kraft,*
> *Das Bier, das Bier soll leben!*

Und die dritte Strophe des bei der Fuchstaufe gesungenen Liedes:

> *Und uns, die Alten, stärke auch,*
> *Daß wir Dich stets erkennen,*
> *Zum Biere stets und nicht zum Wein*
> *Herzinnig uns bekennen.*
> *Nur dabei woll'n wir lustig sein,*
> *Nur darin uns besaufen,*
> *Damit die Füchse taufen!*

und wieder in einem andern Studentenlied heißt's:

> *Sagt, was brauchen wir den Wein?*
> *Laßt den alten Herrn!*
> *Trinke lieber Bier als Wein,*
> *Trink' es gar zu gern.*

Die französischen Biere sind übrigens, obwohl nach Münchner und Wiener Art erzeugt, doch viel leichter. Auch das französische Bierhaus, die sogenannte Brasserie ist viel eleganter, als die durchräucherte deutsche Bierstube. Doch ist diese so recht bieder gemütlich, wenn sie nicht zu einer Prasserie wird und wie es vom Deutschen heißt:

> *Ein echter Deutscher kann keinen Franzmann leiden,*
> *Doch seine Weine trinkt er gern;*

so hasst auch der entnervte Franzose den gemütlichen, biederen und ehrlichen Germanen, aber seine Biere trinkt er gern. Da kann ich auch eine Anekdote einschieben, die eine recht witzige Pointe hat. Einst stritten sich ein Franziskaner und ein Dominikaner, die miteinander in einer Schenke saßen, welchem Getränk der Vorzug zu geben sei, ob dem Biere oder dem Weine. Der erste, ein Flanderer, plädierte für das Bier, indes der andere ein Franzose aus Bordeaux für den Wein entschied. Endlich vermochte der Letztere den gelieferten Gründen des Ersteren nichts anderes zu entgegnen als: »Lieber Bruder, der Unterschied zwischen Bier und Wein ist gerade wie der zwischen dem h. Franciskus und dem h. Dominikus.«

Der Engländer Lord Bristol ging wohl etwas zu weit, wenn er die Deutschen in zwei Klassen teilte, in Weintrinker oder Schelme und in Biertrinker oder Dummköpfe, denn seltsam, gerade die eigentlichen Biermanen – die Germanen – sind die Nation der Dichter und Denker. In einem Artikel, der mit »Die Völker und ihre Leibgetränke« betitelt war, forderte der Verfasser die Völker, welche beim Bierkruge sitzen, auf, nachzudenken, ob es nicht angebrachter wäre, auch Wein zu trinken? Er soll, so fuhr er fort, den verdüsterten Kopf heller und die schlaffen Muskeln strammer machen. Vielleicht dass es auch den Germanen gelingt, sich aus vollen Weingläsern einen Anteil an der Weltherrschaft der alten Weinvölker zu ertrinken. Denn, sagt er, die

Engländer als Muster hinstellend – es muss nicht deshalb aller Wein im eigenen Lande wachsen; die englischen Lords holten sich ja auch ihre Weine überall daher, wo sie reichlich gewachsen und eingekeltert waren. Das Bier aber, welches sie brauten, exportierten sie in die Länder, deren Völker sie konservativ wünschten und den Brantwein verschleuderten sie zu den billigsten Preisen an die Völker in Afrika, Neuseeland und in den Hinterwäldern Amerikas. Es hat nun den Anschein, als wenn Bismarck und Gladstone sich diesen wohlgemeinten Rat zu Herzen genommen hätten und zwar Bismarck nicht insofern, dass er gleich dem Biere gänzlich abgeschworen und den Wein zu bevorzugen angefangen hätte – nein, Bismarck's Kopf ist trotz des Biertrinkens noch immer hell und seine Muskeln trotz seines hohen Alters immer noch stramm und gelenk – sondern vielmehr insofern als er seine Macht und Herrschaft gleich den Weintrinkern auch über andere Erdteile auszudehnen sucht; der Weintrinker Gladstone aber insofern als er seiner Brantweinpolitik in Bezug auf Afrika nur allzu treu geblieben ist. Denn, wenn wir ihn nach seinen Taten beurteilen wollen, so muss er entschieden der Ansicht gehuldigt haben, dass »die Wilden sich an dem Lebenswasser zu Tode saufen würden und er sich auf diese Weise das Pulver und anderes kostspieliges Kriegsmaterial würde ersparen können.« Wir sehen aber, der »Biertrinker« Bismarck mit dem »verdüsterten« Kopf spekuliert gut, der »Weintrinker« Gladstone aber mit dem »hellen« Kopf hat sich verspekuliert. Nulla regula sine exceptione.

Überhaupt waren mehrere große Staatsmänner auch große Biertrinker, so z.B. bezeichnete auch Fürst C. Loth. Wenzel von Metternich, der doch am Doppelbusen von Mosel und Rhein, an beiden Brüsten von Koblenz gesogen, doch das Bier als seine beste Labe.

Der Biergenuss hat die Germanen durchaus nicht verdammt, und wenn Fischart in seiner »Gargantua« vom Kopenhager Bier singt:

> *Und wer des Weins nicht trinken mag,*
> *Der ist nicht uns'res Flugs,*
> *Der zieh' in's Bierland Kopenhag',*
> *Dort sind't er bös' Bier g'nug,*

und sogar schon Hartmann von der Aue höhnisch sang:

> *Wines ein becher vol*
> *Der gîr, daz si in geheit*
> *Mêre rede und manheit*
> *Dan vierzec und viere,*
> *Mit wazzer oder mit biere.*

und ein anderer Deutscher dem Weine vor dem Biere den Vorzug gibt in seinen Versen:

> *Gott machte Gutes, Böses wir.*
> *Er braute Wein, wir brauen Bier«,*

und auch Luther sagte: »Vinum est donatio Dei, cerevisia traditio humana«, hingegen Abraham a Sancta Clara in seinem Werke »Etwas für Alle« (Würzburg 1711 schreibt: »Obschon das Bier mit dem Wein sich in keine Kompetenz einlasset und demselben gern den Vorsitz vergonnet, dennoch wird es mehr mal von den verständigen Medicis manchen Patienten zugelassen und darf der sonst so redliche Wein nicht unter die Augen kommen, welches desto mehr die Ehre des Biers und folglich des Bierbrauers vergrößert«, so antworte ich mit einer Stelle aus dem Chor von C. Bayer, »Lob des Gambrinus«,

> *Wohl mehr noch als die Reben*
> *Lieb' ich den Gerstensaft,*
> *Kann wie der Wein beleben,*
> *Das Herz erfrischen seine Kraft.*

Und fröhlich macht das Bier wie der Wein, das kann man an den Trägern des Cerevises, an den Studenten sehen und jener Bierwirt hatte Recht, der über seine Haustüre schrieb:

> *Gott fürchten macht selig,*
> *Bier trinken macht fröhlich,*
> *D'rum fürchte Gott und trinke Bier,*
> *So bist Du selig und fröhlich allhier.*

Und

> *Wer nicht liebt das braune Bier,*
> *Der lebt als armer Schlucker hier;*
> *Denn der edle Gerstensaft*
> *Ist's der frohe Menschen schafft.*

Und geschwätzig:

> *Geschwätzig lässt der Gerstensaft*
> *Stets mit dem Aufbruch zaudern.*

Und noch eins! Auch im Bier liegt Wahrheit:

> *Füllt mir ein Gläschen Bier für den Magen,*
> *Alsdann will ich Euch meine Gedanken sagen.*

Auch das Bier ist ein Sorgenbrecher, wie der Wein und es muss nicht gerade immer »Salvator« sein, von dem es heißt:

> *Wenn man bei dem Salvator sitzt,*
> *Da schwinden alle Sorgen.*

Ein schwäbisches Bierlied sagt:

> *Erblick' ich ein Braun-Bier, o welch' ein Vergnügen!*
> *Gleich thu' ich vor Freuden die Mütze abziegen,*
> *Betracht' das Gewächse, o große Allmacht,*
> *Die oft aus einem Traurigen einen Lustigen macht.*

Auch die Sorgen der Liebe können mit Bier abgeschwemmt werden:

> *Trifft Amor's Pfeil Dich, rath' ich Dir,*
> *Wasch' aus die Wunde gut mit Bier.*

Doch man darf nicht vergessen, was ein anderes Quatrain ausspricht:

> *Dieweil das Bier macht die Sorgen schwächer,*
> *Heißt es mit Recht der »Sorgenbrecher«;*
> *Doch weil es auch macht den Beutel geringer,*
> *Heißt es auch wieder ein Sorgenbringer.*

Verschiedene Bierlieder und Gedichte, wie wir ihnen im Kapitel der Poesie begegnen werden, z.B. Böttcher's Lied eines Bierfreundes, setzen das Bier über den Wein. Auch in Franz Hirsch's Epos »Aennchen von Tharau« IV. Gesang sagt der Brauherr:

> *Wein ist Ausputz nur der Kehle,*
> *Aber Durst, den rechten echten,*

> *Der da steigt aus Sonnengluthen,*
> *Diesen kann das Bier nur löschen.*

Also, wollen wir Germanen getrost nach alter Sitte den § 11 kultivieren und um Beiden, Bier und Wein Recht zu tun die Schlussstrophe des Bayer'scheu Chors:

> *Doch schmeckt, wenn Gläser klingen,*
> *Wohl Blut der Reben auch nicht schlecht,*
> *Will Weines Lob ich gerne singen,*
> *Läßt man dem Gerstensaft fein Recht*

zitieren, doch schließen wir mit der vorletzten Strophe:

> *Wenn böser Durst uns quälet,*
> *Wie labet da ein Gläschen Bier,*
> *D'rum habe auch erwählet*
> *Gambrinus ich zum König mir;*
> *Und lobe mir das braune Naß,*
> *Stimmt mit mir ein, erhebt das Glas*
> *Den Weinpropheten zum Verdruß:*
> *Es lebe hoch Gambrinus!*

X.

Bier und Tabak

Es haben nicht so bald zwei Genussmittel eine so enge Allianz geschlossen, als das Bier mit dem Tabak.

Hans von der Planitz nennt Bier und Tabak einen unzertrennlichen Dual und ein Scherzspruch lautet:

Wer meidet Weib, Bier und Tabak,
Hat sonst für nichts nich kein' Geschmack.

Ich habe bereits einmal in einem Berliner Fachblatt, ich meine die von Dr. Levinstein redigierte »Deutsche Tabakzeitung«, in einem Aufsatze, »Über die Wahl der Getränke beim Rauchen« dies Thema gestreift und zitiere daraus in meiner heutigen Studie nur das, was hierher gehört. Auch Reiber widmet in seinen Studien dem Tabak ein eigenes Kapitel.

»Von unserem Bier, dem Tabak etc.« betitelt sich auch eine eigene kleine Schrift (31 Seiten) von A. Laurent, erschienen Brüssel 1880.

Man kann, sowie von einer Dreiteilung der Verwendung des Tabaks überhaupt, Rauchen, Schnupfen und Kauen, auch von einer Dreiteilung beim Rauchen sprechen, Rauchen der Pfeife, Zigarre und Zigarette, welch' letztere gleichsam den Übergang von der Pfeife zur Zigarre, vom losen Tabak zum festen bildet.

Davon passt nun die Zigarette am besten zu warmen Getränken, besonders Kaffee und Tee, die Pfeife zu kalten Getränken und die Zigarre so ziemlich zu allen.

Gewisse Pfeifen freilich, besonders der Tschibuk und das Nargiléh (Wasserpfeife) eignen sich auch besser zu warmen Getränken, weil in diesen Pfeifenarten eben auch Zigarettentabak getaucht zu werden pflegt. Man wird z.B. nicht Knaster aus dem Tschibuk oder Türkischen in der Abguss Pfeife rauchen. Es wäre dies gerade so und würde ebenso wenig munden, als wollte man Kaffee aus dem Bierhumpen oder dem Bierkrügel schlürfen und Bier aus einer Kaffeetasse oder aus dem Champagnerkelch trinken. Freilich spielt dabei die Einbildung auch eine große Rolle, es ist nun aber einmal so.

So sind es die Zigarren, besonders aber die Pfeife, die gewöhnliche Pfeife, in welcher sich der Tabak am besten dem Biere akkommodiert.

>>*Wie schmecken die Zigarren?*<<
>>*Danke, zum Bier gehen sie.*<<
>>*Wie mundet das Bier?*<<
>>*Danke, zur Zigarre macht es sich.*<<

So lautete ungefähr ein Bierspießerdialog, den ich zu belauschen Gelegenheit hatte. So mussten sich Tabak und Zigarren gewissermaßen gegenseitig unter die Arme greifen. Bier und Tabak ergänzen einander. Immer ist aber vom sanitären Standpunkt zu empfehlen, ein dünneres, leichteres Bier zum Rauschen zu trinken, als ein vollmundiges.

Frägt man aber nach der Kopula, welche die Allianz zwischen Bier und Tabak fördert, so lautet als Antwort: die Kohlensäure des Bieres.

Aber noch in einer andern Hinsicht muss Tabak mit dem Bier genannt werden; nach E. Wickham soll nämlich in England der Tabak sogar zur Fabrikation des Porterbieres benutzt werden und es wollen auch tatsächlich einige Nicotin in englischen Bieren gefunden haben. Tabak als Bierzusatz führt auch Jul. Cartuyvels in seinem >>traité sur la fabrication de la bière<< pag. 32 in der Einleitung an. Man muss gestehen, dass kein Bierzusatz so wunderlich klingt, als gerade >>Tabak<<.

Am engsten aber, wie schon gesagt, ist die Liga zwischen Pfeife in ihren verschiedenen Facons und dem Bierkrug. Ja die Geschichte beider, besonders was die tönernen Pfeifen betrifft, geht so zu sagen Hand in Hand. Mit der Tabakskonsumtion stieg im 17. Jahrhundert auch der Bierverbrauch. August Sturm sagt in Bezug auf die türkischen Wasserpfeifen:

Zieh den Rauch nicht durch das Wasser,
Lasse das dem Türkenprasser;
Zum Tabak gehöret Dir,
Deutscher Mann, das deutsche Bier.

Von demselben stammt ja auch das Wort:

Ich lob' mir Tabak, Bier und Skat.

Eines der zahlreichen Bilder von Gambrinus stellt denselben rauchend vor. Wir finden dasselbe in Moritz Schwind's Almanach der Radierungen, worin er auf 42 Blättchen die edlen Künste des Trinkens und Rauchens behandelt. Gambrinus trägt diesmal einen Hopfenkranz am Haupte und raucht auf einem Divan sitzend aus einer langen pfeife. Dieses Gambrinus Bild unterscheidet sich von anderen schon dadurch, dass Gambrinus nicht allein dargestellt ist, sondern noch ein türkischer Sultan neben ihm, ebenfalls rauchend sitzt. Zu der Auffassung Schwind's auf diesem Bilde (von demselben Künstler findet sich noch ein Gambrinus Bild in fränkischer Königstracht am Titelbild von Spindler's »Zeitspiegel«) Gambrinus rauchend, passen die Verse Feuchtersleben's:

Pilgernd zog einst Fürst Gambrinus,
Der Erfinder unsres Biers,
Menschenfreund wie Antoninus
In die Fluren Kaschemirs.
Ostens Ruhm, die Kunst des Rauchens
Zu erwerben wünscht er hier:
Mit dem Kommentar des Schmauchens
Da versteht man erst das Bier.

Der Trinker raucht, der Raucher trinkt, das tropfbar flüssige Element verbindet sich mit dem gasförmigen.

Dem »Königsberger Mälzerbrauer«, einer alten, 1700 gedruckten Monographie, auf deren langem Titel es unter Anderem heißt: »Im Unhange wird gewiesen, Wie Ein Jeder seine Komplexion bey einem Pfeiffchen Tabak erkönnen könne, ob selbiger bey dem lieben Bier zu gebrauchen nützlich oder schädlich sey«, entnehme ich folgende Verse:

Dieses sind die edle Gaben/
Die der Himmel uns zuschickt
Die Herz/ Sinn und Körper laben/
Derer Geist betrübnüß drückt/
Dieses ist ein stärk der Alten/
Und die fast vor Leyd erkalten.

> *Es ist nichts / was so erfreuet /*
> *Und was mehr vergnügen schafft /*
> *Nichtes was die Freude verneuet /*
> *Als der edle Gersten Safft /*
> *Auch Taback die Freude vermehret /*
> *Wenn man dessen Rahmen höret.*

Die Feuchtigkeit, durch den trockenen Rauch entzogen, wird durch das Bier wieder ersetzend zugeführt.

> *Die Ruh' beim Bier, die hat sie gelockt,*
> *In ihrem Alter, dem reifen;*
> *Drum' ha'n sie einträchtig zusamm' sich gehockt,*
> *Und rauchen die Friedenspfeifen.*

schildert an einer Stelle Adolf Pernwerth von Bärnstein, obwohl es beim Bier nicht immer ruhig zugeht.

Jedenfalls aber fördern Bierkrug und pfeife die Gemütlichkeit.

Daher finden sich auch Bier und Tabak oder Bier und die Pfeife gewöhnlich beisammen genannt.

So heißt es z.B. in der Geest in Ostfriesland:

> *Warum Beet*
> *Willen wi hebben up unse Pleseer,*
> *Lange Piepen und berte Tabak,*
> *Willen wi hebben up unse Geschmack;*

und schon unser Altmeister Goethe sagt in seinem »Faust« das bekannte, so oft zitierte:

> *Ein starkes Bier, ein beizender Tabak,*
> *Und eine Magd in Putz, das ist nun mein Geschmack.*

> *Doch gegen Biers und Tabaksdunst*
> *Ist alle Weiberlist umsunst.*

sagt ein Sprüchlein.

Übrigens wird auch das Rauchen selbst mit dem Trinken oft verglichen und besonders in der ersten Zeit, als das Tabakrauchen aufkam, sprach man von Tabaktrinkern, Feuersäufern u. dgl. König Jacob I. stellt in seinem »Misokapnos« die Tabakraucher als trockene Zechbrüder den nassen Zechbrüdern gegenüber. Er sagte: »Diese trunkenen sind Affen der nassen Zechbrüder und wollen es ihnen in Allem gleich tun; darum lassen sie auch die Piepen, wie jene die Gläser, im Kreise herumgehen und trinken selbige im Rauchwettstreite einander dutzendweise zu etc.« Die Ähnlichkeit des Rauchens mit dem Trinken zeigt sich auch in den Rauchgefäßen, besonders den verschiedenen Wasserpfeifen. Ferner hört Inan auch heute oft sagen: »Ich will einige Züge aus meiner Pfeife machen« oder »lass mich einen Zug aus deiner Zigarre versuchen.« »Dej mj schlucku« sagt der Pole Und »Schluck« ist doch ein Ausdruck fürs Trinken. Dies scheint mir eine bessere und richtigere Erklärung für den Ausdruck Tabaktrinken, als jene, welche Reiber in folgendem Satze niedergelegt: »On fumait en buvant, tel est le sens, qu'il faut attribuer à l`expression de boire le tabac.«

In einer contra dem Tabak gehaltenen Predigt hieß es: »Sie saufen sogar Tabak«, heute wird aber jedenfalls viel zum Tabak gesoffen und das Getränk, welches dazu das geeignetste ist, bleibt jedenfalls das Bier. Mit dem Wein verträgt sich das Rauchen weit weniger. In manchen Weinstuben ist es sogar untersagt; gab es doch 1501 in Wien 23 Bierhäuser und nur in 8 derselben durfte man rauchen. Das Bouquet des Weines und das Aroma der Zigarren passen nicht zusammen und höchst selten wird man einen Pfeifenraucher beim Weinglas sitzen sehen. Zur Pfeife gehört entschieden das Bier. Bier, Pfeife und politische Kannegießerei sind ein mächtiges Triumvirat.

Schon zu den Zeiten der Verfolgung des Tabaks hat man die Raucher meistens in Bierschänken gesucht und gefunden, wir begegnen daher Erlässen, wie z.B. ein solcher, der 1651 vom Ulmer Rath ausgegangen war, den Passus enthielt: »Wirte und Bierbrauer sollen bei ihnen das Tabaktrinken und Schnupfen durchaus nicht zulassen, bei 4 Gulden Strafe.« Und heute – heute vermögen die Wirte nicht genug Ventilation in den Bierstuben anzubringen, so stark wird das Rauchen beim Biertrinken betrieben.

Am charakteristischsten aber scheint mir, um diese kurze Studie zu schließen, die enge Allianz zwischen Bier und Tabak in jenem kuriosen Spitznamen des Bieres ausgedrückt, welcher in Mecklenburg für eine Biersorte in Gebrauch ist. Dort führt nämlich ein Bier geradezu die originelle Benennung »Pipenstael«, d.i. Pfeifenstiel.

XI.

Bier und Brot

Wenn wir die Titel der bereits längeren Serie meiner cerevisiologischen Studien und Skizzen überblicken, so finden wir darunter auch eine Reihe von Artikeln, deren Titelüberschrift das Bier mit irgend einem anderen Gegenstand, zu dem es in besonderer Beziehung steht, durch die Kopula »und« verbindet. Ein solcher Artikel ist auch dieser. Wir haben unter Anderem betrachtet »Bier und Tabak«, »Bier und Wein«, und wenn wir einmal das Bier mit dem Tabak, dem Rauch, also einem luftartigen, das andere Mal mit einem Getränk, also einem tropfbarflüssigen, in Beziehung brachten, so wollen wir diesmal seine Beziehungen mit einem festen Gegenstande aufsuchen. Brot ist eine Speise – Bier ein Getränk, die Speise wird gegessen, das Bier getrunken, denn nichts berauscht leichter, als wenn man Bier suppenartig essen, das heißt löffeln wollte. Aber das Getränk Bier kann die Speise ersetzen, – schon 1680 schrieb J. A. Schmidt eine »Dissertatio de cerevisia, ut est alimentum« – und tatsächlich essen starke Biertrinker weniger. Das Bier spielt also in physiologischer Beziehung eine große Rolle. Hierin liegt zugleich ein Tangenzpunkt mit der Medizin, ein anderer beruht auf der Erzeugung sogenannter medizinischer Biere. Man beruft sich besonders aus die Körperkraft des Baiern, die man dem Biergenuss zuschreibt:

> *Gesteht's nur selbst, in Baiern und in Franken,*
> *Giebt's Männer voller Kraft;*
> *Was mag die Ursach' anders sein? sie tranken*
> *Den edlen Gerstensaft,*

und

> *Dass bairisch Bier auch Helden nährt,*
> *Das haben die Baiern in Frankreich gelehrt.*

Anderseits will man auch die bairische Schwerfälligkeit auf Rechnung des starken Biergenusses setzen. Aber, wie Dr. Ule in seiner »Chemie der Küche« im Kapitel der Getränke sagt: »Der Pommer, der wenig Bier trinkt, steht dem Baier an Körperkraft nicht nach und der hintere Thüringer, der viel Bier trinkt, hat nichts von der Schwerfälligkeit des Baiern.«

Dies führt uns auf das Kapitel vom Nährwert des Bieres, das wir hier gleich mit abtun wollen, was wieder eine kleine Exkursion in die Chemie des Bieres erheischt.

> *O du liaba Gerstensaft,*
> *Gibst mein Glidan so viel Kraft,*
> *Fall i Tags wol neumol nida,*
> *Steh' ollamol auf un sanf' glei vida.*

singt man im Bairischen.

Zu beachten ist der im Deutschen nicht wieder zu gebende czechische Terminus »hlebntost piva«, in welchem Worte, das unserem Nährwert entspricht, ausdrücklich das Wort hleb (Brot) als Stamm zu Grunde liegt.

Liebig behauptet, das Bier habe gar keinen Nahrungsstoff, er nahm nämlich den Stickstoffgehalt als Norm seiner Ernährungsfähigkeit an und berechnete, dass erst 3809 bairische Maß Bier so viel Stickstoff enthalten, als ein 5pfündiges Laib schwarzen Brotes. Prof. Keller in Speier hat nun eine Abhandlung geschrieben, worin er nachweist, dass der eigentliche Nährwert des Bieres in den phosphorsauren Salzen zu suchen sei, welche beim Maischen aus dem Malz ins Bier übergehen. Nach seiner Berechnung findet sich in einem Maß bairischen Bieres ebenso viel Phosphorsäure als in einem Achtelpfund Fleisch; also 4 Maß = ½ Pfund Fleisch.

Auf den Nähreffekt eines Nahrungsmittels, sei es fest oder flüssig, Speise oder Trank, hat der Phosphorsäuregehalt einen wichtigen Einfluss, denn der Phosphorsäure ist in der Ernährungsfrage eine bedeutende Rolle zugewiesen, deren Hauptbedeutung in ihrer Verbindung mit Kalk zur Knochenbildung gelegen ist. Vielfache Untersuchungen wurden angestellt, ich möchte aber hier von den neueren, besonders die Ergebnisse der Forschungen des Universitätsprofessors Dr. August

Vogel referieren und kurz registrieren. Vogel befasste sich besonders mit Untersuchungen über den Nährwert von Münchener Bieren.

Als Resultat fand Vogel durchschnittlich per Liter 0.5 Gramm Phosphorsäure; im Doppelbiere sogar 0.9 Gramm per Liter. Ein Kilogramm frischen Ochsenfleisches enthält aber 4 Gramm Phosphorsäure. Angenommen, ein Liter Bier enthielte im Durchschnitt 0.6 Gramm Phosphorsäure, so würde der Genuss von 7 Liter Bier dem Organismus ebenso viel Phosphorsäure zuführen, als 0.5 Kilo Rindfleisch. Also 0.15 Kilo Rindfleisch liefern ebenso viel Phosphorsäure, wie 1 Liter Münchener Bier. Das Doppelbier ersetzt in 4.4 Liter = 0.5 Kilo Fleisch an Phosphorsäuregehalt oder 1 Liter hat gleichen Nähreffekt wie 114 Gramm Fleisch. Nun aber zog Vogel auch noch verschiedene Brotsorten in den Bereich seiner Untersuchungen, und zwar wählte er vornehmlich schwarzes Kommissbrot, Haus Brot, gemischtes und endlich Weißbrot. In je 0.5 Kilo betrug der Phosphorsäuregehalt:

bei Kommissbrot: 2.92
bei Hausbrot: 2.52
bei gemischtem Brot: 3.87 und
bei Weißbrot: 2.66

Vergleicht man also den Phosphorsäuregehalt des Brotes mit jenem des Bieres, so empfängt der Organismus von 5 Liter Bier ebenso viel Phosphorsäure als von 0.5 Kilo Brot. Aus Fleisch, Brot und Bier besteht aber die gewöhnliche menschliche Nahrung und so summiert sich bei einer durchschnittlichen Nahrungsmenge von täglich

0.5 Kilo Fleisch
0.5 Kilo Brot und
2.0 Liter Bier

eine tägliche Phosphorsäurezufuhr von 6 Gramm.

Freilich muss mit Recht hinzugefügt werden, dass diese Ziffern mit Bezug auf die Verdaulichkeit und Assimilirbarkeit der Nahrungsstoffe teilweise modifiziert werden. Für unsere Betrachtung muss aber jedenfalls vor Allem der Satz aufgestellt werden: *Bier ist leichter verdaulich als Brot.* Erinnern wir uns an das Dictum: »Wein zehrt, Bier nährt« und bedenken wir, dass eines der Haupt-Ingredienzien des Bieres wie beim Brote das Getreide bildet, so werden wir den schönen Vers begreiflich finden, der da sagt:

Genießt mit gutem Gerstensaft
Des Weines Geist – des Brotes Kraft.

Gar häufig bringt der Volksmund Bier und Brot zusammen; besonders die Slaven haben treffliche, diesbezügliche Sprichwörter. Ich verweise auf:

Často piva nalivaj,
Hojnost hleba vzdy mievaj.

Bier und Brot wird sozusagen identifiziert in dem folgenden Dictum: »Kde je pivovár, Tam netřeba pekaře,« das heißt: »Wo ein Brauhaus sich befindet, dort ist kein Bäcker nötig« und dies besagt abermals so viel als: »Bier ersetzt das Brot vollends.« Aber

Bei der Brätzel gut sich's fast't,
Wenn D' e Bier noch darzu hast,

und »â Mòs und â Brot à?« ist die stereotype, kurz herausgestoßene Frage der Münchner Kellnerinnen. Hierher gehören weiter auch die Sprichwörter: »Wo der Brauer ist, kann der Bäcker nicht sein;« »Man kann nicht zugleich brauen und backen« d.h. »wer viel trinkt, isst weniger«, denn das Wort brauen gehört nur dem Bier κατ' ἐξοχήν. Ähnliches besagt wohl auch das Wort »Gebraut ist so gut als gekaut.« Wir brauchen daher nicht anzustehen zu sagen: »Bier ist flüssiges Brot.« Doch können Bier und Speisen auch eng zusammenhängen, ich verweise auf Christoph Morlowe's Faust, worin Beelzebub Faust auffordert, er möge die sieben Todsünden nach ihren Eigenschaften befragen. Da antwortet die Schwelgerei: »Meine Eltern sind beide gestorben und hinterließen mir eine kleine Pension für 300 Malzeiten und 10 kleine Imbissee täglich. Mein Vater war ein Schinken von Speckland und meine Mutter ein Oxthoft-Burgunder; meine Paten waren Peter Pickelhäring und Martin Martinsochs und meine Patin war das Bier, eine Edelfrau, die Margarethe Märzbier. Jetzt Faustus kennst Du meinen Stammbaum, willst Du mich zum Abendessen einladen?«

Sowie sich der Wein besonders mit Obst und süßen Speisen, Zuckerwerk, einigt, so schließen, besonders im Vereine mit Käse und Rettig, ein gediegenes und gediehenes Brot mit Bier die heilige Quadrupel-Allianz. (In Paranthesis sei wohl erwähnt, dass es auch

Leute gibt, die ins Bier Zucker tun.) Und mag der Wein seine eigenen Gewürze lieben, zum Biere passt nur Pfeffer und Salz, dasselbe Salz, von dem es auch heißt: »Salz und Brot färbt die Wangen rot.«
Bei einem alten deutschen Autor heißt es auch:
Ich gewinn' Euch pier und prot,
Davon werden die wenglein rot.

Bier und Brot allein sind im Stande, einen Menschen zu erhalten,
Ohne Bier und Brot
Leidet Liebe Noth,

und die Nährkraft des Bieres liegt vornehmlich einem im »Münchner Süddeutschen Bank- und Handelsblatt (1884)« erschienenen Aufsatz zu Grunde, der sich »Der Sparsinn und das Bier« betitelt und auf welchen ich durch eine kleine aber ganz treffliche, eben erschienene czechische Broschure, »Einige Blätter vom Bier und Bierbrauen« von Franz Chodounsky aufmerksam wurde. Die genannte in Prag soeben erschienene Schrift ist vom Verfasser dem berühmten Brauermäcen J. C. Jacobsen dediziert. Ich nehme Gelegenheit, der kleinen Broschure deshalb zu erwähnen, weil gerade im Bierland Böhmen die diesbezügliche czechische Literatur immerhin verhältnismäßig eine spärliche zu nennen ist und dem namhaftesten böhmischen Bierschriftsteller, Franz Andreas Paupie (so schrieb er sich, er schrieb ja auch Deutsch, die Czechen schrieben ihn neuerer Zeit Poupě, dem bekannten Reformator der böhmischen Bierbrauerei, wenige so berechtigt an die Seite zu stellen sind, wie Chodounsky. Hat Paupie als Praktiker den ersten Rang in der böhmischen Bierliteratur, so ist Chodunsky der erste Feuilletonist derselben, neben zahlreichen Fachartikeln aus desselben Feder. Bekanntlich wurden in der Bierbrauerei drei Hauptmethoden unterschieden, die bayrische, Wiener und böhmische; Reformator, richtiger Begründer der letzten ist Paupie.

Es sei nun noch besonders des sogenannten Bierbrotes gedacht, denn es herrscht die Sitte, wie in Wein Zwieback und andere Süßigkeiten, in Bier Brot einzutunken und so angefeuchtet zu genießen. Besonders in Bayern ist diese Gewohnheit sehr verbreitet und wird namentlich von alten Mütterchen geübt. Vielfach werden solche

Bierbrocken als äußerst nahrhaft angesehen, indem man die Kraft des Brotes mit der des Bieres zu paaren und zu potenzieren meint.

Doch genau besehen, beruht das mehr auf einem Vorurteil. Denn das Quantum des in das Brot eingedrungenen Bieres ist sehr gering und solche Bierbrocken berauschen leicht, denn es ist dies Verfahren dem früher genannten Aussuppen des Bieres nicht unähnlich, wobei die Bierschnitte die Rolle des Löffels übernehmen.

Ein Vorteil ist wohl nicht zu übersehen, dass nämlich Bierbrot viel rascher verdaut wird, als trockenes Brot. Schon ein altes Dictum sagt:

Trocken gekaut,
Schwer gekaut.

Dagegen entsteht aber auch ein Nachteil, indem das Brot aufgetrieben und blähender geworden ist, ferner im Munde weniger gut gekaut und salivirt wird, was beides aber die Verdauung sehr befördert. Jedenfalls hat aber das Bierbrocken den meisten Sinn bei dunkeln Bieren, deren strengerer Geschmack sich dem des Brotes mehr akkommodiert.

Dunkle Biere und Brot sind viel adäquater als Brot und hellere Biere. Solche Bierbrocken sind übrigens im Allgemeinen nur nach dem Geschmacke weniger, besonders bei alten Frauen beliebt, die das Brot nicht mehr gut zu kauen vermögen. Männer genießen Brot und Bier für sich.

Endlich ist noch ein wichtiger Tangenzpunkt zwischen Bier und Brot zu erwähnen indem in einigen Teilen Afrikas aus Brot (wahrscheinlich ungesäuertem) ein bierartiges Getränk bereitet wird. Stark geröstetes Brot; ein zuckerhaltiger Körper, etwas Hopfen (oder eine andere Bitterpflanze) und Hefe geben ein bierartiges Getränk. Ein solches wird z.B. in Nubien aus Durrahirsebrot erzeugt. In dieser Hinsicht ist auch Ulpian's bereits zitierte Stelle Lex. L. IX interessant: »certe zythum, quod in quibusdam provinciis ex tritico, vel hordeo, vel pane conficitur etc.«

Jedenfalls aber führt diese Betrachtung zu einer anderen, zum »Bier in der Küche«, wobei wir wieder unterscheiden können »Das Bier zur Bereitung von Speisen« und »Einige Getränke aus Bier«.

XII.

Das Bier in der Küche

Wir haben gelegentlich von medizinischen oder pharmazeutischen Bieren vernommen, ich möchte sagen vom Bier in der Apotheke und komme auf diese noch später zurück. Mehr noch als in dieser lateinischen Küche (natürlich tropisch gefasst), herrscht das Bier in der Küche überhaupt und dient kulinarischen und gastronomischen Zwecken. Mein Titel ist aber nicht so engherzig zu fassen, denn was ich darunter verstanden wissen will, ist einmal die Wahl der Speisen zum Bier, das andermal die mit Bier zubereiteten Speisen, besonders Getränke. Für das Erste haben wir im Verlaufe bereits einiges Material gewonnen. Ich verweise nur auf Bier und Brot, wo wir des Bierbrotes und der Bierbrocken gedacht, ich erinnere an die enge Allianz des Bieres mit dem Käse, nach welcher ein scharfer, in Bier eingelegter Käse geradezu Bierkäse (Bierhund) heißt, ich erinnere an das Obst des Biertrinkers, an den Rettig. Doch gibt es solcher passender Speisen zum Biere noch mehr. Vornehmlich muss ich des Härings gedenken.

> *Des alten Deutschen liebste Nahrung*
> *War Abends Bier und Morgens Harung.*

Der Häring ist ja der Feind des Bierkaters.

> *Wer Bier trinkt, singt und wirbt,*
> *Den lehrt die Erfahrung:*
> *Auch der grimmigste Kater stirbt*
> *Doch am sauren Harung.*

Und Scheffel lässt seinen Fürsten von Rodenstein sagen:

> *Herr Wirt, ein Kännlein dünnes Bier*
> *Und einen Harung im Salze,*

> *Ich habe von vielem Malvasier*
> *Das Zipperlein im Halse.*

Nach einer Katerthese von Dr. Gustav Waltz ist der saure Harung auch vor Geheimräten nicht sicher. Soll doch schon Noah den Häring gekannt haben, wie es am Schluss eines Studentenliedes heißt:

> *Da griff der Herr ins Himmelreich*
> *Und gab ihm einen Häring gleich.*
> *Als den der fromme Noah roch,*
> *Da sprang er auf vor Freuden hoch;*
> *Und aß ihn auf ganz unverweilt*
> *Und war von aller Pein geheilt.*
> *Und wieder Durst bekam er drauf,*
> *Und aß noch manchen Häring auf,*
> *So oft ihm katzenjammrig war,*
> *Dreihundert neunundvierzig Jahr,*
> *Und annoch freut sich Jud' und Christ,*
> *Dass Häring gut im Jammer ist.*

Auch diverse saure Salate eignen sich vortrefflich zum Bier.

Endlich alliiert sich besonders die Wurst gern mit Bier. Man denke an den Meth, den Vorläufer des Bieres und an die Mettwurst; auch zum Bockbier gibt es eigene Bockwürsteln: »Bock! Wurstdampfumsäuseltes Getränk!« Bier und Wurst werden oft in einem Atem genannt, noch mehr in einem Schluck genossen.

Außer den im Cap. V, S. 69 gelegentlich der Mumme erwähnten Verslein etc., auf die ich nochmals verweise, finden sich noch manche diesbezügliche Sprüchlein, z.B. von C. Lorenz:

> *Auf einem Felde stand ein Hirt*
> *Und denkt: Ach wär' jetzt hier ein Wirt,*
> *Der mir zu meinem Brot und Wurst*
> *Brächte Bier, ich habe Durst.*

Oder nach Brückmann sind die Sachsen deshalb so stark, weil »sie essen Speck und Wurst und trinken Mumm' dabey.«

Besonders Braunschweiger Wurst und Mumme sind berühmt. Wir haben ja auch von einer zu Schweinfurt im Lande Wurstan erschienenen Wurstologia und Durstologia von Hans Darm vernommen.

Die Liga zwischen Bier und Wurst ist auch aus einer schon im alten Hausbuch von Calerè (1593) zitierten Stelle:

Brettst Du mir die Wurst,
So lösch' ich Dir Deinen Durst,

einem Gespräch zwischen Köchin und Kellner, die unter einer Decke spielen, ersichtlich.

Aber auch zu spezieller Speisenbereitung wird Bier als Ingredienz verwendet – das ist das Bier in der Küche. Zuvor möchte ich erwähnt haben, dass in früheren Zeiten die Hausfrauen den Bierbedarf fürs Haus selbst brauten. Dies geschieht an manchen Orten teilweise noch heute, so z.B. in der Zips.

Abgesehen nun von verschiedenen Saucen, besonders bei der Bereitung des sogenannten schwarzen Fisches, auch Krebse werden in Bier gekocht, spielen die verschiedenen Biersuppen eine große Rolle.

Auch das sogenannte Bierfleisch dürfen wir auf unserem Menu nicht vergessen, wozu besonders Schweinefleisch dient.

In früherer Zeit waren die Biersuppen gebräuchlicher als heute. Friedrich der Große, ein Gegner des Kaffees, der sich immer mehr einbürgerte, wünschte, man möge wieder zur ehemaligen Biersuppe zurückkehren. Hören wir seine eigenen Worte, die er unter eine von vielen Bürgern eingereichte Beschwerde über die von ihm eingesetzte hohe Kaffeesteuer schrieb: »Es ist abscheulich, wie weit es mit der Konsumtion des Kaffees geht: das macht, ein jeder Bauer und gemeiner Mensch gewöhnt sich jetzt zum Kaffee. Wird das ein bisschen eingeschränkt, so müssen sich die Leute wieder an das Bier gewöhnen und das ist zum Besten ihrer eigenen Bierbrauereien. Das ist mit die Absicht, dass nicht so viel Geld für Kaffee aus dem Lande gehen soll. Übrigens sind Seine Königliche Majestät höchstselbst in der Jugend mit Biersuppe erzogen worden, mithin können die Leute ebenso gut mit Biersuppe erzogen werden. Das ist viel gesünder, wie der Kaffee.«

Auch hohe Frauen, z.B. Anna Boleyn, eine der acht Frauen Heinrich VIII. frühstückte nach den Berichten der Geschichtsschreiber Bier und Speck. Ebenso trank Elisabeth von England jeden Morgen Bier. Überhaupt war das den Hofdamen unter Heinrich VIII. zugestandene Bierquantum ein ziemlich beträchtliches. Sie erhielten jede zum

Frühstück ein Gallon Ale, zum Mittag ein Gallon Bier, zur Vesper ein Gallon Ale und nach dem Nachtmahl ½ Gallon Wein. Ein Gallon = 4 Liter, kam auf eine täglich 16 Liter.

Die Biersuppe, schon im Mittellatein als »jus e cerevisia coctum« bekannt, war und ist in allgemeinem Gebrauch. Nach böhmischen Rezepten eignen sich besser weiße als dunkle Biere zu Biersuppen.

Eine besondere böhmische Biersuppe mit Brot heißt »grammatika«, weil sie für Studenten und geistig beschäftigte Leute besser ist, als für solche, die körperliche Anstrengungen haben.

Sprichwörtlich identifizierte man Biersupper mit Biersäufer;

> *die biersupper ich darzu mein,*
> *do einer trinkt ein tunn allein,*
> *und werden do bi also vol*
> *man lief mit eim ein tär uf wol*

heißt eine Stelle in Brant's Narrenschiff.

In dem Kräuterbuch des Jacob Theodor Tabernamontanus (Frankfurt a. M. 1625) finden sich unter »Alten Bierkünsten« mancherlei Rezepte zu kräftigen Biersuppen. Eine spezielle, in Dänemark beliebte Bierbrotsuppe ist das »Ölöbrö«. Wir erkennen schon im Namen das alo wieder. Das Rezept dieser speziell dänischen, noch heute beliebten Biersuppe ist folgendes: Altes Schwarzbrot wird in Bier geweicht, gekocht, gequirlt und – süß gemacht. Manchmal wird auch Sahne zu dieser dicken Suppe gegeben.

In Dänemark wird auch Bierreis mit süßem Bier angemacht.

Überhaupt ist in der Norddeutschen Küche Bier eine wichtige Zutat.

Auch die französische Küche kennt eine »Soupe à la bière«, ferner eine »Soupe à la bière à la Polonaise« und die »Soupe froide à la bière«, unsere »Bierkaltschale.«

Damit gewinnen wir einen Übergang zu den Getränken aus Bier. Sowie es verschiedene Getränke aus Wein gibt so finden sich auch einzelne ans Bier bereitete Getränke. So gibt es z.B. auch ein stark moussierendes Champagnerbier, welches besonders Theaterdirektoren in der Provinz bei Don Juan-Aufführungen zu empfehlen ist. Ein Rezept für Champagnerbier ist folgendes: Man kocht 1½ Loth

Hopfen mit 6 Pfund Wasser auf, schüttelt dann so lange kaltes Wasser zu, bis 16 Selterwasserflaschen davon voll werden können und bis alles milchwarm ist; sodann setzt man einen Esslöffel voll Hefe und 1 Pfund Zucker zu und füllt das Ganze auf Krüge, verstopft sie gut und stellt sie 4 – 12 Tage in den Keller. Auch eine Anekdote flechte ich hier ein: »August der Starke, König von Polen und Kurfürst von Sachsen, hatte einst während eines Landtags zu Dresden die vornehmsten Stände zur Tafel geladen. Natürlich fehlte es dabei nicht an Champagner. Ein Page kaperte bei dieser Gelegenheit eine Bouteille und steckte sie in seine Rocktasche, was sich recht bequem tun ließ, indem die Pagenuniformen damals ziemlich lang und weitfaltig getragen wurden. Unausgesetzt beschäftigt, ist der Page unglücklicherweise nicht im Stande, des feurigen Kleinods sich zu entledigen. Des letztern Geist aber wird durch die starken Dienstbewegungen des Pagen rebellisch, sprengt, als letzterer eben hinter dem König steht, den Stöpsel und wirft diesen nach der Decke, während der Champagnerschaum aus der Tasche gerade die Richtung nach der Perücke des Monarchen nimmt und diese tauft, dass die Allongen zu Weintraufen werden. Ein Teil der Gäste erschrickt, der andere kann kaum das Lachen verbeißen – der Page, mehr tot als lebendig, stürzt dem König zu Füßen, und der König – schickt den Champagnerdieb auf der Stelle fort, – – ja – aber – nicht aus dem Dienste, sondern nach – einer trockenen Perücke – und riet ihm dabei, dergleichen Flaschen ein andermal nicht so lange mit sich herum zu schleppen, denn, setzte er gutmütig hinzu: – Champagner-Wein ist nicht Dresdner Bier.«

Zu nennen ist außer der »Bierkaltschale«, auch »Biermärthe« genannt, besonders der »Flips«, ein Getränk aus Bier, Zucker und Eiern.

Zucker in Bier wird von Manchem getan, häufiger noch aber finden sich Eierbiere. Auch in Biersuppen werden Eier getan, doch sind Biersuppen mit Eiern, ferner »Warmbiere« (aus Bier, Milch und Zucker) und »Eierbiere« zu unterscheiden. So wird auch aus der Gose (analog dem Glühwein) eine sogenannte »glühende Gose«, dem französischen Chau d'eau nicht unähnlich, zubereitet. Hier ist auch der passende Ort, der verschiedenen gewürzten Biere zu gedenken. Gewürzbiere, im Englischen »spiced ale«, spielen schon vielfach in die medizinischen Biere über. Ich meine aber hier nicht die Gewürzbiere zu sanitären Zwecken, davon später; sondern die Gewürzbiere, bei denen der Geschmack Hauptzweck. So ist in England ein Getränk aus Ale, Pfeffer und Honig unter dem Namen »braket« sehr beliebt. Ein anderes Gewürzbier aus Zucker, Bier, Gewürz und Brot hieß »aleberry«. Hier muss ich ein passendes Gedicht einflechten, das ich der Deutschen Dichterhalle, Jahrgang 1876, Nr. 1, S. 4 entnehme:

DREIKÖNIGSFEST IN ALT-ENGLAND

Jetzt geht der Spaß los
Mit Kuchen und Kloß,
Und König des Fests ist die Bohne,
Doch die Erbse auch,
Wir kennen den Brauch,
Sitzt als Königin mit auf dem Throne.

Zum Ersten denn nun,
Wir ihr pfleget zu tun,
Erwählt, dass er habe die Macht hier,
Den König durch's Loos,
Und ihn nicht blos,
Auch die Königin wählt für die Nacht hier!

Dies getan, brockt ein
Den Kuchen in Wein,
Und nicht Einer sei in der Schaar hier,
Der mit frohem Mund
Nicht vom Rand bis zum Grund
Austrinkt auf das Königspaar hier!

Setzt im Kump sodann
Ein Würzbier an!
Auf Zucker, Ingwer, Muskaten
Gießt das braune Nass,

Auf dass Euch bass
Der Festtrunk möge geraten!

Nun den Herrschern beim Mahl
Reicht dar den Pokal, –
Und obgleich ihr mit Bier euch genetzt hier,

> *Geht ihr heim doch so frei*
> *Von Schuld und von Reu',*
> *Als da ihr euch schuldlos gesetzt hier.*

Und im Münchner Keller befindet sich folgender Spruch auf gewürztes Bier:

> *Nur Sonntags, ruft der heilige Mann,*
> *Darfst gewürztes Bier Du genießen;*
> *Nur diesen Schluck noch der Andere spricht,*
> *Will eine Woche länger d'rum büßen.*

In diese Kategorie sind auch die Kirschbiere zu rechnen, wir wissen es gab verschiedene, lernten wir doch auch bereits eine Kirschmumme kennen. Auch das Ingwerbier (ginger beer) gehört hierher.

Vernehmen wir über Biergetränke und besonders »Eierbiere« einen Anderen, der im »Gambrinus« sich also äußerte:

»Wenn hier von »Biergetränken« die Rede ist, so soll damit selbstverständlich das Bier an und für sich nicht gemeint sein, sondern vielmehr gewisse Veränderungen, welche durch Zusätze an dasselbe bewirkt werden können. Man will damit das Bier entweder mehr kühlend und durstlöschend, überhaupt angenehmer zum Genuss oder noch etwas nährender machen. So hat man in der Umgebung von Jena in Gebrauch, das dort viel getrunkene sehr helle Lichtenhainer Weißbier im Sommer mit Zucker zu versüßen und erhält so ein höchst angenehmes und kühles Getränk auf sehr einfache Weise. Den entgegengesetzten Zweck, nämlich ein mehr nährendes Getränk, erreicht der Braunschweiger damit, dass er eine Sirup dicke braune Mumme in mehr oder weniger reichlicher Menge in sein gewöhnliches Bier eingießt und damit verrührt, wodurch ein wahrer Göttertrank für den echten Braunschweiger entsteht. Ein lichtes, gut ausgegorenes Weißbier, besonders aus Gerste, ist sehr geeignet, mit Fruchtsäften und Zucker vermischt, als sogenannte kalte Schale an Stelle der warmen Suppe an heißen Tagen auf den Tisch zu kommen. Allbekannt ist ferner das sogenannte »Eierbier«, welches entsteht, wenn Braunbier mit einem Ei, hauptsächlich dem Eidotter verrührt wird. Zur Vermischung mit Eigelb eignet sich das Weißbier noch besser, welches überhaupt durch Zusatz von säuerlich süßen Früchten entweder noch kühlender oder durch Eigelb nährender gemacht werden kann. Was soll dann noch von der Krone der Biergetränke, dem warmen Biere oder Warmbier gesagt werden? Es ist überall bekannt und geschätzt und werden demselben besonders gute Eigenschaften zugeschrieben. Es erwärmt auch in der Tat die Unterleibsorgane und regt sie zu größerer Tätigkeit an und ist auch in bedeutendem Grade nährend durch zugesetzte Eier und Milch. Die Herstellung des Warmbieres geschieht auf sehr verschiedene Art und Weise, nicht immer richtig und angemessen. Als Zusätze sind Zucker, Eigelb und Milch gewöhnlich, als Grundlage empfiehlt sich helles Bier mehr wie dunkles, welch' letzteres einen zu streng hervortretenden Geschmack besitzt. Das zu Warmbier verwendete Bier soll zwar geistig, aber nicht stark verhopft sein und bei der Herstellung des ersteren wird am besten auf folgende Art verfahren. Es ist dabei auf folgende zwei bis jetzt nicht beachtete sehr wesentliche Punkte zu sehen, nämlich darauf, dass dem Biere der Weingeist trotz des Kochens möglichst erhalten bleibe und dann ferner, dass die zugesetzte Eiermilch möglich wenig oder doch möglichst fein flocke, also das Eiweiß in nur ganz feinen Flocken zur Ausscheidung bringe. Um das letztere zu erreichen, setzt man den nötigen Zucker nicht dem Biere, wie jetzt meist gebräuchlich, sondern vielmehr der Milch zu und lässt ihn darin sich vollständig auflösen. Unterdessen verrührt man das Eigelb oder auch Ei Ganze zu einem klaren gleichmäßigen Brei, den man dann in die bereits stark gezuckerte Milch einrührt und gründlich damit vermengt. Durch die Zuckerung wird die Milch und das Ei leichter löslich gemacht und letzteres nicht so leicht zu Flocken niedergeschlagen. Man erwärmt nun die Milch bis zu 50° R. und lässt sie bis zur Vermischung mit dem Biere stehen. Unterdessen kocht man das Bier möglichst rasch aus, schäumt es einige Male ab, aber kocht es nicht weiter, sobald die Schaummenge abnimmt und damit angezeigt ist, dass die Kohlensäure, die hierbei nicht zu halten, entwichen ist. Es ist selbstverständlich mit dem Entschäumen der Kohlensäure stets auch ein Entweichen des Alkoholes aus dem Biere verbunden und nicht zu vermeiden, wenn schon auch danach getrachtet werden muss, dies möglichst zu verhindern, was durch abgekürztes Kochen angestrebt werden muss. Es ist nun meist gebräuchlich, die mit Eiern gequirlte Milch in das kochende Bier einzugießen, was natürlich eine

Flockung durch Niederschlagen des Eiweißes herbeiführen muss, sonst aber eigentlich nichts ausmacht. Will man dies aber doch vermeiden, wozu schon die Zuckerung der Milch selbst viel beiträgt, so darf man die letztere nicht in das wirklich kochende Bier eingießen, sondern man lässt dasselbe bis 60° R. auskühlen und quirlt nun die bis 50° warme Eiermilch hinein, so dass sich Beides wohl vermengt. Es ist auch gerade nicht unbedingt notwendig, dass die Eiermilch mit dem Biere gekocht werde, sondern mit einem guten Quirlen der beiden bis zu genannten Wärmegraden gebrachten Flüssigkeiten wird fast dasselbe erreicht und sogar ein feineres Warmbier erzielt, aber die Milch soll bereits vor dem Eierzusatz mit dem Zucker abgekocht worden sein. Zum Schluss kann man dem so bereiteten feinen Warmbier noch etwas Cognac zusetzen, um einen Ersatz für den verflüchtigten Alkohol des gekochten Bieres zu schaffen.«

Endlich gibt es sogar bereits auch ein »Chocolade-Gesundheitsbier.« Ein solches ließ sich die Firma I. Scholz in Laubegast-Dresden patentieren. Durch dasselbe soll besonders Kranken und Rekonvaleszenten, aber auch Gesunden ein erfrischendes Getränk von großem Wohlgeschmack und hohem Nährwert geboten werden. Die Herstellung geschieht nach der zitierten Zeitschrift wie folgt: Zur Bereitung des Kakao-Extraktes werden Kakaobohnen bester Qualität bei einer Temperatur von nur 60° R. gedarrt, nicht geröstet, sorgfältigst von der Schale befreit, in kleine Stückchen zerbrochen und mit dem zweifachen Gewicht destillierten Wassers von 50° R. eine halbe Stunde bei derselben Temperatur digeriert, eine halbe Stunde lang gekocht, bei einer gleichmäßigen Temperatur von 60° R. 48 Stunden der Ruhe überlassen, mit einer Lösung von 10 Kilogramm Zucker in destilliertem Wasser versetzt und dann abermals so lange gekocht, bis die Hälfte von dem ursprünglich hinzugefügten Wasser verdampft ist. Darauf wird der Extrakt noch in möglichst warmem Zustande filtriert, um die rezitierenden Kakaostückchen und Fettheile zu entfernen, wonach es zum Versenden fertig ist. Das Brauverfahren ist ähnlich dem des bayrischen Bieres. Nachdem bei demselben die fertige Würze drei Stunden gekocht hat, wird auf ein Quantum von je 100 Liter Würze, zu welchem 55 Kilogramm blass gedarrtes, bestes Gerstenmalz verwendet werden, 200 Gramm bester bayrischer

Hopfen und 12 ½ Kilogramm Kakao-Extrakt hinzugesetzt, nochmals gekocht und dann wie üblich weiter verfahren. Die Gährung (bei 6° R.) nimmt hierbei 7 –8 Tage, die Lagerung auf den Klarfässern 3 – 4 Wochen in Anspruch. (Dieses Getränk sollte eigentlich »Kakao-« und nicht »Chocoladenbier« heißen.)

Auch die Mischungen der Biere gehören hierher.

Wir gedachten derselben bereits bei der Entstehung des Porter und ich füge hier nur noch hinzu, dass noch heute derlei Mischungen, selbst »Dreigemische« üblich sind. Für die Mischung von zwei Bieren war in England der Ausdruck »half and half«, d.i. halb und halb, gebräuchlich und in Hamburg heißt dies bis heute noch: »lütt un' lütt«.

Endlich muss hier noch eine Stelle dem Bieressig eingeräumt werden. Schon in alter Zeit bereitete man nach Tabernämontanus in Niederland, Flandern und anderen Landen, wo kein Wein wachset, einen ziemlich guten Essig aus Bier: »Etliche nehmen Bier, viel oder wenig, nachdem sie viel oder wenig machen wollen«, so lautet das originelle logische Rezept, »sieden es und lassen es wiederum kalt werden, darnach tun sie geröstete Erbsen also heiß hinein und ein wenig Sauerteig, so wird in kurzer Zeit guter Essig daraus.«

Auch die Neuzeit erzeugt Bieressig. Dies mag alles gut sein, wenn man Essig haben will; doch steht uns der Sinn und Gaumen nach Bier, dann wollen wir kein Essigbier, wie dies leider besonders in der Zwetschenzeit, ich möchte sie die Saison morte des Bieres nennen, den Trinkern vorgesetzt wird, die es dann ausdrücklich »Zwetschenwasser« schimpfen.

XIII

Das Obst des Biertrinkers

Rettigbub um Rettigbub, Radieschenmädchen um Radieschenmädchen, Radiweib um Radiweib treten an den Tisch und bieten ihre Wahre feil. Es ist die Saison der Rettige oder Rettiche und die zahlreichen Vertreter dieses engeren, temporären Geschäftszweiges haben mich zu dieser kleinen Plauderei angeregt. Ich schreibe selbe auch auf der Bierbank, fortwährend gestört durch die verkaufslustigen Kleingewerbetreibenden und habe nicht weniger als bereits zehn Büschelchen roter Radieschen um mein Bierglas herumliegen, ich könnte fast selbst Konkurrenz bieten. Ich möchte die Rettige das Obst der Biertrinker nennen und wählte diesen Ausdruck auch zum Titel dieser Skizze. Obst und Wein vertragen sich miteinander, aber Obst und Bier ist keine passende Verbindung, dafür eignen sich die beißenden Rettige vortrefflich zum Gerstentrank und erst unlängst sah ich ein gemütliches Bild, das auf einem Tisch ein Glas Bockbier, etwas Käse und Brot, ein Zeitungsblatt und einen brennenden Glimmstängel vorstellt und im Vordergrund beim Bierhumpen hat der Maler auch die obligaten Rettige nicht vergessen. Es ist einer der ersten Buntdrucke nach einem auf der Pinakothek befindlichen Originalgemälde »Stillleben« benannt. Rettige, das Obst der Biertrinker! Diverse Stellen sprechen dafür. So heißt's in einem Studentenlied:

> *Der eine rief: »O hätt' ich ja,*
> *Zu diesem schlechten Bier*
> *Nur einen edlen Rettig, ha,*
> *Geholfen wäre mir.«*

In einem parodierenden Bocklied kommt die Stelle vor:

> *Und blüh'n mal die Radi, das Herz dann frohlockt,*
> *Denn d' Radizeit is ja die Zeit für den Bock;*

> *Doch, d' Radi tun blühen so frisch alle Jahr,*
> *Aber Credit hast nur amol, un nochher is' gar!*

Und in einer Ode an den Bock heißt die zweite Strophe:

> *Rettich' bekränzen dich,*
> *Bräuknecht kredenzen dich,*
> *Schaumüberkräuseltes,*
> *Wurstdampfumsäuseltes*
> *Nektargetränk!*

Rettige, das Obst der Biertrinker! Wohl verwahrt sich der eigentliche Pomologe gegen diese Bezeichnung und der Botaniker will mich belehren, dass Raphanus mit seinen diversen Unter- und Spielarten, als da sind, besonders Monatsrettige (Radieschen), Winterrettige (Erfurter), Sommerrettige, japanische Ölrettige usw. zur Gattung der Cruciferen gehören, dass sie bald runder, bald länglicher Form, weißer, schwarzer oder roter Farbe sind u. dgl. m.

Das Alles weiß ich und weiß noch mehr, so z.B. dass auch der sogenannte Hederich (Raphanus raphanistrum) mit in diese Familie gehört. Doch das Alles wissen auch meine Leser oder können sich in einem botanischen Werke darüber des Näheren belehren, an den Feuilletonisten stellt man eine andere Anforderung, als eine botanische Abhandlung zu bieten. Wie schon aus meinen einleitenden Worten ersichtlich, ist Radi der derbere, Radieschen der zartere Ausdruck, das Wort, selbst aber stammt von ratich und leitet seine Etymologie von der lateinischen Wurzel im Worte radix ab, welches selbst wieder die Wurzel κατ' ἐξοχήν bezeichnet. Weil wir beim Sprachlichen sind, sei gleich erwähnt, dass es selbst ein Zeitwort »rettichen« gibt, z.B. in der Wendung, »er ist durchgeretticht worden«, sowie »er hat Rettige«, d.h. Prügel bekommen. Das kommt wohl daher, weil ehemals, besonders einem ertappten Ehebrecher, zur Strafe ein Rettig in den Leib getrieben wurde. Aber auch sonst wird Rettig sehr oft sprichwörtlich gebraucht: »Je mehr man den Rettig salzt, desto weniger beißt er,« ein Satz der Empirie oder: »Jeder Rettig hat seinen Schwanz«, dem das böhmische »Bez chvostu ani ředkev se nerodí« entspricht.

Die Siebenbürger Sachsen haben ein gastronomisches Sprichwort, worin die Tageszeiten, wann Rettige gegessen werden sollen und wann nicht, besprochen sind. Es lautet: »Rettich äs des Morgest Gäst, ze Mätach Spéis, des Owest Arzna.« – Die Böhmen raten an, den Rettig nicht früher zu essen, als bis er schwitzt. Desgleichen die Polen. Andere dicta sind: »Er ist wert a Rettich« im jüdisch-deutschen Jargon, von einer wertlosen, geringfügigen Sache gebraucht; »Dieser Rettig beißt nicht«, d.h. »ich bin nicht so dumm, das zu glauben« (in der Gegend von Breslau gebräuchlich); ferner: »Jemandem einen Rettig reiben« gleich einen Bären aufbinden oder anlügen; »Rettigsamen in's Meer stupfen« u.v.a.m. Auch in Bezug auf das sittliche Leben wird Rettig angewandt: »Er isst Rettig und sie Radieschen«, d.h. »Wie der Mann, so die Frau«. Selbst die Ägypter haben eine Redensart: »Wenn der Rettig nur sich selbst verdaute«, d.h. wenn man der Person nur wieder los wäre, die man selbst zu Hilfe gerufen, weil die Ägypter glauben, der Rettig trage zur Verdauung bei, bleibe aber selbst unverdaut.

Von den verschiedenen Rettigsorten sind die beliebtesten in erster Linie die kleinen, rundlichen, roten Radieschen, eine besondere Sorte sind die gefleckten, sogenannten Forellenradieschen und in zweiter Reihe die großen schwarzen Rettige, die, in Scheiben geschnitten, genossen zu werden pflegen. Gewöhnlich sind letztere etwas bitterlieb, was noch angeht, wenn sie nur nicht pelzig oder holzig sind. »O süßer Heiland, wie bist Du so bitter«, soll der Bauer ausgerufen haben, als er einen Rettigschnitz statt der Hostie bekommen. Die Form der Rettige hat sogar schon zu Vergleichen geführt. So vergleichen die Matrosen sehr treffend die kleinen, spitz zulaufenden, kaum den Scheitel bedeckenden, Männern und Frauen eigentümlichen Käppchen Carapuca der Maderenser mit einem halben schwarzen Rettige. Das aus den Ölrettigen gewonnene Öl dient zum Brennen und selbst zum Speisen; aus dem Ruß dieses Öls werden die berühmten chinesischen Tusche bereitet, der Ölrettig heißt auch nach seiner vornehmlichen Heimat japanischer und chinesischer Rettig.

Auf die Frage: »Wann ist der Rettig reif?« antworten die Ökonomen: »Sobald das vierte Blatt erscheint, ist der Rettig zum Speisen tauglich, später wird er pelzig.« Das Grünzeug der Rettige pflegen Kanarienvögel mit Vorliebe zu essen. Der Umstand, dass der Saft der Rettige schleimauflösend ist, hat zur Fabrikation der sogenannten Rettig-Bonbons geführt.

»Rettige... Reize des Hunger« nennt sie ein deutscher Schriftsteller, ich glaube vielmehr Reize des Durstes, und ein Anderer gebraucht recht geistreich von einem rasch und flüchtig geschriebenen Werke den Ausdruck: »Zwischen Rindfleisch und Rettig«, weil ja das Fleisch damit garniert wird und beides zusammen gegessen zu werden pflegt. Er will also mit seiner Kritik sagen, dass der Autor zu seiner Arbeit wenig Zeit verwendete. Die russische, erwachsene Jugend hat ein eigenes Gesellschaftsspiel mit dem Namen »Rettig«. Es nehmen Frauen, Mädchen und Jünglinge an diesem Spiele, das gewöhnlich in die Zeit zwischen dem h. Thomas bis h. Petrus fällt, und das durch die Liebe belebt wird, auf einer grünen Wiese Teil. Eine Person setzt sich der anderen auf die Knie und alle bilden zusammen eine Kette; der eine ist Verkäufer. Ein Käufer tritt hinzu und frägt: »Batuška, verkaufst Du Rettige?« »Kaufe nur, Batuška«, antwortet der Verkäufer, »versuche nur.« – Nun bemüht sich der Andere eine Person bei der Hand oder den Haaren, wie einen Rettig, herauszuziehen. Endlich gelingt es ihm und er will den Betreffenden um den Boden schlagen, als wollte er die Wurzel von der daran befindlichen Erde reinigen. Da fliegen Alle auf und nur mit Not entrinnt der Kauflustige den scherzhaften Schlägen. Auch in der Poesie begegnen wir dem Rettig, so erinnere ich mich an ein nettes Gedichtchen, dessen Autor mir momentan nicht einfällt, der mit seinem Liebchen lustwandelt und »paar Radieschen« pflügt; schließlich schenkt sie ihm ein »Paradieschen«. Das Wortspiel ist sehr gelungen. Auch Eduard Grisebach, der Dichter des neuen »Tanhäuser«, geht mit seinem Liebchen spazieren und sie begegnen ein altes Radiweib:

> *Feil hat sie Rettig und Rapunzeln,*
> *Das alte Weib, ich seh' ihr zu,*
> *Ich sehe unter ihren Runzeln*
> *Die Schönheit – sie war schön wie Du,«*

reflektiert der Poet – doch weiter sagt er zu seiner Schönen, wie ängstlich:

> *Sie seufzt, ihr rotes Aug' wird trüber,*
> *Es zittern ihre alten Knie –*
> *O Klara, geh'n wir rasch vorüber,*
> *Sonst denk' ich: »Du wirst einst wie sie.«*

Zwar nicht sehr galant gesprochen, aber leider wahr, der Dichter ist auch Denker. Doch genug von Rettigen, dem Obst der Biertrinker, sonst winden mir die alten Radiweiber als Anerkennung meiner Studie noch einen Ehrenkranz aus Rettigen. Brr – da nehme ich lieber noch von der Kleinen, die eben zu mir tritt, ein Büschelchen – schönes, aber armes Kind! Was wirst Du verkaufen, bis Du älter, circa siebzehn Lenze zählen wirst?

XIV

Aphorismen zu einem Bierrecht

Wenn man in dem Lektionskatalog irgendeiner Universität die an der juridischen Fakultät angekündigten Kollegien verfolgt, so findet man, dass neben den nötigen Hauptwissenschaften auch gewisse Detail- und Nebendisziplinen vorgetragen werden. So habe ich beispielsweise schon ein Kolleg über Wasserrecht angekündigt gefunden.

Wäre, so frage ich nun, obwohl es in einem Sudentenliede heißt:

Was kümmern mich die Rechte?
Was scheert mich das Gesetz?
Wenn ich die trockne Kehle
Mit edlem Bierstoff netz'?

es nicht auch möglich, ein sogenanntes Bierrecht als juristische Zweigwissenschaft zu konstituieren? Ließe sich überhaupt so viel Material zum Aufbau einer solchen Disziplin zusammentragen, um damit ein zweistündiges Kolleg in einem Semester zu füllen? Würde ein solches Studium des Bierrechts, abgesehen davon, dass es höchst interessant wäre, nicht auch einen ebenso nützlichen Gegenstand an einer Braufachschule abgeben, wie z.B. das Bergrecht an einer Bergakademie?

Ehe ich noch weitere Fragen stelle, will ich die bisherigen mit einem hellen »Ja« beantworten.

Material hierzu ist in Hülle und Fülle vorhanden, nur liegt es zerstreuten Inseln gleich im großen Ozean des Rechts überhaupt und müsste jedenfalls erst mühsam zusammengestellt werden.

Geschehen ist dies bis nun noch nicht und wenn ich heute daran gehe, ein eigenes Bierrecht als selbstständige Disziplin zu konstituieren, so darf ich meine Studie nur als einen Versuch bezeichnen und habe obenstehenden Titel gewählt, weil jede Wissenschaft in ihrem ersten Stadium, in cunabulis, wie man zu sagen pflegt, einen aphoristischen Charakter an sich trägt, ehe sie sich zu einem fest erstarrten Systeme konsolidiert.

Ebenso werde ich mich, wenigstens vorläufig, nicht auf den Standpunkt eines etwaigen heutigen Bierrechtes stellen, sondern vielmehr eine Geschichte des Bierrechts an der Hand der Geschichte des Bieres einerseits und andererseits an der Hand der allgemeinen Rechtsgeschichte zu begründen suchen. Aber auch eine Geschichte des Bieres ist noch nicht, wenigstens nicht in dem Sinne, wie z.B. Tiedemann's Geschichte des Tabaks, geschrieben und wo ich zur Rechtsgeschichte Zuflucht nehme, dort werde ich mich wieder auf das speziellere Gebiet des Privatrechtes begeben müssen.

Bierrecht und um auch einen scientifen Terminus dafür zu fixieren, etwa Jus cerevisiae oder Jus cerevisiarium, auch Jus braxanti, ist der Inbegriff aller auf das Bier bezüglichen Rechtsnormen. Dies wäre die allgemeine Definition. Schon Jo. Otto Tabor betitelt eine 1656 edierte Monographie »tractatum de jure cerevisiario«, welche auch in's Deutsche übersetzt in Regensburg 1722 erschien. Terminus »Jus cerevisiarium« datiert also bereits aus der zweiten Hälfte des 17. Jahrhunderts. Dagegen erschien bereits (Lips. 1678): Aug. Bened. Carpzovii Dissertatio de jure braxanti und bereits 1671 Chr. Phil. Richter's »De braxanti.«

Da ich schon einmal eine diesbezügliche Fachmonographie genannt, möchte ich gleich versuchen, die sonstige Literatur und etwaige Quellen anzugeben. Da sieht es denn aber, wie schon bemerkt, sehr brach aus. Wohl könnte ich noch nennen »C. L. Scheid, de jure coquendi et vendendi cerevisiam, Göttingen 1739«, dann »F. G. Zoller, de jure cauponarum bannanarium, Lipsiae 1769«, oder »D. G. Struben, von des deutschen Adels Braugerechtigkeit« und einige ähnliche Monographien, aber wie schon die Titel besagen, wird in allen diesen Schriftchen nur der eine oder der andere Punkt beleuchtet.

Als eigentliche Quellen müssen jedenfalls vor Allem die verschiedenen einzelnen Stadtrechte, besondere Privilegien, Innungs- und Gildestatuten, Stubenordnungen und Zunftbücher, Brauordnungen und ähnliche Dokumente benützt werden. An solchen Dokumenten wimmelt es nun.

Aufmerksam machen möchte ich zugleich auf ein spezielles Werk: »Die Zunft der Brauer in Köln in ihrem inneren Wesen und Wirken, nebst den im Jahre 1603 erneuerten uralten Ordnungen und dem 1497 erneuerten Amtsbriefe« nach meist ungedruckten Quellen bearbeitet von Wilhelm Scheben (Köln 1880), das als aufmunterndes Muster für andere Spezialwerkchen dienen könnte, welche dann die Bausteine zu einem großen allgemeinen Werke abgeben würden.

Ich selbst will gewissermaßen nur zur Illustration meines Kapitels eine Stelle aus einem manuskriptuellen alten Zunftbuche der Stadt Nürnberg, welches sich im Besitze des Bierbibliographen Gustav Nobak befindet und in das er mich freundlichst Einsicht nehmen ließ, hier mitteilen. Besagtes wertvolles altes Zunftbuch datiert aus dem Jahre 1578, wenn nicht gar 1548, denn die dritte Ziffer ist korrigiert. Zunächst ist eine tabellarische Aufführung der Bierprawer unter vier Rubriken oder Kolonnen:

Taufnahme	Zunahme	Ein Bierprawer worden	Gestorben anno

In der 4. Rubrik finden sich auch andere Bemerkungen, z.B. »hat aufgehört« (zu brauen) oder »ist ein Weißer worden«, »ist ein Roter worden«, denn so komisch der appositionelle Ausdruck klingt, der mich an die modernen drei- und vierstöckigen Hausherren gemahnt, so unterschied man »Rote und Weiße Bierprawer«. Diese Versetzung des Adjektivs ist auch auf dem Titel des in München 1884 im G. Franz'schen Hofverlag erschienenen Werkchens von Dr. Joh. Mayerhofer beibehalten, das da heißt: »Luftsame Geschichte des Münchner Hofbräuhauses, des braunen sowohl als des weißen etc.« Wir werden dem aparten Büchlein noch begegnen. Doch zu unserer Stubenordnung. Ich lasse nämlich jetzt eine Stelle folgen, die auf die damaligen Vereinsverordnungen etc. ein Streiflicht wirft und woraus wir ersehen, dass schon damals tout comme chez nous. Die Einleitung zur Ordnung lautet:

Folgt hernach die Ordnung: »Nachdem bishero auff dem Bierpravhanndel unnter den Bierpravern wann dieselben zusammenkommen unnd von des Hanndels wegen etwas zu verrichten oder zu hanndeln gehabt Allerley Unordnung geweßen Alls das sie keinen aigen wohnung oder stuben gehabt Darinnen sie sich versammlen unnd des Hanndels nothwenndige sachen hetten verrichten können unnd da sie zusammen beruffen worden seyen der weniger Thail auß Ihnen erschienen und ob sie gleich beysammen geweßen hat doch kein Ordentlicher fürtrag geschehen mögen, keiner den anndern hören, sonnder ein Jedweder nach seinem aignen nutz unnd gefallen handlen wollen. Darauß dann dem Hanndel allerley nachthail unnd schaden ervolgt gute Ordnung zerstreut unnd vielmals wenig Ja auch wol gar nichts Außgericht worden. Solchen unnd anndern dergleichen unordnungen auch allen deß Hanndelsnachthail unnd schaden so viel immer möglich zu für kommen unnd unter Innen den Bierprewen ein feine Richtige bestenndige Ordnung an zu richten, damit hinfüro zwischen Inen eine gleichheit auch fridt und Ainigkeit erhalten werde. So haben gedachte Bierprewer nachvolgente vierzehn Artikul als ein Stubenordnung aufgericht... «

Wie viel wertvolles noch Ungedrucktes gibt es da! Nobak hat auch der erste seiner Zeit in der »Allgem. Zeitschrift für Bierbrauereien« einige alte böhmische, die Brennerei betreffenden Urkunden, in Originalien mitgeteilt, so aus dem böhmischen Kamnitzer Rathsprotokolle vom Jahre 1511, oder aus den böhmischen Stadtrechten (einer Komplikation des Brünner, Prager und Magdeburger Rechtes 1579) und andere mehr.

Ich reproduziere die letztgenannte Stelle:

Nr. 19.

»Einem beschädiger der Weinberge, Gärten oder Hoppegärten sollen die Augen ausgegraben werden, geschieht es aber bey nächtlicher Weile, so soll er den Hals verlieren.«

Dieser drakonische Paragraph erinnert auch, dass das ganze Hopfenrecht mit einzubeziehen wäre, auf welches sich bezügliche Punkte auch schon im Sachsen- und Schwabenspiegel finden ließen.

So erwähnt der Sachsenspiegel Lib. II. Art. 52: »Vlichtet Hoppe over enen tun, sve die vortelen in deme hove hevat, die gripe deme tune so he nest moge unde tie den hoppen; svat ime is volget, dat is sino; svat is in ander half blift, dat is sine nakebures«, und das Magdeburgische Weichbildsrecht (Art. 126): Das Eigentumsrecht an dem über den Zaun laufenden Hopfen.

Die älteste juristische lateinische Stelle, die in ein Bierrecht aufzunehmen wäre, dürfte wohl jene schon zwei Mal erwähnte in Lex. L. X. bei Ulpianus sein.

Die literarischen Quellen betreffend sind schließlich auch die verschiedenen eingehenden Werke über deutsches Privatrecht an den entsprechenden, aber sehr karg behandelten Stellen zu Rate zu ziehen.

Was das heutige geltende allgemeine Bierrecht, κατ᾽ ἐξοχήν Braurecht anbelangt, dienen die geltenden Gesetzbücher und Gewerbeordnungen der verschiedenen Länder, beispielsweise im preußischen Landrecht § 53 ff. etc. als Grundlagen. Ich habe den Ausdruck Braurecht, d.i. jus coquendi et vendendi cerevisiam gebraucht, Braurecht ist aber nur ein Teil, freilich der Hauptteil des ganzen Bierrechts. Was gehört denn streng genommen noch in den Rahmen des Bierrechts? Jedenfalls neben dem Braurecht, der Braugerechtigkeit, das Verkaufsrecht, neben dem jus coquendi das jus vendendi. Hier ist wieder zu unterscheiden das Verbietungsrecht desjenigen, der das Brau- und Verkaufsrecht hat, und zwar ein Verbietungsrecht des Ausschrotens und des Verzapfens. Unter Ausschroten des Biers versteht man den Verkauf en gros, unter Verzapfen den kannenweisen Verkauf. Wir müssen daher auch das Schankrecht in den Rahmen des Bierrechts mit hineinbeziehen. In dieser Richtung werden wir dem Bierrecht im engeren Sinne als einem und zwar dem wichtigsten Bannrechte später im Verlaufe dieser Studie begegnen und dies bildet eine der wichtigsten Partien des ganzen Bierrechts. Während wir beim Braurecht mehr die Brauerinnungen und Brauergilden in's Auge fassen, also das Zunftwesen der Brauerei, so interessiert uns beim Schankrecht, beim jus cauponarum, mehr das handwerksähnliche Gewerbe mit dem erzeugten Biere.

Ferner haben wir aber auch mit in's Bierrecht einzubeziehen jene Partien des Privatrechts, wo das Bier eine zeremonielle oder sonst eine wichtige Rolle im Rechte zu spielen hat. Eine weitere Partie bietet uns das Bierbesteuerungsrecht, wobei wir auch das Finanzrecht streifen und die sogenannte Lehre vom Hopfen ein wichtiges Kapitel bildet.

Ferner muss der Vollständigkeit halber auch das Zechrecht genannt werden, welchem wir schon als Jus potandi begegnen und das wir abgeschwächt heute in unserem Studentenkomment wiederfinden. Doch diese Partie grenzt schon mehr an das Humoristische und entzieht sich daher einer wissenschaftlicheren Betrachtung. Dr. Max Oberbreyer hat ein Jus potandi oder Deutsches Zechrecht, das Kommentbuch des Mittelalters nach dem Original von 1616 mit einer Einleitung im Verlag der Gebrüder Henninger in Heilbronn herausgeben, ein kleines Büchlein, das bereits mehrere Auflagen erlebte.

Auf dem Titel des lateinischen Originals nennt sich der Autor Blasius Multibibus und legt sich den Titel bei: Utriusque Vini et Cerevisiae Candidatus longe meritissimus und als Verlagsort dieser mittelalterlichen kuriosen Ausgabe ist angegeben »Oenozythopolis«, eine ganz nette Komposition aus Wein- und Bierstadt. Und was den Komment betrifft, so hat vorwiegend der Leipziger allgemeine Geltung erhalten, obwohl einzelne andere Universitätsstädte ihren besonderen Komment entwickelten. Genannter Leipziger Komment ist κατ' ἐξοχήν ein Bierkomment und definiert z.B. gleich der § 2 den Komment folgendermaßen: »Der Zweck des Bierkomments ist die Regelung der bierrechtlichen Verhältnisse und die Herbeiführung eines gemütlich geordneten Kneipwesens.« Ich kann natürlich auf den Komment selbst nicht eingehen, die Worte bierrechtliche Verhältnisse aber gemahnen mich z.B. auch an die verschiedenen status im Bierbürgertum analog dem Römischen Rechte, z.B. an den Biererschiss, an das Stärken gewissermaßen eine levis macula u. dgl. m. Interessant ist auch der § 4, den ich noch zitieren will: »Jede deutsche Nation trägt eigentlich einen Bierkomment in sich, denn so alt diese Nation, so lange ist sie berühmt gewesen wegen ihres Zechens und zwar wegen ihres gemütlichen Zechens.«

Schon der Dichter des schönen Liedes:

Auf Deutschlands hohen Schulen,
Da trinken des Gerstenweins
Alldeutschlands Völkerschaften,
Ein Glas und immer noch eins.

lässt den Tacitus bei Schilderung der Germanen schreiben:

Es wohnten die alten Germanen
Auf beiden Ufern des Rheins,
Sie lagen auf Bärenhäuten
Und tranken immer noch eins.

»Und merschtenteels das vorletzte« setzen die trinkenden Sänger ulkig hinzu.

Als kleine, allerliebste Büchlein in Miniatur sind in der Literarischen Anstalt (Verlag August Schulze) in Celle und Leipzig einige Komments erschienen und zwar in mehrfachen Auflagen und Revisionen, vornehmlich »Braunschweiger Bierkomment,« »Hannoverscher Bierkomment« herausgegeben vom S. C. der Corps zu Hannover und »Leipziger Bierkomment« nebst einem Anhange: »Bierspiele« mit Zeichnungen ediert vom Leipziger S. C. Von dem Letzteren existiert auch ein großes Plakat-Format. Endlich gehört in den Rahmen des Bierrechtes auch das Kellerrecht. Der Keller ist das Allerheiligste Interieur der Brauer; sowohl der Gehr- als auch der Lagerkeller. In der Neuzeit, wo man selbst unten in den Bierkellern kneipt, es gibt ja bekanntlich solche von Weltberühmtheit, ich erinnere nur an den Münchner, möchte ich neben den Gehr- noch einen Leerkeller setzen, wo eben die Vorräte getrunken, der Keller geleert wird. In alter Zeit aber mussten sich die Besucher der Kellerlokalitäten gewissen Kellerordnungen, den sogenannten »Kellerregeln« fügen und auf Grund dieser baute sich ein ganzes systematisches Kellerrecht samt entsprechendem Strafrecht. Der Strafen gab es mancherlei, sogar einen Keller-Carcer in Form eines großen leeren Fasses, worin der Bestrafte auf kurze, vielleicht oft leider zu kurze Zeit seine Wohnung à la Diogenes nehmen musste. Ein humoristischer Poet brachte die Kellerregeln in Verse, die ich hier nicht vorenthalten will:

Geehrter Freund, der hier erscheint,
Die schöne Kellerei zu sehen,
Bleib' hier ein wenig stehen,
Und les' was Keller-Rechte seynd,
Und was sie dir zur Nachricht sagen.
Du wirst nicht über Unrecht klagen,
Wenn du die Ordnung nimmst in Acht,
Die selbst das Altertum gebracht.

Fluch nicht, denn hier ist Gottes Segen –
Zank' nicht, der Herr ist hier zugegen –
Der nichts als Fried' und Freundschaft liebt,
Der Bier und Wein zum Frieden gibt.

> *Bewahr den Mund vor Zotenreißen,*
> *Thu' dich der Ehrbarkeit befleißen,*
> *Und pfeif' nicht wie ein Bauernknecht,*
> *Dies Alles will das Kellerrecht.*

Recht artige Regeln, die heute leider keine Geltung mehr haben, denn wie viel wird beim Bier gerauft und welche Zoten werden gerissen. Das fromme Motiv hängt wohl damit zusammen, dass in früherer Zeit Kloster und Brauhaus so eng liiert gewesen. Und die Kellerregeln sind heute zu freilich oft poetischen zum Trinken einladenden Sprüchlein an der Wand verkürzt. Doch hören wir noch die dritte Strophe:

> *Doch darfst du Alles wol besehen,*
> *Und durch den ganzen Keller gehen,*
> *Doch laß Dich fürwitz nicht verführen,*
> *Zu messen, ob sie alle voll,*
> *Die Faß' mit Fingern zu berühren,*
> *Sonst trifft Dich das Bandmesser wohl.*
> *Dem aber, der an diese Regeln denkt,*
> *Wird zum Schluss' ein Gläschen eingeschenkt.*

Zum Verständnis diene, dass mit dem sogenannten Bandmesser, wie mit Reisen oder Dauben scherzweise gezüchtigt wurde.

Ich erwähne auch noch des Küferrechts. Es ist noch heute als ein »hochfürstlich württembergisches Hofkellerrecht« auf einer Tafel vom Jahre 1734 im Keller des alten Schlosses zu Stuttgart zu lesen und lautet also:

> *Man soll nicht grob sein und zu frei,*
> *Daß einer zanke, fluch und schrei,*
> *Hier pfeiffe oder Zotten reiß',*
> *Und sich vergeb' auf andre Weis',*
> *Mit Fingern klopfen an ein Fass,*
> *Ist nicht erlaubt in Ernst und Spaß;*
> *Sonst giebt man ihm das Kellerrecht,.*
> *Es sei ein Fürst, Graf, Herr oder Knecht.*
> *D'rum muß er leiden mit Geduld,*
> *Wann das Bandmesser er verschuld.*
> *Doch dem ein Trunk zu Diensten stehet,*
> *Der aus und ein bescheiden gehet.*

Das Zechrecht und das Kellerrecht sind die humoristischen Seiten des Bierrechts.

Endlich wäre der verschiedenen Bierstreite und Brauhausfehden, sogenannter Bierrummel und in neuester Zeit sogar Bierstrikes sowohl von Seite der Produzenten, als Konsumenten zu erwähnen.

Doch hier nur Einiges, um das an und für sich trockene juristische Kapitel ein wenig zu würzen, z.B. zu Carl IV. kamen, als er zu Hirschberg bei B. Leipa weilte, Bürgerdeputationen, die Klage schlechten Bieres wegen führten. Dies freilich nicht ganz historisch verbürgte Factum hat Prof. U. Paudler in Leipa in seinen »Umdichtungen« in Verse gebracht. Das Poem lautet:

Braut gutes Bier!

Zu Hirschberg auf der Pfarre saß Kaiser Karl und schaut,
Wie unter seinen Augen der Großteich ward erbaut.
Doch ward ihm auf der Pfarre die Zeit einmal zu lang,
So ging er an dem Teiche gen Heidemühl entlang.
Dort saß er hoch im Walde auf eines Felsens Rand,
Der Ort wird noch zur Stunde der Kaiserstuhl genannt.

So gingen Tag und Wochen, so ging beinah' ein Jahr,
Seit Kaiser Karl in Hirschberg bei seinem Teiche war.
Da kamen Zittau's Bürger nach Hirschberg an den Teich,
Wo Kaiser Karl den Hof hielt für sich und für das Reich.
Die Meister und Gesellen, Handwerker allerhand,
Sie zieh'n zu Fuß und Wagen durch Heide und durch Sand.

»Was kommt ihr,« rief der Kaiser, »soweit von Zittau her?
Was füllet ihr mein Hirschberg und laßt mir Zittau leer?
Was sollen Roß und Wagen, was sollen Schild und Speer?
Was kommt ihr vor den Kaiser mit Waffen und mit Wehr?«

»Herr Kaiser, Euer Gnaden, wir klagen unsern Rath,
Weil er das Bier uns hindert zu bräuen früh und spat!«

»Ihr Räthe von der Zittau, ihr Räthe, saget an,
Was habt ihr meinen Bürgern solch' Unrecht angetan?«

»Herr Kaiser, Euer Gnaden, wir wollen Ehr' und Recht,
Verzeiht, das Bier im Sommer wird böse oft und schlecht!«

> *Der Kaiser sprach: »Ihr Bürger von Zittau, habet Acht,*
> *Daß ihr das Bier nicht schlechter als and're Städte macht!*
> *Braut gutes Bier im Winter, im Sommer laßt es sein!*
> *Gut Bier will ich im Reiche, und gut sei auch der Wein!*
> *Braut gutes Bier! Ich schwör' es bei meiner Kaiserkron',*
> *Ein gutes Bier, das mundet dem Kaiser auf dem Thron!«*
> *So zogen die von Zittau aus Hirschberg wieder heim*
> *Und brauten d'rauf manch' Fäßlein recht guten Gerstenschleim.*

Oder in Böhm. Kamnitz gab es im 18. Jahrhundert zwischen Herrschaft und Bürgerschaft eine vierzigjährige Brauhausfehde, die 1795 glücklich beendet wurde; da sangen die Braubürger einen Bürgergesang, worin es unter Anderem hieß:

> *Vivat! Kaiser Franz soll leben!*
> *Der uns das Recht hat wiedergeben*
> *Bier zu bräu'n!*
> *Nun wollen wir mit Freuden trinken*
> *Bürgerbier!*

Berühmt ist auch der Bierstreit in Tetschen u.a.m.

Damit glaube ich nun das ganze Gebiet des Bierrechts in seinen einzelnen Teilen abgesteckt und gezeigt zu haben, wie ein derartiges Bierrecht systematisch auszubauen wäre und gehe nun daran, in aphoristischer, feuilletonischer Weise einzelne interessante Punkte zu detaillieren und zwangslos an einander zu reihen, gewisse Partien wie z.B. das Besteuerungswesen des Biers, außer Acht lassend, obwohl ich nicht umhin kann, wenigstens den Maßstab, nach dem in verschiedenen Ländern die Steuer normiert wird, zur Sprache zu bringen.

Wenn man die ständische Gliederung, wie sie die deutsche Rechtsgeschichte in verschiedenen Perioden aufweist, betrachtet, so begegnen wir schon ziemlich frühe den sogenannten Biergelden, auch Birgelden geschrieben, ein Terminus, den auch der »Sachsenspiegel« gebraucht und unter welchem verschiedene Klassen der Bevölkerung verstanden werden. Die richtigste Erklärung dafür aber dürfte die sein, dass die Biergelden jene Klasse von Freien waren, die zwar nicht mehr Vollfreie, aber auch nicht Unfreie, ja sogar noch mehr als Halbfreie liti, lassi waren und ihren Namen davon hatten, dass sie für den Schutz der mächtigeren Freien, in den sie sich freiwillig begaben, diesen ein Schutzgeld, und zwar in Bier zahlten, also analog den Wachsgeldern und anderen benannt, die den Schutzzins nicht in reluto, sondern in natura entrichteten. Dieser Ansicht, in den Biergelden, also Freie, zu einer Bierabgabe verpflichtete Personen zu sehen, ist auch Grimm.

Die alten Germanen waren starke Konsumenten von Getränken und pflegten bei den verschiedensten Gelegenheiten dem Trunke zu huldigen, daher der in der Lehre vom Kaufe im deutschen Rechte sogenannte Weinkauf, dem auch ein Bierkauf an die Seite gestellt wird.

Es ist dies bekanntlich nicht ein Kauf, bei dem Wein oder Bier das Objekt des Kaufes bilden, sondern ein feierlicher Kauf unter Zeugen bei Abhaltung eines Gelages, wobei die Zeugen gastlich bewirtet werden. »Das Giselmol essen« z.B. ist ein Sprichwort ganz identisch mit »darauf loszechen«.

Auch in der Lehre von der Bekräftigung der Verträge, sagen wir im germanischen Obligationsrechte, ist das sogenannte Obstagium oder Einlager nichts Anderes als ein länger andauerndes Zechgelage. Der Verpflichtete, also Schuldner, begab sich, aber nicht allein, sondern im Gefolge von Freunden, in eine bestimmte Herberge, die er nicht verlassen durfte, ehe er seinen Gläubiger befriedigt, seiner Verpflichtung nachgekommen. Natürlich taten das gewöhnlich die Adeligen und Ritter. Gleich in der ersten Periode der deutschen Rechtsgeschichte erfahren wir, dass unter den vier höchsten Reichsbeamten sich auch ein Schenke oder Kellermeister befand, der in Merovingischer Zeit den Namen Pincerna, auch Scantio führte, in Karolingischer Zeit war der erbliche Titel Buticularius, wahrscheinlich von buta, die Butte, etymologisch abzuleiten. Und in späterer Periode war das Schenkenamt mit einer Kurfürstenwürde, gewöhnlich der von Böhmen, verbunden.

Das deutsche Bürgerrecht, wie es sich in den Städten entwickelte, fasste nebst anderen an erster Stelle das Recht in sich, »bürgerliche Nahrung zu treiben«. Diese sogenannte bürgerliche Nahrung begriff drei Hauptzweige, 1. die Handlung, 2. das Handwerk und 3. das Bierbrauen. Einige sehen das Letzte und nicht mit Unrecht als keinen eigenen Zweig der bürgerlichen Nahrung für sich an, da es, besonders wenn es nach der Verfassung des Landes oder der Stadt zunftmäßig betrieben wurde, schon mit zu den Handwerken gerechnet werden kann.

Hier ist der Punkt, an welchem ein Teil des Bierrechtes in denjenigen Teil des Privatrechtes fällt, den man das Personenrecht nennt; dann, wie schon einmal hervorgehoben, werden wir einen anderen Teil des Bierrechts im sachenrechtlichen Teil des Privatrechtes aufsuchen müssen, ich meine die bereits nur dem Namen nach erwähnten Bann- oder Zwangsrechte. Es muss also städtische Braunahrung streng vom Bierzwang geschieden werden. Die erstere fällt in's Personen-, der zweite in's Sachenrecht.

Wer die Braunahrung trieb, musste die Braugerechtigkeit besitzen und die Voraussetzung der Ausübung dieser Braugerechtigkeit bestand eben in dem »Bürger sein«. In jenen Städten, wo außerdem noch Brauergilden vorhanden waren und wo die Braugerechtigkeit ein sogenanntes Realrecht bestimmter Brauhäuser war, genügte natürlich nicht nur das Bürgersein, sondern war auch die Mitgliedschaft der Gilde erforderlich und das Eigentum eines solchen berechtigten Brauhauses. Das Nähere bestimmten die verschiedenen einzelnen Brauordnungen und ist als klassischstes Beispiel in dieser Richtung die Brauordnung der Stadt Göttingen vom 5. November 1734 zu zitieren, die in Joh. Beckmann's Sammlung, Teil III., S. 233, auserlesener Gesäße, allwo sie aufgenommen ist, nachgelesen werden kann.

Den brauberechtigten Brauhäusern gegenüber wurde sogar eine eigene Bezeichnung für die anderen Gebäude üblich, die nicht Brauhäuser waren. Sie führten den Namen »Kothhäuser«.

Das waren aber bereits die Zustände zur Zeit der völligen Ausbildung der städtischen Verfassung, wo, wie gesagt, das Bierbrauen schon einen besonderen Zweig der bürgerlichen Nahrung bildete. Ursprünglich aber war das Recht, sowohl zu eigenem Bedarf als auch zum Verkauf Bier zu brauen, also die Braugerechtigkeit, ein besonderes Standesvorrecht der Rittergutsbesitzer. Diesbezüglich wäre das in den Quellen angegebene Werkchen von D. G. Struben »von des deutschen Adels Braugerechtigkeit«, sowie Chr. Lud. Scheid's diss. de jure coquendi et vendendi cerevisiam, Göttingen 1739, nachzuschlagen.

Scheid hat sich übrigens eingehend mit diesem Thema befasst, denn es pflegen außer dem eben genannten Werke noch zitiert zu werden:

1. »Chr. Lud. Scheid, de jure coquendi et vendendi cerevisiam tam in terris Bruns. et Luneb. quam in episcop. Hildes.«;

2. »Chr. Lud. Scheid, de cauponarum origine et jure; et magistratuum in iis colendis cura« und

3. »Chr. Lud. Scheid, de jure erigendi cauponas et hospitia publica tam in genere, quam in specie in terris Brunsuic. Luneburgicis«.

Während der Autor unter 1. von der Braugerechtigkeit handelt, wendet er unter 2. und 3. mehr der Wirtshausgerechtigkeit seine Aufmerksamkeit zu. Beide Befugnisse nun, d.h. sowohl das jus coquendi als auch das jus vendendi, kommen schon in frühester Zeit als Bann- oder Zwangsrechte vor und erhielten sich als solche bis in die neueste Zeit; heute sind selbe bereits allgemein aufgehoben und bestehen nur sporadisch noch als ganz besondere Privilegien. Doch damit betreten wir bereits den Boden des sachenrechtlichen Teils des Bierrechts.

Da ich, wie gleich bei Beginn hervorgehoben, auf diese Partie den Schwerpunkt meiner ganzen Studie lege, will ich einige einleitende Worte vorausschicken, um die Stelle zu bezeichnen, welche dieses Rechtsinstitut im ganzen Systeme des Sachenrechtes einnimmt.

Im römischen Rechte, und zwar Sachenrechte, bilden die Servituten eines der hervorragendsten dinglichen Rechte. Ist das Eigentum die totale rechtliche Herrschaft über eine Sache, so ist die Servitut eine partielle rechtliche Herrschaft, also einzelne Rechte an Sachen. Einer der Hauptsätze der Servitutenlehre, ein Axiom, lautet: »Servitus in faciendo consistere nequit«, d.h. eine Servitut kann nie in einem Handeln bestehen, sondern, wenn man die eine Haupteinteilung der Servituten mit hereinbezieht, in affirmative und negative, in einem »nicht tun« oder einem »tun lassen«, d.i. dulden.

Dem Römischen Rechte nun, dessen System gleichsam als Schablone oder Matrize für alle anderen Rechte gilt, ist auch das deutsche Recht nachgebildet. Es muss daher auch im deutschen Rechte eine eigene Partie für Servituten eingeräumt werden, denn auch da begegnen wir Weg- und Wassergerechtigkeiten, ferner Weidegerechtigkeiten u.dgl. Schon die Letzteren sind im deutschen Rechte zugekommen, denn die römischen Quellen kennen keine Weidegerechtigkeit und die Termini jus pascendi, jus compascui etc. sind nachgebildete Namen, aber es war nützlich, selbe unter die Servituten zu rangieren.

Wohin nun aber mit der Braugerechtigkeit (»Gerechtigkeit« ist schon so ein Servitutenterminus), die doch auch Servituten ähnlich schien? denn als Bann- oder Zwangsrecht verpflichtete sie die Einwohner eines bestimmten Distrikts, ihr Bier bei dem dazu Berechtigten zu kaufen. Doch das ist ein facere und »Servitus in faciendo consistere nequit«. Da haben nun die Herren Germanisten vor die Servituten eine 1. gesetzt und reihten an diese unter II. Bann- oder Zwangsrechte, welche nun ein eigenes Rechtsinstitut für sich bilden. Ihre Definition kennen wir schon und wollen sie nun des Näheren besprechen.

Ihre Entstehung verdanken sie ähnlich den Reallasten und werden öfters auch mit diesen besprochen. Ihr Charakteristisches ist die Befugnis, einen Anderen in dem Gebrauch seiner natürlichen Freiheit zu handeln zu beschränken, besonders ihm die Zubereitung oder Anschaffung eines Bedürfnisses bei einem anderen als dem Berechtigten zu untersagen. Da dieses Recht häufig mit dem Besitz eines Grundstückes verknüpft ist, erscheint es als ein Realrecht.

Das Bannrecht cessirt einmal ipso jure, wenn der Berechtigte nicht mehr im Stande ist, die Bedürfnisse der Verpflichteten zu befriedigen, kann aber auch wegen Mißbrauchs, nach vorangegangener Admonition, durch Richterspruch entzogen werden.

Die Bannrechte beruhen hauptsächlich auf einem Privileg oder auf praescriptio immemorialis, d.i. unvordenklicher Verjährung, also Usus. Die zum Schutz der Bannrechte bestehende Klage ist eine der actio confessoria analog nachgebildete.

Auch darin gleichen die Bannrechte den Servituten, dass es wirklich schade ist, sie nicht unter die Servituten rechnen zu können.

Und wäre dies wirklich so unmöglich? Jener Satz: »Servitus in faciendo consistere nequit« scheint für diese Unmöglichkeit zu sprechen. Doch betrachten wir mal die Sache näher und hören wir die Argumentation eines unserer ersten, jetzt lebenden Rechtsgelehrten, des Dr. Randa, Professor an der juridischen Fakultät der Universität Prag an, der von den Propinationsrechten, das sind ja die Bannrechte, folgendermaßen sagt: »Die Propinationsrechte find eine besondere Art von Reallasten... Das Petitum des Klägers darf nicht lauten, der Geklagte sei verpflichtet, bei dem Berechtigten zu kaufen, sondern negativ zu stellen, der Beklagte sei zu condemniren, bei keinem anderen, als dem Benachteiligten zu kaufen. Die Konsequenzen des negativen Charakters dieser obligatorischen Propinationsrechte sind: Erwerb und Verlust des Besitzes (quasi possessio) richten sich nach Analogie der Vorschriften über den Erwerb und Verlust des Besitzes negativer Servituten, also keineswegs nach dem Grundsatze über den Besitz der Reallasten, daher nach dem Punkt 3 und keineswegs nach dem Punkt 1 des § 313 des Bürgerlichen Gesetzbuches.« Vide Randa, Besitz § 24. Daraus kann ich nun leicht weiter schließen, dass kein Grund vorhanden ist, die Propinationsrechte nicht als Servituten oder als eine Ausnahme von denselben anzusehen, indem sie jenem Servitutengrundsatze durchaus nicht widersprechen, denn auch die Bannrechte zwangen nicht zu einem facere, sondern nur zu einem omitti. Der Verpflichtete muss nicht sein Bedürfnis bei dem Berechtigten kaufen, er braucht ja gar nicht zu kaufen, aber es ist ihm nur verboten, es bei einem Anderen, als dein Berechtigten zu nehmen. Auf Grund dieser höchst gelungenen logischen Conjectur Randa's können wir also die Bann- und Zwangsrechte vollkommen als Servituten ansehen und hätte mit seiner scharfsinnigen Argumentation Randa diese Frage ebenso behoben und einen scheinbaren Widerspruch gelöst, wie ein ähnlicher in der Servitutenlehre bezüglich der servitus oneris ferendi und jenem oft zitierten Grundsatze schon die alten Rechtslehrer in Aufregung erhielt.

Was nun die Einteilung und die einzelnen Arten der Bannrechte anbelangt, so haben wir vornehmlich drei zu unterscheiden: 1. den Bierzwang (inclusive Branntweinzwang), 2. Mühlzwang und 3. Bäckereizwang.

Das wichtigste Bannrecht ist aber eben der Bierzwang. Von diesem gilt Alles, was wir im Allgemeinen von den Bannrechten gesagt.

Die Bezeichnung Bierzwang bedarf wohl keiner näheren Erklärung und die andere Bierbann hängt mit der sogenannten Bannmeile zusammen, innerhalb welcher der Berechtigte oder die Berechtigten dominieren. Betreffs dieses bereits im 13. Jahrhundert beginnenden Meilenrechts, sei hier ein Satz aus dem alten Stadtrecht von Weißensee von 1263 allegiert:

»Auch haben wir fürstliche Verschreibungen, das Nymand vff den Dorffen die an eyner nid weges zu legin sint, kein Tabern (Schenke) nicht haben sullen, nach (noch) keyne fremden biher (Bier) schenken ny werde Im denen vber vnser fürstliche Briffe zverkannt, dvrch Ihre vnser vrkunth vffbracht.«

Wir finden schon in alten Urkunden für diese Bannmeile die Ausdrücke »Bannleuca« oder »Bannilega«. Letztere gestaltete sich wieder verschieden und beträgt beispielsweise nach sächsischem Rechte 16,000 Dresdner Ellen. Nach eben diesem sächsischen Rechte gestaltet sich der Bierzwang als ein dreifaches Verbietungsrecht, 1. gegen die Einfuhr fremden Bieres, 2. gegen die Brauerei und Ausschrotung, sowie Verzapfung der Gebräue und 3. der eigentliche Bierzwang innerhalb der Bannmeile.

Das Bierbannrecht erscheint im Vergleich zu den anderen Bannrechten als das strengste, denn den Einwohnern des dem Bierbann unterworfenen Bezirkes steht mit Exemption der Rittergüter, gegen

die bei den übrigen Bannrechten bestehende Regel, nicht einmal das Recht zum Haustrunk oder zur Kesselbrauerei, d.i. Bier und Branntwein für ihren häuslichen Bedarf zu bereiten, zu.

Doch finden sich da bezüglich des Tischtrunks, Erntebieres, Einfuhr ausländischer Biere etc. verschiedene Ausnahmen.

Heutzutage besteht das Bierbannrecht nicht mehr, wenige äußerst seltene Privilegien ausgenommen.

So wurde es z.B. im Deutschen Reich auf Grund der R. Gew. O. vom 21. Juni 1869, § 7, seit dem 1. Januar 1873 vollkommen aufgehoben. Particularrechtlich geschah dies schon früher.

Was des Näheren die diesbezüglichen Gesetzgebungen und Literatur anbelangt, so muss ich unter Anderem verweisen auf:

Preuß. L. R. Th. I. Tit. 23, §§ 53 –95.
Hagemann, Handbuch des Landwirtschaftsrechts.
Hannover 1807, § 156.
Beyscher, Württemberg. Privatrecht. Tübingen 1846. I. § 252. – Haubold, Sächsisches Privatrecht, und Andere.

Was nun Österreich anbelangt, so wurde auch hier die Aufhebung der Propinationsrechte in verschiedenen Ländern durch verschiedene Landesgesetze aufgehoben, so für Schlesien durch das Landesgesetz vom 23. Mai 1869, Ldges Blatt Nr. 18, S. 51, oder in Böhmen durch das Landesgesetz de dto. 30. September 1869 Nr. 55, S. 81. Am längsten erhielten sie sich in der Bukowina und Galizien und erst in neuester Zeit wurden sie, und zwar in der Bukowina durch das Landesgesetzblatt 1879 Nr. 6 und für Galizien durch das Gesetzblatt 1877, S. 115, auch durch Landesgesetze aufgehoben. Und zwar findet immer eine Ablösung statt. (Näheres siehe den Propinationsfond.) Und zwar sollen vom Tage des Gesetzerlasses nach 26 Jahren alle Propinationsrechte erloschen sein.

Obwohl ich, wie schon in der Einleitung bemerkt wurde, kein heutiges, also geltendes Bierrecht schreiben will, so sind doch schon mit dem Letztgesagten auch die heutigen Zustände berührt und wenn ich mich nun zum Schlusse noch zur Bierbesteuerung wende, so gilt selbe gerade heute.

Ein treffliches und ein spezielles Werk schrieb Dr. Moritz Chlupp, Ritter von Chlonau, Professor der Finanzkunde und Statistik: »Über die Verzehrungssteuer vom Bier in Österreich-Ungarn.« Es erschien 1878 in Prag.

Auch ein französisches diesbezügliches Werk sei genannt: L'impôt sur la bière. Intluence des différents systèmes de perception de l'impôt sur la qualité, la production de Ia bière par Pierre Grosfils, Brasseur à Verviers. (Bruxelles, Librairie européenne, C. Muquardt.)

Meinem Programm gemäß lasse ich mich nicht in eine Detailbesprechung der Biersteuer ein, sondern beschränke mich nur auf die Art der Bestimmung, Berechnung und Erhebung dieser Steuer.

In allen biererzeugenden Ländern ist auf die Fabrikation des in der Regel aus Hopfen und Malz gebrauten Bieres eine Steuer unter verschiedenen Namen, als da sind: »Biersteuer, Brausteuer, Malzaufschlag« etc. gesetzt. Ich sagte nicht ohne Grund »des aus Hopfen und Malz gebrauten Bieres«, weil gerade diese zwei Hauptbestandteile bei der Berechnung der Steuer in manchen Rechten in Anschlag gebracht werden.

So wird denn in manchen Ländern die Steuer erhoben nach der Größe einzelner Braugeräte und heißt Bottichsteuer, wenn die Größe der Maischbottiche, Kesselsteuer, wenn die Größe der Braukessel den Maßstab abgibt.

Die Bottichsteuer ist eingeführt in Belgien, Holland und Russland, die Kesselsteuer wird eingehoben in Frankreich, Elsass-Lothringen und Baden. In Österreich wird die Biersteuer berechnet nach dem Gehalte der Würze und der Menge des Erzeugnisses. Ein dritter Modus herrscht in Nordamerika, wo sie sich nach der Menge des verkauften Bieres bestimmt.

Endlich ist noch eine vierte Klasse der Berechnungsart, ich sage Klasse, weil sie sich eigentlich wieder in drei Unterarten abzweigt. Die Berechnung nach der Menge der zum Brauen verwendeten Ingredienzien, und zwar gilt in England die Menge der eingeweichten Gerste; in Bayern und Württemberg das ungebrochene Malz von Gerste und anderem Getreide und in der deutschen Biersteuergemeinschaft rechnet man nach dem gebrochenen Malzschrot.

Im Einzelnen muss ich wieder auf die verschiedenen Gesetze als Quellen verweisen und auch was die einschlägige Literatur anbelangt, gibt es eine stattliche Reihe derselben, die in dem von Dr. Franz v. Holtzendorff herausgegebenen Rechtslexikon unter dem betreffenden Schlagworte mit großem Fleiße von Aufseß zusammengetragen ist.

Hiermit glaube ich, freilich nur in raschen großen Zügen, meiner mir gestellten Aufgabe gerecht worden zu sein, ich wollte ja kein Bierrecht im Detail schreiben, sondern nur auf seine Wichtigkeit aufmerksam machen, sein Berechtigt sein, die Reihe juristischer Disziplinen um eine neue zu vermehren, und beiläufig die Methode und das System charakterisieren, eines zu schreibenden Bierrechts.

Freilich aber hat es nur ein historisches Interesse, denn ein heute geltendes Bierrecht müsste ganz anders angelegt sein, denn heute gibt es keine Bannrechte mehr und heute ist die Bierbrauerei ein konzessioniertes freies Gewerbe, wie jedes andere. Man betrachte also diese meine Studie mehr als einen Beitrag zur deutschen Rechtsgeschichte.

XV.

Die Statistik des Bieres

Die Statistik ist eine moderne Wissenschaft neueren Datums, die erst wenige Dezennien zählt, sie ist nächst der Geographie die wichtigste Hilfsdisziplin der Geschichte. Einer Geographie des Bieres habe ich schon gelegentlich erwähnt, als ich bei der Farbe des Bieres der potologischen und cerevisiologischen Karten gedachte. Ein geographischer Satz ist ferner in den Worten ausgesprochen die da sagen: »Der Branntwein dominiert im Norden, der Wein im Süden und das Bier in der Mitte,« doch zeigt die cerevisiologische Karte zahlreiche Inseln, um in dem begonnenen Bilde fortzufahren, denn wie ein Anderer sagt: »Sämtliche Weinländer werden in den letzten Dezennien von einer heftigen Bierwut ergriffen.«

Wichtiger aber ist die Statistik; jede Geschichte hat ihre Statistik und da jede Wissenschaft ihre Geschichte hat, so besitzt sie auch ihre Statistik. Wie ich in meinem Proverb erwähnt, sehe ich von einem speziellen Kapitel der Geschichte des Bieres ab; ist doch in meinem ganzen Werke in seiner Gesamtheit der Geschichte des Bieres der größte Spielraum gelassen, mein Werk in seiner Gänze ist mit einer Geschichte des Bieres identisch; doch der Statistik möchte ich einige spezielle Zeilen gönnen. Die Bierstatistik wäre wieder in einzelne Zweige einzuteilen; so wäre in erster Linie zu betrachten die Statistik der Biererzeugung, welcher Dr. Graesse in seinem Werkchen einen großen Platz einräumt. Wohl wahr, »Zahlen sprechen,« aber die Ziffern Graesse's sind doch heute veraltet und haben nur mehr historischen Wert, datiert doch die zweite Auflage vom Jahre 1874, und weisen seine Notizen die statistischen Ziffern noch früherer Jahre. Solche Ziffern wären aber für jedes Jahr zu notifizieren, weshalb ich davon überhaupt absehe, zumal jedes Jahr neue statistische Ausweise erscheinen, so besonders im zweiten Teil des großen Waldmann'schen »Deutschen Brauers und Malzkalenders« und auch auf die von der Redaktion des »Gambrinus« in Wien alljährlich edierte Bierproduktionstabelle, eine große elegante Wandtafel, kann ich verweisen. Daneben bieten zahllose Zeitungsnotizen statistisches Material. Wir besitzen auch ganze Werkchen und Monographien, welche speziell der Bierstatistik gewidmet sind. Zu nominieren ist z.B. »Die Bierproduktion in Österreich-Ungarn, im Deutschen Reich, in Großbritannien und Irland, Belgien, Frankreich, den Niederlanden, Schweden und Norwegen, Russland und Nord-Amerika« im Rahmen einer Broschüre von 81 Seiten verfasst vom Brauingenieur Gustav Noback, gelegentlich der Weltausstellung in Wien 1873, im Verlag von Carl Fromme herausgegeben. Auch für die offiziellen Weltausstellungsberichte lieferte Noback das Material, indem er das LXVI. Heft »Bier, Malz etc.,« Gruppe IV, Sect. 3 bearbeitete. Schon 1867 lieferte er auch den Bericht für die Pariser Ausstellung. Derselbe erschien als Broschüre in Prag 1869. Der Name Gustav Noback ist auf cerevisiellem Gebiete ein wohlbekannter. Doch mögen auch die einen in ihm den tüchtigen Brauingenieur, die anderen den Brauinspektor und wieder andere den Mitbesitzer der Brauerei-Maschinenfabrik Noback & Fritze in Prag sehen und achten, ich erblicke in ihm nicht nur den Praktiker, sondern auch den Theoretiker, den Fachschriftsteller, der außer der genannten Schrift noch eine Reihe anderer publizierte; so sei hier gleich auch seiner Bierproduktionskarte von Österreich-Ungarn« gedacht (1872, Verlag Calve, Prag), welche in einer ganz originellen Weise die Produktion graphisch vor Augen führt. Eine Bierproduktionskarte von Mitteleuropa auf Grund der Verhältnisse von 1874 erschien von Ferd. Carl im Verlag der »Allgemeinen Hopfenzeitung« in Nürnberg 1876 und eine »Statistische Übersichtskarte der Bierproduktion im Königreiche Böhmen« von J. U. Dr. Jos. Bernat wurde 1875 bei Mercy in Prag gedruckt.

Schließlich und in dieser Richtung ist der Mann für die Cerevisiologie als Wissenschaft hochinteressant, ist Noback der Besitzer und Gründer einer gewiss in ihrer Art einzig dastehenden Fachbibliothek, welche nicht nur die reichhaltigste ihrer Art, sie zählt Hunderte von Bänden, sondern auch Unika und Kuriosa aufzuweisen hat. Noback gebietet auch über ein eingehendes bibliographisches Wissen auf unserm Gebiete.

Die Statistik der Erzeugung kann sich nun wieder gabeln in jene der Länder, der einzelnen Brauhäuser und der speziellen Sorten. Daran schließt sich zunächst die gewiss auch nicht uninteressante Statistik der diversen Biersteuern (Bierkreuzern etc.), welche sowohl für die Biererzeugung sprechen, als auch für den Bierexport wie Bierkonsum und der letztere müsste ein drittes Hauptaugenmerk einer Braustatistik bilden, sowohl im Allgemeinen als auch im Einzelnen.

Der Bierexport ist ein ebenfalls hoch interessanter Punkt, über den sich Manches sagen ließe. Einzelner besonderer Exportbiere haben wir im Verlaufe an verschiedenen Orten gedacht. Auch früherer Zeit erfreuten sich schon manche, sagen wir jetzt ausgestorbene Biersorten, eines starken Exportes. Eine Notiz der Pariser Municipalzeitung »Ville de Paris« aus einem größeren Artikel soll hier ihre Erwähnung finden, weil darin von den Bierzügen zum Export aus Deutschland nach Frankreich gesprochen wird.

»Die uns aus München gesandten Fässer sind besonders in der warmen Jahreszeit so zahlreich, dass die Ostbahndirektion sich gezwungen sah, Spezialzüge für den Biertransport einzustellen, und werden diese Züge »Trains de bière« genannt. Zuerst gab es nur regelmäßig einen solchen »Train de bière« per Woche; gegenwärtig aber gibt es mit Ausnahme des Sonntags einen »Train de bière« regelmäßig täglich. Diese Bierzüge kommen von Straßburg in 19 Stunden, um 3 Uhr früh, mit der Ostbahn hier an, wo den Empfängern ein besonderer Quai für die Ausladung des angekommenen Bieres angewiesen worden ist. Die Adressaten stehen dann schon mit ihren Fuhrwerken wartend bereit, um die für sie bestimmten Fässer sofort nach der Zollabfertigung in Empfang zu nehmen; um 8 Uhr Morgens ist Alles weggeschafft. Jeder dieser Züge führt uns durchschnittlich 200,000 Liter Bier zu.«

Heute mögen die Zahlen sich wieder geändert haben. Große Brauereien haben überhaupt auf verschiedenen Bahnen ihre Bierwaggons. Seit dem 10. August 1885 verkehren auf den Routen von Hof, Aschaffenburg und Ulm täglich Extra-Bierzüge aus München, welche in den angrenzenden Nachbarstaaten unmittelbaren Anschluss erhalten. Bedingung ist, dass jeder Zug fünfzehn Waggonladungen hat. Wer von dem Umfange des bayerischen, speziell des Münchener Bier-Exportes eine richtige Vorstellung hat, wird die Möglichkeit der

Erfüllung dieser Bedingung nicht bezweifeln. Nach dem Standpunkte des bisherigen Exportes ist es gewiss, dass auf der Strecke Hof täglich ein Exportzug verkehren wird. Aber auch zu Wasser findet der Export und die Verführung statt, auf kleineren Strecken sowohl, so z.B. steht im Münchener Keller an der Wand geschrieben:

> *Die Flüsse mit ihrer Fässer Last,*
> *Sie machen bis Wien wohl die Reise,*
> *Sie führen Bier, das siedet in Fölz*
> *Ein Bräuer gar klug und weise.*

als auch über den Ozean, wir haben doch schon von Seebieren vernommen, gab es doch auch eigene See- und Schiffsmumme.

Der Export und die Reisen der Biere führt uns auf das Reisen zu den Bieren, zu den sogenannten Bierreisen. Wie viel solcher Bierreisen wurden schon mehr oder weniger interessant beschrieben! Oft haben sie einen wissenschaftlichen und ernsten Charakter, weil Zweck, die »Bierquellen« zu studieren, ferner die technischen Einrichtungen berühmter Brauhäuser, aber auch die berühmter Bierkeller, ferner der Besuch der wissenschaftlichen Stationen und Braufachschulen. Bisweilen ist auch der eigentliche Zweck durch einen wissenschaftlichen nur maskiert. Als in den 50ger Jahren Baron Siegm. Kemeny, der damals Redakteur des »Pesti Naplo« war, mit seinem Freunde dem Bischof Danielik sich zu dem Zwecke verband, um alle berühmten Bierhäuser durchzukosten, beschlossen sie, als sie mit Pest und Wien fertig waren, auch nach München zu gehen. Drei Tage später schrieb der »Pesti Naplo«: »Unser Redakteur, Herr Baron Kemeny, ist in Begleitung des Bischofs nach München gereist die dortige Bibliothek zu studieren.« Seit daher gilt »In die Bibliothek gehen« für ins Bierhaus gehen. Anderseits finden sich humoristisch geschilderte Bierreisen, wie solche der bekannte Hagestolze Braumeister schrieb, der auf unserm nassen Gebiete die Berühmtheit eines Wippchen erlangte; so feucht-fröhlich ist sein Stil. Einst ließ er einen Bierreisenden, das Wort nicht im geschäftlichen Sinne genommen, also nicht Reisenden in Bier, in die ihm vorgelegte Fremdenliste eintragen: Name: Bierjockel. Woher: Aus Österreich. Geschäft oder Gewerbe: Hagestolzer Braumeister. Zweck der Reise: Bierreise. Legitimation: Durst. Eine Mahnung für Bierreisende lautet:

Schau in den Bierkrug nicht zu tief,
Leicht versäumst du zur Heimfahrt
Das Lokomotiv.

Also nicht kleben bleiben beim Bier! Im anderen Sinn war einst das Klebenbleiben die Probe der Bierkiefer, die sich in Lederhosen auf eine mit Bier begossene Bank setzten. Blieben sie kleben, so war das Bier gut. Görres hat sie bekanntlich besungen.

Münchener Bierbeschau

Schon ziemlich lange mag es sein,
Man zählte just das Jahr,
Als noch die alte Redlichkeit
In Deutschland üblich war.

Nun damals galt in München auch
Ein hergebrachtes Recht,
Wie man das neue Bier beschaut,
Der Brauch war gar nicht schlecht.

Drei Männer sandte aus dem Rath
Die Münchner Bürgerschaft
Zum Bräuer, ob das junge Bier
Geerbt des alten Kraft.

Ihr meint die Herren aus dem Rath,
Die tranken nun aus Pflicht,
Das mag die Sitte jetzo sein,
Doch damals war sie's nicht.

Sie gossen auf die Bank fein aus
Und setzten drauf sich frei,
Und kleben musste dann die Bank,
Erhoben sich die Drei.

Sie gingen drauf mit selber Bank
Vom Tische bis zur Tür,
Und hing die Bank nicht steif und fest,
Verrufen war das Bier.

Doch wie hier unterm Mondenschein
Auch gar nichts kann bestehn,

Und sich die Welt nur immerfort
Im Kreise pflegt zu drehn,

Es kam die aufgeklärte Zeit,
Und die war dünn und karg,
Und mit der deutschen Redlichkeit
War's lang nicht mehr so arg,

Und matt und dünn und aufgeklärt
Ward da das Bier halt auch,
Und somit nahm ein Ende dann
Der alte schöne Brauch.

Vielleicht dass Gerst' und Hopfen man
Zu wenig heute pflegt,
Vielleicht auch dass vom Pfennigkraut
Zuviel hinein man legt.

Doch wird noch von der Bürgerschaft
Der alte Brauch geehrt,
Nur hat sie ihn, wie Andres auch,
Ins Gegenteil verkehrt.

Un ihnen klebt die Bank nicht mehr,
Drum kleben sie an ihr,
Und sitzen drauf wie angepicht,
Als wär's das alte Bier.

Und wer den Krug zu Munde führt,
Der setzt ihn nicht mehr ab,
Bis er den letzten Tropfen hat
Gebracht ins sichre Grab.

In früheren Zeiten ging die Statistik Hand in Hand mit dem Bierrecht, den Propinationsrechten und der Biergerechtigkeit. Heute würden die Ziffern bei dem freien Konsum sich freilich auch ganz anders stellen.

Als interessanter Beitrag zur Konsumstatistik machte kürzlich eine statistische Notiz des Weltdurstes ihre Runde durch die Blätter; so entfallen durchschnittlich per Kopf und Jahr in

Bayern	240.6 Liter
Württemberg	154 Liter
Belgien	145 Liter

Großbritannien	118 Liter
Baden	63 Liter
Sachsen	60.5 Liter
Elsass-Lothringen	48 Liter
Preußen	39.5 Liter
Niederlanden	37 Liter
Österreich	34.5 Liter
Nordamerika	29 Liter
Frankreich	19.5 Liter
Norwegen	14.5 Liter
Schweden	12.5 Liter
Russland	1.75 Liter

Bayern nimmt den ersten Platz und Rang ein, Österreich (worin doch Böhmen enthalten) erst den zehnten und in München allein wird soviel getrunken als in ganz Russland.

Doch noch von einer andern Seite lässt sich eine Statistik des Bieres auffassen und so humoristisch auch die betreffenden Aufforderungen zur Ausfüllung der Fragen in eigens aufgelegten statistischen Listen von den Blättern aufgefasst werden, so find selbe doch nicht so ganz lächerlich und sinnlos und ihretwegen hauptsächlich habe ich dies Kapitel eröffnet. Ich lasse daher mit Absicht besagte Liste mit den zahlreichen Fragen folgen, welche mich an ein Confiteor des Ausstellers und an das so beliebte moderne Freundschaftsalbum »γνῶθί σεαυτόν« erinnern. Es ist eine Zählkarte, welche in Berlin verschickt wurde und ganz nach dem Muster der Volkszählungskarten eingerichtet, folgende ergötzliche Rubriken enthält:

Staat... Regierungsbezirk... Kreis... Amtsbezirk... Stammkneipe... (eventuell Stammtisch, Anzahl der Stammgäste, Anzahl der Stammseitel).

> I. Bierkonsum. 1. Wieviel Seitel trinken Sie durchschnittlich täglich? (Maximum und Minimum.) 2. Bedürfen Sie zu Enfang, Ende, in den Zwischenräumen zwischen den einzelnen Seiteln einiger Cognacs, Liquors...? (Das Zutreffende ist zu unterstreichen, andere Sorten hinzuzufügen.) 3. Bedürfen Sie in den Zwischenräumen fester Nahrungsmittel?... Welcher?... 4. Welche Biersorten vertragen Sie am besten?... 5. Ist ihr Magen geaicht?... Auf welches Quantum?... 6. Wodurch wird Ihre Konsumfähigkeit erhöht? (Gratifikationen, Gehaltszu-

lagen, Verlobung, erfreuliche Familienereignisse, schwere Erkrankung von Erbtanten oder Erbonkeln, Orden, Beförderungen, Cours Zettel?) 7. Wodurch wird Ihre Konsumfähigkeit vermindert? (Körbe, Gardinenpredigt, Rüffel, Kater, Schulden?) 8. Trinken Sie auch Schnitte, Tulpen oder verabscheuen Sie dieselben? 9. Lieben Sie Deckel auf den Seiteln oder verabscheuen Sie offene Seitel?... Oder trinken Sie auch aus Letzteren? 10. Stellt sich bei Ihnen bei fortgesetztem Biertrinken ein weinerliches Rühren (das sogenannte graue Elend) ein?...

II. Physiologisch-psychologisch-ethisch-medizinisch-juristisch-politische Verhältnisse. 1. Wird Ihr Selbstgefühl durch Biergenuss erhöht oder vermindert?... Um wieviel Percent?... (Verhältniszahlen nach Anzahl der vertilgten Seitel sind erwünscht.) Werden Sie nach dem Biergenusse ekliger oder liebenswürdiger? (Das Zutreffende ist zu unterstreichen.) 3. Wird durch den Biergenuss bei Ihnen die Lösung schwieriger staatswissenschaftlicher, psychologischer historischer, juristischer, technischer Fragen erleichtert oder erschwert? 4. Wieviel guten, resp. schlechten Witzen haben Sie bereits in Folge des Biergenusses das Leben gegeben? (Annäherungszahlen genügen.) 5. Haben Sie bereits in Folge des Biergenusses einen Nachtwächter insultiert? 6. Sind Sie bereits in Folge des Biergenusser bestraft worden? 7. Nach wieviel Seiteln stellt sich bei Ihnen der Kater ein? (Wenn die Zahl nicht feststeht, genügen Schätzungen.) 8. Welche Medikamente haben Sie im Zustande des Katers als die zweckmäßigsten erkannt? 9. Halten Sie die Vorschrift eines Minimal-Biergenusses für Jedermann (einschließlich Weib und Kind) im Wege der Gesetzgebung für notwendig und ausführbar? 10. Sind Sie bei einer Aktienbrauerei beteiligt?

XVI.

Wie Mythologie des Bieres

Ich weiß nicht, ob überhaupt bisher schon Jemand auf diesen Titel einer Bierstudie verfallen ist, aber das weiß ich, dass eine derartige Studie sich nicht uninteressant gestalten kann und dass der von mir gewählte Titel vollkommen berechtigt ist. Doch dies soll durch dieses Kapitel selbst bewiesen werden.

Wollte man nur annähernd den Gegenstand erschöpfen, ich weiß, dass auch ich es nicht im Stande sein werde, so müsste man schon zwei Aufsätze darauf aufbauen, einmal »Das Bier in der Sage,« woran sich sofort das »Bier im Aberglauben« anschließen sollte. Die Sage gehört doch bereits in's Reich der Mythe und da tauchen abermals neue Gedanken auf – kurz, eine Mythologie des Bieres ist leichter und schneller geschaffen, als man anfänglich dächte. Ich will also den umgekehrten Weg gehen, von der Mythologie beginnen und dabei auf die Sage und den Aberglauben zu sprechen kommen.

Die Mythologie des Bieres! Wo beginnen? da wir doch ein gewisses System in das Ganze bringen wollen. Beim Worte Mythologie denkt Jeder zuvörderst an die klassische Mythologie der Römer und Griechen. Diese hatten aber, streng genommen, kein Bier, sondern nur ein bierähnliches Getränk. Die Ägypter, welche auch eine entwickelte Mythologie und sogar ein sehr bierähnliches Getränk brauten, bieten auch keinen Anhaltungspunkt für unser Thema, weil die Quellen fehlen. Es ist wohl nur die Annahme zulässig und diese ist gewagt, dass jenes bierähnliche Getränk bei den Ägyptern in ihrem Kultus, vielleicht bei den Opfern, irgend eine Rolle gespielt habe. Das ist aber nur ein Rückschluss von den Germanen auf die Ägypter. Denn von den Germanen an kann man erst die eigentliche Mythologie des Bieres beginnen. Doch wollen wir die klassischen Mythologien nicht unbenützt lassen und wenigstens etwas für die Mythologie des Bieres heraus zu konstruieren versuchen durch rückschließende Analogie und durch eine Verrückung der Zeit, die gleichsam den Gegensatz zu einer Anticipatio temporis bildet.

Wir haben heute lange schon die Kinderschuhe der Religion ausgezogen und doch sind uns Merkur, Apollo u.dgl. noch immer geläufige Ausdrücke und willkommene Personifikationen. Dem Letzteren z.B. hat man, freilich auf Grund einer philologischen Unrichtigkeit, sogar noch eine Rolle zugewiesen, die er bei den Alten nicht hatte, indem man ihn zum Gott des Tabaks und Rauchens erklärte.

Etwas Ähnliches könnten nun auch wir auf unserem Gebiete versuchen. Bacchus, der Gott der Trinker – da wäre gleich ein Anknüpfungspunkt. Etwas Mythologischem gedachte ich auch schon in meiner Studie »Cerevisi« und sei hier der Vollständigkeit wegen darauf nochmals hingewiesen. Denn bietet uns Bacchus als Gott des Trinkens und der Getränke, folglich auch des Bieres, Gelegenheit, ihn hereinzubeziehen, so haben wir ganz denselben Grund, dies mit Ceres als Göttin des Getreides zu tun. Sie kam, wie ich schon am besagten Orte erzählt, auf ihrer Wanderung auch zu Metanira, wo sie des kleinen Demophoon Wärterin und nur durch die Scherze der Magd Jambe etwas in ihrem Schmerze über den Raub ihrer Tochter Proserpina erheitert wurde. Das erste, was sie verlangte, war ein Trank von Mehl (Getreide), Wasser und Kräutern (Bier?). Dabei wird noch eine zweite Fabel der Ceres von der Mythe eingeflochten. Da nämlich die Göttin allzu hastig trank, spottete ihrer der größere Sohn der Metanira, der kleine Ascalabus. Darüber erzürnte die Göttin und begoss den Ascalabus mit dem Reste des Tranks, worauf dieser in eine von dem Malze buntgefleckte Eidechse verwandelt wurde. (Vide Ovid Met. V. 447; nur wird hier Ascalabus – Abas genannt.) Nach Anderen war es nicht Metanira, sondern Bembo, ein altes Weib, bei der Ceres eingekehrt und den Trank verlangt. Seltsam aber, dass dabei immer von Getreide, Weizen, Gerste, Malz, lauter Ingredienzen des Bieres, gesprochen wird.

Weil wir von Ceres reden, sei auch des Pandareus gedacht, der von ihr die wunderbare Gabe erhielt, sich im Essen und Trinken nicht übernehmen zu können. Dies auf unser Bier übertragen, kann man auch heute bildlich von einem starken Biertrinker sagen, er habe von Ceres die Gabe des Pandareus erhalten, wenn er große Quantitäten Stoffes zu konsumieren vermag, ohne trunken zu werden.

Wir brauchen nun, um weiteren Stoff für unser Thema zu erhalten, bloß in anderen Mythologien die Analogien zu Bacchus und Ceres aufzusuchen. Da ist denn zunächst im Anklang an den Namen Ceres, an eine Göttin Ceridwen der alten Engländer zu erinnern, welche von den Mythographen ebenso mit der römischen Ceres verglichen wird, wie die griechische Demeter, ägyptische Iris oder selbst die mexikanische Centeotl. Aus dieser alten englischen Ceridwen entwickelte sich die spätere, sogenannte »The Brittish Ked.«

Als Gatte Ceridwen's, wir halten uns an Wollheim's kurze und bündige Mythologie, wird Tegid Voel genannt, mit dem sie drei Kinder hatte, eine Tochter, Creirwyn und zwei Söhne, Morvran ap Tegid und Avagddu, welcher letztere abschreckend von Gestalt war. Ceridwen, um diesem zu helfen, ließ, da sie eine große Zauberin war, eine Kessel machen, um ein Wasser darin zu sieden, dass drei Tropfen ergab, welche alle guten Eigenschaften verliehen, während der Rest sich zu Gift verwandelte. Dieses Wasser musste jahrelang ununterbrochen im Sieden unterhalten werden, um die wunderbaren Tropfen zu geben. Ceridwen stellte bei diesem Kessel den Zwerg Gwion an und ein Blinder, namens Morda, durfte das Wasser nicht aus dem Kochen kommen lassen. Während Ceridwen nun nach Verlauf eines Jahres mit Sammeln der Kräuter und anderem Zauberwerk beschäftigt war, spritzten die drei wunderbaren Tropfen aus dem Kessel auf Gwion's Finger; dieser steckte sie vor Schmerz in den Mund und ward plötzlich hellsehend. Er bemerkte nun Ceridwen's Absichten und floh, der Kessel aber sprang und das herausströmende giftige Wasser verbreitete sich umher. Ceridwen, welche eben von ihrem Ausflug zurückkehrte und das Unheil sah, schlug in der Wut dem Blinden das eine seiner Augen aus dem Kopfe heraus; dieser aber sagte, dass er unschuldig sei, und Ceridwen verfolgte den Gwion, welcher, da er jetzt selbst Zauberkräfte besaß, in allerlei Tiergestalten vor ihr floh. Ceridwen verfolgte ihn immer in den Gestalten eines andern feindlichen Tieres, bis jener sich nicht anders zu helfen wusste, als dass er sich in ein Weizenkorn verwandelte, worauf Ceridwen als schwarze Henne dieses Korn verschlang. Sie ward aber dadurch schwanger und gebar ihn nach neun Monaten als ein so liebliches Kind, wie die Sage erzählt, dass ihr Zorn schwand. Sie setzte den neugeborenen Gwion in ein Boot, wo er zu dem Teich des

Gwyddno Garanhir, dessen Pferde von jenem oben erwähnten giftigen Wasser getötet worden waren, trieb, dort von dessen in einer unglücklichen Stunde geborenen Sohne Elphin, der eines sein soll mit Avagddu, gefunden und unter dem Namen Taliesin (strahlende Stirne) aufgenommen wurde. Die Erzählung Taliesin's von seiner Seelenwanderung ist zum größten Teile christlichen Ursprungs. Aus dieser ganzen verworrenen Sage scheint hervorzugehen, dass Ceridwen, welche einige mit der Ceres zusammengestellt haben, mit ihrem mystischen Symbol, dem Kessel und Stuhl, wirklich die empfangende und gebärende Kraft der Erde bedeutet haben muss. Die Sage von dem Weizenkorn, welches die schwarze Henne (die Unterwelt) verschlingt, um es zu rechter Zeit als liebliches Kind von sich zu geben, erinnert gleichfalls an die Sage von der Demeter (Ceres), und Ceridwen wäre die keltische Ceres.

Ihre Ähnlichkeit mit der Ceres tritt auch durch ihren Kult deutlich und klar zu Tage, denn sowohl ihr als auch ihrer Tochter Llywy zu Ehren, wurde von den Druiden ein Gottesdienst und den Eleusinien ähnliche Feste unterhalten. So viel von Ceres und ihren Parallelen in den anderen Mythologien, Ceres als Göttin des Getreides, also wichtiger Bieringredienzien aufgefasst.

Da fällt mir ein, dass wir Biertrinker auch eine Analogie zu der von den Weintrinkern so gepriesenen Riesentraube in der mexikanischen Mythologie besitzen, denn dort wird von einer Kornähre gesprochen, die stark genug ist, um eine Mannslast genannt zu werden. Das übertrifft doch noch Josua's berühmte zweimännerige Weintraube.

Sowie wir die mexikanische Göttin Centeotl mit der Ceres identifizierten, lässt sich der mexikanische Gott der Freude Omacatl sehr leicht mit Bacchus parallelisieren, was bereits einige Mythologen getan haben. So wird Bakchos sehr viel mit dem Bier in Berührung gebracht und noch heute sagt man dem Bacchus huldigen oder frönen und in böhmischen Gegenden wird am letzten Faschingstage der Bakchos zu Grabe getragen. Ähnlich wird der Name des Göttermundschenks Ganymed öfters auf Bierkellner und der Name der Göttin Hebe auf Bierkellnerinnen angewendet.

In der slawischen Mythologie, und zwar bei den Rassen, begegnen wir einer Gottheit Korscha oder Chors genannt, welche von einigen als russischer Äsculap, von anderen als russischer Bacchus angesehen wird.

Dass wir ihn als letzteren zu fassen haben, beweist schon seine Abbildung, nach welcher er sogar besonders als Gott des Bieres anzusehen ist, denn er wird nackt, mit einem Hopfenkranz um den Kopf abgebildet. Man opferte ihm auch Bier und Meth. Bieropfern werden wir übrigens noch mehrfach im weiteren Verlaufe begegnen.

Sein Bildnis stand in Kiew auf einem großen umgestürzten Bierfass.

Vom philologischen, etymologischen Standpunkt aus scheint in seinem Namen die Wurzel des Wortes Korscha oder Kortschak, d.i. Krug, enthalten zu sein. Auch Branntwein- und Bierschenken werden in Polen so genannt und der Schenkwirt heißt Kortschewnik. Jedenfalls hängt auch das böhmische kořalka (Branntwein) damit zusammen. Ein deus minorum gentium der Polen war Kremara. Auch diesem wurden Trankopfer, besonders von Bier und Meth gebracht, welche man in das Feuer des Herdes goss. Ganz besonders aber gilt als Gott des Bieres bei den Polen und den alten Preußen »Rauguzemapati«, der geradezu seinen Namen von rugti, d.i. gehren, trägt und so viel bedeutet als Herr der Gährung. Ebenso wurden dem Kurche oder Kurko, einem Gott der Litauer und heidnischen Preußen, dem Spender der Nahrungsmittel und Getränke, unter anderem auch Bieropfer dargebracht. So bieten die slawischen Mythologien manchen Anknüpfungspunkt bei dem Aufbau meiner Mythologie des Bieres.

Die größte Rolle freilich spielt das Bier in der germanischen und nordischen Mythologie. Nach einer Notiz Alvîsmals war ja bior der vornehmere Trank der Götter gegenüber dem öl als Trank der Menschen, also gleichsam der Nektar oder das Amritam der nordischen Götter. Es war auch das göttliche Nass der Walhalla und der Trank der Helden Einheriar daselbst und sowie ein deutscher Dichter in einem Liede das grüne Rheintal mit einem grünen Römer (Weinglas) vergleicht, so erschien den Germanen der gewölbte Himmel als ein großer Braukessel ihrer Götter. Einige vergleichen freilich etwas zu kühn die Walhalla mit einer Bierhalle und die Walküren mit – den Kellnerinnen. Die alten Sueven opferten dem Wodan in einer großen Bierkufe, und jeder deutsche Krieger hoffte bereits bei seiner Ankunft in Walhalla dies Getränk an der Tafel Odins zu finden, sowie die Mohammedaner ihre Houris.

Die Germanen sind überhaupt als Bierliebhaber und starke Biertrinker bekannt. Wie oft findet man die Zusammenstellung

»Germanen« und »Biermanen«. Auch einzelne Stämme der Germanen hatten ihre eigenen diesbezüglichen Gottheiten, so verehrten die alten Sachsen einen weiters unbekannten Gott Namens Suffo, von dem man vermutet, dass er dem Trinken (und die Germanen tranken Bier, »Sie wohnten auf beiden Ufern des Rheins, sie lagen auf Bärenhäuten und tranken immer noch eins«) vorgestanden und ein Schutzpatron der Zecher gewesen sei.

Außer den vielen bisher erwähnten Bierlibationen begegnen wir besonders im Kultus der alten preußischen Mythologie dem Bier auf Schritt und Tritt. Die Priester tranken für die Götter, manchmal unter höchst seltsamen Gebräuchen, einem ganz eigentümlichen Zeremoniell, das wir näher beleuchten wollen. So wurde an dem großen Frühlingsfeste durch den Priester, der dasselbe beging, eine Schale mit Bier gefüllt, dann nahm er selbe zwischen die Zähne und trank sie leer, ohne sie mit den Händen zu berühren und schleuderte sie schließlich über den Kopf, worauf sie von dem hinter ihm stehenden Priester aufgefangen, wieder gefüllt und ebenso geleert wurde, worauf ein Dritter abermals so mit ihr verfuhr. Dieses dreimalige Trinken galt den drei großen Göttern und das Emporwerfen der Schale war das ihnen geweihte Opfer, welches die Hände nicht berühren durften. Erst nach dieser Zeremonie ging die Schale von Mund zu Mund, ein Jeder nahm sie zwischen die Zähne, trank sie aus und der Nachbar nahm sie ebenso mit dem Munde ihm ab. Und dann erst folgte das rechte, fröhliche Festgelage.

Als ein Überbleibsel dieser Libationen möchte ich das noch heutigen Tags übliche Libiren und gegenseitige Zutrinken unter Prosit- und anderen Zurufen ansehen, wie es besonders im Studentenkomment stark entwickelt ist, wozu auch das Pereattrinken kam, wobei auch ein wenig Stoff, aber als Zeichen der Missachtung ausgegossen wird, während sonst das sogenannte »Vergeuden des Stoffs« ein Vergehen gegen den Bierkomment ist. Auch die Sitte des studentischen Salamanderreibens stammt ja von dem Zeremoniell der alten Germanen her, welche ihre Steinkrüge auf den Steinplatten in formeller Weise zu reiben pflegten. Soweit die eigentliche Mythologie, von der, wie gesagt, sich Spuren noch heutigen Tags zeigen.

Aber auch im späteren Mittelalter, bis in die neuere Zeit hinein, treten mit dem zunehmenden Bierkultus allerhand Biersagen auf.

Es ist ganz natürlich, dass sich dergleichen Sagen am meisten in den Bierländern κατ' ἐξοχήν nachweisen lassen, also hauptsächlich in einigen Gegenden Böhmens, dann im Bayernlande und in Belgien.

»Ein Dämonenschein umgab die Braukunst, Heinzelmännchen, Kobolde etc. spielten in den Bierbrauereien und Kellern eine Hauptrolle und Kobolde waren es, welche das Bier verdarben, gute Geister, welche es schützten und je mehr sich die Brauerei als eine Kunst entwickelte, desto größer war der Nimbus, der sie umgab. Alle Sagen aus dieser Zeit entstammen diesem Nimbus. Es lag etwas Geheimnisvolles auf der Braukunst. Die geheimnisvollen Naturkräfte beim Keimen der Gerste, das gespensterhafte Feuer unter dem Braukessel, dem spuckhafte Geister als Dämpfe entsteigen, das Hopfen der warmen Würze, wodurch sich verschiedene Geister mit einander vermählten, das Abkühlen auf dem Kühlschiffe usw... Alles das lag wie ein geheimer Zauber auf dieser Kunst. Und erst im Gehrlokale und in den Kellern! Da hausten die Kobolde, da trieben sich die Heinzelmännchen munter herum. ... Eine geheimnisvolle Bewegung entstand im Gehrbottich. Von unten drängten sich neue Gestalten in schönen Flocken an die Oberfläche, ein eigentümliches Kräuseln bemächtigte sich der flüssigen Masse, die sich immer höher und höher erhob. Und plötzlich trat ein Stillstand ein! Die Geister haben sich erschöpft, ihr Werk war vollbracht! Nun stellen sich die durstigen Geister ein... geheimnisvolle Trinkgelage fanden statt und nur wenigen Sterblichen war es der Sage nach vergönnt, solchen Trinkgelagen zuzusehen.«

Ich konnte nicht besser tun, als diese herrliche Beschreibung des leider ungenannten Verfassers einer zwar sehr kurzen Skizze vom Bier in der Sage, auch als Zitat in meine Studie bezüglich der Biersagen aufzunehmen.

Auch dem Bereich der Sage entstammt das Dictum: »Der Hase braut«, wenn der Nebel über den Feldern liegt.

Der Sage nahe steht die Legende. Ich bin in der Lage, mit einer solchen aufzuwarten. Es ist die Legende vom Atem des h. Columban.

Dieser soll einmal öffentlich gepredigt haben, als auf einer benachbarten Wiese gerade den Göttern geopfert und ein großes Biergelage gefeiert wurde. Der Lärm belästigte den Heiligen; er blies also in der Richtung hin, wo ein großes Bierfass stand und sein Atem war so stark, dass das große Bierfass barst und alles Bier sich auf den Boden ergoss. Die Legende meldet freilich nicht, wie dieser Gewaltakt von den durstigen Germanen aufgenommen wurde.

Aber auch andere Heilige werden mit dem Bier in Verbindung gebracht. So wird des Hopfens, als Zutat zum Biere, das erste Mal ausdrückliche Erwähnung getan in einem Kloster am Rupertsberge zur Zeit, wo die h. Hildegardis Aebtissin war, circa um das Jahr 1079.

Als besondere Schutzpatrone der Brauer werden noch einige andere Heilige angesehen, so der h. Martin, der h. Leonhard, der h. Adrian und der h. Florent, und nach Scheber »Die Zunft der Brauer in Köln« verehrten diese den h. Peter von Mailand. Der St. Antonytag (und zwar 17. Jänner) war der Abmachungstag der Kölner Brauerzunft, also auch dieser Heilige für sie von Bedeutung. Der Prager Brauerzunft soll 1357 Carl IV. den h. Wenzel als Patron bestellt haben.

Auch die h. Brigitta wird als eine der ältesten mit dem Bier in Verbindung gebracht; denn der Gesandte Priscus soll auf einer Gesandtschaftsreise zu Attila 448 ein Bier getrunken haben, das die genannte Heilige aus Wasser in Bier verwandelte. Wir Biertrinker besitzen also in dem Wunder der Verwandlung von Wasser in Bier durch die h. Brigitta ein Seitenstück zu Christi Verwandlung von Wasser in Wein bei der Hochzeit in Kanaan. Endlich werden noch scherzhaft als die zwei größten Heiligen im Biermannkalender angeführt der h. Cai-Faß und der h. Tho-Maß.

Bei den Franzosen ist St. Martin der Schutzpatron der Trinker und davon ist ein Verbum »martiner« für »viel trinken« gebildet worden.

Auch der h. Magnus ist für die Bierbrauer, besonders Hopfenbauer, ein wichtiger Patron. Am Magnustag beginnt die Hopfenlese, daher das Volkswort »Mang legt die erste Stang«.

In den Klöstern wurde ja überhaupt viel Bier gebraut und gebraucht. Bekannt sind ja die zwei Sorten, das gute Paterbier, der Paternus und das leichte Kofent, ein Schmal- oder Dünnbier. Dabei sei des stärksten bayerischen Bieres gedacht, das den Spitznamen »Heiliger Vater« führt und das man am 2. April, am Tage des h. Franziskus de Paula auszuschenken pflegte. Auch das im Kloster zum h. Kreuz gebraute braunschweigische Bier führt einen religiösen Namen »Tibi soli«, an die Solideo-Käppchen dem Namen nach erinnernd.

In Osnabrück ist ein Sprichwort im Gebrauch: »Wenn Lazarus das Malz trägt und Simon das Wasser, so gibt es gut Bier«, eine Brauregel, die ebenfalls mit dem Heiligenkalender zusammenhängt.

So setzte sich gewissermaßen die Mythologie des Bieres in die christliche Mythologie fort, denn ich fühle mich versucht, unsere vielen christlichen Heiligen in eine gewisse Parallele mit den diis minorum gentium der Alten zu bringen, denn auch wir sind in gewissem Sinne Polytheisten oder auch wir Monotheisten haben eine förmliche Mythologie. Ich erinnere mich jenes Pastors, der das »Vaterunser« um eine Bitte vermehren wollte und hinter die Worte »Gib uns unser tägliches Brot« einschaltete »und zwei Krügeln guten Bieres«.

Wenn auch im christlichen Kultus beim h. Abendmahl und bei der h. Messe Wein und nicht Bier verwendet wird, denn als die christliche Religion gestiftet wurde, gab es noch kein Bier, wenigstens in unserm Sinne nicht, so spielt es doch bei den mit religiösen Zeremonien verbundenen Festgelagen eine große Rolle.

Wenn bei dem Hochzeitsfest Bier umgeschüttet wird, pflegt man auf baldigem Schwangerschaftszustand der Braut zu schließen. Bei Kindstaufen wird von einem sogenannten Kindelbier gesprochen. Daher sagt man sprichwörtlich von einer Fehlgeburt: »Das Kindelbier ist verpladdert« (verschüttet), weil die Gäste um den Taufschmaus und das damit verbundene Trinkgelage gekommen sind. Statt Kindelbier hört man auch Kinnelbier, z.B. in Trierland, besonders in der Geest, wo auch diese Sitte herrscht. Sowie ein Kindelbier, gibt es auch ein sogenanntes Tröstelbier (Leichenbier, Totenbier) bei Begräbnissen und beim Trauerschmaus, daher in einigen Gegenden ein pomphaftes Begräbnis sprichwörtlich geschildert wird: »Klocken un Schölen un ên Tunn Bêr erchterup«, d.h. Glockengeläute, Schulbegleitung, und schließlich eine Tonne Bieres für das Trauergelage.

Taufe, Hochzeit etc. sind aber lauter rituelle, religiöse Funktionen und mancherlei alter Glaube – Aberglaube, auch das Bier betreffend knüpft sich daran. Daher haben die Holsteiner mit ihrem Sprichwort: »Olten Globen un ôlt Bêr« Recht, und alter Glaube und altes Bier sollen das Symbol der großen Menge in Lübeck und Bremen sein.

Ferner sind zu nennen die Mai- und Pfingstbiere, das Erntebier, das Schlussbier bei Beendigung von Bauten usw. Eine Unterart des

Erntebieres ist das Wadelbier (zur Roggenernte). Grässe weiß auch von einem historischen Schmeckebier in der Sage. Die Pfingstbiere etc. entsprechen den englischen Bier(Ale)festen und wir vermöchten ein ganzes Bierjahr zusammenzustellen, auch eine Art Bierkalender, womit zugleich die zahllosen Gründe für's Biertrinken angegeben sind.

Einzelne Concile haben sich ganz eingehend mit dem Bier befasst, so besonders das Concil zu Aachen (817), zu Worms (868) und zu Trier (895). Der große Reformator Luther war ein Freund des Bieres und Mahomet, der seinen Gläubigen den Wein verbot, gestattete ihnen das Bier. Wir finden auch die Muselmänner, besonders Afrika's und vornehmlich Algeriens, als starke Biertrinker. Der h. Adalbert predigte vergebens gegen das Bier, und ebenso fruchtlos war es, dass Bischof Severus 1039 alle Bierwirte mit Bann belegte.

In's Bereich der Sage gehört auch der Bierkönig Gambrinus mit dem ihn umgebenden mythischen Dunkel des Mittelalters und allen an ihn anknüpfenden Sagen. Doch von Gambrinus sprachen wir bereits. Es besitzt das Bier an Gambrinus einen sagenhaften König, in dessen Suite sich unter den vielen früher erwähnten Kobolden und Heinzelmännchen gewiss auch ein Zwerg Perkeo befindet. Ein Biergespenst ist auch der sogenannte Bieresel, welches Gespenst allerlei Unfug anrichtet, wenn ihm nicht jede Nacht ein Krug Bier im Keller vorgesetzt wird.

Vom Bieresel erzählt man auch, dass er sich in Menschengestalt unter die Gäste mische und ihnen ihr Bier austrinke. Zwar kein Bieresel, aber ein Esel beim Bier ist der Soldat in folgender Anekdote, welche den Anekdotenschatz vom Bier um eine Piece vermehrt. In der Militärschule belehrt der Offizier seine Soldaten, was sie zu tun hätten, wenn sie im Wirtshaus mit einem Kameraden bei Biere säßen und ein Streit entsteht. Es war zurzeit, wo der Mann mit »Er« angesprochen wurde. Der Hauptmann belehrte: »Er trinkt ruhig sein Bier aus und geht. Also, was wird er tun, wenn im Wirtshaus ein Streit entsteht?« Der Soldat antwortete: »Dann trinke ich ruhig sein Bier aus und gehe.«

Heute ist der Bieresel der burschikose Ausdruck für Kellner.

Den Heinzelmännchen verdankt wahrscheinlich auch das Heinzelbier seinen Namen und wahrscheinlich ist das spätere neuere Hanselbier nur eine Veränderung von Heinzelbier.

Über die Bierfeste lässt sich Grässe eingehender vernehmen, auch »Das festliche Jahr« von Reinsberg-Düringsfeld bietet interessantes Material. Das Hauptfest des h. Gambrinus aber, wie es noch heute auf verschiedenen Universitäten gefeiert wird, fällt auf den ersten Sonntag im Mai. Ist doch der ganze Mai so recht der Biermonat par excellence. Heißt's doch in der Parodie:

> *Wenn's Mailüfterl weht, geht der Bockkeller auf,*
> *Da heben die Brauknecht' die Bansen hinauf,*
> *Und Studenten, die kneipt' hab'n im Hofbräuhaus drin,*
> *Die werden wieder munter, zum Bock ziehen's hin.*

Und ein Gedicht im Bock-Kalender feiert die Maienzeit als Bockbierzeit:

> MAIENLUST
> *Der Mai ist gekommen, die Leute ziehen aus,*
> *Und wer nicht mit zieht, bleibt mit Vergnügen zu Haus.*
> *Die Wolken dort wandern am himmlischen Zelt,*
> *Sie haben gut wandern, es kost't sie kein Geld.*
>
> *Herr Vater, Frau Mutter, dass Gott Euch behüt',*
> *Es gibt viel Gebrautes verschiedener Güt';*
> *Es gibt so manchen Wein, den kein Künstler noch geschmiert;*
> *Es gibt so manchen »Bock«, den ich nimmer noch probiert.*
>
> *Und find' ich keine Herberg', so lieg' ich zur Nacht*
> *Auf der Straß', bis der Roundsman in die Zell' mich gebracht.*
> *Am Morgen, da kommt dann der Polizist in's Gemach*
> *Und kitzelt mit dem Knüppel recht schelmisch mich wach.*
>
> *O Bockzeit! o Bockzeit! Du freier Menschen Lust,*
> *Da liegt die Glukose so schwer auf der Brust,*
> *Da fühlt sich der Brauer so selig wie nie –*
> *S ist doch halt 'was Herrlich's um die edle Chemie!*

Und so finden sich besonders im Mai, aber auch sonst das ganze Jahr hindurch, bald hier, bald dort, mehr oder weniger im »Kultus des Bieres« Spuren einer »Mythologie des Bieres«.

XVII.

Das Bier im Aberglauben

Teilweise haben wir den Aberglauben schon gestreift. Doch wir wollen uns noch mehr umsehen. Freilich lässt sich der Aberglaube von der Mythologie nicht so ganz losschälen.

Wenn z.B. die alten Preußen Bierzauber zur Entdeckung von Dieben gebrauchten, so beruht dies auf einem mythologischen Prinzip. Dieselben gaben den Verstorbenen nebst einem Schwerte, einiges Geld mit ins Grab. Es erinnert dies an den Obolus der Griechen für den Charon, doch hatte es einen andern Zweck, nämlich den, dass sich der Tote noch eine Kanne Bieres kaufen könne.

Joh. G. Schmidt's Chemnitzer Rockenphilosophie (Chemnitz 1759) bietet ziemlich viel Beiträge zum Bier im Aberglauben, sowie sich in diversen Sagenbüchern viel interessantes Material finden lässt. Ich nehme hier aus dem Schmidt'schen Werkchen das Excerpt Dr. Grässe's auf, der folgende Punkte in seinen Studien notierte:

(II. 1.) »Wer aus einer Birken, die mitten in einem Ameisenhaufen gewachsen ist, lässet hölzerne Schläuche oder Hähne drehen, der wird geschwinde ausschenken«

(V. 65.) »Wer Bier schenkt, muss allezeit die erste Losung unter den Zapfen des Fasses legen und solche nicht ausgeben, bis das Fass ausgeschenket ist.«

(II. H. 72.) »Wer die erste Kanne Bier aus einem Fasse bekommt, soll geschwinde damit fortlaufen, sonst gehet das Bier bald ab.«

(IV. 77.) »Wenn bei dem Bierbrauen gesungen wird, so gerät das Bier wohl.«

(IV. 63.) »Wenn man Bier brauet, soll man einen guten Strauß großer Brunnennesseln auf den Rand des Bottichs legen, so schadet der Donner dem Biere nicht.«

(IV. 1.) »Wer den Schlucken hat, der stecke ein bloß Messer in eine Kanne mit Bier und trinke einen guten Trunk in einem Odem davon.«

(1V. 86.) »Wenn ein Paar sollen getrauet werden, soll der Bräutigam vorher, ehe sie in die Kirche gehen, das Bierfass anzapfen und den Zapfen zu sich stecken, sonst können ihm lose Leute einen Possen tun, dass er der Braut die eheliche Pflicht nicht leisten kann.« usw.

Ich habe eine andere Ordnung als Grässe gewählt, welcher die einzelnen Punkte der Reihe nach aufführt und zwar aus dem Grunde, weil wir die zahlreichen abergläubischen Regeln in gewisse Kategorien bringen können. So sind die ersten Brauregeln, die sechste eine sanitäre Verhaltungsmaßregel, die siebente wieder andern Genres. So vermag man eine gewisse Übersichtlichkeit in die Unmasse abergläubischen Zeremoniells zu bringen.

Was z.B. sanitäre Maßregeln betrifft, so pflegt man, damit bei den Kindern der Friesel gut ausschlägt, eine zerstoßene rote Koralle in's Bier zu geben und selbes vom Kinde austrinken zu lassen. Es ist dies in einigen Gegenden Böhmens Gepflogenheit. Ein anderes Sympathiemittel gegen Zahnschmerzen wird so angegeben: Der Betreffende kniet bei einem Brunnen nieder und es wird ihm eine Schüssel voll Hafer auf den Kopf gegeben, die er in den Brunnen wirft, in der Meinung, er werfe auch die Zahnschmerzen mit in die Tiefe. Dabei ist zu sprechen:

> *Es waren zwei Brunnen,*
> *Der eine aus Bier, der andere aus Wein;*
> *Was aus dem Menschen ist,*
> *Soll in den Menschen gehn;*
> *Was aus dem Wein ist,*
> *Soll in den Wein gehen;*
> *Was aus dem Bier ist,*
> *Soll in das Bier gehen;*
> *Was Böses in den Zähnen steckt,*
> *Soll in die beiden Brunnen versenkt werden.*

Auch dieser Vorgang ist in Böhmen gebräuchlich.

Man könnte diese Partie des Aberglaubens auch unter das Bier in der Medizin, natürlich cum reservatione, aufnehmen. Überhaupt spielt bei den Slaven das Bier in Sage und Aberglauben eine große Rolle. So wird auch das Bier als Zaubermittel und Liebestrank verwendet. So glaubt man z.B., wenn man in's Bier sein eigenes oder das Blut einer Fledermaus mischt und es dann ein Mädchen trinken lässt, sich dasselbe geneigt zu machen. Und dergleichen Zaubereien und Hexereien mehr.

Besonders das Kapitel der Aphrodifiaca ist hoch interessant und pikant, wenn auch nicht immer ganz appetitlich. Ist doch besonders auf dem Gebiete des Geschlechtslebens dem Aberglauben von der Phantasie der größte Spielraum gegönnt.

Da begegnet man sehr oft der scherzhaften Meinung, dass ein Mädchen, welches in Gesellschaft Bier umwirft oder ausschüttet, bald ohne Ehe schwanger werden soll.

Hier ließen sich wohl mit Bezug auf diesen Aberglauben die bekannten Scherzverse:

> *Wer ist denn gar so g'schickt?*
> *Wer hat denn's Bier umg'schütt?*
> *Wer hat denn dös than?*
> *Wer hat's denn than?*

am besten zitieren und anwenden.

Eine andere Meinung behauptet, man müsse das Bier auf den letzten Tropfen austrinken, es darf also auch die sogenannte Nagelprobe nicht im Glase bleiben, um nicht die Kraft im Reste zu lassen. Auch würde, meint der Aberglaube weiter, derjenige, der den Rest des Bieres austrinken würde, die Gedanken dessen erraten der ihn stehen ließ.

Nach Schlesischem und Thüringer Aberglauben z.B. darf eine Frauensperson in ihrer Periode nicht Bier abziehen, ja nicht einmal in eine Brauerei eintreten, sonst schlägt das Bier um.

So greift der Aberglaube in verschiedenen Arten zu verschiedenen Zwecken nach dem Bier, z.B. bei Leichenbegängnissen im Fürstentum Wales ist noch der alte Brauch nicht ausgestorben, auf dem Sarge des Dahingeschiedenen, wenn man ihn aus dem Hause trägt, Brot und Ale oder Porter, auch wohl Wein an die Armen des Ortes zu verteilen. Noch im Anfang dieses Jahrhunderts verband man mit dieser Sitte sonderbare Meinungen. Es existierte nämlich in vielen Ortschaften ein armer wunderlicher Greis; der den wunderlichen Namen Sineater (Sündenesser) führte. Man könnte ihn auch Sündentrinker nennen. Auch die Studenten, welche eines Comentverstoßes wegen pro poena ziehen, trinken ihre cerevisiellen Sünden herunter. Das Geschäft des Sineater war, für einen bestimmten, sehr mäßigen Sold, für die Seelenruhe der verstorbenen Person einzustehen. Ward am Tage der

Leichenfeierlichkeit der Sarg hinweggetragen, so setzte man denselben zuerst auf die Türschwelle des Hauses nieder. Der Alte, dessen Beruf es war, die Sünden des Dahingeschiedenen zu verzehren, erschien, man reichte ihm auf dem Sarge ein Brot, ein Gefäß mit Bier angefüllt, und ein Goldstück. Dann war man fest überzeugt, dass der Greis, während er aß und trank, gleichzeitig die kleinen Sünden des Verstorbenen übernehme, dessen Familie darum von diesem Augenblicke an ganz beruhigt über seine Zukunft im Jenseits war. Erst vor wenigen Dezennien hinterließ man Testamente, in denen verordnet wurde, dass ein Armer oder mehrere die Ausübung dieses Gebrauchs während der Leichenbestattung über sich nehmen. In der Todesstunde fühlen die Menschen die Last des Gewissens, und greifen willig zu jedem Aberglauben, um dasselbe zu erleichtern. – Die Hindus füllen mit ihren Sünden einen Topf an, den sie vom Ganges hinabtreiben lassen, die Bewohner von Wales ließen sie von armen Leuten verschlingen, und es existiert wohl keine Ungereimtheit, zu der nicht einzelne Schwachköpfe ihre Zuflucht nehmen, um mit einem Schlage von der Last ihrer Sünden befreit zu sein.

Was nun endlich die abergläubischen Brauverhaltungsmaßregeln und die diversen Sympathiemittel betrifft, so sind hierher auch alle die alten Braukunststückchen und Biergeheimnisse, die Rezepte und braugeschichtlichen Spezialitäten, sowie cerevisiologische Kuriosa und Arcana aufzunehmen, wie sie sich bei Knaust, ferner in A. B. Schnurr's von Lensidel Kunst-, Haus- und Wunderbuch (Frankfurt a. M. 1690), in H. v. Gerstenberg's Wunder der Sympathie (Weimar 1849), zerstreut finden.

Stark mit Aberglauben versetzt ist auch die »Oeconomia« oder »Haußbuch« M. Johannis Coleri, gedruckt in Wittenberg 1593.

Ich nehme eine Partie heraus und zwar:

Das XIV. Kapitel

von etlichen Gebrechen des Bieres

In der Erndte zeit fenget sich das böse Bier an und wäret schier biß auff Galli/ denn von newem Maltz gefellet auch nicht sonderlich gut und gesund Bier/ sondern jung/ trüb und dick. Denn es hat sich noch nicht gesatzt/ und von den Hefen gesaubert und gereiniget/ und hat noch viel der Wässerigen materien/ welche sich alle verlieren/ wenns ein wenig liget und älter wird. So wermets anch nicht so wol/ als alt Bier/ und verursachen Podagrische Kranckheiten. Drumb ist allezeit alt Bier besser/ wermer durchdringender und gesünder/ denn junges/ und sol ein haußwirth sich umb dieselbe zeit mit einem guten trunck Bernawisch/ Zerbester/ Schneeberger Braunschweigischen/ oder anderm Bier versehen/ das in der hitze wol außtawrez/ und die jnnerliche hitz des Leibes ein wenig stillet.

Wenn im Sommer, sonderlich aber im ende Julij/ und im Augusto/das Bier sawer wird/ so nim ein new gelegt Ey/ und stich zu rings herumb kleine Löchlein mit Nolden hinein/ lege Lorbeern darzu/ ein wenig Hopffe/ und Gerstenkerner/ thue es mit einander in ein säcklein/ und lege es hinein/ oder heng es nur oben zum spundloch hinein/ so wirds nicht sawer/ weil seiner ein tropff ist/ es sey Gersten oder Weyenbier.

Oder heng ein newgelegt Ey und Nußlaub von Welschen Nußbäwmen oben zum spunde hinein ins Faß.

Wiltu aber diesem unrath in der zeit vorkommen/ so nim Kihn/ und schneide spenlein daruon/ etwan einer spannen lang und eines Fingers breit/ und wirf sie auff das Bier/ weil es noch gantz warm ist/ das benimpt ihm das Sommerentzen gantz und gar/ das es zu verwundern ist.

So auch ein Bier auff der Butt oder Bottich sawer worden were/ oder sonsten im Fasse/ so wirff eine Handvol oder zwo Saltz/ und eine Handvol oder zwo Asche hinein/ und geuß eine Kanne zwo oder dreye Wasser darzu ainein/ rühr es unter einander/ und verspünde es wol/ sonst lieffs alles heraus/ und laß also versausen.

Item/ Nim guten reiffen Haber sampt dem stroh/ und schneid Püschlein/ und hengs hinein/ so stöst das Bier wider auff ein newes auff/ als wenns jung Bier were.

Wenn ein Bier wil sauer werden/ so nim Aschen von Beyfuß gemacht/ zum Emmer eine halbe handvoll/ und eine halbe handvoll Büchene Aschen/ geuß Bier dran/ und mische es untereinander/ das es wird wie ein Müßlein/ Dieser Mixtur/ geuß darnach etwan anderthalbe Kanne/ quart oder maß in ein gantz fuder Bier/ und rührs mit einem Besen wol umb/ laß es darnach ruhen/ so wird es sehr lustig zu trincken und fein frisch.

Das ein Bier nicht schaal wird/ sondern allezeit gut bleibet/ weil man daruon trincket.

Nim vor ein pfennig oder drey Lorbeern/ schele die eusserste haut daruon/ henge sie in einem Leinen tüchlein ins Faß.

Oder wenn da ein Faß wilt auffthun/ so thue nur Saltz in ein Tuch/ leg es uber den spund und spünd es zu/ oder vermach es mit einem frischen Leim also uber dem Saltz/ so bleibts gut/ weil ein tropffe drinnen ist. Denn das Saltz ist ein sonderlicher Balsam/ der nicht allen Leuten bekandt ist.

Oder henge Centauream und Pertram hinein/ diese zwey Kreuter bewaren/ nechst Gott/ das Bier vor sawer und allen bösen zufällen.

Item/ nim vor ein dreyer Hirschzung aus der Apotecken/ Cardobenedicten Kraut vor ein bar pfennige/ ein frisch Eye/ eine metze Hopffen/ eine hand voll rem stroh kurtz geschnitten/ etwan anderthalbe spanne lang/ wirffs alles miteinander oben zum spunde hinein/ laß den Bierspünder den spund zumachen/ setze es auff den Boden/ und trinck also daruon/ so bleibt dir der letzte Trunck so gut als der erste. Man mus aber oben in dem boden ein lufftloch lassen/ wenn man dbraus lassen wil.

Etliche nemen ein frisch Ey/ das an dem tage/ daran man ein Faß Bier anzapffen will/ gelegt ist/ und lassens in das Faß Bier hinein sincken/ und machen darnach den spund oben mit frischem Leim wol zu.

Es stecken auch etliche Pfirschen Laub ins Bier/ das befördert die Vrin/ und nimpt die Würme im Leibe weg.

Wenn ein Bier nicht auffstossen wil.

Etliche Bier wollen anfenglich/ wenn sie in die Fasse gebracht sein/ nicht gerne auffstossen/ aber das ist deste erger nicht/ denn es werden hernach starcke und gute Bier/ die wol außtawern. Wiltu es aber auffstossend machen/ so nim etwan zwey stübichen (ein stübichen hält vier quart/ kannen oder maß) deßselben Biers/ und mache es warm/ das es nur laulicht wird/ wie eine suppe/ und geuß es wider hinein ins Faß/ so stösts dapffer auff.

Oder nim nur rein gemahlen Maltz/ thue es in eine Schaale/ geuß Bier drein/ rhürs durch einander/ und geuß es also ins Faß/ so stösts bald auff.

Oder nim Hefen/ und thue rücken Mehl drein/ mach ein keulichen als ein Tauben Ey gros/ legs in die Bratröhre/ laß fein hart werden/ wirffs in ein Faß/ so erbeiten die Hefen bald/ und treibts uber sich. Oder henge nur gemahlen Maltz in einem Tüchlein hinein.

Das sich ein Bier verkere.

Nim Lindenbletter/ Nußbletter/ und Beyuß ana, und halb so viel Wermut/ hengs ins bier. Oder lege schöne weisse Kißlingstein hinein/ aus einem klaren fliessenden wasser. Wenn sichs aber schon verkehret hat/ so nim heiß Gersten brodt aus dem Ofen/ brichs von einander/ und legs auff den spund/ und thue das so oft biß es widerkompt.

Wie man ein Bier frisch machen soll.

Nim Büchene oder Birckene Aschen/ die fein klein gereden sein/ wie viel einer Bier/ so viel hände voller Aschen/ machs dicke mit dem Bier/ wie ein Brey/ darnach geuß es mit dem Bier in das Faß/ rühre es wol umb/ und lasse es darnach ruhen/ so wirds fein frisch.

Wenn ein Bier nach dem Fasse stinckt.

Binde etliche Weitzenkörner/ homines fuperftitiosi, sagen von fünff und dreyssig Körnern/ henge sie in einem Bündel ins Faß/ so wirds wolschmeckend. Oder nim Reinfahr/ ist ein Kraut/ Wacholderbeer/ Heiligen Geists Wurtzel/ und rothe Benedicten Wurtzel/ ana und vier frische Eyer/ heng oder legs alles miteinander ins Bierfaß.

Wenn die Faß in den Kellern gar zu nahe an der Wand oder an den Mawern ligen/ so schmecket das Bier bißweilen gar Erdentzig. Drumb mus man die Fasse nicht gar zu nahe an die Mawern legen.

Wenn ein Bier durchs führen oder fortbringen trübe worden ist.

So nimm nur eine Handvoll gebrandtes Saletz/ wirffs ins Wasser, und geuß desselben Wassers/ ein quartir oder zwey ins Faß/ und laß uber Nacht ruhen/ so wirds darnach fein lauter/

und lustig zu trincken sein. Man kans auch einem Wein thun/ ehe man ihn anzepfft.

Wiltu/ das ein Bier lieblich zu trincken sey.

So henge nur ein halb Pfund rothe Benedicten Wurtzel mit wilder Salbey darein. Nim ein Beer Weinfaß/ und zeuch Bier darauff/ so bald der Beerwein außgeschenckt ist/ so nimpt das Bier den schmack des Beerweins an sich/ und wird schön/ klahr/ lauter und wolschmeckend.

Wer ein Bier wil schön/ lieblich/ und klahr machen.

Der neme Saltz/ und Hefen von dem Bier/ das er bereiten will/ und schlahe und rhüre es wol untereinander/ und laß des Biers aus dem Fasse drauff/ und rühre es wol durcheinander/ und lasse es darnach ruhen. Darnach fülle das Fass damit voll (denn es mus im eingiessen ein wenig leer sein/ das mans umbrühren kan. Etliche thun auch halb so viel Allaun zum Saltz. Doch mus man dieser Mixtur nicht zuviel hinein giessen/ ein quart zu einem gantzen fuder ist gnug.

Wie man ein Bier/ das grob sawer und hertlich ist/ gut/ und zu trincken lustig und lieblich machen sol.

Zerstoß Weitzen/ und vermenge ihn mit Hefen von demselbigen Fass/ und schütte es in das Fass/ oder henge den zerstossenen Weitzen mitten in das Faß/ so wirds hübsch süß. Oer nim Hopffen und drey Eyer zu einem Fuder/ klopffs in einander mit gutem Bier/ und geuss es ins Fass. Diß Bier wird gut zu trincken/ wenns giert.

Wie man ein Bier bald im Brawen soll scharff und wohlriechend machen.

Nim ein stück Hartz/ und wirffs in den Hopffen/ wenn man den Hopffen seud/ und lass darmit sieden/ so wirds fein frisch/ und kriegt einen feinen hartzigen schmack.

Ich kann nicht Alles dießbezügliche hier zitieren und verweise auf die genannten Quellen; doch eins sei erläutert. Punkt IV. 77 des Rockenbuches räth das Singen beim Bierbrauen an. Sowie das Bier sanglich stimmt, so soll auch das Gebräu unter Gesang gebraut werden; manche Bemerkungen, die darauf abzielen, coursiren im Volksmunde. Auch eine Strophe von Fr. Sterzing besagt:

Schnalzt immer mit der Zunge
Und singet hell und laut,
Der lust'ge Brauerjunge
Hat dieses Bier gebraut;
Sang nützt zu allen Dingen,
Doch nirgends so wie hier:
Beim Brauen muß man singen,
Nur dann geräth das Bier.

Auch in böhmischen Gegenden glaubt man oft zu viel auf die Macht und den Einfluss des Gesanges auf das zu brauende Getränk, weshalb die launige gereimte Mahnung entstand:

Nechte toho spívaní,
a přidejte rač sipání

Das heißt: Lasst das Singen und gebt lieber Malz zu!

Auch der Hopfen an und für sich kommt vielfach im Aberglauben vor, so müssen auch nach der »Rockenphilosophie« Mädchen, die langes Haar bekommen wollen, sich einige Haare abschneiden und mit den Hopfensetzlingen in die Erde legen; sowie der Hopfen in die Höhe steigt, wächst ihr Haar. Oder: Wer zu Neumeringen im Elsass in der Christnacht schweigend in den Hopfengarten geht, sieht Schlag zwölf saftige Hopfensprossen emporschießen, die sofort verschwinden. Je schöner die Reben waren, desto besser fällt die Hopfenernte aus.

Das beste Zaubermittel aber, um gutes Bier zu brauen, ist und bleibt der Rath Buchanans, mit dem diese Studie geschlossen sein möge.

Der englische Geschichtsschreiber Buchanan stand nämlich in dem Rufe, ein Hexenmeister zu sein. Einst kam eine Alebräuerin in Schottland, Namens Maggy, zu dem Gelehrten mit der Bitte, um einen Rath, wie sie es anfangen müsse, um die verlorenen Kunden wieder an sich zu ziehen.

Buchanan sagte: »So oft ihr braut, geht dreimal um den Kessel herum und bei jedem Gange werft eine Schaufel voll Wasser aus dem Kessel in des Teufels Namen; dann geht wieder dreimal um den Kessel und bei jedem Gange werft eine Schaufel voll Malz hinein in Gottes Namen.« Hierauf gab er ihr ein Amulett mit der Weisung, es zu tragen, so lange sie lebe, es aber nie zu öffnen, wenn sie nicht der Welt zum Spott werden wolle. Die abergläubige Maggy befolgte streng seinen Rat und die Kunden vermehrten sich auffallend.

Nach ihrem Tode öffneten ihre Erben das Amulett; es fand sich aber darin nichts als folgende Zeilen, die so manchem Brauer zugerufen werden könnten:

Will Maggy gutes Ale brauen,
Wird sie auch viele Kunden schauen.

II. Teil

XVIII.

Das Bier in der Sage

Haben wir auch die Sage zugleich mit der Legende bereits im mythologischen Kapitel gestreift und auch sonst manche sagenhafte Piece berührt, so will ich, der Gliederung meines Werkes gerecht werdend, doch noch ein spezielles Kapitel über das Bier in der Sage eröffnen und hier einschieben. Ohne das bereits Gesagte zu wiederholen, verweise ich zunächst auf die sich auf den sagenhaften Gambrinus beziehenden Sagen. Man könnte aus diesem Material allein ein kleines Sagenbuch zusammenstellen, wobei auch Vaernewyck »Historie van Belgis« (Gent 1574) nachzuschlagen wäre.

Wie wir den Bieresel, das Biergespenst, in den Bierkellern zwischen Fässern hausend fanden, so tritt Gambrinus besonders bei großen Geisterbanketten auf, so z.B. bei dem an jedem ersten Mai am Teufels-Tisch bei Gräfenberg in Oberfranken von den alten fränkischen Königen veranstalteten Geistermahle, wo sich stets auch Gambrinus als Gast einfindet. Einst sollen zufällig zwei arme Musikanten dahin geraten sein und als sie am Morgen wieder erwachten, so waren darüber in dieser einzigen Nacht hundert Jahre verflossen. Bei ihrem Eintritt in die Gräfenberger Kirche zerfielen ihre Leiber zu Staub.

Auch an dem an jedem 24. Juni auf dem Felsen Hans-Jörg bei Rottenberg in Franken abgehaltenen Geistermahl nimmt Gambrinus Teil. In verschiedenen Ländern und bei verschiedenen Völkerschaften erhielt Gambrinus ein anderes sagenhaftes Kolorit. So tritt er zu Cambray als Riese bei der bekannten Prozession auf; so begegnen wir ihm in Holstein auch als Sohn eines Riesen, wo er zu dem Meer in Beziehung gerät.

Des Bieresels habe ich bereits gedacht; Dr. Grässe brachte in seinem 10. Kapitel einige interessante Notizen über denselben (s. S. 124–126). Das Bier selbst findet sich in zahlreichen Biersagen, welche vielfach mit dem Bier im Aberglauben tangieren. So referiert z.B. Dr. Pruckmayer: Eine Krügerin zu Eichmedien in Ostpreußen war so gottlos, den Bauern öfters zwei Glas Bier statt eines aufzuschreiben. Die Bauern aber merkten dies und als es nun zur Bezahlung kam, hielten sie ihr den Betrug vor und sprachen zu ihr: »Wollt ihr zu Gott kommen, so müsst ihr recht tun.« Andere sprachen: »Sie hat zu Gott nicht Lust, sondern zum Teufel.«

Die Krügerin aber fing darauf an, sich zu verfluchen, dass sie der Teufel mit Leib und Seele vor ihren Augen wegnehmen solle, wenn sie auf einen Stoß Unrecht getan hätte. Der Teufel aber hat nicht gesäumet, ist stracks in die Stube gekommen und hat sie vor ihren Augen angefasst. Dabei ist ein schreckliches Sausen und Brausen in der Stube geschehen und die Anwesenden haben sich so erschrocken, dass sie für tot zu Boden fielen. Der Teufel aber hat sie zum schwarzen Gaul gemacht und ist auf ihr denselben Abend nach Schwarzstein vor die Schmiede geritten, da hat er den Schmied geweckt und von ihm verlangt, er sollte ihm seinen Klepper beschlagen. Der Schmied wollte nicht, da das Feuer schon ausgelöscht und auch sein Gesinde zur Ruhe gekommen war. Aber der Teufel hat nicht nachgelassen, sondern hat gesagt: »Ich habe noch Briefe, die muss ich noch diese Nacht zur Stelle bringen; wo Du nicht willst aufstehen und mir meinen Klepper beschlagen, so will ich Dich vor meinem gnädigsten Herrn verklagen.« Da erschrak der Schmied, stand auf und fertigte die beiden Hufeisen. Wie er nun aber die Eisen dem Pferde an den Fuß gelegt hat, fing das Pferd an zu reden und sagte: »Nur sacht, Gevatter, denn ich bin die Krügerin aus Eichmedien.« Der Schmied erschrak, dass ihm die Zange samt dem Eisen aus den Händen fiel. Der Teufel hat ihn immer angetrieben, sich zu fördern denn er musste noch diese Nacht mit den Briefen zur Stelle sein. Aber der Schmied, halbtot vor Entsetzen, kam mit der Arbeit nicht vorwärts und endlich krähte der Hahn. Da ist das Pferd wieder zum Menschen geworden. Der Teufel hat die Krügerin dreimal auf's Maul geschlagen, dass ihre Lebtage seine Finger und Klauen in den Backen zu erkennen waren, »sind also wie Teer geronnen gewesen«, und ist verschwunden. Die Krügerin hat hernach noch ein halbes Jahr gelebt, aber sie ist dahergelaufen wie »ein unsinniges Mensch« und konnte weder eingesperrt, noch angebunden werden; auch die Sprache hatte sie verloren. Die Hufeisen wurden zu Schwarzstein in die Kirche gehängt, wo sie noch der Bischof Paul Speratus bei einer Kirchenvisitation im Jahre 1562 gesehen hat. Die Begebenheit soll sich im Jahre 1473 ereignet haben.

Ich darf nicht zu sehr ins Einzelne geraten, und das Bier in fränkischen, schwäbischen, märkischen u.a. Sagen aufzusuchen, denn es liegt noch ein großes Stück Arbeit vor uns und noch zahlreiche Programmprodukte harren ihrer Erledigung. Ich kann nur auf das Charakteristische hinweisen. Was aber weniger bekannt sein dürfte, dass das Bier auch bei den Zamaiten (Litauer) vorkommt, hat uns der Schöpfer der litauischen Mythologie Dr. Edm. Veckenstedt in seinem neuesten Werke »Die Mythen, Sagen und Legenden der Zamaiten« gelehrt.

Da wird von Pijokas gesprochen, welcher der erste Trinker gewesen und die Kunst erfunden hat, berauschende Getränke zu brauen. Später hat er in seiner Kunst auch die Menschen unterrichtet.

Wenn man mit leeren Flaschen auf das Feld geht und spricht: »Pijokas, gib mir Meth und Bier, ich will Dich bei den Bauern loben,« so füllt Pijokas die Flaschen mit dem gewünschten Getränk.

Eines Tages ging Pijokas mit einem Bauer über Land. Der Bauer kannte seinen Begleiter nicht. Es war heiß und der Bauer äußerte, dass er sehr müde und durstig sei. Da führte Pijokas den Bauer an einen Berg und schlug mit einem Stock daran. Sofort entsprang dem Berge ein kühler, klarer Quell. Sodann fragte ihn Pijokas, ob er Bier zu trinken wünsche. Als der Bauer dies bejahte, schlug Pijokas an einer andern Stelle an den Berg. Sogleich entquoll dem Berge Bier. An einer dritten Stelle entströmte Meth, an einer vierten Birkenwasser. Endlich war der Bauer so berauscht, dass er einschlief; als er erwachte war der Berg verschwunden. Auch zum Thema des Aberglaubens bietet Pijokas sein Scherflein. Vide die angegebene Quelle. Pijokas hat keine Ruhe im Grabe gefunden, sondern geht noch jetzt um; er ist ein Trinker geblieben, wie er früher war.

Ins Bereich der Sage gehören auch die Jacobus-Krüge in Bayern, ferner die gewaltigen Züge, z.B. St. Martins, der auf einer Hochzeit zu Carron die größte Kanne Bieres in einem Zuge geleert haben soll.

Ein edler Franke, Ocinus, hatte König Clotar zum Mahle geladen; auch der heilige Bischof Veda war dabei, er segnete das Essen und die Getränke, da stürzten mehrere Pokale um und das Bier floss auf die Erde, denn es war zauberisches Bier. Letztere L. Surii »Vitae Sanctorum« entnommene Geschichte ist mehr Legende und gehört zu jener vom Atem des h. Columban. Es lässt sich eben das Sagenkapitel von jenem des Aberglaubens und dem mythologischen nicht ganz lostrennen. Alle die letzten Kapitel stehen eben im engsten Zusammenhange.

XIX.

Das Bier im Märchen

An die Mythologie des Bieres und das Bier in der Sage schließt sich mit gewisser logischer Notwendigkeit eine Betrachtung über das Bier im Märchen an, denn ein gewisser Zusammenhang zwischen diesen drei Themen lässt sich entschieden nicht leugnen. Und doch wieder bildet jeder dieser drei Titel ein eigenes Thema für sich, ja es ließe sich sogar aus der Mythologie des Bieres noch ein Kapitel: »Das Bier in der Legende« ausscheiden.

Der Verlauf dieses Kapitels wird es beweisen, dass »Das Bier im Märchen« ein solches eigenes für sich zu beanspruchen vollends berechtigt ist. Wir sind tatsächlich im Stande, einige märchenhafte Biere vorzuführen. Vor Allem müssen wir des sogenannten Erdbieres gedenken, von dem eine seltsame Geschichte aus Amerika berichtet. Sie spielt in der sogenannten Petroleum-Region der Vereinigten Staaten, und zwar in der Nähe der Stadt Franklin.

Am Ufer eines dortigen Baches befindet sich ein Hügel, der sich bei Nachbohrungen auf Petroleum besonders ergiebig erwies. Als die Quelle versiegte, ließ die Firma Rial & Comp. tiefergraben, bis man wieder auf neue Erdölquellen stieß. Und so grub man immer tiefer und tiefer, bis man plötzlich auf eine Flüssigkeit kam, welche weder Farbe noch Geruch von Erdöl besaß, noch Feuer fangen wollte. Da machte einer der Arbeiter den Versuch, die Flüssigkeit zu kosten, die ihm aber ganz besonders mundete. Mit Hilfe eines Rohres zog er die Flüssigkeit in den Mund und konnte sich von derselben nicht mehr trennen. Die Neugierde drängte bald auch die Anderen, seinem Beispiele zu folgen, und bald lagen sie alle bewusstlos am Boden. Schließlich fand sich der Besitzer der Firma, der von dem seltsamen Vorfall hörte, selbst ein und war nicht wenig erstaunt konstatieren zu müssen, dass das vermeintliche Erdöl einen seltsam guten Biergeschmack habe. Rasch wurde um den größten Bierkenner, den dortigen Brauer Namens Großmann geschickt, der als Exporteur über den sonderbaren Fall entscheiden sollte. »Mein Gott, das ist Bier, mein Bier,« rief dieser entsetzt aus, »Sie haben bis in meinen Keller gebohrt.« Und tatsächlich war es so, ja das größte Fass von 2000 Eimer war nahezu schon vollends erschöpft.

Mehr noch als von dieser amerikanischen Geschichte gilt von der folgenden das Dictum »Si non e vero e ben trovato« und »periculum est credere et non.«

Nach zahllosen Versuchen war es nämlich einem wissenschaftlich gebildeten Farmer gelungen von einer mit Hopfen, Malz und Korn gefütterten Kuh statt Milch – Bier zu erlangen. Das Bier hatte eine schöne braune Farbe und eine prächtige, schäumende Milchhaube.

Wie vermöchten mit solchem Kuhbier unsere Brauer zu konkurrieren! Statt vom Zapfen würde man von der Euter wegtrinken und auf den Wirtshausschildern würde zu lesen sein: »Bier, frisch von der Küh!« So wäre unser chemisch, zymotechnisch bereitetes vegetabiles Bier durch das Kuhbier, also ein animales Bier, ersetzt und auch ein mineralogisches Bier ließe sich die Trias vollendend in jenem Biere finden, das der Alchimist in meinem Gedicht: »Die flüssigen Edelsteine« aus den braunen, böhmischen Granaten herausgelöst.

Auch das genannte Erdbier müsste unter letztere Bierkategorie rangieren. Hier sei auch des Bieres in der Westentasche gedacht, der neuesten Erfindung, die sich würdig dem Fleischextrakte, der kondensierten Milch und den Erbswürsten an die Seite stellt. Es handelt sich um nichts Geringeres als um ein Bierpulver, von dem einige Messerspitzen genügen, eine Gallone reines Quellwasser in das köstlichste Bier zu verwandeln. Eine weitere Konsequenz, die sich daraus ergibt, unterscheidet bereits verschiedene Pulver, eines für Pilsner, ein anderes für Schwechater und wieder ein anderes für eine andere Biersorte u.dgl.m.

Faktisch märchenhaft klingt die Schilderung eines Journalisten, der begeistert von den Wundern dieses Bierpulvers in der amerikanischen frank Leslie's »Illustr. Ztg.« schreibt. Lassen wir denselben sprechen:

»Wir waren,« so erzählt derselbe, »mit unserem Erfinder hinausgezogen in die schöne Bergwaldung des romantischen Helenenthales bei Baden und lagerten uns unter mächtigen Buchen im Moose; neben uns sprudelte eine Quelle aus dem Felsen, und das kristallhelle, eiskalte Wasser rieselte den Berg hinab. Es war sehr heiß und wir in feierlicher Stimmung, denn das Experiment sollte gemacht werden und wir hatten Durst. Jeder von uns hatte ein Seidelglas mitgenommen – da zog unser Chemiker ein Leder-Etui aus der Brusttasche, das wie ein Zigarrenfutteral aussah und in welchem sich eine Anzahl diverser Papierhülsen mit Pulverchen befand. In diesem Etui, meinte er, seien circa zwanzig Fass Bier. Einen Eimer, behauptete er ganz bequem in der Westentasche tragen zu können. Er forderte uns nun auf, zu sagen, welches Bier wir trinken wollten. Die Einen entschieden sich für Münchener, die Anderen für Pilsner usw. Er gab die entsprechenden Pulver in unsere Gläser, wir hielten sie unter den Wasserstrahl der Quelle und, sowie das Pulver sich rasch löste, ward die kristallhelle Flüssigkeit goldgelb, und als das Glas voll war, entwickelten sich von unten Luftbläschen – Glasperlen, die nach oben stiegen und einen köstlichen, rahmartigen Schaum auf dem Niveau der Gläser bildeten. Wir tranken, es war das herrlichste, süffigste eiskalte Bier, und lauter Jubel dankte dem genialen Erfinder.« Soweit unser Berichterstatter. Ist es eine Ente? Si non e vero etc. – Märchenhaft bleibt es aber jedenfalls. Auch an die zwei Bierkuriosa, Dr. Gustav Blöde schrieb einst im »Orion« darüber, »Biersamen« und »Bierstein«, möchte ich in gewisser Hinsicht erinnern.

Schließlich möchte ich noch des sogenannten Lachbieres Erwähnung tun, ein Gebräu, das nach bedeutenderem Genusse Heiterkeit hervorruft. Es ist eine ganz eigentümliche Bier-Spezialität von märchenhafter Wirkung, welche mehr oder weniger auch gewöhnliche Biere hervorzurufen im Stande sind.

Hierher könnte man auch ein Wahrheitsbier rechnen, das den Trinker zwingt, den Weinspruch: »In vino veritas« in eminenter Weise auch auf das Bier in Anwendung zu bringen: »In cerevisia veritas.« Das sind doch »Braugeschichtliche Spezialitäten«.

Mögen all' die genannten Biere mehr oder weniger märchenhaften Charakters sein, eines aber ist und bleibt märchenhaft, auch bei den gewöhnlichen Bieren – ihr märchenhafter Aufschwung!

XX.

Bräuhaus und Kloster

Ihr opfert Bier den Göttern?
Ei, ei, was ficht euch an?
Schickt's lieber uns in's Kloster,
So ruft Sankt Columban.

So lautet ein weises Sprüchlein, das an der Wand irgendeiner deutschen Bierkneipe, ich glaube sogar, in dem berühmten Münchener Keller angebracht ist. Es ist wohl derselbe Sankt Columban, den wir gelegentlich der Mythologie des Bieres in der Legende bereits kennen gelernt. Et ille Brutus hat also dem heidnischen Bier, das er nach der erzählten Legende befehdet, den Geschmack abgewonnen und prätendiert es für sein Kloster. Tatsächlich mussten schon in früher Zeit Abgaben in Bier an die Klöster geliefert werden; so verpflichtet Artikel 22 der Alemannschen Gesetze jeden, der einem Gotteshause angehört, 15 Seidel (siclus) Bier an dasselbe zu liefern.

Mit der Entwicklung der einzelnen Stadtrechte gingen diesbezügliche Bestimmungen und Normierungen Hand in Hand. Hier sei auch eines aus dem 15. Jahrhundert stammenden Glasgemäldes in der Kathedrale von Tournay gedacht, worauf dargestellt ist, wie der dortige Bischof in einer Brauerei den, dortigen Bischöfen schon von Chilperich gewährten, Naturalzins in Person einhebt. Dies Bild mag die lange Galerie moderner Bilder vom Biergenre eröffnen, von dem man in einem Artikel »Das Bier im Bilde« sprechen kann. Doch bald waren solche Abgaben nicht mehr nötig, Sankt Columban musste nicht mehr rufen: »Schickt's lieber uns in's Kloster,« denn die Klöster begannen selbst das Bierbrauen und heute strömt oft das Laienvolk in Klosterbrauhäuser auf einen besonderen Gerstentrank. Gewisse Klosterbiere genossen und genießen besonderes Renommée.

In der Mythologie des Bieres, in der wir den göttlichen Ursprung des Bieres bereits durch Osiris in Ägypten kennen gelernt haben, haben wir zwar teilweise, aber doch auch die Beziehungen des Bieres zu unserer Kirche und Religion, ich meine zum Christentum gestreift. Es lassen sich aber deren so viele auffinden, dass sie ein Thema für sich bilden und in die Mythologie des Bieres eingeflochten, nur stören würden. Die engsten Beziehungen nun zwischen Bier und Kirche liegen in der Bereitung des Bieres durch kirchliche Würdenträger, in der Adaption des Bierbrauens durch die Klostergeistlichen, in der Herstellung des Bieres in Klosterbrauhäusern.

Es ist dies ein hochwichtiges Kapitel in der Geschichte des Bieres, schon deswegen, weil so manche Errungenschaft der heutigen Bierindustrie den Klöstern zu verdanken ist. Nach einigen, zu diesen gehört auch Hüllmann in seinem »Städtewesen«, soll sogar die kunstmäßige Bereitung des Bieres mittelst Hopfen von Klöstern ausgegangen sein, doch ist es mit Anlehnung an die Volkssagen von Gambrinus richtiger anzunehmen, dass das Hopfenbier aus den Niederlanden gekommen. Literarisch ist wohl hervorzuheben, dass gerade in einer Schrift der heiligen Hildegardis zuerst des Hopfens (humela) als Zutat zum Bier erwähnt ist; besagte Heilige aber starb 1079 auch als Äbtissin eines Klosters auf dem Rupertsberge. Also nicht nur männliche Klöster, auch weibliche befassten sich mit dem Bier, wofür ein Sprüchlein aus demselben genannten Keller einen Beleg liefert:

> *Den Nonnen am Anger von Sancta Clar'*
> *Gewährten zwei Herzog von Bayern,*
> *Dass sie ihr Bier sich selbsten brau'n,*
> *Drob' gab es viel Jubel und Feiern.*

Auch huldigen besonders die Klostergeistlichen gerne dem Tranke:

> *St. Martin war ein milder Mann,*
> *Trank gerne cerevisiam,*
> *Und hatt er' nicht pecuniam,*
> *So ließ er seine tunicam.*

und es liegt eine ganz eigentümlich anheimelnde Poesie in der Allianz zwischen Kutte und Braupfanne, Kloster und Brauhaus.

Den h. Martin betreffend, kennen wir bereits ein französisches Zeitwort »martiner« in der Bedeutung »viel trinken«.

Wohl mögen die Klöster sich anfangs nur ihren Bedarf gebraut haben. Das Konzil von Aachen 817 bestimmte sogar das Maß von Wein und Bier, das in Klöstern verabreicht werden durfte, aufs Genaueste, oder eine Urkunde Carl's des Kahlen von Frankreich, vom Jahre 862, überweist den Mönchen des Klosters Saint Denis 90 Scheffel Dinkel pour faire de Ia cervoise, aber bald, was mit dem gastfreundlichen Charakter der Klöster zusammenhängt, verbanden sie damit auch eine wirtliche Tendenz. Besonders reiche Klöster und Abteien, selbst größere Pfarreien, ich erinnere an den Bierstreit in Tetschen, besaßen ihre eigenen Hopfengärten, jedenfalls aber oft sehr ausgedehnte Brauereien mit Malzdarren, für hundert Malter Hafer. So vermochte sich beispielsweise der Bischof Salomo von Konstanz, um 915 herum, dem kaiserlichen Kammerboten gegenüber mit einer Haferdarre für 100 Malter zu berühmen. Auch das berühmte St. Gallen besaß eine Malzdarre von Ruf für 100 Malter.

Die klösterlichen Brauherren hatten auch das Mittellatein mit einer Anzahl termini technici sprachlich bereichert. Von da datieren Worte, wie braceatores (Brauer), brasina (Schrotmühle), cantharus cerevisiae (Bierkanne) und viele andere mehr.

Wie schon gesagt, ursprünglich brauten die Patres nur für sich und gewiss nicht schlecht, bald errichteten sie aber auch kleine Schankstätten, die an Umfang immer mehr zunahmen, und schließlich für die Klöster auch höchst gewinnbringend wurden. Ja, eine Zeit lang trat im Mittelalter selbst die Weltgeistlichkeit in die Fußstapfen ihrer klösterlichen Brüder. Es entstanden die sogenannten geistlichen Bierhöfe. So ein geistlicher Bierhof befand sich beispielsweise in Siebleben bei Gotha. Ich will eine diesbezüglich interessante Stelle aus einer kulturhistorischen Skizze: »Bierpolizei« von Rudolf Müldener zitieren, welche in einem der letzten Jahrgänge der von Dr. Hermann Roskoschny in Leipzig trefflich redigierten »Allgemeinen deutschen Kriminalzeitung« erschien. Müldener sagt daselbst: »Abgesehen vom privaten Bierhandel der einzelnen Geistlichen, existierten fast überall, wo Domstifte sich befanden, auch geistliche Bierstuben, sogenannte Domkeller, in denen regelmäßig fremde, sonst in der Stadt verbotene Biere zu haben waren, weil die Inhaber dieser Keller sich um Magistratsverordnungen durchaus nicht kümmerten, und von denselben höchstens nur insoweit Notiz nahmen, als äußerer Zwang dahinter stand, was, wie bei der Macht und dem ungeheueren Einflusse der Geistlichkeit leicht erklärlich, freilich nur selten der Fall war. Die Unsitte des Bierschanks seitens der Geistlichkeit war nicht etwa von kurzer Dauer, nein, sie erhielt sich Jahrhunderte lang aufrecht und auch die Reformation machte ihr keineswegs ein Ende: es fehlte auch nicht an protestantischen Geistlichen, welche in die Fußstapfen ihrer katholischen Kollegen traten, so dass noch am 17. November 1725 der Landgraf Ludwig des damals doch fast ausschließlich protestantischen Hessen-Darmstadt eine Verordnung erließ, worin er den von der Geistlichkeit ausgeübten Wein- und Bierschank für einen Eingriff in die bürgerliche Gewerbstätigkeit erklärte und bei hoher Strafe untersagte.«

Bekannt ist beispielsweise die Beschwerde der Stadt Görlitz gegen ihren Pfarrer, dem ehemaligen Rektor magnificus, Magister Schwoffheim, der fremde Biere ausschenkte. Als sich die Brauereien beklagten, wurde Schwoffheim nach Bautzen übersetzt, wo er es ebenso trieb. Die Görlitzer aber erhielten den Pfarrer Rehem, der genau wie sein Vorgänger handelte. Und zahllose andere Fälle mehr.

Haben wir von der Quantität der Klosterbiere gesprochen, so wollen wir uns auch die Qualität ein wenig besehen.

Die Klosterbrüder verstanden es von jeher sehr gut, ein treffliches Bier zu brauen, seine Qualität hatte ja die geforderte Quantität zur natürlichen Folge. Weltberühmtheit genoss z.B. das Carthäuser in Frankfurt a. d. Oder. Es gab auch verschiedene Sorten in einem Kloster, so Pater-, Convent- und Nonenbier (Neunuhrbier). Besonders unterschieden wurde das Paterbier oder der Paternus, das die Patres tranken, von dem zweiten Aufguss, einem leichtern dünnern Conventus. Aus Conventbier wurde dann der Ausdruck Kofent und noch heute nennt man ein Schmal- oder Dünnbier einen Kofent. Im Allgemeinen aber gilt Kofent – Klosterbier.

Auch heute noch gibt es vorzügliche Klosterbräue; ich nenne die gesuchten Benediktiner-, Augustiner- und Franziskanerbiere.

Einzelne Brauklöster der Neuzeit seien noch namentlich hervorgehoben, wie Andechs (Benediktiner), München (Franziskaner),

Hohenfurt (Cisterzienser), Schwäbisch Gmünd (Barmherzige Schwestern), Prag (Kreuzherrn und Thomas-Augustinern) etc. etc.

Das stärkste bayerische Bier ist der sogenannte »heilige Vater«, am 2. April, am Tage des heiligen Franziskus de Paula ausgeschenkt.

Ein eigener, feucht-fröhlicher Nimbus umgibt die Namen einzelner geistlicher Orden. Welch' große Rolle spielte einst der spezielle Bierguardian (cerevisiarius) und wie gesucht und geliebt ist noch heute der Pater-Kellermeister! Manches Braukloster oder Klosterbrauhaus hat seine eigene große und interessante Geschichte, so z.B. besonders das Münchener Franziskaner Brauhaus. Das Franziskanerstift am Lehel ist aus einem Hieronymiten Kloster entstanden, das von einem Mönche Onuphrius im Jahre 1687 am Wallersee gegründet wurde. Eine Konkurrenz von Seiten der Benediktiner von Benediktbeuren hatte die Übersiedlung der Hieronymianer nach München zur Folge. Die Bewohner des Lehels, eines Stadtteiles von München, selbst baten nämlich um Berufung der Brüder nach München. Diese erfolgte am 4. September 1725 seitens des Kurfürsten. Das heutige große Etablissement wuchs aus kleinen Anfängen zu seiner heutigen Größe. Ernst Koppel hat in einem früheren Jahrgang der »Gartenlaube« eine kleine Skizze publiziert, speziell die Geschichte dieses Klosterbrauhauses behandelnd, auf welche ich verweise. Historisch in dem Kloster ist auch das »Braustübl«, gleichsam das Allerheiligste und bekannt ist auch, dass die Patres im Kreuzgange ein Gratisbier an Kranke und Arme verteilen. Darauf bezieht sich wohl das Sprüchlein:

> *Bei St. Franzisko, im Kloster,*
> *Braut man vortreffliches Bier,*
> *Und bist Du ein armer Teufel,*
> *Zahlst Du keinen Heller dafür.*

Dürfte aber doch wohl eine Art »Kofent« gegenüber dem bezahlten »Paternus« sein?!

Besonders sind es die starken Braunbiere, die verschiedenen Bocks, die in den diversen Klöstern heutzutage gebraut werden, in riesigen Quantitäten, denn sie haben großen Zuspruch wegen ihrer Qualitäten. Über diese lässt sich aber freilich nicht so gut schreiben – diese muss man – verkosten.

XI

Das Bier und die vierte Fakultät

Welche ist diese vierte Fakultät?

In den »Aphorismen zu einem Bierrechst« haben wir die Stellung des Biers zur juristischen, in der »Mythologie« zur theologischen Fakultät kennen gelernt. Eine Philosophie des Bieres liegt teilweise in verschiedenen dieser Studien zerstreut, besonders aber in den Kapiteln »Das Bier im Sprichwort, im Spruch, in der Poesie« niedergelegt. Auch mehrfache Stellen in der Betrachtung »Bier und Wein« weisen darauf hin, dass sich beim Biere ganz besonders philosophieren – aber auch gut politisieren lässt. Heinrich Knaust schrieb am Ende des 16. Jahrhunderts auf das Titelblatt seines Werkes über das Brauwesen ausdrücklich: »Fünf Bücher von der göttlichen und edlen Gabe der philosophischen, hochteuren und wunderbaren Kunst Bier zu brauen.«

Eine nette Plauderei, unter dem Titel »Bierphilosophie«, schrieb auch Ludwig Speidel in der »Allg. Zeitschrift f. Bierbrauereien«, X. Jahrg. 1882, S. 34, und auch die vom 14. Mai 1882 in Nr. 44 des »Teplitz-Schönauer Anzeigers« als Original-Feuilleton erschienene populäre wissenschaftliche Skizze von Prof. E. Müller »Das Bier, sein Wesen und sein Werth« will ich nennen. Endlich erschien 1802 ein Trialog in einem Büchlein, das sich betitelte: »Gespräche zwischen dem Philosophen, Juristen und Kameralisten über den Wert und die Folgen des aufgegangenen Bierzwanges.«

Die vierte Fakultät, deren Beziehungen zum Bier wir noch aufsuchen wollen, ist also die medizinische. Auch da können wir mit einem alten Werke aufwarten, das ebenfalls aus dem 16. Jahrhundert stammt; ich meine »Placotomus De natura cerevisiarum.« Placotomus lebte in der Mitte des 16. Jahrhunderts als Professor der Medizin in Königsberg. Er gab dem Einbecker Bier den Vorzug.

Vorwiegend medizinischen Charakters ist auch das alte Kräuterbuch des Tabernaemontanus gehalten, woraus uns das 20. Kapitel interessiert, das vom Bier handelt. Jakob Theodorus von Bergzabern, bekannt unter dem Namen Tabernaemontanus, arbeitete 36 Jahre lang ans einem Kräuterbuch. Der erste Teil erschien 1588; zwei Jahre später starb Tabernaemontanus als Leibarzt des Pfalzgrafen Johann Casimir zu Heidelberg. Die Kräuterbücher enthielten bei den einzelnen Pflanzen nicht nur eine meist höchst unvollkommene Beschreibung, sondern insbesondere die damalige Anwendung zu medizinischen und technischen Zwecken. So treffen wir bei dem genannten Botaniker des 16. Jahrhunderts unter Gerste eine ziemlich genaue Angabe über die damalige Art der Bereitung und über die Qualität des Bieres. Ich bringe dieselbe nach der von Caspar Bauhin im Jahre 1613 besorgten Ausgabe (Neuw vollkommentlich Kreuterbuch, mit schönen und künstlichen Figuren, aller Gewächs der Bäumen, Stauden und Kräutern, so in Teutschen und Welschen Landen, auch in Hispanien, Ost und West Indien, oder in der Newen Welt wachsen, etc. Aus langwieriger und gewisser Erfahrung, unserem geliebten Vatterlandt zu Ehren, mit sonderm Fleiß trewlich beschrieben, durch Jacobum Theodorum Tabaernemontanum, der Artzney Doktor und Thurfürstlicher Pfalz Medizum Jetzt widerumb mit vielen schönen newen Figuren, auch nützlichen Artzneien und andern guten Stücken, Sonderlich aber das Ander Teil mit sonderm Fleiß gemehret, durch Casparum Bauhinum etc.) wörtlich zum Abdrucke:

Das Zwantzigst Cap.

Von dem Bier.
»Es ist das Bier ein nützlicher Trank, welcher in den Mittnächtige Landen da kein Wein wächst in großer meng bereitet wird, welcher heutiges Tags in Deutschlandt nicht allein in den Niederlanden, Friesland, Westphalen, Hessen, Düringen, Sachsen, Beyern, Pommern, in der Marck und andern dergleichen Nationen, darin kein Wein wächst, sondern auch am Rheinstrom, Elsass und andern Orten, da die köstlichen und edelsten Wein wachsen, als ein gesunder und nützlicher Trank in gemeinem gebrauch ist, wiewohl solcher Trank in einem Ort kräftiger, besser und stärker dann in

andern gemacht wird: In etlichen Stätten des Rheinstroms macht man jetziger Zeit Bier, dass es immer schad ist, dass man die gute Frucht also verderbt und zu schanden bringet, das kompt den Leuten kaum den halben teil zu gut, denn ehe sie ein Fass halber ausgetrunken haben, ist das anderhalbe verdorben und sauwer worden, also dass man es ausschütten muss, das hat drei großer Mängel, nämlich dass man der Maltz zu wenig nimbt, des Wassers aber zu viel, und dass es nicht gesotten wird, ich geschweige des andern Betrugs der mit underlauffet, als dass etliche anstatt der Hopffen Weidenbletter nemmen, und etliche Caminruß, der dem Bier ein schärpffe und branrote Farb gibt, aber welcher fleißig darauf acht hat, und durch den Geschmack den underscheidt erkennen kann, der wird den Betrug leichtlich merken, sintemal ein solches Bier nicht allein nicht speiset und nutz ist, sondern es verderbet das Geblüt, verbrennt es, machet großen Durst, abscheuwliche, heßliche, rote und puppellechtige Angesichter vñ auch die Malatzey vñ den Außsatz, blehet den Leib auf, letzet dz Haupt vñ alle innerliche Glied deß Eingeweydts, wie dann auch Dioscorides zu seiner zeit vñ seinem Zytho oder Bier solches geklagt hat, und er lib. 2 cap. 76 in Schriften hinder sich gelassen, welches aber nicht der Gersten und andern guten Früchten die einen lieblichen und süßen Geschmack von sich geben und gut gesund Geblüt geberen, zu zuschreiben ist, sondern dem geitz und falschen betrug der Menschen, die ander Leut nicht allein vmb ihr Geld bescheißen, sondern sie auch als heimliche Mörder vmb ihr Leib und Leben bringen, derwegen auch die Oberkeiten solche Dieb und Mörder an Leib und Leben straffen solte. Wiewohl nun das Bier in viel weg heutiges Tages gefälschet wird, so seindt doch auch noch etliche Leut die gut Bier machen, welches ziemlich wohl nehret, gut Geblüt machet, und den Kindern und jungen Leuten viel dienstlicher nützer und gesunder ist dann der Wein, dann sie wachsen wol daruon, werden starck und gewinnen eine schöne und lebliche Farb, wie der Augenschein an denen Orten solches bezeuget, an jungen und alten Menschen, da sie von Jugend auf des Biers zu trinken gewohnet haben, und tun die groß unrecht, die das Bier ohn allen underscheidt als einen schädtlichen, ungesundten Tranck verwerffen, und aus Dioscoride schließen wöllen, dieweil sein Zythum oder Bier so ein schädlicher Trank seie, dass es ein böß unsauber

Geblüt mache und den Außsatz gebete, dadd sie ein Vniuersal darauß machen wöllen, daß darumb alle Bier ungesundt sollten sein und derengleichen Schaden bringen, das folget gar nicht, sondern es sol solches allein von den gefälschten Bieren, deren man heutiges Tages hin und wieder viel machet, verstanden werden, die auch sonder zweiffel zu den zeiten Dioscoridis von wegen deß gewinns also gemacht und verfälschet worden seindt, wie jetzt und bei uns geschicht. Zudem ist offenbar, dass wo gleich ein herrlich gut Bier, oder auch ein anderer gesunder Trank, so köstlich und gut er immer sein mag, nicht allein zur Nothturfft und den Durst leschen, sondern zum Uberfluß getrunken wird, dass große schwere Krankheiten daraus entstehen, wie wir solches täglich an den vollen Weinzapfen erfahren die sich Tag und Nacht mit dem besten und köstlichsten Wein uberfüllen, was vor großer unheilbarer Krankheit daraus erfolgen, als Hauptwehethumb, zittern der Glieder, Augenkrankheiten, Lämbde der Glieder, Gliedtseuchten, Zipperlein, Außsatz, Wassersucht, das Parlyß und auch bisweilen die Hand Gottes und derengleichen schwere Krankheiten, wie die tägliche Erfahrung das bezeuget, solte darumb einer darauß ohn allen underscheidt in hauffen hineinschließen, der Wein were ein ungesunder böser Trank, der solche Krankheiten zu wegen brächte, wird man denselbigen nicht vor ein dollen Fantasten halten, der der lieben und edlen Kreaturen des Weines, die Gott der Herr uns zu einer besondern Auffenthaltung des zeitlichen Lebens erschaffen, solches zulegen wollte? Wöllen nu weiter fort schreiten und von der Präparation und bereytung deß Biers auch etwas anzeigen. Dioscsorides beschreibet an dem hieuor bemeldten Ort neben dem Bier das er Zythum nennt, noch ein ander Art desselben, das nennt er Curmi und spricht, es wird noch ein anderer Trank aus der Gersten gemachet, welchen man Curmi nennet, der wird oft an statt des Weins gebrauchet, er machet aber Hauptwehethumb, und gebieret böse Feuchten, tut den Neruen schaden. Solche Getränk werden auch aus Weitzen von den Innwohnern der Landschaft Hispanien, das gegen der Sonnen Niedergang gelegen ist, gemacht, desgleichen in Engellandt. Wie aber solche und dergleichen Getränk bereytet werden, das gedenket er gar nicht, dieweil es gemeine und bekannte Getränk der Innwohner der gemeldeten Landschaften gewesen sind, wie sie dannoch auf den heutigen

Tag an den gemeldeten Orten bereitet werden, und in täglichem gebrauch seindt, derowegen nicht zu zweiffeln, dass der Alten Zythum und Curmi eben dieser Getränk Arten und Sorten sein die wir Bier nennen, dass aber Dioscorides auch von dem Curmi, welches kein ander Getränk ist, dann eben das Bier wie es heutiges Tages noch in Engellandt von dem Weytzen und der Gersten gemacht wird, meldung tut, dass es Hauptwehethumb mache, böse Feuchten generier und gebere und die Neruen beschädige, ist allein von dem Uberfluß und Missbrauch zu verstehen, dann das Englisch Bier mäßig gebraucht, machet ein gut Geblüt, nehret und speiset wohl, machet ein schöne und lebliche gesunde Farb, wie man an den Einwohnern des Lands zu sehen hat, und wir auch selbst an diesem Biere erfahren haben, Solches aber unmäßig zum zu trinken und Füllerei gebraucht, macht Hauptwehethumb und tut den Neruen Schaden, welches nit allein von dem Bier sondern auch von den allerbesten Wein den Vollsäuffern widerfehret.

Etliche machen das Bier zu unser zeit also wie folget: Sie nemmen Weytzen, Gersten, Speltz, Rockenkorn oder Habern, ein jedes insonderheit, (dann auß allen gemeldten Früchten gut Bier kan bereytet werden) oder deren Früchten zwo oder drey zusammen, weychen die im frischen Brunnen oder schönen fließendem Wasser, oder welches noch besser ist in gesottenem Hopffenwasser, so lang bis die Frucht aufspringt, darnach lassen sie das Wasser daruon und dörren die Frucht in der Sonnen, das Wasser aber darinnen die Frucht geweychet worden ist das heben sie auff und verwartens, und wann die Frucht wol dürr worden ist, lässet man die in der Mülen malen , tut das Meel in das vorige Wasser darinnen die Frucht geweichet ist worden, und lässet das drey oder vier Stunden darinn sieden, und wirffet im sieden ein gut theil Hopffen dazu, und scheumet das im sieden wol und fleißig abe, wann solches geschehen, lässet man es durchseihen und in andere Geschirr eynfassen: Etliche werffen ein wenig Sawerteyg dareyn, so gewinnt es bald ein zangerenden und bitzlenden Geschmack und wirdt lieblich zu trinken.

Die Engelländer pflegen in das gebrauwen Bier bißweilen, damit es desto lieblicher zu trinken seie, Zucker, Zimmatrinden, Näglein vnd andere gute Gewürtz, in ein Säcklein eyngemacht, zu hencken. Die Flehmingen aber mischen auch Honig oder Zucker und Spezerey darunter, machen einen Trank darauß wie ein Claret oder

Hippocras. Andere vermischen under das gebrauwen Bier Honig, Zucker, Remel und Syrup genannt, das machet nicht allein das Bier lieblich und anmütig zu trinken, sondern es gibt ihme auch eine schöne braune farb. Diese kunst das Bier wolgeschmack zu machen, die auch unsern Bierbräuwern durch die Flehmingen und Niederländer bekannt worden seindt, die seindt noch wol zu dulden und zu leiden, wie auch die so mit Lorbeern, Erdtkyffer Chamaepitijs genannt, Gagel und Scharlachkraut das Bier stärcken daß es wehrhafftig bleibe, und nicht baldt abfall oder sawr werde. Die aber so mit Lulchsamem, Ruß, Bilsensamen, Indianischen Kockelkernen und andern derengleichen schädtlichen dingen das Bier stärcken, sollen verworffen vnd verdampt werden, und solt man auch diejenigen so mit derengleichen schädtlichen Künsten das Bier verfälschen, als abgesagte Feind deß Menschlichen Geschlechts, als Dieb und Morder am Leib und Leben straffen. Es werde aber nu das Bier bereit wie es wölle, so ist doch keines nützlicher und besser dann das so allein auß der Maltz von gesunder, guter Frucht gemachet und dem Hopffen bereitet wird.

Etliche machen ein herrlich gut Bier mit einer gewissen maß auf folgende weiß: Sie nemmen acht Sümmers oder ein Malter grob gemalen guter Maltz, es sey von Weytzen, Speltz, Gersten, Rockenkorn oder Haber, ein jedes besonder oder deren etlich durch einander gemischet, weychen das in zwo Rheinischer Ohmen da sechs Ohmen ein Fuder machen, schönes, lauteres siedend heißen Brunnen oder Bachwassers auff die vier Stunden lang, darinnen zuuor auff die x. oder xij. handtvoll Weitzenkleyen gesotten worden seyen, darnach sol mans sittig durch ein Stro in ein ander Gefäß ablassen lauffen und durchseihen, daß nu also durch das Stro durchgesiegen ist, tut man in ein Bierkessel, und noch ferrner darzu vier Pfundt gedörrter und getruckneter Hopffenblumen, lasset solches anderhalb Stund, auch zwo biß in drey Stunden, nachdem man das Bier schlecht oder krafftig und gut, und auch lang werend haben wil, in einem stäten Sud sieden, dann je besser es gesotten wirdt, je kräfftiger und besser das Bier wirdt, und je lenger es sich auch haltet, wann es nun also gesotten ist, tut man es in ein breyten Zuber der nit zu hoch, darinnen lässet man es kalt werden, so es nun auch kalt worden ist, tut man zu zehen Pfunden des abgekülten Biers anderhalb Pfundt der besten Bierhöfen, vermischet solches wol durcheinander in einander Gefäß an einem warmen ort mit hin und her rühren, geusset also algemach von dem abgekülten Bier zu biß es alles mit der Höfen wol vermischt wirdt, darnach decket man den Zuber mit Sergen und andern dergleichen Decken zu, damit dz Bier desto baß verjähren möge. So das nu auch geschehen ist, so wirdt es wider durchgesiegen, in Fässer gefüllet, und wann es dann genugsam verjähren ist, so schlegt man die Fässer zu, so hat man ein köstlich und sehr kräfftiges Bier, wann es ein zeitlang gelegen ist. Diese Maltz aber davon das Bier wie gemeldt gesotten worden ist, nimbt man und geußet wider frisch und heyß Kleienwasser darüber wie zuvor, kochet und bereytet das gleicher gestalt, wie angezeigt, so gibt es ein dünnes und schlechtes Bier vor die Armen ud auch das Gesind damit zu speisen.

Sonst werden die Bier je nach gelegenheit der Landschaften anders und anders gemacht, andere nemmen frisch Brunnenwasser darzu, die andern Bachwasser oder fließend Wasser, die ander stillstehende Wasser auß unsaubern Lachen dnd Pfützen, darinn allerhandt Wust und Unsauberkeit geschüttet und getragen wirt, welches nicht durchauß zu loben ist, und obwol die besten vñ beständigsten langwehrende Bier auß altem faulem Wasser gemacht werden, so seindt sie darumb nit alle gesandt, und zu trinken nützlich, dann dieselben generieren ihrer Art nach auch ein unsauber Geblüt, daher der Außsatz, Schorbock und andere unreyne Krankheiten erwachsen, dann wie der Safft ist darauß das Bier gemacht wirdt, also werden auch die Feuchten und das Geblüt in den Menschen, so solche Bier trinken, derwegen sol man zu erhaltung guter Gesundheit die wüsten unsaubern Wasser, darinn Mistlachen lauffen, der Menschen und des Viehesharn, Spülwasser und andere Unreinigkeit vñ Wust kommet, zum Bier sieden nicht nemmen, und wiewol ein jedes faules Wasser durch das sieden widerumb gerectifiziert werde, beständiger und langwiriger bleibet, dann das so von einem frischen Brunnenwasser gesotten wirdt, so wird man doch den Harn und andere unreynigkeit so sich mit dem Wasser vermischet nicht herauß sieden könen, sintemal sie sich mit einander vereiniget, daher dann die Bier auch solcher Eygenschafften müssen teilhaftig und der Menschen die solche Bier trinken Geblüt muss insiciert werden und zur Fäulung gerathen. Wann man aber je ein beständiges und gutes Bier machen will, das das Alter leiden kan, sol man etliche Zuber und Fässer mit gutem frischem Brunnenwasser, oder in mangel dessen mit einem reynen und saubern fließenden Wasser füllen, dieselben verwaren, daß kein Wust oder aber sonst etwas unsaubers dareyn falle und verdeckt oder zugemacht drey oder vier Monat liegen lassen bis das Wasser anfengt trüb zu werden und faulen wil, das sol man dann zum Bier nemmen und die Maltz allerdings wie oben gemeldet mit sieden, so wirdt dieß Wasser durch das sieden widerumb gerectificiert und frisch und wirdt dz Bier das darvon gesotten wirdt nicht allein beständiger und lange zeit gut und besser, dann das so mit frischem Wasser gesotten wirdt, sondern es wirdt auch zu trinken anmütig und machet ein gutes Geblüt, so dargegen das ander unreyn Wasser den guten Safft der auß dem guten Malz gesotten wirdt, an sich zeucht und denselben corrumpiert, dß er schädtlich und ungesundt wirdt. Das aber ein sauber Brunnenwasser so es lang in einem saubern und wol verdeckten Gefäß bis schier zur Fäulung verwahret wirdt, besser und widerumb durch das sieden rektifiziert werde, kann man in dem versuchen, so man ein solch Wasser in einem besondern Geschirr wol seudet, daneben aber auch ein frisch Brunnenwasser auch besonder, und sie beyde hinstellet, so wirdt man befinden daß das erste Wasser so von dem faulen Wasser gesotten worden, beständiger und zweymal länger gut bleiben wirdt, dann das frisch gesotten Brunnenwasser.

Das Bier so auß Gersten und Habermaltz gemacht oder gebrauwen wirdt, verstopffet weniger, macht auch weniger Bläst und nehret und führet minder. Das aufs Weytzen oder anderm Getreydt, ist hitziger, wärmet und stopffet fester, nehret auch besser, je dicker ein Bier ist je mehr es nehret, und je gröber Geblüt und Feuchten es gebieret, je dünner ein Bier ist, doch daß es Maltz genug habe und wol gesotten seye, je besser und subtieler Geblüt es machet, dringet auch baldt durch, blähet den Leib weniger und macht wol harnen. Das Bier soewol gehopfft ist, haltet den Bauch offen und fürdert den Harn. Das Bier aber so mit Scharlach, Lauanderblumen, Gaghel und andern hitzigen ubersichriechenden Dingen bereytet werden, sein schädlich und sonderlich denen Menschen die ein blödes Haupt und Hirn haben, dann sie schwächen dieselbigen mercklich: Es ist auch die truncknenheit vom Bier nachtheiliger, schädlicher und langwehrender dann deß Weins, sintemal sie viel grober auffriechen-

der Dämpff machet vñ zähen Schleim, die schwerlich vñ langsam verzehret werden. Die Bier aber die mit Bilsensamen, Indianischen Kockelkernen und deren dergleichen Stücken bereytet werden, sol niemandt trincken dann diejenigen so das Leben verwircket haben, dann die bringen Hirnwüten, Unsinnigkeit, und bißweilen den Gähentodt: So dürren die so mit Ruß inficiert werden die Lungen und Leber auß, verbrennen das Geblüt, machen ein unersettlichen Durst, und machen abscheuwliche, heßliche, rote Angesichter gleich dem Außsatz. Das Bier das nicht wol gesotten ist, und zu dem man deß Maltz zu wenig, und deß Wassers zu viel nimbt, und darzu nit halber genug sendet, wie an etlichen Orten am Rheinstrom der gebrauch ist, verursachet viel Bläst vñ aufflauffen deß Bauchs vñ gebieret vil ungedawter böser Feuchten, und daß aber noch mehr so mit der newen Kunst der Weidenblätter die man an statt der Hopffen brauchet, gebrawen und bereytet wirdt, dann es kület zu vil sehr, macht Krimmen und Därmgegicht, je besseu Wasser man auch zu dem Bier nimbt, je besser Geblüt das Bier gebieret, und das nicht darumb, dass das Wasser Geblüt machen solt, sintemal kein schlecht Wasser Geblüt generiert, sondern darumb dieweil sich der Safft und die Krafft in der Maltz mit dem Wasser im brauwen vermischet, so nun das Wasser gut ist und von anderm Wust und Unrat gesäubert, so wird auch das Bier sauber und gut, und macht auch ein reines gut Geblüt, so das bäß inficiert Wasser von Menschen vnd Viehharn, von Mistlachen, vnnd darinn man alle Vnsauberkeit vnnd Wust zu tragen pflegt, im brauwen die guten Säfft vnnd Kräfften deß Maltzes an sich zeucht, vnd werden mit demselbigen inficiert, derwegen solche Bier die damit bereytet werden, allerhandt bösen Grindt, Muselsucht, Krebs, Schorbock, vsi auch den Außsatz generieren, derwegen alle diejenigen so jhre Gesundheit lieb haben, die sollen sich solcher Bier enthalten vnnd sie nicht trincken. –
Im Landt zu Preußen macht man viel Sorten gutes und herrliches Biers, aber under denselbigen allen hat das Dantzger Bier, das man auch Joppenbier nennet den Preiß, und ubertrifft anderer Landtschafften Bier in seiner stärck und krafft, das ist schön braunrot und dick wie ein Syrup, es nehret sehr wol, machet viel grobes und dickes guts Geblüts, und machet ein schöne lebliche Farb, so man dessen wenig und nicht zu viel trinket, vñ sonderlich aber denjenigen so dessen von jugend auff gewohnet seindt, unnd ist in einem

Tischbecherlein voll dises Biers mehr Krafft und Nahrung, dann in einer gantzen Maß gemeines Biers. Aber die jenigen so nicht gewohnet sein es zu trincken, den macht es großen Durst, dann es vielmehr ein Artzeney ist dann ein gemeiner Tranck, und so sie dessen zu viel und es ubermäßig trincken, so werden sie erhitzigt darvon, gewinnen Hauptwehthumb unnd rote auffzügige Angesichter. So man desselbigen Biers ein gemeinen Trinckbecher voll in ein gantze maß unsers Biers wie man es hie zu Landt machet, vermischet, so wirdt ein herrlich gut unnd starck Bier darauß, das wol nehret, den Durst leschet unnd gut Geblüt machet.

Die Polnische Bier seind gute weiße Bier, die auch mancherley bey den Polen gebrawen werden, und werden aber die vor allen andern gelobt, die ein weinsäwrechtigen Geschmack haben, die leschen den Durst, nehren auch sehr wol, geberen ein gut Geblüt und wärmen mittelmäßig.

Das Hamburger Bier wirdt gemeinlich aus dem Weytzen gemacht, und wirdt andern Weytzenbiern vorgezogen, die in Deutschland gemacht werden, es hat ein guten anmütigen Geschmack, ist starck und kräfftig von dem Weytzenmaltz, es nehret sehr wol, gebieret gute Feuchten unnd ein gesundt gut Geblüt, unnd gewinnen die es trinken, ein schöne lebliche Farb, wie an den jungen Gesellen, Jungfrauwen und Weibern dieses Orts zu sehen ist, die alle wolgeferbt und ein zarte und linde Haut haben, so haltet man auch vor gewiß, daß die jenigen so es trincken, nicht leichtlich den Stein uberkommen, dann es treibt den Harn, reynigt die Niern und Harngäng, es ist in summa ein herrliches und gesundes Bier, wiewol es nit alt wirdt, wie alle andern Weytzen und Speltzbier. So man sein aber zu vil trincket unnd man damit zusausfen wil, so macht es ein rotes vñ buckelechtigs Angesicht, das mit der Zeit abschewlich wirdt, vñ von blauwer bleyfarber und roter vermischter farben anzusehen ist, wie die Gugeln der Indianischen Hanen, gleich wie es denen begegnet, so die starcken hitzigen Wein ubermäßig trincken.

Das Lübeckisch Bier ist sehr ein starckes unfreundliches Bier, das in kleiner oder weniger Proportion truncken macht, das Haupt verdollet wie das so mit den Indianischen Kockelkernen bereytet wirdt, und bringt auch darneben langwirige Hauptwehthumb, ist ein böser, schädlicher und ungesunder Tranck, dijenigen sonderlich die ein blödes vñ schwaches Haupt haben.

Das Goslarisch Bier hat ein ziemliche wärmende Natur und Eygenschafft, ist etwas süßlechtig im anfang, darnach bützelt es mit einem Weingeschmack auff der Zungen, ist ein gesundes Bier, gibt gute Nahrung, und gebieret ein gut Geblüt.
Das Embeckisch Bier ist dünn, subtiel, klar und durchdringend, ist am geschmack bitterechtig mit einer lieblichen schärpffe auff der Zungen, leschet den Durst wol, setzet sich baldt unnd blähet sehr wenig, haltet sich nicht lang umb die Hertzkammern, treibt den Harn kräfftiglich von wegen seiner subtielen und durchdringenden Substanz, vñ daß es so wol gehopfft ist, leschet den Durst wol, steigt nie in dz Haupt ubersich wie andere Bier, es führet auch die Galle durch den Harn, ist ein nützlicher Tranck in der Geelsucht, deßgleichen in allen Febern, dann es hitzet nicht, so kält es auch nicht zu viel, sondern ist in seiner Natur temperiert, und ist derwegen ein gesunder Tranck im Sommer, beyde von gesunden und krancken Menschen getruncken.
Das Braunschweigisch Bier, das man auch Mumm nennet, ist dem Embeckischen Bier fast gleich, ist doch an der Substantz etwas dicker, unnd nicht so subtiel wie das Embeckisch, der Geschmack ist demselbigen auch gleich, unnd wiewol es den Harn sehr treibet gleich dem Embeckischen, sa machet es doch gern den Kaltenseych und die Harnwind, sonst ist es an seiner Natur unnd Eigenschafft temperiert wie das obgemeldte, leschet den Durst wol, nehret aber wenig,
Das Rostocker Bier ist der Braunschweigischen Mum an der Natur und Eygenschafft gleich, nehret wenig, leschet den Durst, treibt den Harn, unnd ist ein gesunder Tranck Sommerszeit zu trincken.
Zerbster Bier, ist ein gutes und anmütiges Bier zu trincken, es gibt gute nahrung und, gebieret gute Feuchten, es gehet aber schwerlich durch den Harn, verhaltet sich lang umb der Herzkammer, blehet den Leib auff, und erwecket auch bißweilen ein scharpffe und brennende Harnwind, ist denen derwegen schädlich, die darzu geneigt seindt, und mit noth harnen.
Das Newburger Bier ist im Landt zu Düringen fast berühmbt, das ist an seiner Substanz kräfftig und wol gesotten, es stärckt sehr wol unnd gibt gute nahrung, so man aber dessen zu viel trinckt, schadet es dem Haupt, den Augen, und macht ein blöd und dunckel Gesicht, es sollen sich auch vil an disem Bier blindt gesoffen ha-

ben, derwegen sollen diejenigen so ein blöd Gesicht und schwach Haupt haben, sich vor dem unmäßigen trincken dieses Biers hüten. Erfurdisch Bier ist auch ein herrlich vñ wolschmackend lieblich Bier zu trincken, es gebieret gute Feuchten und gibt uberflüssige Nahrung und verrichtet alles was einem guten und gesunden Bier gebühret.

Das Meißnisch Bier ist auch ein edel gut und gesundes Bier, wird in etlichen Orten fürtreffenlich gut gemacht, under welchen das Torgisch Bier sehr berühmbt ist, dann es ist fürtreffenlich gut, zudem speiset und nehret es wol, gebiert gute Feuchten und ein löblich Geblüt, und starcket daneben von wegen seines guten Würtzgeruchs und Geschmacks alle prinzipalischen Glieder deß Leibs.

Das Belgerisch vnd Freyburgisch Bier sind beyde gute Bier, die dem Torgischen in der güte nit weichen.

Das Wittenbergisch Bier haltet das mittel under den obgemeldten Bieren, wiewol es nimmer so kräfftig und gut gemacht wird, als es vor zeiten gebrauwet ist worden, unnd mag solches wol mit dem Rheinischen Bier vergliechen werden.

Im Landt zu Hessen hat es auch mancherley Bier, an welchem ort auch je eins besser ist als das ander, under welchem auch das Rauschenburger Bier den preiß hat, dz treibet den Harn und wirdt höchlich gelobt wider den Stein.

Das Westphalisch Bier wie auch das Frießländisch, seind auch berühmbt, unnd hat aber das Badelborner Bier den preiß vor andern, es nehret wol, treibt den Harn unnd macht ein grobes und dickes Geblüt.

Das Brabändisch und Gellerisch Bier, wie auch das so in Zütphen gemacht wirdt, die machen ein böß, unreyn Geblüt, sonderlich die von dem Dorffwasser gemacht werden, die machen den Kaltseych und den Schorbock, und bekommen denen nicht wol, die deren von jugend auff nicht gewonet haben.

Das Flehmisch Bier ist auch ein gut Bier, unnd sonderlich das doppel Bier, wie man es zu Eend und Brucken zu brauwen pflegt, das ubertrifft alle Bier in den Niederlanden, es speiset und nehret sehr wol, machet ein gut Geblüt, und eine schöne liebliche Farb, wie der Augenschein solches an denen bezeuget, die dieses Bier von jugendt auff gewohnet haben zu trincken.

Die Englischen Bier seindt auch treffentliche gute Bier, sonderlich aber das Englisch Ael, welches von gutem Weytzem gebrauwen wirdt, es nehret treffenlich wol, macht feyßt, gebieret gut geblüt, vñ machet eine schöne lebliche Farb, ziemlich vii nach nothturfft getruncken, so man aber dessen zu viel vñ ubermäßig trinckt, macht es rote, buckellechtige, abscheuwliche Angesichter. Die Rheinischen Bier werden ungleich gebrauwen, darunder ein theil gar schlecht vñ gering seind zu trincken, mehr schädlicher dann nütz, sonderlich aber wirdt vor andern das Heydelberger Hoffbier gelobet, dann es nehret und stärket wol, und machet gute Feuchten unnd Geblüt, es mag aber nicht jederman werden. Nach diesem ist das Bier so man in der Statt machet auch nicht zu verwerffen, gibt ziemliche gute Nahrung und stärckt wol. Das Straßburger Bier ist auch ziemlich gut, wie auch dz Meyntzer, welchs auch auff mancherley weiß bereytet und gebrauwen wirdt, da eines dz andere in der Güte von den Kräfften ubertrifft, deßgleichen auch das Franckfurter Bier, die nehren all ziemlich wol vñ seindt gesundt zu trincken.

Das Cöllnisch Bier ubertrifft alle Bier in Gellern vñ Brabändt in der stärcke und güte, gibt gute Nahrung und speiset wol, und ist ein gesunder Tranck, aber die Oberländische Rheinische Bier seindt nit werth daß man sie bier nennen oder deren gedenken sol, unnd ist immer mehr schad, daß die gute Frucht also sol verderbt werden.«

Einen interessanten Beitrag über die verschiedenen Bierarten vom medizinischen Standpunkt, bietet auch eine Rigorosen-Abhandlung an der Wiener medizinischen Fakultät von A. J. Bernecker aus dem Jahre 1732.

Außerdem gibt es noch eine ganze Reihe von Schriften und Monographien, welche schon im Titel das »medizinische« betonen; ja einzelne wählten unser Thema zu medizinischen Doktoratsdissertationen. So betitelt sich z.B. ein inhaltreiches Werkchen, um Broschüre genannt zu werden ist es schon zu dick: »Das Bier in geschichtlicher, chemischer, medizinischer, chirurgischer und diätetischer Beziehung« etc. von Dr. Gust. Wilh. Ludwig Hopf (Zweibrücken 1846) und heißt Inangural-Abhandlung mit Genehmigung der medizinischen Fakultät an der Maximiliano-Juliana zu Würzburg. Hochinteressant ist auch die Opposition in chirurgischer Beziehung.

Diese Dissertation hat aber ihre Nachfolger und hatte besonders ihre lateinischen älteren Vorgänger, einzelne sogar über spezielle

Biere; sie gehören in die Literatur des Bieres; zur Illustration nenne ich hier aber als Beispiele:

> Eysel »Dissertatio de cerevisia Erfurtensi« 1689;
> Ph. Limser »Dissertatio med. de cerevisia Servestana« 1693;
> Brückmann »Relatio phys. med. de cerevisia, quae Duckstein dicitur« (1722) etc.
> Ein neueres Broschürchen (Augsburg 1875) trägt sogar den Titel »Der Bierdoktor«.

Medizinisches bezüglich haben wir in einigen der vorhergehenden Skizzen schon so manchen Punkt berührt. Ich erinnere vornehmlich an das Kapitel so »Bier und Brod« beschrieben war und worin wir die nährende Kraft des Bieres kennen lernten. Auch im »Bier und Wein« haben wir Betreffendes vernommen.

Ich muss hier die schöne Stelle Erach's einflechten:

> *Der Getränksvorzüge Dreiheit*
> *Findet sich im Bier zusammen;*
> *Nahrung von der Milch, vom Wasser*
> *Kühlung und vom Wein die Flammen.*

Die nährende Kraft des Bieres geht sogar so weit, dass sie sich gar oft auch äußerlich am menschlichen Körper manifestiert, indem sie demselben ein beträchtliches Embonpoint verleiht. Gemeiniglich sind Brauer dicke Leute; ich bin wenigstens noch wenig mageren Brauern begegnet, so dass es sogar sprichwörtlich geworden zu sagen »Dick wie ein Brauer«. Aber nicht nur Brauer, auch starke Trinker werden fettleibig, freilich muss auch die Kost darnach sein und eine gewisse Regelmäßigkeit im Trinken. Auch an der Biersorte ist viel gelegen. Stark hat das Biertrinken jedenfalls die deutsche Nation, schon die alten Germanen überhaupt gemacht, wie wir wissen, und zwar stark am Körper wie am Geiste. Stark macht es noch und kräftig, viele, wie gesagt auch dick, sodass sie selbst wie wandelnde Fäßchen aussehen, die durch die Welt rollen und der Witz gar nicht so schlecht ist, der da sagt: »Morgens ist er ein Bierfaß, Abends ein Faß Bier.« Sollte nicht auch darin der Grund des Studentenausdrucks Fett für Bier zu suchen sein?

Aber nicht nur das nährende Moment allein ist es, welches das Bier zu einem wichtigen Objekt der Hygiene macht. Auf die Frage: »Welches ist das gesündeste Getränk?« lautet die Antwort nicht etwa, wie viele erwarten dürften »das Wasser« – sondern das Bier, die Temperenzler ausgenommen, die gegen Bier und andere Getränke einen förmlichen Kreuzzug in Scene setzen. Vielfach haben sich medizinische Fachorgane mit dieser Frage beschäftigt. Als sich das Bier in Cholerazeiten sehr bewährt hatte, äußerte sich der französische Gelehrte Professor G. Sée in Paris über diesen Punkt: »Ich empfehle ganz besonders das Bier und dessen Genuss bei der gegenwärtig herrschenden Cholera-Epidemie, denn vermöge seines Erzeugungsprozesses wird in demselben jeder krankhafte Keim zerstört.« Diesen Ausspruch des berühmten Professors der Pariser medizinischen Fakultät sollten die Brauer in allen Restaurationen Café's, Gasthäusern und Bierhallen mit großen goldenen Lettern affichieren. Natürlich haben wir ein rationell bereitetes, reines echtes Bier im Auge, das frei ist von allen mehr oder weniger schädlichen, oft giftigen Surrogaten.

Ich schalte absichtlich einen diesbezüglichen weniger poetischen als verfificierten Versuch von Martin Jäger ein, der im September 1878 in der »Düsseldorfer Zeitung« erschien unter dem Titel:

Was ist im Bier?
Man hört sehr oft in unsern Tagen
Die Trinker schimpfen übers Bier.
»'s ist nichts mehr drin« hört man sie klagen.
Doch ach! wie Unrecht klaget Ihr.
Wie mancher Trinker würde fluchen,
Vor Zorn empört gar mancher sein,
Könnt' er den Bierstoff untersuchen,
Säh' in den Magen er hinein.
Geht! Fragt einmal den armen Magen,
Was Ihr ihn zu verdauen zwingt;
Fürwahr, er wird Euch Dinge sagen,
Dass Euch's durch Mark und Knochen dringt.
Alkohol und Bilsenkraut,
Ingwer, Tausendgüldenkraut,
Belladonna, Buchenspäne,
Herbstzeitlose, Haselspäne,
Hopfenöl und Aloe,

Glycerin und Bitterklee,
Fichtennadeln, Laugensalze,
Galatine, saure Salze,
Nießwurz, Quassia, Tannin,
Stärkmehl, Soda und Strychnin,
Natron, Reis und Stärkezucker,
Süßholzsaft, Kartoffelzucker,
Kockel, Enzian, Koriander,
Mohn und Syrup durcheinander,
Malzextrakte, Rübenkeim,
Biercouleur und Tischlerleim,
Wermuth, Pfeffer, Salicin,
Weidenschalen und Pikrin,
Auch Wachholder und Waldmeister,
Hopfensäure, bittrer Kleister,
Brechnuß und isländisch Moos,
Pülverchen bald klein und groß.
Hausenblase, Koloquinten
Werdet ihr im Magen finden.
Eins nur fehlet jedem Tropfen,
Wollt Ihr wetten? – »Malz und Hopfen.«
Aber getrunken wird's doch und schmecken tut's auch!

Doch:

Wer Bier verfälscht und Weine tauft,
Verdient, dass er sie selber sauft.

Leider hat aber der Satiriker Recht, der da die Verse schrieb:

Jetzt bringt uns vereinigt
Der Neuzeit Genie
In einem Laib Brode
Die ganze Chemie.
Und dass uns nichts fehle,
So bringt es uns schier
Die ganze Botanik
In einem Glas Bier.

Und wie oft hört man den Stoßseufzer: »Die Chemie ist in's Bier gekommen.«

Ein gutes, eben ein gesundes Bier ist das gesündeste, rationellste Getränk. Es ist nicht nur ein Getränk, um den Durst zu stillen, wie das Wasser, das zwar auch den Durst stillt, aber manchmal sogar gesundheitsgefährdend ist; es ist auch ein nahrhaftes Getränk, das dem ganzen Organismus heilsam werden kann. Vielfache große medizinische Autoritäten haben sich auf das Günstigste über das Bier geäußert.

Der schon oft genannte Reiber führt in seiner Schrift die Doktoren Spielmann und Rennes an: »La bière est une boisson très salutaire, elle est plus nourrissante et moins spiritueuse que le vin et contribue souvent à donner l'embonpoint. Le houblon la rend tonique.

Eine ältere lateinische Stelle der Schule von Salerne lautet:

> *Crassos humores nutrit cerevisia, vires*
> *Praestat et augmentat carnem, generatque cruorem,*
> *Provocat urinam, ventrem quoque mollit et inflat.*

Oder:

> *Das Bier gibt grober Feuchte viel,*
> *Stärkt's Geblüt und mehret's Fleisch ohn' Ziel,*
> *Es leert die Blas und weicht den Bauch,*
> *Es kühlt ein wenig und bläst auch auf.*

In der Tat ist manches Bier mehr oder weniger Urin treibend, manches verursacht Blähungen, manches wirkt stopfend, manches purgierend.

Der Franzose Billat-Savarin äußert sich: »Les peuples, qui boivent habituellement de la bière sont aussi ceux, où l'on trouve les ventres les plus merveilleux et quelques familles parisiennes, qui en 1817 buvent de la bière par économie, parce que le vin. était fort cher, en ont été récompensées par un embonpoint dont elles ne savent plus que faire.«

Und wieder ein anderer sagt: »La bière occupe incontestablement le premier rang parmi les boissons hygiéniques connues.«

Hippolytus Guarinonius in seinen »Grevel der Verwüstung des menschlichen Geschlechts« (Ingolstadt 1610) sagt: »Das Bier nährt gewaltig, wie denn, die es ordentlich trinken, große, starke und teils zwar auch ungeschlachte Leute seyn.«

Nun das letztere epitheton desornans der Biertrinker ist denn doch nicht so richtig, wer nicht an und für sich schon roh wäre, verwildert durch das Bier gewiss nicht. Es gibt unzählige Stimmen pro et contra Bier; ich kann für den Moment nur diejenigen günstigen brauchen, welche die Heilkraft des Bieres betonen; doch dürfen wir, unparteiisch genug, auch die Gegner nicht ungehört lassen, besonders was die üblen Folgen unmäßigen Biergenusses, besonders den Kater (Katzenjammer), oder das sogenannte Haarweh betrifft. Gute Verhaltungsmaßregeln bieten die gelungenen »Katerthesen eines Heidelberger Weltweisen«. Der entschiedene Gegner des Katers, das richtige Remède ist der Häring.

Einer der wenigen Gegner des Bieres ist auch Quentin, der Direktor der Assistance publique, der den Genuss des Bieres in den Spitälern untersagt hat. Er hat dies in einem Rundschreiben getan, worin er erklärte, das Bier wäre weder ein Nahrungs- noch Arzneimittel, folglich überflüssig und das Budget unnütz belastend. Trotzdem ließen die Ärzte den Kranken Bier verabreichen. Als Quentin am Ende des nächsten Monats wieder die Rechnung für Bier erhielt, so schrieb er noch eine Epistel contra Bier, worauf ihm in einem Proteste von 33 Spitalärzten geantwortet wurde, worunter sich unter Anderen auch die Doktoren Trélat, Verneuil, Chozzy und Horteloup befanden. In neuerer Zeit (1845) ist zu Leipzig auch eine kleine Schrift von Flüring unter dem Titel »Bier ist Gift« publiziert worden, welche ebenso wenig ernsthaft zu nehmen ist, als eine ähnliche von Lundahl »Tabak ist Gift« Dennoch antwortete ihm Ställer im selben Jahre in Frankfurt a.M. mit seiner Schrift »Bier ist kein Gift.«

Nach Augustin Hausdorf's im VIII. Jahrgang (1880) der böhmischen Brauzeitschrift »Kvas« erschienenen hochinteressanten und vielfach originellen Geschichten des Bieres (Přispěvky k historii piva), haben bei den alten Indern die berühmtesten und besungenen indischen Ärzte Atreja, Agnirveça, Sukruta, Caraka und Dhavantari das Bier als Heilmittel benutzt. Schon 1900 v.Chr. wurde in Indien ein bierartiges Getränk aus Gerste so stark getrunken, dass König Džadustra ein dreijähriges Verbot auf Gerstenanbau erlassen musste.

Ungesund und gesundheitsschädlich sind nicht nur junges Bier, sondern auch die sogenannten Bierreste, worunter aber nicht die sogenannten schäbigen gemeint sind, weshalb die Verabfolgung derselben verboten wird, sowie das Mischen mit denselben.

Das Reichsgericht hat eine für die Allgemeinheit wichtige Entscheidung gefällt. Ein Restaurateur in Berlin war vom dortigen Landgericht zu drei Monaten Gefängnis und 500 Mark Geldbuße verurteilt worden, weil er in seinem Restaurant die von den Gästen in den Gläsern übrig gelassenen Bierreste in einem Gefäß angesammelt und dieses abgestandene Bier sodann dem frischverschenkten wieder beigemischt hatte, eine Manipulation, die der Betreffende auch in Bezug auf andere Getränke, wie Wein, Liköre etc. sich erlaubt hatte. Der Verurteilte legte Revision ein und begründete dieselbe u.A. damit, es unterliege doch sehr dem Zweifel, ob man Bier mit Bier verfälschen könne. Das Reichsgericht hat die Revision verworfen und angenommen, in dem Vermischen des Bieres mit abgestandenen Bierresten, welche zum Teil verunreinigt waren, zum Zweck des Verkaufes als frisches Bier könne ohne Rechtsirrtum allerdings der Tatbestand der Fälschung im Sinne des § 10 des Nahrungsmittelgesetzes gefunden werden.

Überhaupt heißt das Mischen der Biere nichts; mit Wasser wird es selbstredend verdorben, Wein lässt sich noch wässern, aber Wasser im Bier wirkt nach einigen belladonnaartig. Als Kennzeichen will man wissen, dass gespritztes Bier die Bläschen nach unten treibt, ungespritztes nach oben; aber auch das Mischen der Biere unter einander taugt zu nichts, das schlechtere wird nicht besser und das bessere wird schlecht. Nur eine Mischung von Bier hat sogar seine historische Bedeutung erlangt und bildete sogar einen wichtigen Wendepunkt in der Geschichte des Bieres und zwar in England. Zuerst gab es nämlich in England dreierlei Malzgetränke (Maltliquors), das Ale, Beer, und ein Zweipfennigbier. Gewöhnlich wurden diese an Güte und Stärke verschiedenen Biere vermischt, bis endlich im Jahre 1730 der Brauer Howard den Versuch machte gleich ein Bier zu brauen, das dem gemischten an Geschmack und Stärke gleich war. Er erfand das Porter, das seinen Namen dem Umstande verdankt, dass es anfangs zumeist von Lastträgern getrunken wurde. Später wurde noch ein Doppel-Porter, das sogenannte Brown-stout eingeführt. Hier sei auch an einen Biernamen erinnert, der die Mischungsfähigkeit schon im Namen trägt, ich meine das Kreutzburger Bier, das da heißt: »Menge es wohl!«

Darauf zu achten ist ebenso Sache der Sanitätspolizei, wie die Kontrolle der Bierfabrikation, um die Anwendung von giftigen

Surrogaten zu hindern. Damit befasst sich auch die Chemie des Bieres, die übrigens auch umgekehrt viel zur Verfälschung beiträgt.

Über die Verfälschung gibt es zahlreiche Werke, ich nenne von den neuesten die Schrift von Dr. Dannehl, welche das 100 –101. Heft der »Deutschen Zeit- und Streitfragen« bildet (Berlin, Verlag Carl Habel). Mit der Pathologie des Bieres, mit den Krankheiten des Bieres hat sich eingehend der berühmte Forscher Pasteur befasst. Die Bierpolizei ist eine wichtige Maßregel; Rudolf Müldener hat ihr in der »Allgemeinen Kriminalzeitung« eine spezielle Abhandlung gewidmet.

Malz und Hopfen sind die zwei Hauptinpredenzien des Bieres. Malz ist vornehmlich ein hygienisches Mittel, man denke an die diversen Malzpräparate (Malzbonbons, besonders den Hoff'schen Malzextrakt etc.), und der Hopfen wurde geistreich von Jacob Theodor Tabernaemontanus in seinem 1588 erschienenen Kräuterbuche treffend das Salz des Bieres genannt. Beide Elemente werden mit besonderer Vorliebe aus bestimmten Gegenden geholt; so sagt ein Sprüchlein:

*»Aus Hannamalz und Saazerhopfen
Braut sich leicht ein guter Tropfean .«*

Außer Saaz sind noch in Böhmen Auscha, Falkenau als Hopfengegenden zu nennen. Die Hopfenkultur um Klattau und Export des Klattauer Hopfens nach Bayern rühmt schon eine Stelle aus einem Gedicht von David Crinitius aus dem U. Jahrhundert: »Clattovia lupulum colit, quem presto Bavorus aufert.« Dem Hopfen und seiner Bedeutung für das Bier wurde schon eine ziemlich reiche Literatur eröffnet, ich nenne z.B. Das Buch vom Hopfen von Dr. Ferd. Stamm, welcher aber hauptsächlich Saaz im Auge hat, welcher Stadt er sein Büchlein auch gewidmet hat. Auch Franz Olbricht's Werkchen befasst sich speziell mit Böhmens Hopfenbau. Ich möchte bezüglich des Hopfens dasselbe sagen, was ich im Proverb vom Buch vom Bier gesagt, denn auch eine Kulturgeschichte des Hopfens harrt noch ihres Autors und die kürzlich vorgenommene Preisausschreibung dürfte eine willkommene Anregung sein. Ein größeres interessantes neueres Werk ist Dr.S.A.v. Schwarzkopf's »Der Hopfen und das Bier«, Leipzig, O. Spamer.1881..

Dass der Hopfen, der auch die nordische Weinrebe genannt wurde, das Thema zu einem Hopfenrecht ergab, wissen wir aus unserm

Rechtskapitel. Eine sprichwörtliche Formel findet sich auch beim Chronisten Nestor, der da erzählt: »Als Wladimir 6493 d.h. 985 n. Chr. mit den Bulgaren Frieden schloss, versprachen diese ihn so lange zu halten, bis der Stein beginnen werde oben zu schwimmen, das Hopfenblatt aber zu Boden fiele.«

In der Kulturgeschichte spielt der Hopfen selbstverständlich vielfache und große Rolle, so werden z.B. bei den Russen die Bräute mit Hopfen bekränzt und in der Blumensprache der Liebe bedeutet Hopfen: »Wie wohl ist mir in deinen Armen!« Auch soll wiederum ein Hopfenkranz am Kopf gegen Liebesgram schützen.

Eine interessante Schrift, ursprünglich Deutsch als Aufsatz im IV. Jahrg. der »Zeitschrift f. d. ges. Brauwesen,« dann 1884 czechisch als Broschüre erschienen, ist Dr. C. O. Čech's »Ursprung der Hopfenkultur«, welcher nachweist, dass der Hopfen von Russland kam. Interessant ist daher auch das Philologische. Zahlreiche Ortschaften heißen von Chmel, z.B. Chmelnice in Böhmen, Chmelnik in Krain u.a. Interessant für den Hopfen als Bieringredienz ist die böhmische Bezeichnung »se ochmelit« für sich betrinken und die Phrase »to je chmel« = das ist ein Bier!

Jedenfalls macht, obwohl man von gehopften und ungehopften Bieren spricht, doch nur der Hopfen das Bier zum – Bier.

Der Hopfen ist ein brav' Gewürz,
Ein Kunigslob nur ihm gebürt's.
Der Braue thut' ihm in die Pfann,
D'rinn' wacker Bier er kochen kann.
O wüßtest Du, Mensch und Christ
Was Bier dem sindhafft Leibe ist!

heißt schon eine altdeutsche Stelle und Edwin Bormann singt ähnlich:

Nun singen wir vom Gerstensaft
Und von des Mannes hoher Kraft,
Der eine Hopfenblüte brach
Und sinnig zu dem Tranke sprach:
»Den wahren Adel erst verleiht
Die Bittre dir o Feuchtigkeit.«

Das dritte wichtige Ingredienz zum Bierrezept ist das Wasser; nicht jedes Wasser ist, mit Hirsch zu reden, »biergeeignet«,

> Darum hat man einst errichtet
> Hohe Schulen, wo ein Fluss ist,
> Dessen Wasser biergeeignet.

Auf die Qualität des Wassers wird von vielen die Güte des Bieres zurückgeführt. Einige Biere haben nach dem Wasser den Namen, z.B. nach einigen die Gose, wie das Bier in Goslar und Rammersberg hieß, et si fabula vera, gab Goza die Frau eines Leibjägers Heinrich's des Voglers Namens Ramme zuerst dem Wasser bei diesen Ortschaften und später auch dem daraus bereiteten Biere den Namen. Einige lateinische Verse, deren erstere sich auf ein Bergwerk beziehen, weisen darauf hin:

> Lorgae sylvae scrutator, cervorum concomitator,
> Ramme fuit dictus, romanorum pertulit ictus;
> Et mox tantillo Ramersberg dictus ab illo:
> Uxor hujus Goza; nunc est ex hac aqua 'Gosa'.

Aber auch das »Duchstein« genannte Bier gehört in diese Kategorie.

Ja, in Gegenden, wo kein gutes Wasser, ist das Bier das gesündeste Getränk. Sein Anteil an Malz gibt die nährende, sein Anteil an Hopfen die magenstärkende und verdauungsbefördernde Eigenschaft; daher bemerkte Professor Hufeland in seiner Kunst das menschliche Leben zu verlängern: »Das Bier ist als Ersatz des Wassers zu benutzen in Gegenden, die kein gutes Wasser haben oder für Menschen die einen schwachen Magen, Neigung zur Hartleibigkeit oder einen erschöpften, nahrungslosen Körper haben.«

Aber nicht ganz beistimmen möchte ich der Regel, welche in Balthasar Schnurren's Kalendarium für den Heumonat verzeichnet stand:

> Bad nicht, lass nicht dich nicht kurir,
> Meid Würtz und Wein, trink gut alt Bier,
> Salat von Zattig, Spargeln, Kressig,
> Drauff Eier, Wurst, Öl, Rosenessig.

In neuester Zeit ist man sogar so weit gegangen, Bier mit Mineralwasser zu brauen und so ein besonderes Gesundheitsbier herzustellen.

Doch haben diese meist nur eingebildeten Wert. Hören wir, was darüber ein Artikel im »Gambrinus« brachte: »Es ist gewiss, dass die Beschaffenheit des Wassers einen großen Einfluss auf die Art des betreffenden Bieres auszuüben vermag, da hierdurch auf die Lösungsfähigkeit der Malzbestandteile ein großer Einfluss geübt wird. Im Allgemeinen kann sich der Brauer von dem seiner Umgegend anhaftenden Brauwasser nicht emanzipieren, sondern muss es eben nehmen wie es ist und durch richtige Anlage der Brauerei diesen Punkt im Vorhinein erledigen. Das Brauen direkt mit Mineralwasser, um dem Konsumenten damit die Vorteile dieses mit dem Biere zugleich bieten zu können, ist aber gewiss als eine Blüte des neuesten Fortschrittes zu bezeichnen. Möglich, dass die alten Deutschen, welche in der Wahl des Wassers zum Bierbrauen nicht sehr wählerisch gewesen sein mögen, hier und da eine Mineralquelle mit erwischten und mit deren Hilfe ein besonders kräftiges Gesundheitsbier unbewusst herstellten, aber absichtlich haben sie es gewiss nicht getan, wie es jetzt von Brauereien geschieht, welche an Orten mit Gesundheitsbrunnen etabliert sind und welche auf diese Weise versuchen, ein für besondere Zwecke nützliches Gesundheitsbier herzustellen. Selbstverständlich haben wir es hier zunächst mit einem jener teuer zu bezahlenden Biere zu tun, welche nicht Gegenstand des eigentlichen Brauers sein können.

Aber wir werden von solchen Mineralbieren direkt auf ein verwandtes Gebiet übergeleitet, nämlich ob durch künstlichen Zusatz geringer Menge mineralischer Stoffe nicht ein Vorteil für die Brauerei in Wirklichkeit erzielt werden könne. Denn es lässt sich in der Tat nicht leugnen, dass Biere, welche, wie z.B. solche mit Emser Mineralwasser gebraute, eine verhältnismäßig große Vollmundigkeit zeigen. Bis jetzt hat sich die Heilindustrie, vor Allem in der Umgegend der Stadt Ems, freilich bloß damit befasst, sogenanntes alkalisches Sauerwasser, also chemisch gesagt, Wasser mit meist doppeltkohlensaurem Natron zum Bierbrauen zu verwenden, aber man hat sich bisher noch gehütet, den Bitterstoff des Hopfens etwa durch Grundlage eines Bitterwassers ersetzen zu wollen; es würde wahrscheinlich bei letzterem Versuch die Nährkraft des Bieres, wegen allzu kurzen Verweilens seiner Bestandteile im Körper des Trinkers, schlecht zur Geltung gelangen können, also der eigentliche Beruf des Bieres verfehlt sein. Anderseits kann aber nicht geleugnet werden, dass gerade ein Gehalt von doppeltkohlensaurem Natron und Kochsalz auf die Lösungskraft der Malz- und selbst der Hopfenbestandteile eine günstige Wirkung auszuüben vermag. Das doppeltkohlensaure Natron ist ja als Hilfsmittel bekannt, wenn es sich darum handelt, zunächst hartes Wasser weich zu machen und eben in Folge davon dessen Lösungskraft zu erhöhen. Beabsichtigt man deshalb die Herstellung vollmundiger Biere, so schadet ein geringer Zusatz von doppeltkohlensaurem Natron zum Maischwasser zum ersten und zweiten Guss keineswegs, ist auch außerdem in den gehörigen Grenzen vorteilhaft. Will man mit diesem Hilfsmittel vorzüglich auf die bessere Extraktion des Hopfens hinarbeiten, so setzt man erst der noch ungehopften Würze etwas Natron zu.

Auf diese Weise wird also ein bloß der Heilindustrie dienender Vorteil auch der allgemeinen Brauerei nutzbringend; jedenfalls haben die Mineralbiere als Heilmittel nur ganz geringen, mehr in der Einbildung bestehenden Wert.«

Sowie besondere Weinarten, so gelten auch besondere Biergattungen direkt als Medizinalbiere, so das echte bairische und das echte Pilsner. Sie gelten als besonders stärkend und blutvermehrend, also gegen Anämie zu verschreiben, obwohl z.B. Liebig die Nahrungskraft und Blutbildungsfähigkeit des Bieres seltsamer Weise leugnet. Vom Pilsner und Münchner heißt es, dass es den Kopf kalt, den Magen warm erhält.

Speziell zu nennen sind ferner das Kartoffelbier oder das Fichtenbier aus der schwarzen Fichte (pinus nigra) in Nordamerika erzeugt. Du Halme gibt ein besonderes Rezept für Fichtenbier. Auch Michaux rühmt dieses Bier. Auch England erzeugt ein Fichtenbier (spruce-beer), aber aus pinus alba. Auch das Reisbier gehört in diese Kategorie. Es folgen die diversen Kräuterbiere und zwar in erster Linie das Wacholderbier, besonders für Nervenkrankheiten und Menstruation empfohlen. Behufs letzterer wurde auch Wermutbier angeraten und galt das Beyfußbier als das edelste Bier für Frauen gegen Unfruchtbarkeit. Gegen zu starke Blutung wurde vice versa Eichenblätterbier gebraucht.

Für Magenkranke galt Nelkenbier und Salbeibier als dienlich und ersprießlich. Lorbeerbier beförderte den Schweiß, Fenchelbier wurde gegen Wassersucht gebraucht und Anis Bier gegen Kolik. Gegen Steinbeschwerden und Leiden endlich werden Birkenbier und das Saganer Bier gerühmt, ja sogar ein Augentrostbier (euphrasiae potus) will schon Dr. Knaust gekannt haben. Also eine ganze Bierapotheke!

Manche dieser Medizinalbiere führen ihres Geschmacks wegen auch die unmotivierte Benennung »Bitterbiere« und durch einen sogenannten »Hořčak« (etwa Bitterling) zeichnete sich 1879 bei einer Ausstellung in Bubenč bei Prag der Brauer Vendulak aus. Das suffix «-ak» charakterisiert manche böhmische Biere, z.B. Nuselák, Březňák (Märzenbier), auch Bavorák (Bayrisch).

Von den Gewürzbieren ist vorzüglich zu nennen Giggiberes, das englische Ginger-Beer, ein Ingwerbier, sowie Elderberry-beer (Hollunderbier) besonders zu empfehlen. Auch das Alant-Bier, zu dessen Bereitung lnula Helenium dient, gehört hierher.

Als Kuriosität ist noch das stark moussierende Champagnerbier anzuführen. Und sogar ein Schokolade-Gesundheitsbier wird gebraut.

Außer diesen genannten speziellen Medizinalbieren sind die verschiedenen Biere selbst mehr oder weniger heilbringend und so können wir ganz gut parodierend sagen: »Bier ist ein ganz besonderer Saft.« Und als »Saftel« gegen Brustkrankheiten habe ich das Bier (der Malzhaltigkeit wegen wohl nicht ganz ohne Recht) schon scherzend von Hustenden nennen gehört und Eierbiere werden als Hausmittel gegen Heiserkeit angeraten.

Innerlich wirkt vielfach die schweißtreibende Kraft des Bieres. Der lorbeergekrönte Poet Eoban Hesse sang vom Bier:

> *Qui docuit crasso Cererem confundere succo,*
> *Huic iratus erat Bacchus et ipsa Ceres,*
> *Nam Pelusiaci qui laudat munera Bacchi,*
> *Illi nec cerebrum nec caput esse potest:*
> *Renibus et nervis cerebroque bis noxius humor*
> *Saepe etiam leprae semina foeda jacit.*

Zwei alte Rezepte seien hier auch angeführt, wie sie sich in Zedler's Univers-Lex. Art. Bier, Bd. III, S. 1793, finden.

Eines gegen Milzbeschwerden:

R. Rad. Cich. rec (unleserlich) β. Helen. retc. (doppeltes Z PDF S. 340) iij.

Herb. Scolepend. β. Card. Bened. Miij.
Bacc. Junip. retc. iij. Incis. contus.
Und eines gegen Scharbock:
Cochlear mar. sicc. ij Sarsaparill.
IV. Sassafr. Nasturt. Aquat.
Beccabung ac Miij. Salv. rubr.
Mij. Caryophyll. iij. Nuc. Mosch.
VI. Limatur. Mart. VI. lnc. cont.

Und aller guten Dinge sind drei. In einem bayerischen Militärelenchus findet sich ein Rezept zu einem cerevisia antiscorbutica:
Retc. Radic. raphanist. rust.
– armoraciae ana une. 6.
Semin. synapeos unc. 1 ½
Herb. absynth.
– salviae una une. I.
Cerevis. mensur. 4.
Diger. per 48 hor. et cola.

Allein nicht nur innerlich, auch äußerlich, nicht nur medizinisch, sogar chirurgisch wurde Bier schon angewandt. Erinnern wir uns nur zunächst der Eingangs dieses Kapitels zitierten Broschüre von Dr. Hopf, die geradezu am Titel das Bier auch in chirurgischer Hinsicht zu behandeln verspricht. Als Umschlag wird Bier vielfach gebraucht; so heißt es: »Dolentes pedibus, manibusve, vel ex violento motu vel aliis causis si insideant, vel foreantur in ea, dolores sedantur.«

Oder gegen Zahnschmerzen: »Sic calide in ore coluta, cum aromatis percocta dolores dentium compescuit.« Ferner dient das Bier als Beförderungsmittel des Saugens träger Blutegel. Es herrschen diesbezüglich verschiedene Ansichten. Dr. Neuber in Apenrade erwärmt das Bier gelinde, bevor er den Blutegel hineinlegt (vide auch Pfaff's Mitth., Neue Folge, Bd. I, Heft 3 und 4; Zentralblatt für Pharmazie 1835), und Remi in Zwickau legt den Egel wieder in kaltes Bier, bis er lebendig geworden (vide Weber, Beiträge und phars pharmaceut. Centralbl. (1843)

Außerdem findet das Bier noch mannigfaltige, meistens eingebildete chirurgische Verwendung, doch innerlich wirkt es am besten, da gilt das parodierte Wort aus Faust: »Bier ist ein ganz besonderer Saft!«

XXII

Das Bier im Rätsel

Es ist tatsächlich zum Verwundern, dass ein Artikel von solch' großer Bedeutung und Verbreitung, wie es unser Bier ist, verhältnismäßig noch so wenig im Rätsel behandelt wurde und es hat das Zusammentragen des Materiales für dieses mein Kapitel ziemliche Mühe erfordert. Man kann oft mehrere Bände änigmatologischer Fachliteratur durchblättern, ohne dass man auf ein Rätsel vom Biere stößt. Ich möchte fast den Umstand selbst rätselhaft nennen, dass die modernen Griphologen so selten zu diesem tatsächlich noch lange nicht ausgenützten Thema greifen, während hingegen gar nicht so sporadisch einem Durstenden ein rätselhaftes Gebräu als Bier vorgesetzt wird.

Ein durstiger Reisender kehrte in einer Dorfschenke ein, um sich an einem Glas Bier zu laben, konnte aber das ihm vorgesetzte Getränk durchaus nicht genießen, weil es völlig sauer war. Der Wirt hatte den Herrn schnell in ein Gespräch verwickelt und im Verlaufe desselben fragte den Redseligen der Reisende, wie er denn sein Bier braue. »Nun,« meinte der Wirt, »ich fülle den Kessel mit Wasser, tue Malz und Hopfen hinein und koche es zusammen, dann – « »Da macht man's bei uns anders und billiger,« unterbrach ihn der Gast. – »Ei wie denn?« gab der sparsame Wirt zurück und der Reisende sagte: »Wasser nehmen wir auch, aber es kommen Leinknotten und Weidenschaalen hinein und beim Kochen wird mit einer Hopfenstange umgerührt.« – »Ja, aber wie schmeckt denn das Bier?« fragte der Wirt erstaunt. – »Gerade wie dieses da,« versetzte der Reisende, auf sein ungeleertes Glas deutend, während er schnell zur Türe hinauseilte.

Was vor Allem das Wort »Bier« anbelangt, so kann es als Buchstaben-Anagramm von »reib« Palindrom gelesen angesehen werden; auch ist es logogriph in dem Worte »Brei« enthalten. Jemand will auch in dem Namen des Wettinischen Bieres »Keuterling« ein

Anagramm von »ein gut Kerl« verborgen wissen, ebenso wie manche den Biernamen Broihan als Anagramm aus Hannobera ansehen. Hierher gehört auch folgendes Arithmogriph:

> *Nenne ein Getränk mir jetzt,*
> *Das, wird 2 und 4 versetzt,*
> *Etwas dann zum Essen ist,*
> *Welches Alt und Jung genießt. (Bier – Brei.)*

»Dr. M. Paul (Pseudonym für Oberschulrat Dr. Paul Möbius in Gotha, dem tüchtigsten Änigmatologen der Neuzeit) beginnt daher auch seine Charade Nr. 99 vom »Reibeisen« in seinen »Rätselhaften Erinnerungen an Leipzig« mit der Strophe:

> *Dreh'st Du herum den braunen Saft,*
> *Der immer stärkt zu wackeren Taten,*
> *So hast damit unzweifelhaft*
> *Du richtig meine Eins erraten.*

Von diesbezüglichen Scherzrätselfragen ist wohl die kalauerhafteste:

> *Welche Biere trinkt man nicht?*
> *– Die Barbiere.*

Oder: *Welche Biere bringt selbst der geschickteste Brauer nicht zu Stande?*
Oder eine andere: *Welche Biere machen den meisten Schaum?* Antwort ebenfalls: *Die Barbiere.*
Ein ähnlicher Aufsitzer ist auch die Scherzrätselfrage: *Was kostet eine Kanne Bier?* Worauf die Antwort lautet: *Der Mund.* Oder:

> *Welcher Hund hat keine Füße?*
> *– Der Bierhund.*

Hier auch die Frage: *Wie wird Bureau geschrieben?* Antwort: *Bier oh!*
Abermals ist es der genannte Möbius, der in seiner Charade vom Barbier auch vom »Bier« als der zweiten Silbe spricht:

> *Wer einer Sache ledig ist.*
> *Auf den bezieht sich meine Erste;*
> *Doch wo die Zweite wird vermisst,*
> *Fehlt es gewöhnlich auch an Gerste.*

Auch in einer anderen Charade wird des Bieres mittelbar gedacht:

Was uns als erstes Wort vom Schicksal ward beschieden,
Von Manchen wird's im zweiten rasch vergeudet.

Überhaupt stoßen Bier und -Barbier im Rätsel oft zusammen, z.B.:

Was uns als erstes Wort vom Schicksal ward beschieden,
Von Manchem wird's im zweiten rasch vergeudet.
Das Ganze hält man nicht für einen Feind hinieden,
Wenn es, dem es schneidet, uns nicht schneidet.

Oder:

Komm' mit dem Messer ich
Auch an die Gurgel dir,
So fürchtet sicherlich
Du niemals dich vor mir.
Nimm 1 2 3 mir jetzt,
Geb' ich ein Labsal an,
Das wird jetzt sehr geschätzt,
Beinah von Jedermann.

Obige Rätselfrage erinnern mich an eine Anekdote. Ein kleiner, mehr schöngeistiger als literarischer Verein hielt seinen Jour fixe in einem separaten Zimmer eines Gasthauses. Im anstoßenden Gemach, dem Wohnzimmer des Gastwirtes, der sich nicht auf den literarischen Gebildeten hinausspielte, hatten die Herren in einem Kasten ihre kleine Privatbibliothek untergebracht. Eines Abends stritten sie sich betreffs eines Zitates, als plötzlich der Eine, um dem gelehrten Streit ein Ende zu machen, zugleich sein Glas leerend, dem Wirte zurief: »Bitte, bringen Sie' mal Shakespeare.« »Ich habe Schwechater, Liesinger etc., jetzt wollen Sie auch noch Schäcks-Bier?« erwiderte der indignierte, biedere literarische Gastgeber. Etwas geistreicher ist schon eine andere ein Wortspiel enthaltende Scherzfrage: *Wer ist Bräutigam und Braut (braut) zugleich?* Die Antwort muss natürlich lauten: »*Der Bräuer.*«

Ein Rätsel, in welchem nebst der drei Worte: »Baae«, »Barbar« und »Barbier« auch das Bier enthalten ist, lautet folgendermaßen:

Nenn mir das Wort, das dich beliebt
Bei jeglichem Geschäftsmann macht,
Weil es ihm prompt Bezahlung gibt

> *Und ihm noch nie Verlust gebracht.*
> *Ein a heraus – und doppelt nimm'*
> *Die Silbe, die sich dann Dir zeigt,*
> *So wird's ein Mensch voll wildem Grimm'.*
> *Der wenig zur Kultur sich neigt.*
> *Doch aus der letzten wird behend'*
> *Das a heraus, setze ie hinein,*
> *Ein Künstler wird's des' Instument*
> *Ein Messer ist, geschliffen fein.*
> *Die Erste weg – so schäumt's im Glas,*
> *Und oft von diesem Labetrank*
> *Dein Herze allsogleich genaß,*
> *Wenn es in Durst und Sorge krank.*

Auch ein Scherzrebus sei hier nicht vergessen, den seiner Zeit der »Kladderadatsch« brachte, nämlich drei leere Bierkrügeln, was soviel bedeutete, als die drei Geleerten, d.h. Gelehrten.

Weiters ein Rätsel mit Buchstabenveränderung:

> *Mit Z entzückt es*
> *Und schmückt es.*
> *Mit B vergnügt es.*
> *Mit G verlangt es*
> *Und zankt es.*
> *Mit St pflügt es.*

Die Lösung: *Zier, Bier, Gier, Stier.*

Von eigentlichen Bierrätseln muss ich vor allen ein älteres lateinisches zitieren. Selbes hat Nicolaus Reusner zum Verfasser, in dessen Sammlung (Frankfurt 1602) selbst verfertigter Rätsel man es findet:

> *Aemula sum Bacchi, me Mulciber excoquit, haud Sol;*
> *Neptunus pater est, mater et alma Ceres.*

Die Auflösung: *Cerevisia.* Mulciber ist ja ein Beiname des Hephaistos, des Gottes des Feuers.

In einem Volksrätsel vom Bier heißt es:

> *Es liegt was im Keller, hat ein weißes Mützchen*
> *auf und ein braunes Kleid an.*

Ein geistreiches und poetisches Rätsel vom Bier hat mir Dr. Paul Möbius über mein Ersuchen gedichtet, das bisher noch nirgends publiziert ist; es lautet:

> *Aus Silber und aus Gold entstanden*
> *Verleb ich meine Jugendzeit*
> *Ach! leider nur in schweren Banden*
> *Und unterird'scher Dunkelheit.*
> *Doch wenn der Freiheit süße Stunde*
> *Das Ende bringt auch meinem Schmerz,*
> *Dringt überall hin schnell die Kunde*
> *Und jubelt auf so manches Herz.*
> *Denn froh, in übermüth'gem Schäumen,*
> *Zaubr' ich hervor in trauten Räumen*
> *Stets neue Lust und neue Kraft.*

Hierin ist auch die Entstehung des Bieres geschildert, aus dem Gold der Ähren, dem Getreide und dem Silber, d.i. dem silbernen Wasserquellz gewiss ein schönes, hochpoetisches Bild!

Auch der andere große Änigmatologe Dr. Mises (Pf. Fechner) hat ein sinniges Bierrätsel gedichtet:

> *Mein Vater klettert gern in die Höhe;*
> *Doch unterwegs bekommt er die Drehe; –*
> *Meine Mutter saß unten gesellig lange,*
> *Da machten grobe Flegel ihr bange.*
>
> *Mir ist von den Ältern Manches geblieben,*
> *Es fühlt mein Geist sich nach oben getrieben;*
> *Doch geht es oft nicht ab ohne Schwindel;*
> *Ich liebe Gesellschaft; da gibts oft Gesindel.*

Auch eine prächtige Charade, deren Thema die »Bierbank«, gehört hierher und hat M. Paul zum Verfasser:

> *Die Erste ist, die Deutschlands Namen*
> *Fast durch die Welt in Dorf und Stadt,*
> *Und zwar bei Herrn mehr als bei Damen*
> *Nebst deutschem Brauch verbreitet hat.*

> *Die Zweite wird dagegen immer*
> *Beim ersten Blick zu finden sein,*
> *Im Schul-, wohl auch im Arbeitszimmer,*
> *Hoch oder Niedrig, Groß und Klein.*
>
> *Und wie zu künft'gem Lorbeerkranze*
> *Die Zwei dem Schüler gibt Geschick,*
> *So schaffet Glanz und Ruhm das Ganze*
> *Dem Helden in der Politik.*

Derselbe behandelt in einem Rätsel auch den Hahn in verschiedener Deutung, so auch den Bierhahn. Noch ein anderes Kompositum von Bier, der »Bierkeller«, wurde in einer dreisilbigen Charade behandelt:

> *Das erste wird gewählt*
> *Von vielen, sich zu laben.*
> *Damit sich's Erste hält,*
> *Muss man das Zweite haben.*
>
> *Das Ganze ist ein Ort,*
> *Wo man sich amüsiert;*
> *Doch's Erste ist's, was dort*
> *Die Leute hin verführt.*

Auch einzelne, bestimmte Biere sind ganz speziell im Rätsel bedacht. So vor Allem das Ale in dem Alvismal (dem Eddalied von Alvis), worin Thor dem Zwerge allerlei Fragen vorlegt, unter Anderem:

> *Sage mir, Alvis,*
> *Da alle Wesen,*
> *Kluger Zwerg, Du erkennst,*
> *Wie heißt das Ael,*
> *Das Alle trinken,*
> *In den einzelnen Welten?*

Und Alvis antwortet:

> *Ael bei Menschen,*
> *Bei Asen Bier,*
> *Wanen sagen Saft,*
> *Riesen helle Flut,*
> *Bei Hel heißt es Meth,*
> *Geschlürf bei Suttungs Söhnen.*

Über das Ale findet sich auch in Dr. M. Paul's »Silvula Logogriphorum« ein interessantes fremdsprachliches Rätsel:

> *Ich bin ein althebräisch Wort,*
> *Deß Deutung jeder Baum lässt sehen,*
> *Wo fern er nämlich nicht verdorrt*
> *Und ohne Laubwerk da muss stehen.*
>
> *Doch wenn Du sprichst mich englisch aus,*
> *So wirst Du wohl in diesem Lande*
> *Antreffen fast kein einzig Haus,*
> *In das der Brauer mich nicht sandte.*

Der Schlüssel weist als Lösung: nizz (komische Zeichen) das Blatt – ale engl. Bier.

Paul Möbius komponierte eine Homonyme, in deren letzten Strophe auch des Bockbieres gedacht ist:

> *Steht's da mit ausgespreizten Beinen,*
> *So ist der Arbeit es bestimmt,*
> *Und manches Waldkind möchte rennen,*
> *Wenn seinen Weg zu ihm es nimmt.*
>
> *Doch braucht die Beine es zum Springen,*
> *Dann sieht es wild und trotzig aus,*
> *Und sucht den Gegner zu bezwingen*
> *In hartem, ritterlichem Strauß.*
>
> *Oft aber wird es auch geschossen,*
> *Du selber hast es wohl getan,*
> *Und doch fängt immer unverdrossen*
> *Sein Wesen es von Neuem an.*
>
> *Auch wird gezogen es von Pferden,*
> *Geschmückt nicht selten bunt und reich,*
> *Und könnte dann wohl manchmal werden*
> *An Stolz den hohen Herren gleich.*
>
> *Am meisten aber ist willkommen*
> *Es in der Frühlingszeit,*
> *Wenn es zur Stärkung eingenommen,*
> *Schafft's ungeheu're Heiterkeit.*

Endlich, um ein Bierterzett voll zu machen, ist auch die »Gohse« vertreten in einer guten, von Adolf Nagel verfassten, von ihm zwar fälschlich Logogriph, von uns aber richtiger Rätsel mit Buchstaben-Elision genannten Rätselart:

Seit alter Zeit
Schon bin ich bekannt
Bei Weit' und Breit'
Als fruchtbar Land;
Doch raubst Du's letzte Zeichen nur,
Erschein ich als ein gutes Bier.

Die Auflösung ist »Gohsen –Gohse.« Weiter entnehme ich einer andern Rätselsammlung die Reime:

Zwischen Wasser, zwischen Wein
Steh' ich in der Mitte,
Wasser mag das Erste sein,
Wein ist erst das Dritte.

Ergo ist Bier das Zweite. Ferner das mundartliche:

Krumholz hält Gradholz,
Gradholz hält Pisewippop,
Pisewippop hält Leib und Seele zusammen,

dessen Lösung »ein Fass Bier« und *Pech liegt in der Eiche, Eiche liegt in Birke*, dessen Lösung: »Ein Bierfass.«

Endlich darf eines Rätsels von Moltke nicht vergessen werden, das da lautet:

Sechs Gesellen sitzen um einem Tisch,
Trinken desselben Getränks vom Fasse frisch;
Ein und derselbe Brauer hat's gebraut;
Ein und derselbe Schröter fuhr es zum Haus;
Ein und derselbe Gastwirt schenkt es nun aus;
Einerlei Namen hat's im deutschen Land:
Dennoch, wie jene sechs Zecher nach der Hand
Haben des Trinkstoffs Namen nach Haus geschrieben,
Ist er auch nicht bei Zweien sich gleich geblieben.

Die Lösung lautet: Baiersch Bier, bairisch Bier, beirisch Bier, bayrisch Bier, bayerisch Bier, bayersch Bier.

Ebenso finden sich auch einzelne markante und charakterisierende Ingredienzien des Bieres in Rätselsform verarbeitet, die hierher gehören und die wir schon aus dem Grunde mit aufnehmen, um den sonstigen Mangel an Bierrätseln teilweise zu decken. In erster Linie ist es die Gerste, deren als charakteristisches Ingredienz Möbius bereits in seiner Charade vom Barbier gedacht, wie wir wissen. Derselbe fleißige Griphologe gedenkt aber der Gerste, als Hauptbestandteil des Bieres, auch in einem Zifferrätsel, in welchem die sieben Worte: Gestern, Ger, Gerste, Gern, Stern, Neger und Regen verborgen sind:

1 2 3 4 5 6 und 7
Kann Jeder nur post festum lieben,
Nach 1 2 6 ward, wie bekannt,
Das Deutsche Reich dereinst genannt;
1 2 6 5 4 2 verschafft
Dir dieses Volkes Lieblingssaft.
1 2 6 7 tun oft
Das Gute, was man von Dir hofft;
3 4 5 6 und 7 macht
Dir Freude in der dunkeln Nacht;
Von 7 2 1 2 6 sagt
Man, dass sein Geist hervor nicht ragt;
Doch wär' es gut, ließ' sich verschieben
Manchmal 6 2 1 2 und 7.

Es behandelt M. Paul die beiden Worte »Gerste und Erste« zusammen folgendermaßen geistreich, abermals mit Bezug auf das Bier:

Wenn Du der Frucht, der viele and're gleichen,
Sie aber schafft des Trinkers Lust und Glück,
Mit scharfem Schnitt nimmst weg ihr erstes Zeichen,
Bleibt unversehrt die Erste doch zurück.

Auch ein anderes hochwichtiges Ingredienz des Bieres, das Malz, ist in Rätselform gebracht in folgendem Rätsel mit Buchstabenwechsel:

Mit i befind' ich mich in Dir,
Mit a jedoch trink'st mich im Bier.«

Lösung: »Milz – Malz.«
Und ein anderes lautet:

> *Mit o – ist's eine Pflanze;*
> *Mit ü – sieht man's beim Tanze.*

Lösung: »Hopfen – Hüpfen.«
Ein besonderes interessantes Rätsel entnehme ich Theophil Bittkopf's zweiten Hestchen seines Rätselschatzes:

> *Es tanzt ein brauner Geselle*
> *Mit seiner weißen Mamsell*
> *In einer kristallnen Kapell.*
> *Sein Vater ist dünn, wie Gras;*
> *Die Mutter dick, wie ein Fass;*
> *Kapellchen rund wie ein Glas.*
> *Wer ist der braune Gesell?*
> *Und wer die weiße Mamsell?*
> *Wie heißt die runde Kapell?*
> *Wer weiß, wo das Tanzen geschah?*
> *Wie heißt der dünne Papa?*
> *Und wie die dicke Mama?*

Und die Lösung? Die Worte: »Bier, Glas, im Bierglase, Gerstenhalm, Tonne.«

Zum Schlusse sei noch eines kühnen Vergleiches poetischer Auffassung gedacht, der sich in einem Rätsel vom Ei befindet und darin das Eiweiß und Eigelb als zweierlei Bier aufgefasst ist, was an ein ähnliches Rätsel vom Ei erinnert, worin von zweierlei Wein gesprochen wird.

Besagtes Rätsel lautet:

> *Kommt eine Tonn' von Engelland,*
> *Ohne Boden, ohne Band,*
> *Ist zweierlei Bier d'rin.*

XXIII

Das Bier im Sprichwort

Ein besonderes Kriterium für die Wichtigkeit einer Sache ist ihre häufige, sprichwörtliche Anwendung und der öftere Gebrauch im Volksmunde. Dies bewahrheitet sich auch bei unserem Getränk, beim Bier. Ein ganzes Heer von Biersprichwörtern drängt sich flutartig mit den Wellen des Schalles an unser Ohr. Nebst zahlreichen anderen Werken dient Wander's monumentales »Deutsches Sprichwörterlexikon« als Hauptquelle. Auch der Nachtrag im 5. Bande ist zu beachten. Wie selbe alle sichten und sondern? – Hier heißt es, sich mehr denn je nach einem Prinzip umsehen, um das Gros von Wendungen und Phrasen in ein gewisses System zu bringen. Denn selbe bloß nach Wander aufzuzählen, wie es Graesse tat, möchte mir nicht genügen. Auch entschied ich mich nicht für die Aufzählung nach den verschiedenen einzelnen Sprachen, sondern ziehe es vor, des Parallelismus wegen, vergleichende Sprichwörterkunde zu treiben, und dabei möglichst viel Sprachen mit herein zu ziehen. Gewisse dicta und Worte sind so allgemein, man hört sie jeden Augenblick und aller Orten, z.B.:

Wein auf Bier,
Das rat' ich Dir,
Bier auf Wein,
Das lass sein.

»Bier und Brot macht die Wangen rot« oder »Bier nährt, Wein zehrt« u.dgl.m. Andere Sprichwörter sind national oder gar auf gewisse Gegenden beschränkt und daher allgemein weniger bekannt. Wir aber müssen sie alle in unserer Studie möglichst zu erschöpfen trachten, mögen sie der oder jener Sprache angehören oder in mehreren Sprachen ihre Analogien haben, mögen sie gereimt oder ungereimt, in Prosa oder versifiziert sein, mögen sie sich auf eine besondere Eigenschaft des Bieres beziehen, zu diesem oder jenem Vergleichspunkt dienen usw.

Viele rechnen unter den sprichwörtlichen Gebrauch auch die verschiedenen lokalen Benennungen, welche Dr. Pruck-Mayr recht geistreich die Spitznamen des Bieres genannt hat.

Es mag wohl ein Berührungspunkt vorhanden sein, der dies begründet erscheinen lässt, ich habe ihnen aber eine besondere Stellung eingeräumt und begrenze diesen unseren geistigen Horizont auf die eigentlichen Biersprichwörter. Aber auch da abstrahiere ich z.B. von den Bier und Wein gegenüberstellenden Wendungen, denen ich bereits im Kapitel IX. ihre Stelle angewiesen. Das System nun, nach welchem ich unsere Biersprichwörter zu klassifizieren gedenke, wird sich aus dem Verlaufe selbst ergeben; ohne dass ich das Programm vorausschicke, wird die Einteilung vielmehr bereits in und mit der Studie gegeben sein, auch kann ich bei den vielen möglichen und sich vielfach kreuzenden Einteilungsgründen mich nicht sklavisch nur an den einen oder den anderen halten.

Eine wichtige, besonders zu erwähnende Einteilung muss ich hervorheben, in Sprichwörter, welche von Bier als solchem sprechen, z.B. die früher schon beispielsweise angegeben und solche, wo das Bier bildlich für irgendeinen anderen Begriff steht. So sagt man z.B. in Schwaben: »Einen beim sauren Bier finden« für: Einen auf einer Lüge ertappen. Analog sagen die Siebenbürger Sachsen: »Enen af dem saure Bär bekun.«

»Wäre das Bier nur wieder im Fasse«, ist der sprichwörtliche Wunsch, eine Sache möge nicht geschehen sein. Auch in dem Sprichwort: »Wenn das Bier getrunken ist, folgen die Hefen,« ist das Bier für jeden anderen Genuss gebraucht, d.h.: »Auf den Genuss folgt meist ein Verdruss.« Ebenso: »Wer Bier holt, bekommt Hefen mit,« »Wer das Bier getrunken hat, kommt zur Hefe,« »Fex remanens detur, dum cerevisia minuetur«. Andererseits werden die Hefen auch in günstigem Sinne gebraucht. So bedeutet: »Dem Biere sind die Hefen gegeben worden« so viel, als »eine Sache ist gut eingeleitet« oder »ein Unverschämter gehörig abgeführt worden«.

Von der berauschenden Eigenschaft des Bieres ist wohl die spöttische Verwunderung: »Seht, wat dat Beer tut,« hergenommen, wenn

Einer heftig aufbraust; »Dat is stark Bêr,« wird manchmal in dem Sinne »Das ist starker Tabak« gebraucht. Auch das Wort »Jungbier muss ausgähren,« könnte man in diese Kategorie rechnen. Sowie das Wasser scherzweise »Gänsewein« genannt wird, so wird es zuweilen »Fischbier« geschimpft.

Etwas Ähnliches ist in dem zu Breslau üblichen Worte ausgedrückt: »Das Bier ist aus dem langen Holze«. Mit Bezug auf das Brunnenrohr wird Wasser so bezeichnet. »Dat 's een Beer,« sagte die Gans, als sie aus sieben Pfützen getrunken hatte. Auch in den Pfützen aber ist schmutziges Wasser, das die Gänse trinken. Hier hat Bier so viel zu bedeuten als Sorte. »Es ist ein Bier,« meinte nämlich die Gans und ging vom Miststall zur Pissrinne.

Übrigens genügen die bloßen Bieringredienzien zur Bierbereitung nicht, es muss Wasser dazu genommen werden, was im Sprichwort »zum Bier ist das Wasser ebenso notwendig, wie der Hopfen oder das Malz« niedergelegt ist. Doch darf das fertige Bier nicht mit Wasser vermischt, gefälscht oder, wie man auch zu sagen pflegt, von den Wirten getauft werden. Sonst wird ein Dünnbier im üblen Sinne daraus. Darauf spielen die Phrasen an: »das Bier ist getauft,« zur Taufe braucht man ja Wasser, und »Das Bier ist über eine Brücke oder durch einen Graben gefahren,« wie man in Ostpreußen sagen hört. Daher:

Wer Biere fälscht und Weine tauft,
Verdient, dass er sie selber sauft.

Ähnliches besagt auch der Vers:

Wasserreich und hopfenarm,
Ist ein Bier, dass Gott erbarm'.

Hopfen und Malz sind die wichtigsten Ingredienzien des Bieres, daher: »Das ist ein Bier ohne Malz und Hopfen,« »er braut Bier ohne Malz,« »Bier ohne Hopfen braucht keinen Pfropfen« und selbst auf unverbesserliche Menschen angewendet: »An ihm ist Hopfen und Malz verloren.«

Die nährende Kraft des Bieres ist in dem schon genannten »Bier nährt, Wein zehrt« und »Bier und Brot macht die Wangen rot« niedergelegt. In der Tat ist ein starker Trinker immer ein schwächerer Esser und die Böhmen haben Recht, wenn sie sagen: »Casto piva nalívaj, hojnost hleba vždy mievaj« und »Kde je pivovar, tam netřeba pekaře.«

Was andere Eigenschaften und Folgen des Bieres anbelangt, so heißt es: »Beim Biere gibt's viel tapfere Leute,« d.h. man bekommt, wenn man getrunken, Mut und Courage. Speziell vom baierischen Bier heißt es:

Dass bairisch Bier auch Helden nährt,
Das haben die Baiern in Frankreich gelehrt.

Das Bier macht aber auch Helden des Mundes, redselig. »Bier macht aus einem Wort vier,« »Bier bringt große Worte herfür,« »certat magnopere cerevisia verba movere.«

Andererseits macht aber Bier auch trunken und »auch gut Bier macht böse Köpfe.« »Das Bier ist gut gewesen, es hat blutige Köpfe gegeben,« und »aus dem schlechtesten Bier wird oft der beste Kater.«

Die berauschende Eigenschaft des Bieres findet sich in vielen und verschiedenen Biersprichwörtern ausgedrückt: »Bier ist ein böser Koch, es schlägt einen vor's Loch.« »Wenn'st Beer is in de Kann, so is de Wisheit in de Mann« heißt es in Ostfriesland, dann aber wird es umgekehrt, wie die Nordfriesen sagen: »'At Bier un a Man an 'at Wat un a Kân,« d.h. »das Bier ist im Manne und der Verstand in der Kanne.« Hierher gehört auch das Wortspiel: »Des Morgens ist er ein Bierfass, des Abends ist er ein Fass Bier.« Im Theatrum Diabolorum findet sich die Stelle: »Das Bier ist so gut und stark, dass es neun Münche erwürgt und redet drei Tage aus dem Menschen.« Daher wäre die Mahnung zu beherzigen, welche an einem Bogen des Berliner Ratskellers (Bierkellers) als Aufschrift steht:

Willst vom Bier du haben Spaß,
Trink' fürsichtig Maß für Maß.

Für besondere Biergattungen ist ihre berauschende Eigenschaft in besonderen Sprüchen ausgedrückt und oft das Kriterium mit angegeben, wodurch sich der Rausch manifestiert. So heißt es vom Breslauer »Schöps« oder »Scheps«:

Schöps steiget in's Gesicht,
Braucht keine Leiter nicht;

> *Er sitzet in der Stirn,*
> *Wirkt Wunder im Gehirn,*

oder im sogenannten Macaronischen Latein: »Scheps caput ascendit, neque scalis indiget ullis, sessitat in stirnis, mirabilis intus in hirnis.«

> *Danziger Bier ist stärker als der Ochsen vier.*
> *Gutes Eilenburger Bier bringt den Bassgesang herfür,«* ist in
> *Leipzig gebräuchlich.*

> *Wer Bier trinkt aus Zizenille,*
> *Der liegt drei Tage stille.*

So wirkt verschiedenes Bier im Rausche auf verschiedene Weise, freilich spielt die Individualität und Gewohnheit dabei eine große Rolle. Man weiß ja, ein Betrunkener lacht, der andere weint, der eine wird roh, ein anderer ausnehmend freundlich, der eine still und muros, der andere lustig und singt. Die Güte mehrerer Biere wird auch dadurch hervorgehoben, dass man sie besonders mit Malvasier vergleicht; so heißt es:

> *Breslauer Bier ist der Schlesier Malvasier;*
> *Naumburger Bier ist der Thüringer Malvasier;*
> *Torganer Bier ist der Armen Malvasier;*

oder

> *Zerbster Bier und rhein'scher Wein,*
> *Dabei wollen wir lustig sein.*

Vom Bier in Belgern bei Torgau heißt es: »cerevisia Belgrana omnibus est sana.«

Vom berühmten Bockbier geht das Wort: *Einbecker (Ainpöckher) Bier ist ein stark Tier* und von der Goslarer Gose:

> *Ein gutes Bier ist die goslar'sche Gose,*
> *Doch wenn man meint, sie sei im Bauch, so ist sie in der Hose.*

Auch die Engländer rühmen in ihren Sprichwörtern die Vorzüge ihrer Biere. Zwei Sprichwörter, ein deutsches und ein Böhmisches, widersprechen einander teilweise.

Es behauptet nämlich der Deutsche: *Gut Bier ist Speise, Trank und Kleid*, nährt also nicht bloß, sondern kleidet und wärmt auch; ebenso der Engländer: *Good ale is meat, drink and cloth*. Der Böhme dagegen meint: *Pivo hřeje, ale nesati*.

Übrigens gilt es auch im Deutschen: »Gut Bier macht die Wangen rot und den Hinteren bloß«. Man vertrinkt schließlich seine Kleider, was auch im »etwas auf das Bierfass decken« gesagt zu sein scheint. Damit sind wir auf das Vertrinken seiner Habe gekommen, was am stärksten wortspielartig ausgedrückt ist in:

> *Wer gerät in's Bierhaus,*
> *Kommt in's Verlierhaus.*

Denn das Trinken kann zur Leidenschaft werden und ist leicht angewöhnt. Sagt doch schon Luther in seinen Tischreden: »Wer ein Kandel Bier hat, der hätte gern das Fass«. Viel Biertrinken geht aber in's Geld und der Böhme rät an: »Nech piva, pij vodu, nečin kapse škodu«, vielleicht mit Bezug auf jenen Müller, der seine Mühle vertrunken, eine Art Rodenstein in Bier und dann, als er Wasser trinken musste, ausrief: »Hätte ich, o Wasser, gewusst, dass Du so gut mundest, hätte ich noch meine Mühle!« Von solchen starken Biertrinkern, eigentlich schon Biersäufern, sagt man dann, sie seien »Bierlätzel«, auch »Bierenten« oder »Bierigel«, wie Henneberger in seiner Erklärung zur preußischen Landtafel »Bierrenten« und gute Zecher zusammenstellt.

Die Bewohner von Donnersberg erhielten den Namen Bierjäger. Sie kamen dazu auf folgende Weise: In Kirchheimbolanden in der Pfalz war Assentierung. Die Burschen waren meist von Donnersberg.

»Tauglich – 8. Infanterieregiment – Metz«, rief der Assentierende. Da bat der Assentierte, er möchte lieber zu den Jägern nach Zweibrücken. Seine Bitte ward ihm gewährt. Als aber der zweite, dritte, zwölfte usw. dieselbe Bitte taten, forschte man nach dem Grunde. Da sagte der anwesende Gendarm zum Oberst: »Ja, in Metz kostet das Glas Bier 25 Pfennige und in Zweibrücken bloß 11 Pfennige. Seitdem blieb den Donnersbergern allen die Scherzbenennung »Bierjäger«. Der Ausdruck: »Er ist ein Bierbischof« bedeutet so viel als einen hohlen Tröster. Übrigens haben Bischof, Papst, Kirchhof u.dgl. im Studentenbierkomment noch andere Bedeutungen.

Beim Bier lässt sich gut trösten, auch Freundschaft schließen:

Beim Bier wird ja Freundschaft geschlossen,
Da trinkt man sich brüderlich zu
Und so wie die Hopfen sprossen, Ertönt es in Du und Du.

Oder wie auf einer Inschrift zu lesen:

Der Mensch ist bierlos halb erstorben,
Das Bier bringt Scherz und Brüderschaft,
Das Bier hat manchen Freund erworben,
Das Wasser manchen abgeschafft.

Auch im Münchner Keller prangt ein Spruch:

Studentenkappen, Soldatenrock,
Hofräte und Hatschiere,
Solch' Concordat gibt's nur beim Bock,
Beim König aller Biere.

Da ist die Bruderschaft gar rasch getrunken, aber solche Bierbekanntschaften und Bierfreundschaften heißen oft nicht viel.

Auch ist nicht immer alles wahr, was beim Bier oder Wein gesprochen wird und es ließe sich wohl eine Deutung des Wortes: »In vino veritas« auch auf das Bier anwenden. Meine diesbezüglichen Verse lauten:

Ein Römerspruch, ein alter das,
In vino, sagt man veritas,
Das heißt, man pflegt, beim Saft der Trauben,
Was gesprochen, auch zu glauben.

Und irklich sagt auch ein deutsches Sprichwort:

Was am Biertische gesprochen,
Ist keine Dauerlast auf Wochen.

Und:

Die Freundschaft, die das Bier gemacht,
Wirkt, wie das Bier, nur eine Nacht.

Auf die Frage, wann oder auf was Bier getrunken werden soll, antwortet der Böhme: *Na maso pivo, na zeli voda.*

Auch das Exterieur des Bieres, besonders die sogenannte Blume, wie Studenten das volle Glas nennen oder die Borte, der Hut, die Kappe und wie der obere Schaum sonst genannt wird, ist in's Sprichwort übergegangen. So sagt man besonders in Rheinhessen: »Das Bier hat einen Feldwebel«, wenn die Borte zu groß, also schlecht gemessen ist. Es sieht sich gustiös an und ist ein einträglicher Vorteil des Wirtes; bei 5 Glas Bier ist der Gast um ein 6. geprellt. Übrigens ist es nur dann gustiös, wenn der Schaum schmettenartig ist. Man hört dann auch oft: »Das Bier hat einen weißen Hut auf.« Wir sind dem poetisch schon im Kap. IX begegnet.

Bei großblasigem, schlechten Schaum aber pflegt man zu sagen: »Das Bier hat Polizeiaugen«. In Köthen hört man wohl auch: »Das Bier hat fatale Visitatoraugen«.

Und wer vermag alle die bezeichnenden Worte und Phrasen für schlechtes, leichtes, getauftes oder dünnes Bier aufzuzählen? Einigen sind wir bereits begegnet: »Das ist Bier ohne Hopfen oder ohne Malz«, oder die verschiedenen Beziehungen auf das Wasser, worunter das kräftigste Wort für ein minder kräftiges Bier wohl folgendes, früher noch nicht zitiertes, ist: »Ös wenig Bêr under dem Water.«

Schlechtes Bier pflegt man auch »einen Trank für den Teufel« zu nennen. Das Sprichwort hat sogar einen historischen Hintergrund. Papst Alexander VII. meinte nämlich, als er noch als Kardinal Chigi einige Zeit päpstlicher Legat in dem westphälischen Flecken Langerich war, von dem sonst sehr beliebten, »Gräsich« genannten westphälischen Kräuterbier: »Nur noch etwas Schwefel hinein, und es ist ohne Zweifel ein Trank für den Teufel«.

Oft dünkt ein Bier gut, es mag, wie man zu sagen pflegt, süffig sein, aber sowie »man den Tag nicht vor dem Abend loben soll«, so »lobe man nicht das Bier vor dem Kater«. Außer den bisher genannten wichtigsten Biersprichwörtern gibt es noch eine bedeutende Anzahl solcher, die in keine der angegebenen Gruppen passen, sondern vielmehr für sich stehen. Einige der wichtigeren wollen wir hier folgen lassen: *Heimisch Bier ist besser, als fremder Wein. Trink Bier, bis Du Wein bezahlen kannst. Gut Bier ist besser, als schlechter Wein.*

In diesen Sprichwörtern ist Wein immer höherstehend als Bier gedacht. Ob mit Recht, dafür ließe sich manches pro und contra sagen und *adhuc sub judice lis est.*

Historisch ist die bei einem Studentenfeste 1845, auf einen Biergegner spöttisch angebrachte, später zum geflügelten Wort gewordene Inschrift: »Bier ist Gift.«

Historisch sollen auch die Worte der ränkevollen polnischen Königin Bona, Gemahlin Sigismund I., auf die Vorstellungen ihres Volkes sein: »Bier mit Blut, reizt nicht zur Wut«.

Und der Sohn Georg Poděbrad's verlangte, als er die Lausitz verheert und nach Bunzlau kam, von den Einwohnern nichts, als – Bier. Ein auf diese Begebenheit verfasstes Volkslied enthielt auch die später zur Erinnerung an das gute schlesische Bier sprichwörtlich gewordene Stelle: »Gut Bier zum Bonzel«.

Schließlich, um die ohnehin etwas längere Studie zu Ende zu führen, wäre aller der Phrasen und Ausdrücke zu gedenken, die mit dem Bier und seinen Kompositionen in Verbindung stehen, zum Beispiel: »Wie eine Bieramsel«, »Auf oder von der Bierbank«, »Bierkrug«, »Bierschenk« u.a.

So sagt man: »Auch die Biersiedler sind Musikanten oder Künstler.«

Ein Biersprichwort habe ich mir zum passenden Schlusse aufgehoben, es lautet:

Einer trinkt's Bier in der Schenke, der Andere im Traum;
Einer mit Hefen, der Andere mit Schaum.

Wir haben es in dieser Studie auch gar oft in den Mund genommen, aber als Wort für das Getränk – im Sprichwort.

XXIV

Das Bier im Spruche

Vor Allem möchte ich diese Skizze von der vorangehenden »Das Bier im Sprichwort«, unterschieden wissen. Schon aus den bisherigen Artikeln meiner Serie von Bierstudien wird der Leser ersehen haben, dass ich bemüht bin, den Gegenstand möglichst zu gliedern. Sprichwort und Spruch sind aber, obwohl oft für einander gebraucht, doch nicht zu identifizieren. Wir wollen vielmehr den Spruch in unserem Falle als kleines Gedichtchen fassen, sodass diese Skizze gleichsam eine Fortsetzung der »Poesie des Bieres« bilden kann. Wohl haben wir gelegentlich der verschiedenen einzelnen Studien bereits solche Sprüche an passenden Orten zitiert, und hätten z.B. das bekannte:

Wein auf Bier,
Das rat' ich Dir;
Bier auf Wein.
Das lasse sein.

mit herein zu beziehen. Doch habe ich mit Absicht gewisse Zitate gerade in bestimmter Studie als am passendsten Orte platziert.

Auch in der Abhandlung: »Von der Farbe des Bieres« wurden mehrere solche Sprüche, dem Münchener Ratskeller entnommen, aufgenommen und in diesem Genre müssen wir eben das Material für dieses Thema suchen.

Als Quellen dazu dienen der Volksmund (das Sprichwort), die Poeten, besonders aber die Inschriften und Aufschriften in Lokalitäten jenes Genres, dessen Haupt-Repräsentant der Münchener Ratskeller ist. Daselbst sind aber die einzelnen Verse, oft gar artige und weise Sprüchlein, immer noch von den entsprechenden Illustrationen begleitet.

Ein Broschürchen, »Beschreibung des Münchner Ratskellers«, herausgegeben von Feodor Horrmann, gedruckt bei Knorr und Hirth in München, beschreibt den berühmten Keller und bringt in rotem Druck zwischen dem schwarzen erläuternden Text all' die oft allegorischen Bier- und Weinsprüche. Die künstlerische Ausschmückung rührt vom Maler Ferdinand Wagner und die Sprüche besorgte der Künstler und Graveur Feodor Horrmann. Uns interessieren natürlich bloß die Biersprüche. Verweisen muss ich in der Literatur auch auf das artige Büchlein »Trinksprüche« im Verlage von Otto Wermann, erschienen in Altenburg, sowie die mit köstlichen Illustrationen versehene Festgabe von Ferd. Wagner, auf welche wir noch im Kapitel »Das Bier im Bilde« kommen müssen.

Nun wollen wir die Horrmann'schen Sprüche ein wenig näher besehen. Da sind vor allem jene Sprüche zu nennen, die zugleich einen Beitrag zu unserer Mythologie des Bieres bilden können. Wir wollen selbe nach den einzelnen Mythologien folgen lassen:

Zunächst ägyptische Mythe:

Das einstmals die Ägypter
Den Völkern all' voran,
Das hast, Osiris, Du
Mit Deinem Bier getan.

Oder:

Von Osiris erlauschte die Isis,
Wie köstliches Bier man braut,
Und da es ein tiefes Geheimnis –
Hat sie's dem Gambrinus vertraut.

Oder:

Das Ägypten war von Allen
Das einflussreichste Land,
Bewies der Welt Osiris,
Weil er das Bier erfand.

Ferner griechische Mythe:

Sei, Ceres, mir gegrüßt
Mit Deinen Ähren da,

> Gegrüßt Dein braunes Kind:
> Die Cerevisia!

Und aus nordischer Mythe:

> Zum Himmel drang die Kunde
> Von Ägyr's famosem Bier,
> Da kamen die Götter herunter,
> Ihr seht sie kneipen hier.

Oder:

> Das Ägyr vermochte zu locken
> Vom Himmel selbst Götter herunter,
> Zeigt klar, dass das Bier schon damals
> Bei den Deutschen bewirkte Wunder.

Folgendes Quatrain befindet sich auch im speziellen Münchener Bierkeller, sodass unter dem Willkommstrunk der Walküre jedenfalls nur Bier gemeint sein kann:

> Umfängt den gefallenen Krieger
> Walhallas Herrlichkeit,
> Kredenzt ihm den Willkommenstrunk
> Hold die Walkürenmaid.

Auch fatyrische Stellen finden sich:

> Die alten Deutschen opfern
> Hier ihren Göttern Bier,
> Wahrscheinlich ist's ein saures,
> Und nicht viel Schad' dafür.

Der Leser erinnert sich vielleicht noch des gelegentlich der »Mythologie des Bieres« genannten Sankt Columban.

Folgender Spruch könnte auch als Interpretation jener daselbst genannten Mythe vom Athem des heiligen Columban dienen:

> Ihr opfert Bier den Göttern?
> Ei, ei, was ficht Euch an?
> Schickt's lieber uns in's Kloster,
> So ruft Sankt Coluniban.

Historischen Hintergrund erblicken wir dagegen in den folgenden Sprüchlein:

Der römischen Kriegskunst erlagen
Die Limbern trotz ihrem Mut;
O weh, da mussten sie tragen
Ihren Bierkessel als Tribut.

Im Hopfengarten wandelt hier
Der Kaiser Carl, mich will's gemahnen,
Als dächt' er, hab' ich gutes Bier,
Hab' ich zufried'ne Untertanen.

Und mich gemahnt dieser, Kaiser Carl unterschobene Gedanke an jenen edlen französischen König, der jedem seiner Untertanen Sonntags ein Huhn in den Topf wünschte, natürlich mit einer anticipatio temporis.

Ebenfalls ein Stück Geschichte birgt sich in weiteren Quatrains auf der Münchener Ratskellerwand:

Rudolf von Habsburg, der Rittersmann,
Er läuft durch Erfurts Straßen
Mit vollem Pokal, er preist dem Volk
Das Stadtbier über die Maßen.

So lang' ich, ruft Hans von Leyden aus,
Von dem köstlichen Bier noch habe,
Herr Bischof von Waldeck, träumt's mir noch nicht
In Münster von Übergabe.

Einem Frankenfürst schenkt einen Bierpokal
Von Silber der König Richard,
Daraus zu ersehen, wie von Königen selbst
Von jeher das Bier schon geehrt ward.

Zu Potsdam im Tabaks-Collegium,
Da gab es nur Bier in den Krügen,
Dem König von Preußen war das genug,
Warum sollt' es uns nicht genügen?

Einzelne Biere finden sich noch speziell ausgezeichnet in Spruch-Inschriften, wie:

Den Nonnen am Anger von Sancta Clar'
Gewährten zwei Herzog von Bayern,
Dass sie ihr Bier sich selbsten brau'n,
D'rob gab es viel Jubel und Feiern.

Bei Sankt Francisco im Kloster
Braut man vortreffliches Bier,
Und bist Du ein armer Teufel,
Zahlst Du keinen Heller dafür.

Als Inschriften für Brauereien eignen sich auch noch folgende Sprüche:

Guten Keller bauen,
Ist halb gut Bier brauen.«

Klein Feuer
Gibt süß Malz dem Bräuer.

Was sich soll klären,
Das muss erst gären.

Am jüngsten Tage wird's geschaut,
Was Mancher hier für Bier gebraut

u.a.m.

Oder als Inschrift auf Gläser:

Sieh' dich wohl für,
Schaum ist kein Bier.

Schon Dr. Luther spricht,
Wasser tut's freilich nicht.

Und er meint entschieden Bier, es ist ja bekannt, dass er ein Bierliebhaber gewesen. Auch in seinen Tischgesprächen finden sich Belege dafür. Die Sitte solche Inschriften auf Gläsern anzubringen, die in neuester Zeit wieder blüht, ist übrigens hohen Alters. So ist z.B. in Paris ein altes Biergefäß aus der alten gallisch-romanischen Periode aufbewahrt, darauf sich die Inschrift befindet: *Hospita reple lagenam cervisia!* Und auf anderen Gefäßen stand zu lesen: *Cerevesariis feliciter!*

Hierher sind auch noch diverse Bier-Zechsprüche, Mälzergstanzeln, dialektische dicta zu zählen, welch' letztere besonders bereits den Übergang zur Poesie des Bieres vermitteln.

Eine Reihe sehr beifällig aufgenommene Mälzer-Gesangeln brachte beim VII. Mälzertag in Wien auf der geselligen Unterhaltung im Hotel Metropole die Lokalsängerin Leopoldine Pitsch vom Fürsttheater zum Vortrage. Unter andern lauteten einige:

Kaner is so g'stellt – wie der Malzfabrikant,
A Jeder von uns – hat sein Gerst'l bei'nand.

Es is nix so traurig – und nix so betrübt,
Wie wenn's für den Mälzer – ka Gerst'l mehr gibt.

Die Fenster der Tennen – sind gelb oder blau,
Die Zölle und Frachten – erscheinen uns grau.

Das Malz soll schön mürb sein – die Madl'n recht resch,
Das Malz ist dann gut – und die Madl'n san fesch.

A Gersten, die hart ist – und speckig dazu,
Die lasst halt dem Mälzer – kan Fried' und ka Ruh!

Wenn's Wasser zu kalt ist – fix Sapperment!'
Dann nimmt halt das Weichen – sein Lebtag ka End.

Magst schauen und schimpfen – und fluchen wie a Heid',
A ungleiche Gerst' macht – beim Wachsen ka Freud'.

Nix is so schrecklich – für'n Mälzer a Graus,
Wenn in an Haufen – viel Körner bleib'n aus.

Doch wachsen Hußaren – Auweh, dann is aus,
Do rennt glei der Mälzer – beim Thürl hinaus.

Findt ma Zöpf in an Haufen – oder Spatzen oh weh,
Steigen selbst auf der Glatzen – die Haar in die Höh'.

Wenn Rost kommt und Schimmel – jammert Jeder gar viel,
Wenn's weiter nix ist – da hilft Salicyl.

Passt der Mälzer nit auf – so wachsen d' Hußaren
Und statt einen Malz – hat er nacha an Schmarrn.

Jeder Mälzer ersind' schon – a Schwelk oder Darr',
Man wird bald vor lauter – Erfindung a Narr.

Mit den neuen System's – hat's dann erst an End,
Bis jeder Besenmajor hat – sein eig'nes Patent.

A Nebel, der schad't nix – wenn's Bier delikat,
Drum hat jeder Mälzer – an Nebel-Apparat.

Bei den In- und Aufschriften kann man auch der Grabschriften gedenken. Es finden sich darunter auch solche, die auf das Bier Bezug haben, so z.B. eine: »A. 1732 den 23. August begraben ist worden Franz Kradisch hier, Der viel Jahr gebreuet hat ein guttes Bier, Ein jeder Christ sagt dabey, Daß Gott seiner armen Seel' gnädig sei.«

Ich habe diese Grabschrift daher in meinem für B. Waldmann's Brauerkalender zum ersten Mal für das Sudjahr 1886 verfassten Cerevisiologischen Kalendarium mit Absicht auf den 23. August angesetzt. Die Brauer können nämlich ebenso berechtigt von einem Sudjahr sprechen, wie Studenten von einem Studien- oder Schuljahr, Soldaten von einem Militär- und Kriegsjahr etc. Besagte Grabschrift findet sich in Böhmen. Ein Seiten-, richtiger Gegenstück dazu bildet folgendes bayrisches Epitaph, in welchem gerade kein Lob ausgesprochen wird:

Hier ruht der Brauersepp,
Gott Gnade für Recht ihm geb!
Denn Viele hat, was er gemacht,
Frühzeitig in das Grab gebracht.
Da liegt er nun, der Bierverhunzer,
Bet, o Christ, zwölf Vaterunser.

Endlich dürfen wir auch der alten und neuen Brauer- und Bauernregeln für die 12 Monate des Jahres nicht vergessen, wie sie sich in fromme's von F. Fasbender redigiertem Brauer- und Mälzerkalender für 1880 finden. Sie lauten:

Akte und neue Brauer- und Bauernregeln für alle Monate des Jahres.

Januar.
Mit Eis stopf deine Keller voll,
Wenn dein Bier gelingen soll;
Drum wo 'ne Scholle sich nur backt,

Wird's gleich vom Bräu zusammen g'hackt.
Bau frisch drauf los, und nie vergiß,
Dass dies der beste Monat ist,
Denn bald schon kommt die faule Zeit,
Wo das Gebräu nur schwer gedeih't.

Februar.

Wenn auch der Taumond bringt noch Eis,
So fülle nach mit größtem Fleiß,
Denn was jetzt billig zu ersteh'n,
Wird an der Sonne bald vergehn.
Ist's um Lichtmeß hell und rein,
Wird's ein langer Winter sein;
Wenn es aber stürmt und, schneit,
Ist der Frühling nicht mehr weit.

März.

Beeile dich mit Lagerbräu,
Sonst ist die gute Zeit vorbei;
Und, was du schläfrig dann verpass't,
Holst du nicht nach mit größter Hast.
Feuchter und fauler März
Macht dem braven Brauer Schmerz,
Zumal, wenn er bis da, o schad',
Die Keller nicht voll Lager hat.

April.

In der Charwoch Schluß der Zeit,
Wo man die schweren Biere bräut,
Der Mutterkeller gibt, o Graus,
Bald nur »Schusterwasser« aus.
Dürr und trocken im April
Ist nicht des Bauern Will',
Auch dem Brauer wär es recht,
Wenn es recht viel regnen möcht'.

Mai.

Im Wonnemonat, ohne Spaß,
Schau fleißig nach beim Lagerfass,
Ob recht die Gährung und der Bruch,

Ob nicht zu viel und doch genug.
Kühl und Abendtau im Mai
Bringen Wein und vieles Heu,
Doch der Brauer denkt, ich weiß,
Mir ist's lieber trocken – heiß.

Juni.
Hör' auf zu mälzen, guter Mann,
Sonst kommen die Husaren an,
Auch Schimmelpilze, winzig klein,
Stellen sich als Gäste ein.
Regen am Medartitag
Macht dem Brauer arge Plag',
Denn die alten Weiber schrei'n:
»Wird noch vierzig Tage sein.«

Juli.
Mit Kalk bestreiche was du kannst,
Die Keller, Bottich, Tennen ganz,
Denn sonst kommt mancher Bösewicht;
Darum vergiss das Kälken nicht.
Gerät der Kohl, verdirbt das Heu,
Das ist dem Brauer einerlei,
Wenn nur die Hitze drückt recht schwer,
Wird Fass um Fass im Keller leer!

August.
Wasch deine Tennen, kühl sie aus,
Denn bald kommt neue Gerst' in's Haus;
Auf die Putzerei gib acht,
Dass sie in Ordnung wird gebracht.
Wenn die Finken früh schon singen,
Wird der Tag uns Regen bringen;
D'rum ihr Finken schlafet mehr,
Damit die Keller werden leer.

September.
Wird Brauergerste viel gesechst,
So prüfe bald ob sie recht wächst,
Und auch beim Hopfen sei bedacht,

Dass du das Best' bald heimgebracht.
Sicher zu Marie Geburt,
Zieh'n die Schwalben langsam furt,
Und der Bauer sucht mit Recht,
Woher die Satzhef' schön und echt.

Oktober.
Bevor du anfängst, gut geschmiert,
Die Pumpen, Aufzüg' durchprobiert,
Dann schau', ob auch das Wasser klar,
Im Brunnen wie im Reservoir.
Im Oktober viel Frost und Wind
Ist der Jänner, Feber lind,
Der Bauer diese Regel spricht,
Der Brauer aber glaubt es nicht.

November.
Wenn kalte Nächte kommen an,
So denk' an deine Keller dann;
Reiß' auf die Löcher groß und klein,
Damit die Luft d'rin werde rein.
Ist Katharina schön und rein,
So wird es auch um Neujahr sein,
Ist es aber starr und fest,
Sich große Kält' erwarten lässt.

Dezember
Im Christmond gilt's mit Müh und Fleiß,
Zu schauen auf das erste Eis,
Und wenn's auch teuer, heimse ein,
Denk' stets, es könnt' das Letzte sein.
Bläst der Wind um Stephani recht, So wird der Wein auf's Jahr recht schlecht;
Gott ist uns're Zuversicht.
Er verlässt die Bräuer nicht.

Und definitiv schließen möchte ich mit dem Losungswort:
Hie Leitmeritz,
Hie Inonic,
Hie Pardubitz,

> *Hie Beřkovic;*
> *Von Prag, von Wittingau, von Skalitz und von Ossegg, Von Pilsen*
> *und von Saaz lockt's uns aus jeder Eck,*

sowie mit folgenden in No. 19 des Jahrgangs XII. (1884) S. 365 erschienenen Titelreimen:

> *Niederöstreich hat guten Wein;*
> *Auch braut man gutes Bier darein.*
>
> *Oberöstreich hat den Apfelwein;*
> *Dort tut das Bier trefflich und wohlfeil sein.*
>
> *Brunn am Gebirg – ein lieblicher Ort,*
> *Den Felsenkeller besuch' alldort.*
> *Doch schau' in den Bierkrug nicht zu tief,*
> *Leicht versäumst Du zur Heimfahrt das Lokomotiv.*
>
> *Nach Liesing-Mekka wallen*
> *Viel Bier-Mahomedaner,*
> *Zu sein in Trinkerhallen*
> *Brauhaus-Neu-Hegelianer.*
>
> *Neudorf hat für schlimme Mädchen ein Institut,*
> *Aber auch ein Bier, das flüssig und gut.*
>
> *Nach Brunn zu fahren rat' ich Dir,*
> *Alldort gibt's nur Salvatorbier.*
> *Doch mangelt für Brunn es dir an Zeit,*
> *Liegt der Ort dir etwas zu sehr beiseit,*
> *Fahr' nach der Schwechat und kaufe Dir*
> *Ein frisches Krügel Austria-Bier.*

Ein Loblied auf das Schwechater Bier werden wir noch in der Poesie des Biers kennen lernen, wo auch spezielle Biersorten besungen erscheinen.

Hier scheint mir aber auch der passende Ort, von den verschiedenen Bierzeichen zu sprechen.

Es finden sich nämlich im Mittelalter als Zeichen des Bierverkaufs kleine Fahnen, Fähnchen oder Fähnlein, auch lepgen d.i. laeppchen genannt. Im Französischen entsprach dafür der Ausdruck étamine, wovon die betreffende Lokalität estaminet hieß. Doch meinte man darunter besonders ein Lokal, in dem auch geraucht wurde. Bier und Tabak sind ja, wie wir wissen, eng verbrüdert.

Im Elsass gab es in ältern Zeiten zwei ganz verschiedene Abzeichen für Bier und Wein; der Weinausschank wurde durch einen Ring oder Kreis, der Bierausschank durch einen Strohwisch gekennzeichnet. Das erstere nannte man auch einen »Reif«, das letztere Schaub, Schäublein, schöblin. So sagt z.B. Geiler von Kaysersberg: »Wenn man ein Schöblin ufgesteckt, das ist ein Zeichen, das man Bier da feil hat.« Auch bei Eiselein heißt es: »Wo man ein Schäublein aussteckt, ist es ein Zeichen, dass man Bier feil habe.« Nach und nach bildete sich das Doppel-Triangel (Davidstern als Zeichen) wohl zu unterscheiden vom Drudenfuß (Stern als Zeichen) zum allgemeinen Schankabzeichen. Es heißt auch und nicht mit Unrecht, der Brauerstern.

Auch ein Hopfenkorb von geschälten Weiden war ein beliebtes Wahrzeichen. Das Leipziger Rastrum empfing sogar seinen Namen von dem eisernen Rechen rastrum, an welchem ein gefülltes Glas als Bierzeichen hing.

In neuerer Zeit winkt gar oft ein hängender Kranz oder das Hexagramm einladend entgegen: *Mir macht kein Pentagramma Pein, Ich kehr' beim Hexagramma ein*«,
und wer kennt es nicht das schöne Lied, das da mit dem Verse beginnt:

*Im Krug zum grünen Kranze
Da kehrt' ich durstig ein*« etc.?

In unserer schilderreichen Zeit natürlich findet sich zumeist ein überschäumendes Bierglas von oft weniger einladender Farbe aufgemalt, und die Bierhäuser tragen oft die seltsamsten Namen und Aufschriften. Da war doch im Jahre 1338 ein großes Gebäude wenigstens charakteristisch »zu dem Biermanne« benannt und fand sein Seitenstück in dem Hause »zu der Bierfronwen«. In Straßburg hieß übrigens auch eine eigene Gasse geradezu die »Biergasse«. Gegenüber dem sogenannten »Hochzeitshause« in der uralten Stadt Hameln lag ehedem das Haus »zum neuen Schaden«, in dem die Wage und die Bierschmeckestube angebracht war. In der letzteren erblickte man eine sogenannte »Abscherung« von Brettern mit fünf Fächern und in denselben folgende Darstellungen nebst Zusätzen. 1. In der Mitte das Bild des Kaisers mit der Inschrift: »Ich will haben Tribut.« Dann folgte rechts das zweite Bild, einen Bettler vorstellend, mit dem Motto: »Ich habe nichts zu geben.« Diesem reihte sich rechts das Bild eines Soldaten an mit der Inschrift: »Wir geben nichts.« Das vierte Bild links führte einen Priester vor mit der Erklärung: »Die Geistlichen sind frei.« Das Schlussbild links brachte das Konterfei eines Bauern mit dem Dreschflegel mit den dürren Worten: »Ich muss geben, da Ihr Alle von mir lebet.«

In den Lokalitäten selbst finden sich besonders mehr oder weniger künstlerisch gelungene Bilder und Porträts von Gambrinus, gewöhnlich mit den in Cap. VI zitierten dem Bild untergesetzten Versen. Dass auch die Plastik sich des Gambrinus bemächtigt, ist uns ebenfalls bereits bekannt. Die eigentlichen Bierlokalitäten, Kneipen genannt, haben wir bereits beim Bier in der Studentensprache gestreift.

Als sonstige cerevisiologische Embleme figurieren Gerste und Hopfen entweder in Bündeln und Ranken, oder zum Kranze gewunden; drei Ähren in der Hand sind das Attribut der heiligen Walpurga; ferner Fässchen und vor Allem der Bock, welcher einer hervorragenden dunklen Biergattung den Namen gegeben hat. Hierher gehören endlich auch die speziellen Marken für spezielle Biersorten, so z.B. wurden zu Lübeck für die Ausfuhr zur See ein besonderes starkes Seebier gebraut, dessen Gefäße nicht nur das Abzeichen der Stadt, sondern auch ein »S« oder einen Anker führten. Diese Ankerfässchen erfreuten sich bald eines besonders guten Rufes bei den Biertrinkern. Von der Weltmarke des Bierkönigs M. Th. Baß haben wir schon vernommen. Auch den für einzelne Biersorten usuellen Trinkgefäßen könnte man ein eigenes Kapitel »Woraus man trinkt« gewidmet werden, wir begnügen uns mit der Tatsache, dass es, wie für verschiedene Weine, auch für verschiedene Biere verschiedene Formen von Gläsern und Trinkkrügen und Krügeln gibt. Ich nenne nur die Maß-, Halbe-, Seidel-, Litergläser, Stangengläser, Bockgläser, Schoppen und Schöppchen usw., sowie das Trinkhorn der Studenten. Ein Kenner des Gambrinus brachte einst ein ganzes Feuilleton ohne Worte bloß mit Abbildungen der diversesten Bierhumpen mit unterschiedlichen Inschriften.

Ein diesbezügliches kleines Museum besitzt ebenfalls Noback, das unter anderem einen alten nordischen Holzhumpen enthält, welcher nach Aussage des Archäologen und Direktors des nordischen Museums in Kopenhagen wohl einem alten Fürsten, wenn nicht Könige gehört haben muss, wie der in der Schnitzerei vorherrschende Löwe schließen lässt.

Auch beim Kunst- und Antiquitätenhändler Lehmann in Prag hatte ich Gelegenheit eine Sammlung seltener und alter Bierhumpen zu bewundern. Besonders reich ist an solchen das germanische Museum in Nürnberg. Mag nun die Form des Bierhumpens oder Stiefel wie immer sein, oder aus welchem Material immer:

Trinkt vornehme Sünder
Aus Gold euren Wein,
Wir freu'n uns nicht minder
Beim Bierkrug aus Stein;

nur groß genug muss er sein.

Schließlich, da wir mit den Bierzeichen gewissermaßen die Annonce des Bieres kennen gelernt, so sei auch eines historischen Momentes gedacht, worin eine Reklame gelegen ist; ich meine die Bierrufer des Mittelalters, den sogenannten praeco cerevisiae oder den Bierherold. Wir können in ihm einen Vorläufer der Zeitungsreklame für das Bier erblicken.

Der Bierausrufer war »der unentbehrliche Verkündiger der guten Mähr, dass hier oder dort ein Bier aufgetan.«

In pittoresker Tracht ritt der Bierausrufer durch die Straße und verkündete mit lauter Stimme und gewichtiger lobpreisender Miene das frohe Ereignis. Die mi parti Kleidung dieses sonst populären Mannes war eine Auszeichnung für denselben. Hier könnten wir wieder eine kleine Exkursion zu den Trachten der Brauer und aller dem Bierwesen angehörenden Personen machen, was wir aber unterlassen. Ich will dafür lieber eines zufälligen kaiserlichen Bierausrufers erwähnen. Die Anekdote ist historisch: Als der joviale Kaiser Rudolf von Habsburg gerade in Erfurt verweilte, ergötzte ihn das komische Pathos eines solchen Bierausrufers in dem Grade, dass er zwar weniger kaiserlich als menschlich, aber in echt burschikoser Laune einen Krug guten

Erfurter Bieres, der ihm soeben mundete, in die Höhe hob und auf die Straße hinausrief: »Ein gut Bier hat Herr Seyfried von Buttstedt uffgethan.« Das war doch eine besondere Empfehlung und hohe Reklame. Rudolf von Habsburg war überhaupt ein Bierliebhaber und wird des Öfteren mit dem Bier in Verbindung gebracht , so dass er gleichsam als ein Gambrinus II. in der Geschichte des Bieres genannt werden könnte. Die erzählte Anekdote ist wie wir wissen in Verse gebracht und prangt an der Wand des Münchener Ratskellers:

>*»Rudolf von Habsburg der Rittersmann,*
> *Er läuft (?) durch Erfurts Straßen.*
> *Mit vollem Pokal er preist dem Volk*
> *Das Stadtbier über die Maßen.«*

XXV

Die Poesie des Bieres.

Die Poesie des Bieres! Vielleicht richtiger das Bier in der Poesie! Am prägnantesten wäre wohl der Ausdruck Bierpoesie für unsere Studie, analog Weinpoesie u.dgl.m. Freilich ist das Gebiet der Bierpoesie im Vergleich zur Weinpoesie sozusagen verschwindend. Daher sagt der Franzose C. des Trois Pont Eingangs seines längeren Poems De la bière, das nach den Etudes Gambrinales par Ferdinand Reiber im l'Indicateur de Strasbourg am 11. Februar 1857 erschienen ist:

> *Maints auteurs, sur le ton dH'orace ou bien d'Ovide,*
> *Ont célébré le vin devant une verne vide;*
> *Mais la bière, à l'index mise dans les repas,*
> *Cherche encor son poëte et ne le trouve pas.*

Also auch das Bier sucht bereits und noch immer seinen Poeten und findet ihn nicht. Und er nennt es eine Ungerechtigkeit, denn er fährt fort:

> *Pourquoi cette injustice? elle est lourde, elle est fade*
> *Pourtant elle a son charme et vaut bien qu'on la chante.*

Doch hat es auch seinen Reiz und will, dass man es besingt.

Im weiteren Verlaufe seiner Dichtung führt die Phantasie den Dichter in den Olymp und er meint, selbst Jupiter würde seinen Boten Merkur um Bier schicken, wenn er es überhaupt kennen würde. Auch einen Streit zwischen den beiden Göttern Momus und Bacchus lässt der Poet im Olymp entstehen. Momus, der dem Weingott ein Schnippchen schlagen will, eilt persönlich nach Straßburg, der Bierstadt par excellence; dort und in Deutschland:

> *ll aurait vu le cep, sur ce sol si fécond,*
> *Unir sa grappe d'or à la fleur du houblon;*

er (Momus) würde sich das Gold der Traube mit der Blüte des Hopfens einen sehen und nachdem er einen Hopfenzweig abgerissen, um damit seinen Thyrfus zu schmücken, eilt er stolz zu Bacchus zurück, der seine Rebe für unbesiegbar hält und brüstet sich ihm mit den Worten: »*Si ce n'est pas le cep, c'est son cousin germain*«, d.h. »Wenn dies auch nicht die Rebe selbst ist, so ist es doch ihr Zwillingsbruder.

Und tatsächlich hat das Bier den Wein bald überflügelt und die Hegemonie, wenigstens die quantitative erlangt, die qualitative hat immer noch der Wein behalten und auch das Bier hat seine Poeten gefunden, der französische Dichter braucht nicht mehr zu klagen. Aber die Bierpoesie ist neueren, modernen Datums, nichtsdestoweniger selbst für sich betrachtet, bereits ein stattlich bearbeitetes Feld und eine Anthologie der Bierpoesie würde ganz gewaltige Dimensionen erreichen. Aufzunehmen wären auch manche Erntelieder, deren Kontingent ein größeres als das der Weinlese oder Winzerlieder, welche wieder der Weinpoesie zuzuweisen sind. So besitzen wir in Memminger Mundart ein Lied »Das Hopfenzopfen« und ein anderes »Die Hopfenlese« betitelt, welche beiden ich hier folgen lasse:

Das Hopfenzopfen

So, Leutla, jaz dond (jetzt thut) Iuschtig zopfa!
Grad heut ma di erscht Buschel rei,
Huir hammer (heuer haben wir), 's ischt a Freud, an Hopfa
Ar könnt oimaul net schöner sei.

Ju Gretle! was haun i scho g'fonda,
An Hopfa-Ma, guck, dear ruicht rar,
Dn (den) haut g'wis Hans miar z'Liab neibonda,
Dear haut an Bart, als wia Hufar.

Se hauscht (so hast du) an, de will i diar schenka,
Vargiß net des guat Hopfa-Jaur,
Der ältescht Ma ka kois so denka,
So viel ond guat, 's ischt g'wis ond waur.

Jaz wenn ar send reacht (Ihr seid) fleißig Alla,
So wiard darfür au hendadrei

Dar Hopfa-Hahna guat ausfalla,
Daß iar g'wis wearat (werdet) z'frida sei.

Dau wiard mei Batle broit nasitza,
Koi Aug vom Brautes (Braten) net ahlau (ablassen)
Und 's Mäule nauch de Kiachla spitza,
Ar ka damit gar guat omgau (umgehn).

Ja, Muatar, miar wend uns scho b'fleißa,
Und wemma reacht guat g'löst wiard hau (haben),
So wearatar (werdet Ihr) wohl miar und Deißa (Matthäus)
An nuia Schopa (Jacka) macha lau.

Die Hopfenlese

Hörsch, Weib, wia hammers (haben wir es) mit am Hopfa?
Uf d' Wocha fang alz (alles) a mit Zopfa,
Am Mittwoch hammer kett (gehabt) scho Mang
I glaub, dass ich gau au afang.

Ja, aber nemm da kleina Garta
Ao zerschtes (zuerst), denn dar oi (der eine) ka warta;
Dau wills scho rotha Träubla ge (geben),
Im Groß ischt alz zwifelgre.

So b'stell no heit gau Leut zum Zopfa,
Nimm Jackla, woisch, da n' arma Tropfa,
Und drüba 's Nauchbars Lisabeth,
D'Bäs Kenget (Kunigunde) denn no 's Schuaschters Gret.

Au Vetter Michla muaßma's saga,
Ear soll heit richta uo da Schraga.
Mar (mir) wöllet mitanander naus,
As geab bei oim sonscht gar nex aus (es gebe bei Einen sonst gar nichts aus).

Und i will richta gau da Waga,
Ann, dua's die Kammarädna saga,
Si sollad komma moara (morgen) z'Nacht,
Ma häb an Hopfa, 's sei a Pracht.

So, Vetter, miar wends (wir wollen es) halt gau wauga,
Was fär a Meaßer duatna tauga?

Du Deiß (Matthäus) komm mit am Karra glei,
Mar hand (haben) gau g' schwend a Buschla drei.

Dia Stanga dond se (thun sich) prächtig lega,
Wear hätt's Jakobe glauba möga,
Daß gäb so Trauba stark und fett
Dett (dort) haut ar no koin Aflug (Blüthe) kett.

Guck Bäbe, unsern schöna Hopfa!
Gelt, du kommsch heit Nacht au zum Zopfa?
Mei Hauswirts Töchtara kommet au,
Und Lis saits heit no iarar Frau.

Wenn dia kommt, derf ma uf Konrada
Ganz g'wis, so waur i dau stand (stehe), warta
Und dear bringt, i woiß, glaub du 's miar,
No mit a Kammarata viar.

So guata 'n Anbad (Abend) mitanander,
Ar (ihr) kommet doch au glei selbander,
Ar hands (habt es) grad prächtig troffa heit,
Miar hand an Hopfa, 's ischt a Freud.

Wia (Wohlan, he), Mari, ruck a wenk detthenda (dorthinten)
Laß mi zum Liacht i be a G'schwenda,
I ka mit Zopfa umgau (umgehen) wohl,
Hau allig (habe immer) glei a Fäßle voll.

Diar isch (ist es) net grad om's Füßle fülla,
Ma kennt an scho, dein guata Willa,
As ischt uf eppes (etwas) anders g'spitzt,
I woiß scho, wear gau zua diar sitzt.

Wia, ziehet auf, ma haut grad klopfet,
Heut griagat (bekommen) mar brav Leut en Zopfet.
Griaß Gott, iar Herra, 's ischt a n' Ehr,
Potz tausad, des ischt Vetter Wehr.

So isch a maul a Freud zum Zopfa
A netta G'sellschaft und an Hopfa,
Ma könnt an schöner maula (malen) net,
So, Nauchbare (Nachbarin), haut se nia koin kett (gehabt).

Mei Schwaugar haut grad au an selcha,
Ar kennatan ja donda (drunten), Melcha,
I hau n'am's g'sait, huir (heuer) ka's gau fei,
Du nimmscht a hundert Thaler ei.

Ja, sait ar, wett's (wollte es) wohl geara (gern) lösa,
J hau koi oiz'ga Traub, koi bösa,
Do schlöcht ma miar heit zwölf Karle,
So gieb i, denk, no luschtig he.

Was zwölf Karle? sait do sei Kromma,
Gang (gehe), onterstand di's, mach da Domma,
Ar kommt, wenn reacht agaut (angeht) dar Kauf,
G'wis uf zwo hundert Gulde nauf.

Narr vom a Weib, willts wieder macha,
Dass Jadarma uns duat auslacha,
Wia do, wo hauscht Dreihundert g'sait,
Und Viarzg glöst in ara kurza Zeit.

Huir laß mar i da Gwalt (die Gewalt) net nemma,
As mach di boißa oder grimma,
Halt's Maul, an Dreck wiarscht Du verstau (verstehen),
Nauch meim Kopf muaß as desmanl gau (gehen).

Was geit's (gibt es) denn Nuis, iar junge Herra?
Wia luschtig dondanna (thuet Euch) net so sperra!
Mei Koonrad maß da Stilla heu,
Der laut (läßt) alz über 's Zopfa gau (gehen).

Des glaub i, dear sait heit koi Woärtle,
Ar denkt iaz grad no an a' Oärtle
Wo beim Hoimfiara geschtert z'Nacht,
Ear haut a saftigs Mäule g'macht.

Sei still Du, wo bist Du heganga?
Du hauscht g'wis au no eppes g'fanga?
Wear woißt, wo Du Dein Stand hauscht ghett,
Du bischt no lang nauch miar ins Bett.

So hellauf, Leutla, wia, dond singa,
Dia Jungfara dond scho fascht versprenga,

No, Crischtian, munter fang ear a,
I woiß, daß ers am beschta ka.

Mari, wo bischt doch geschtert blieba?
Narr, send dar dau g'weast Stucka fieba,
Woisch, dia so weiße Schürzla hand,
Ma haut halt fürchtig uf di g'fpannt (gewartet).

Woiß wohl, i be ja ogeduldig,
Gnuag g'weast, dia Donders Wäsch ischt schuldig,
'S wär oina komma alleg g'wis
Endtweder i sell (selbst) oder Lis.

Wia, dringet net so, iar detthenda,
D'Frau Nauchbare möchts sonscht z'stark empfinda,
Des wur a schöner Lerma sei,
Wenn hett no sial dar Ofa n'ei.

Dear Schneider duat se (sich) reacht wohl halta,
Sei Muatar hauts erscht g'sait, sei alta,
Si moi (meine) oft, Pfleagare (Wärterin) sei kaum naus,
Stand (stehe) d' Kutscha scho me (wieder) voar am Haus.

Gelt, Lis, was i hau g'sait, ischt komma,
Hauscht alleg (immer) g'sait, des sei a Fromma,
As Dengs sei Magd, gang, hilf mar drauf,
Du kennscht si scho – die gaut (geht) reacht auf.

I woiß scho, donda (drunten) 's hoilig Bille,
Bei dear trifts Sprichwort ei: di stille
Und glatte Wässerle gründat (gründen) tief,
As Sprüchwoart ischt a waurer Briaf.

Gret, wo bischt geschtert z'Nacht heganga?
Nauf zua meim Sprechar, woisch, zum langa,
Send g'weast no i und d' Töchtra zwo,
Und sonscht so Weatar-Hexa no.

Dau haun (habe) i's wohl no netter troffa,
I wär dar aber bald verdloffa (verlaufen),
Be nomm (bin hinum) zua meiner Annamie,
Dau semmer (sind wir) g'weast, ear, sie und i.

Ma haut grad mitanander kiefet (gekeift),
Sie haut g'sait: no so ruhig schliefet,
Miar (wir), wenn ma, was dar Hopfa trait (trägt),
An Zins dät, statt daß feirig (liegt) leit (hinlegen).

Wia hauscht iaz so domm schwäza möga,
Sait ear; wills liaber dod nalega (hinlegen),
Griagscht scho da Zens net, wia si's g'hört,
Vom Kapital ischt gar koi Red.

Not, noi, as leit miar wohl im Kaschta,
Derf doch denn net im Alter faschta,
Geisch (giebst es) naus, kommscht dromm, hanscht nia koi Rua,
Koi Teufel hilft diar me (wieder) darzua.

Wia, Mata, schlaufscht du scho detthenda?
Gang, duar gau die Latern azenda (anzünden),
Und holl im großa Kruag a Biar,
Mach woitle (schnell), 's ischt scho zehna schiar.

Jar junge Herra und Jungfraua,
Gand (gehet), höret auf, as duat si naua (die zu Ende gehen),
Und trinket, brengets romm anand,
Wia, Vetter, nemmet's Brod zuar Hand.

Miar wend (wollen) dau no a Kurzweil macha,
Daß heit no eppis geit (etwas giebt) zum Lacha,
Komm, stihl da Fuchs und zahl da Balg,
Und d'Pfänder hebt dau auf dar Schalk.

No, Konrad, duar di (thue) net lang wera,
Was soll des, dem des Pfand duat kera (gehören)?
Uf 'm Beasam reuta nauch Paris,
Guck, wia Du's trifscht, 's kert Deiner Lis.

Und, Stanas, des? i wills net nenna,
Des soll iaz macha, das muaß brenna,
Wia Fackel auf und auf sei Hand,
Guck, i moi (ich meine), 's ker gar Dei des Pfand.

Jaz wemmar (wollen wir) aber au aufhöra,
Ma möcht uns mit am G'stäud nauskehra,

Guat Nacht, iar Leutla, schlaufet wohl,
I dank, 's sind alle Fäßle voll.

Aller guten Dinge sind drei und so will ich denn noch eine dritte Pièce, wenigstens zum Teile, vorführen, welche den Naturdichter Anton Fürnstein zum Verfasser hat und welche der Altmeister Goethe in der Zeitschrift »Kunst und Altertum« veröffentlichen ließ. Dieses Gedicht hat besonders für das böhmische Hopfenlandel große Bedeutung und die Anerkennung Goethes lässt uns wohl schließen, dass der Frankfurter Ratsherrnsohn wohl auch etwas auf ein gutes und echtes Gläschen Böhmisches gehalten haben dürfte:

Der Hopfenbau

Nehmt die Hacke flink zur Hand,
Eilet in die Felder!
Seht, schon grünt das Wiesenland
Und das Heer der Wälder.
Weste wehen sanft und lau,
Auf, beginnt den Hopfenbau!

Macht den Stock von Erde frei
Nach bekannter Weise,
Und die Keime pflückt dabei
Euch zur Leckerspeise.
Schneidet, was veraltet ist,
Dass er frisch und kräftig sprießt.

Gebt dann Fichtenstangen hin,
Dass die schlanken Reben
Rankend um dieselben zieh'n
Und empor sich heben.
So zum Stärkern wird gesellt,
Was nicht eigne Kraft enthält.

Sorget, wenn sich Unkraut mehrt,
Dass man es vernichte,
Weil es das Gedeihen stört
Aller edlen Früchte.
Wie die Tugend nicht gedeiht,
Wo das Laster Samen streut.

Wenn die Reben unser Thal
Üppig dann umkränzen,
D'ran im Abendsonnenstrahl
Gold'ne Früchte glänzen,
Wandeln durch das dunkle Grün
Wir mit freud'ger Hoffnung hin.

Doch nicht lang wird dies Gewand
Unsre Fluren schmücken,
Weil wir mit geschäft'ger Hand
Bald die Früchte pflücken;
Denn getrocknet geben sie
Reichen Lohn für uns're Müh'.

Wo die heißre Sonnenglut
Nicht die Flur durchdringet
Und das edle Traubenblut
Nicht zur Reife bringet,
Dort der menschliche Verstand
Andern Labetrunk erfand.

Wer des Trankes froh genießt,
Preise uns're Reben,
Die alljährlich, wie ihr wisst,
Uns den Hopfen geben,
Weil nur dessen würz'ge Kraft
Geist und Dauer ihm verschafft.

D'rum, Bewohner Falkenau's,
Brave Flurgenossen,
Pfleget eures Hopfenbau's
Ferner unverdrossen!
Lasst uns Müh' und Fleiß nicht scheu'n,
Wohlstand bringt uns sein Gedeih'n.

Wie wir aus dem Kapitel Bier und Wein ersehen haben, nimmt der Wein gegenüber dem Bier eine dominirenne Stellung ein – er gilt als das edlere Getränk – und so greifen auch unsere heutigen Poeten noch immer lieber zum Wein, wenn sie die Trinkpoesie kultiviren, obwohl auch das Bier, ähnlich dem Wein, eine lange Reihe von passenden Reimspielen bietet. Ja Ferd. Reiber in seinen Bierstudien vermag

S. 184 zu sagen: »Les Allemands ont tiré de la bière, bien plus que de vin, une dose incroyable de sagerre rimée.«

Die Trinkpoesie ist der höhere Begriff, der sich gewissermaßen in Wein- und Bierpoesie gabelt und letztere bietet die markigere, derbere Seite oder Partie der gesamten Trinker- oder Zech-Poesie.

Dem Bier ging es mit seiner Berechtigung in der Poesie ebenso, wie heute es Poeten nicht über's Herz bringen können, die Eisenbahn oder den Telegraphen in die Poesie einzuführen. Der poetische Reiz des Postwagenreisens überwiegt noch immer die praktische Schienenbahn, und auch unsere modernen Dichter besingen und preisen noch immer lieber den edlen Wein als das ordinäre Bier. Daher die Stelle berechtigt ist:

> *Wie mancher Poet dichtet beim Bier*
> *Und besingt zum Danke den Wein dafür.*

Und wir vermögen auch Anzengruber zu zitieren:

> *Oft singt ein hohes Lied vom Weine,*
> *Das selbst der Kenner Ohr bestrickt,*
> *Ein Mann, dem nie gewankt die Beine*
> *Und den nur dünnes Bier entzückt.*

Eine treffliche Begründung, warum man das gute Bier nicht viel besingt, brachten unlängst die Münchner Fliegenden in ihrer Nr. 2085. Daselbst heißt es:

> *Ein Fremder sitzt auf einem Fass*
> *Im Münchner Hofbräuhaus,*
> *Und bricht entzückt von solchem Nass*
> *Im hellen Jubel aus:*

> *»Warum besingt man nur den Wein,*
> *Warum nicht auch das Bier?«*
> *So fragt er. »Kann's denn möglich sein,*
> *Gibt's keine Dichter hier?«*

> *»Gnua« sagt der Stammgast, »'s fehlt uns net*
> *An Dichtern und Gesang,*
> *Wer aber was vom Bier versteht,*
> *Der trinkt's und singt net lang.«*

Doch ein uns bereits bekannter Münchner Rathausspruch bezeichnet auch das Bier als dichterisch begeisternden Trank:

Dich grüße ich Salvatorquell
In deiner braunen Schöne!
Ach ja, zu diesen Versen warst
Du meine Hippokrene!

Und obwohl Horaz dem Wein als equus poetarum (Poetengaul) bezeichnete, so holte wohl schon mancher moderne Poet seine Inspiration beim Bier. Es ist z.B. gewiss kein Fehlschluss, anzunehmen, das Heinrich von Mühler, der gewesene preußische Kultusminister, ein geborener Schlesier, der Dichter des bekannten »Grad aus dem Wirtshaus komm' ich heraus« sich nicht so sehr am Grüneberger Saueren, als an Brieger Saft in flammiert habe.

Eine kleine Skizze, »Die Poesie des Bieres« aus der Feder Ernst Eckstein's brachte der monatliche »Amerikanische Bierbrauer« in seiner Festnummer zur 25. Konvention der Vereinigten-Staaten-Brauer-Association (New York 19.Mai 1885, Vol. XVIII, 18. Jhrg.) S. 19 –22. Einige charakteristische Stellen seien zitiert. Der geistreiche Feuilletonist beginnt: »Darf man's denn wagen, an der nämlichen Stelle, wo sonst von allem Edlen, Hohen und Distinguierten die Rede ist, seine »Gedanken beim Eintritt ins Münchner Hofbräu« oder ähnliche höchst prosaische Dinge zum Besten zu geben? Ist das Bier überhaupt salonfähig – feuilletonfähig? Ich weiß nicht, wie die liebenswürdige Leserin über dieses Kapitel denkt: das aber weiß ich, dass ein kurzer Aufenthalt in der bayerischen Hauptstadt ausreichen dürfte, selbst ein sprödes Gemüt eminent bierfreundlich.... etc. zu stimmen... «

So tief auch die Vorurteile gegen die Münchner »Bierbäuche« wurzeln mögen – hier erkennen wir's: im bayerischen Bier liegt ein gutes Stück jener funkelnden Poesie, die der einseitige Enthusiasmus der Lyriker ausschließlich dem Rebenblut vindiziert... .

Nun sucht Eckstein das Moment der Inferiorität des Bieres auf und findet im weitern Verlaufe seiner Causerie vornehmlich drei Gründe, die das Bier im Vergleich mit dem hundertfältig besungenen Rebensaft »prosaisch« erscheinen lassen: erstens ein wirtschaftlicher Grund, die Popularität, zweitens die monströse Bäuche und Schwerfälligkeit erzeugende Eigenschaft des Bieres und drittens der Nährwert desselben, während Wein Genussmittel. Die drei Gründe aber, von denen Nummer zwei und drei zusammenfallen, hinken alle drei. Und wenn auch, um mit Eckstein weiter zu reden, dem Bier ein leichtes ästhetisches Odium aufgeladen wurde, so sind wir heute über diese levis macula des Bieres lang hinaus, das Bier hat auch seine literarische Position und auch seine poetische errungen. Beweis ist auch mein Kapitel.

Der Wein erscheint als das idealere Getränk, als der Aristokrat gegenüber dem demokratischen Bier.

Wir finden dies Bild, und damit greifen wir zugleich in die Fülle der Bierpoesie hinein, in einem Liede Wollheim's ausgedrückt:

> *Es war ein Edelmann vom Rhein,*
> *Gar fürnehm und gebildet,*
> *Der trug ein Kleid wie Demantschein,*
> *Mit Perlen baß vergüldet.*
>
> *Und zog zu aller Christenheit*
> *Und übte tausend Wunder:*
> *Denn wo er war, war pure Freud',*
> *Ganz Alles d'rüber und d'runter.*
>
> *Und wie er mal im Baierland*
> *Tät feine Künste machen,*
> *Da kam ein schlichter Bürgersmann*
> *In einer braunen Jacken.*
>
> *Tät Alles, was der Andre kunnt,*
> *Behexte Alt und Jungen,*
> *Dass keiner auf den Füßen stund*
> *Und Alle sungen und sprungen.*
>
> *Der Edelmann war auch nicht dumb,*
> *Tät sich zusammenraffen*
> *Und sprach: »Packt Euch nur fort, Ihr Lump,*
> *Ihr seid ein alter Affen!*
>
> *Ich bin der Herr von Wein und Ihr*
> *Sollt mir mein Recht nicht streiten.«*
> *»Und ich, Eu'r Gnaden, bin der Bier,*
> *Und wollt' Euch gern begleiten.«*

> *Und wie sie lang' herumgeschmollt*
> *Mit eitel Narretheien,*
> *Sind sie zusammen fortgetrollt*
> *Die Menschheit zu erfreuen.*
>
> *Und tun noch heute weit und breit*
> *Selbander Wunder machen,*
> *Der Herr von Wein im güld'nen Kleid,*
> *Der Bier in braunen Jacken.«*

Wir entnehmen aber zugleich aus Wollheim's sanglichem Gedicht, dass heute bereits das Bier gleichen Rang in der Trinkpoesie erlangte, wie der Wein. Bier und Wein, beide regen zum Sang an. Man spricht aber auch von einem Bierbaß. Beide sind Sorgenbrecher:

> *Abspülend alle meine Trauer*
> *Werde ich zum Schoppenhauer;*

oder wie ein elsässisches Quatrain besagt:

> *Vergesse tuet ma Muej un Sorge*
> *Bim a Schöppel Bier!*
> *Mer denkt nit an den andre Morje,*
> *'s isch e Weltpläsier.*

Aber in sicco nunquam spiritus – und wenn auch Wurzbach sagt:

> *So manches Große, was je kam zu Tag',*
> *Zuvor in einem Traubenkerne lag*

und viele Poeten sich beim Wein begeistern, so entstieg doch auch schon mancher herrliche Gedanke der duftigen Hopfenblüte. In der »Gambrinus-Hymne« von Kristinus heißt es daher ganz richtig:

> *Freunde, uns Sängern ziemt ein bess'rer Trunk!*
> *Füllt die Gläser und netzt die Lippen,*
> *Der Gerstensaft verleiht dem Lied den rechten Schwung.*

Analoge poetische Wendungen und dichterische bilderreiche Phrasen, wie der »goldige Wein« vermag auch das »braune Bier« zu Tage zu fördern. Man spricht vom Rebentrank wie vom Hopfentrank; dem »Rebensaft« und »Blut der Rebe« vermögen wir den »Gerstensaft«

und »Gerstenmeth« entgegenzustellen usw. Und E. M. Arndt gebraucht in seinem »Eisenlied« den gleichberechtigenden Ausruf: »Gold der Ähren! Gold der Reben!«

Die Muse des Weines ist eine Blondine, die Muse des Bieres ist eine Brünette – den gelben Wein und das braune Bier im Auge haltend, denn es gibt auch dunkle Weine und helle Biere, vermochte doch Jemand vom Pilsner Bier zu sagen: »es sei blond, wie die Heldin einer Ballade.«

Als ein anderer tropischer, poetischer Ausdruck für Bier mit Bezug auf die Geschichte sei noch genannt: »der pelufische Trank.« Sehr häufig wird auch in der Poesie für Bier – Cerevis gebraucht. Wir sind also vollkommen berechtigt, von einer Poesie des Bieres zu sprechen, die bereits ein großes Kontingent zur Trinkpoesie stellt und da die Trinkpoesie gewöhnlich sangliche Gedichte, also Lieder aufzuweisen hat, wäre der allerrichtigste Titel: »Das Bier im Liede.«

Wenn wir die zahlreichen Trinklieder überblicken, so finden wir vor Allem eine Reihe solcher, wo bloß vom Trinken die Rede, ohne das Getränk näher zu bezeichnen, z.B. das herrliche Goethe'sche »Ergo bibamus«. Dies kann also sowohl die Wein- als Bierpoesie für sich beanspruchen und besonders die letztere, weil es geradezu zu einem Kommerslied der deutschen Studentenschaft geworden ist, und diese rekrutiert sich aus Biertrinkern. Ähnlich viele andere. Eine weitere Serie von Trinkliedern sind solche, in welchen wohl ursprünglich der Wein seine Rolle spielte, an dessen Stelle aber eben aus Komment-Rücksichten und -Gründen das Bier gesetzt wurde.

Wieder nur ein Beispiel, der bekannte »Fürst von Thoren«. Eine Stelle darin lautet im Original:

Eu'r Gnaden aufzuwarten
Mit Wein von allen Arten,

doch heute wird gesungen: *Mit Stoff von allen Arten,* und Stoff ist ja der Studentenausdruck für Bier.

Oder auch der Text zum Rundgesang mit Variation:

Rundgesang und Reben(Gersten-)saft
Lieben wir ja Alle,
Darum trinkt mit Burschenkraft
Schäumende Pokale.

Das Epitheton schäumend spricht gerade für Bier.

Endlich gibt es drittens Trinklieder, wo ein besonderes Getränk hervorgehoben wird, so das bekannte Crambambulilied, oder das Punschlied Schiller's, oder das Champagnerlied von H. Stieglitz usw.; ferner Schnapslieder, und am zahlreichsten Wein- und Bierlieder.

Diese letzteren, nun die wichtigsten, anthologisch zusammenzutragen, ist die Aufgabe unserer Studie. Selbstverständlich bleiben wir vornehmlich auf dem Gebiete deutscher Dichtung, wollen aber auch einige der lateinischen Stellen vorausschicken, denn besonders für einzelne Bierarten existieren auch lateinische Verse, und dies hindert durchaus nicht, sondern bekräftigt vielmehr die partielle Identität der Bierpoesie mit der burschikosen Studentenpoesie. Selbstverständlich ist die deutsche Bierpoesie die reichste; ist doch das Bier ein germanisches Getränk. Von den slawischen Sprachen hat das Czechische, da Böhmen ein Bierland κατ' εξοχην, auch zahlreiche Beiträge zur Bierpoesie geliefert. Und auch des Engländers Burn's dürfen wir nicht vergessen, der ein hervorragender Vertreter der Bierpoesie ist. Ihn werde ich nach der Übersetzung von Karl Bartsch zitieren. Als Quellen für die burschikose Bierpoesie dienen vornehmlich die diversen Studentenliederbücher und -Bibeln, worin teils Lieder mit bezüglichen Stellen, teils reine spezielle Bierlieder gefunden werden. Auch die diversen Bierzeitungen, besonders die bereits stattliche Reihe von Bänden des »Gambrinus«, sowie die »Allg. Brauer- und Hopfenzeitung« u.a. enthalten gelegenheitlich so manches Bierlied und manchen wertvollen Beitrag zur Bierpoesie. Manche Perle wäre auch aus der Flut der Kneipzeitungen zu heben. Aber auch sonst in den Werken vieler Dichter wird manche Pièce cerevisischer Poesie enthalten sein. Einen weiteren Beitrag von Kleinigkeiten liefern die zahllosen Trinksprüche und Toaste. Vielfach habe ich übrigens schon poetische Stellen vom Bier in den einzelnen Kapiteln an passenden Stellen eingeflochten. Hier daher nur Proben.

Vorerst existieren also auf gewisse Bierarten besondere, oft wenig artige lateinische Verse, so auf den Breslauer Scheps das bekannte:

Scheps caput adscendit, nec scalis indiget ullis
Sessitat in stirnis, mirabilis intus in hirnis.
O Scheps, Scheps, te libenter bibit omnis plebs

in teilweise maccaronischem Latein; oder auf das Leipziger Rastrum das Distichon: *Non propter rastrum, sed propter amabile rostrum; Virginis, ad rastrum plebs studiosa venit* mit wortspielartigen Inhalt. Diese allegierten lateinischen Verslein sind älteren Datums. Einen lateinischen Bier-Cantus κατ' εξοχην hat ein neuerer, ein moderner Poet und Latinist, L. F. v. Schluck gedichtet. Ich bringe denselben hier mit zum Abdruck, er betitelt sich

Fortis potator.

In caupona exornata
Fortes burschii potabant
Atque verbis nunc facetis
Utebantur, nunc cantabant.

Cerevisiae copiam magnam
Biberant; erant majorem
Potaturi, ut aestatis
Suum et pellerent calorem.

Multae fugerant jam horae
Et cantando et bibendo,
Sed surrexit locuturus.
Burschius sero illo momento.

»Nunc audite!« – inquit ille,
Nominabant quem Martinum, –
»Me facturum, quod promittam,
Juro vobis per Gambrinum! –

»Illud cauponarium cornu
Est ad marginem implendum
Cerevisia; pletum dabo
Vestrum uni exhauriendum.

»Si ad guttulam quis cornu
Hodie expolat uno tractu,
Cras viginti secti ampullas
Pono hoc pro bono actu!«

Quae locutus is resedit:
Circum burschii tacebant,

> *Unus aspiciebat alium,*
> *Cuncti capita quatiebant. –*
>
> *Tandem exclamavit unus*
> *– Vocabatur is Piscator –*
> *Ad amicum Schlutium versus: »Quid? tu optimus potator –*
>
> *»Sedes piger hie et taces?*
> *Cornu expota amice laete!« –*
> *Schlutius cum deliberasset,*
> *Brevi exiit ex aede.*
>
> *Mox revenit. – Mihi cornu!*
> *»Potp – inguit – ebibebat*
> *Totum cornu uno tractu,*
> *Nulla gutta remanebat.*
>
> *Cum stuperent illi valde,*
> *Schlutius dixit laeto ore:*
> *Ne miremini; tentavi*
> *Fori id cornu majore!*

Ähnlich wie die vorerwähnten lateinischen Versiein finden sich z.B. die deutschen Verse auf die Wirkung der Zitzenille:

> *Wer Zigenille trinken will,*
> *Der muss drei Tage liegen still*

und der Goslarer Gose:

> *Es ist zwar ein sehr gutes Bier*
> *Die Goslarische Gose;*
> *Doch wenn man meint, sie sei im Bauch,*
> *So ist sie in der Hose.*

Hierher gehören auch die verschiedenen lokalen Sprichwörter, wie:

> *Danziger Bier*
> *Ist stärker als der Ochsen vier*

und jene, die wir bereits kennen und welche Vergleiche gewisser Sorten mit dem Malvasier ausdrücken. Freilich kann da von Poesie nicht die Rede sein, es sind eben Vers- und Reimspiele – nur embryonale Poesie.

Gegen das Kopenhagener Bier zieht schon der Dichter Fischart in seiner Gargatua zu Felde in den vier Zeilen:

> *Und wer des Weins nicht trinken mag,*
> *Der ist nicht unsers Fug's:*
> *Der zieh' in's Bierland Kopenhag',*
> *Da find' er bös Bier g'nug.*

Und vom Altmeister Goethe, dem Sänger des Ergo bibamus, rührt die Stelle:

> *Ein starkes Bier, ein beizender Tabak*
> *Und eine Magd im Staat, das ist so mein Geschmack.«*

Auch aus dem Schwarm der Zechsprüche ließe sich mancher hier zitieren, wie:

> *Den Wein schenk jach,*
> *Das Bier gemach.*

> *Hab' einen Pfennig lieb' wie vier,*
> *Fehlt Dir's an Wein, so trinke Bier!*

> *Trink' ich Bier, so werd' ich voll,*
> *Trink' ich Wein, so werd' ich toll.*

Und um noch ein lateinisches Bierliedchen zu nennen, sei des bekanntesten gedacht:

> *Cerevisiam bibunt homines,*
> *animalia cetera fontes.*
> *Absit ab humano gutture*
> *potus aquae;*
> *sic bibitur, sic bibitur*
> *in aulis principum.*

Als Parodie auf die ersten zwei Zeilen kann wohl der Vers auf das Garley angesehen werden, das Professor Heinrich Meibom in Helmstädt als Poet gar oft besungen hat. Der Vers lautet: »Garlia bibit homo, cetera animantia Klappit.«

Ein starkes Kontingent zur Bierpoesie liefern auch die Themen des Hopfens, was wir bereits abgetan, und jene des Bierkönigs (Erfinders)

Gambrinus. In zahllosen Liedern wurde, wie wir wissen, des Letzteren Tat besungen, und hierbei bekam die sonst lyrische Bierpoesie einen mitunter auch etwas epischen Charakter. Um aus dem vielen nur etwas herauszugreifen, erinnere ich an den Chor von C. Bayer, betitelt »Lob des Gambrinus«, woraus ich bereits gelegentlich zitierte und dessen Gesamttext sich in Nr. 9 des »Gambrinus« Jahrgang 1882 S. 164 abgedruckt findet.

Ebenso verweise ich auf die in Nr. 2 desselben Jahrganges des trefflichen Wiener Fachblattes »Gambrinus« erschienene Gambrinushymne, die zum ersten Male von der »Wiener Liedertafel« zur Exekutierung gebracht wurde. Diese Gambrinushymne von C. R. Kristinus ist in Polkaform komponiert, und wenn ich dabei mich gleich des im »Allgemeinen Lahrer Deutschen Kommersbuch«, 420, in Noten gesetzten Bierwalzers erinnere, so haben wir auch die Grundlage zu einer Betrachtung des »Bieres in der Musik« und »im Tanze«.

Für die Musik ist es nicht uninteressant zu wissen, dass ein ordentlicher Trinker trinken soll *Utiliter, Realiter, Mirabiliter, Familiariter, Solerter und Lamentabiliter*, wobei die 6 Anfangssilben die Solmisation des Guido von Arezzo ergeben.

Ich lasse nun die beiden genannten Piècen im vollen Text folgen:

Gambrinushymne
launiger Männerchor von C. R. Kristinus.

Wo deutsches Lied aus Männerbrust
Die Herzen laut macht schlagen;
Wo süßer Sang zur rechten Stund'
Manch' Mägdlein bringt zum Zagen;
Wo kecker Mund die Lippe sucht,
Das Glück sich zu erjagen:
Dort fehlt auch nicht im hellen Glas
Des Deutschen braunes Nass.

Mag der Franzmann vom Weine nippen,
Freunde, uns Sänger ziemt ein bess'rer Trunk!
Füllt die Gläser und netzt die Lippen,
Der Gerstensaft verleiht dem Lied den rechten Schwung.

Deutschen Sängern und deutschen Kehlen,
Wahrlich – es ist ein alter, schöner Brauch –
Darf beim Singen der »Stoff« nicht fehlen
Und deutsche Frauen huld'gen dieser Sitte auch.

Wenn so im trauten Freundeskreis
Das volle Glas die Runde macht,
Dann wird in frommer Sängerweis'
Des Schöpfers deutschen Tranks gedacht.

Gambrinus sieht mit Freuden hin,
Wie Alles opfert, Alles trinkt;
Beschützt des Zechers Herz und Sinn,
Wenn unverhofft Gefahr ihm winkt!

LOB DES GAMBRINUS.
Chor von C. Bayer.

Wohl mehr noch als die Reben
Lieb' ich den Gerstensaft,
Kann wie der Wein beleben,
Das Herz erfrischen seine Kraft;
D'rum lob' ich mir das braune Nass,
Stimmt mit mir ein, erhebt das Glas,
Den Weinpropheten zum Verdruss:
»Es lebe hoch Gambrinus!«

Man sagt im Wein liegt Wahrheit,
Gar falsch lockt Euch sein goldner Schein,
Doch Trug ist seine Klarheit,
D'rum hüte Jeder sich vor Wein.
Da lob' ich mir das braune Nass,
Stimmt mit mir ein, erhebt das Glas,
Den Weinpropheten zum Verdruss:
»Es lebe hoch Gambrinus!«

Wenn böser Durst uns quälet,
Wie labet da ein Gläschen Bier,
D'rum habe auch erwählet
Gambrinus ich zum König mir;

Und lobe mir das braune Nass,
Stimmt mit mir ein, erhebt das Glas,
Den Weinpropheten zum Verdruss:
»Es lebe hoch Gambrinus!«

Doch schmeckt, wenn Gläser klingen,
Wohl Blut der Reben auch nicht schlecht,
Will Weines Lob gern singen.
Lässt man dem Gerstensaft sein Recht ;
D'rum einerlei, ob Bier, ob Wein,
Mit mir stimmt ein, erhebt, das Glas,
Den Wassertrinkern zum Verdruss:
»Hoch Bacchus, hoch Gambrinus!«

Eine andere Hymne ist folgende:

Hofbrauhaushymne

Wenn der Lenz in seiner Pracht
Allen Menschen freundlich lacht,
Und mit seinen Wonne-Düften
Füllt die Wälder und die Triften:
Ist aus einem Hofbräukrug
Märzenbier mein Leibgeruch.

Kommt der Sommer dann herbei,
Bringt er Gaben allerlei,
Himmelsblau und Rosenfülle,
Felderschmuck und Waldeskühle:
Ist aus einem Hofbräukrug
Sommerbier mein Leibgeruch.

Auch im Herbste, wo sie winkt,
Deren Blut man gerne trinkt,
Und die fruchtbeschwerten Bäume
Füllen Dach und Kellerräume:
Ist aus einem Hofbräukrug
Neues Malz mein Leibgeruch.

Selbst der Winter Grobian
Meinen Sinn nicht hemmen kann,

Mögen Andre treiben, jagen
Und zur Lust das Leben wagen:
Sitze ich mit frohem Sinn
Stillvergnügt im Bräuhaus d'rin.

Und so mach' ich's immerfort,
Liebe keinen andern Ort;
Laß' Euch liebe Jahreszeiten
Sanft an mir vorübergleiten,
Ist ja doch mein bester Schmaus:
Kellerbier vom Hofbräuhaus.

Weil ich so mit Leib und Seel'
Diesem Grundsatz leb' fidel,
Mach' ich meine Lebensweise
Auf die allerfrömmste Weise:
Kellerbier und Hofbräuhaus
Schließt ja alles Andre aus.

Und andererseits bietet der Hopfen, ganz analog der Rebe, höchst poetische Momente.

Wenn die Bächlein rinnen
Und die Auen grünen,
Wenn die Felder strotzen all' der Gerste voll,
Wenn auf Hopfenstangen
Duft'ge Blüten prangen,
O, wie wird mir da um's Herz sowohl!

Ich darf wohl auch pro domo reden und meines »Traum im Hopfenwald« gedenken.

Es ragen viel stattliche Lanzen
In ziemlich beträchtliche Höh',
Umwunden von grünenden Pflanzen,
Ich alle die Lanzen seh'.

Von Holz sind alle die Lanzen
Und Hopfen ist's, der daran prangt,
Geballet zum grünenden Ganzen,
Um jede der Stangen gerankt.

Und jede der Stangen behangen
Vom Hopfen, ein grünender Baum,
Und alle zusammen die Stangen
Erscheinen ein Wald mir im Traum.

Und alle die Hopfenbäume,
Sie schwängern balsamisch die Luft,
Enthalten doch alle im Keime
Des Bieres narkotischen Duft.

Ich sehe die Blüten sich regen,
Bewegt vom säuselnden Wind,
Ich seh' an die Stützen sich legen
Die Sprösslinge sachte und lind.

Vom Lieben, vom Hoffen, vom Glauben,
Es nicken und flüstern sich zu
Des Hopfens schuppige Trauben
In traulichem Du und Du!«

Doch was ich erhorchet nur träumend
Im duftigen Hopfenwald,
Das hat aus dem Biere mir schäumend
Vom Neuen entgegengeschallt.

Gepresst aus dein Hopfen die Tropfen,
Sie führen es mir zu Gemüt
Dass sie noch der nämliche Hopfen,
Der einst an den Stangen geblüht.

Und was jene Hopfentriebe
Zu flüstern einst schienen mir,
Den Glauben, das Hoffen, die Liebe,
Ich finde sie wieder beim Bier.

Beim Bier wird ja Freundschaft geschlossen,
Da trinkt man sich brüderlich zu,
Und so wie die Hopfen sproßen,
Ertönt es in »Du und Du!«

Ferner erinnere ich an die »Flüssigen Edelsteine« in meinem Bande Gedichte von Egon Rail, darin ein Alchimist die verschiedenfarbigen Juwelen löst, und aus dem Diamant nur Wasser, aus dem Opal Schmetten, aus Topas gelber und aus dem Rubin roter Wein wird, doch aus dem rangsletzten:

> *Aus braunen, böhmischen Granaten*
> *Schäumte bald ein braunes Bier.*

So lässt sich mancher originelle poetische Gedanke für die Bierpoesie verwenden und bearbeiten.

Und wenn ich noch meiner dritten Pièce gedenke, der »Viel durstigen Fakultäten«, so gerate ich mitten in die burschikose Poesie hinein, welche das reichlichste Material für unsere Bierpoesie liefert.

> *So manchen Becher hat geleert*
> *Als wackerer Student,*
> *Den heute man als Pfarrherr ehrt,*
> *Vor Zeiten im Convent.*
>
> *Es hat mit Bier einst abgespült,*
> *Als Jus studiert er hat,*
> *Der heute in den Akten wühlt,*
> *Der teure Advokat.*
>
> *Es hat so manchen Zug getan*
> *Vom braunen Gerstenmeth,*
> *Der letzten Zug nicht hindern kann*
> *Als Arzt am Krankenbett.*
>
> *Es nennet sich mit Unrecht nicht*
> *So Mancher Philosoph,*
> *Denn als Student schon dieser Wicht*
> *Der Gläser viele – soff.*

Denn gerade die Studenten sind Biertrinker, und ein Liedchen beginnt geradezu:

> *Brüder, hier steht Bier, statt Wein,*
> *Traute Brüder schenket ein!*

Oder der Studio singt:

> *Ich hab' den ganzen Vormittag*
> *Auf meiner Kneip' studiert,*

> D'rum sei nun auch der Nachmittag
> Dem Bierstoff' dediziert.

und:

> Bei dem edlen Gerstensaft
> Träumt er von Kron' und Kaiserschaft.

Darum ruft er gleich beim Eintritt in die Kneipe:

> Bier her! Bier her!
> Oder ich fall' um.
> Soll das Bier im Keller liegen,
> Und ich hier die Ohnmacht kriegen?
> Bier her! Bier her!
> Oder ich fall' um.

Aus der Legion von Studenten-Bierliedern muss ich noch einige besonders hervorheben, wie »Auf der Bierbank« nach der Melodie »Martha« gesungen, oder »Bierschwelg«, das ich sogar teilweise zitieren will.

> Bier! Bier! Du gefühlvolles Wort!
> Hör' ich den Namen, so reißt es mich fort;
> Regt und bewegt mir die Seele so traut,
> Hör' ich nur Deinen verlockenden Laut.
>
> Wer nicht versteht seinen lockenden Schaum,
> Wer nicht versteht zu träumen den Traum,
> Den er um Leib und um Seele uns hüllt,
> Hat nicht walhallische Wonne gefühlt.
>
> Bier! Bier! Du gefühlvolles Wort,
> Hör' ich den Namen, so reißt es mich fort;
> Feurig und glücklich macht auch der Wein,
> Aber ach, Bier allein schläfert uns ein.

Dann:

> Das schwarzbraune Bier,
> Das trink' ich so gern,
> Und schwarzbraune Mädel
> Die küss' ich so gern.

sowie analog dem Weinspruch:

> *Gediehen ist der rote Wein,*
> *Der weiße ist geraten.*

das Bierlied:

> *Das Jahr ist gut, braun' Bier ist geraten,*
> *Drum wünsch' ich mir nichts als dreitausend Dukaten,*
> *Damit ich kann schütten braun' Bier in mein Loch:*
> *Und je mehr ich davon trinke, desto besser schmeckt's noch.*
>
> *Seh' ich ein braun' Bier, o welch' ein Vergnügen!*
> *Da thu' ich vor Freude die Mütze abziegen,*
> *Betracht' das Gewächse, o große Allmacht,*
> *Das aus einem Traur'gen einen Lustigen macht.*

Wenden wir uns wieder zu dem bereits genannten Wollheim, einem Bierpoeten κατ' εξοχην, denn außer dem bereits von ihm eingangs zitierten geistreichen Gedicht ist er auch der Verfasser des allbekannten »Bierkönigreiches«:

> *Sind wir nicht zur Herrlichkeit geboren?*
> *Sind wir nicht gar schnell emporgediehn?*
> *Malz und Hopfen sind an uns verloren!*
> *Haben uns're Alten oft geschrien.*

usw., denn wer kennt es nicht? Wir lernten es bereits im Kapitel »Gambrinus« kennen. Weniger allgemein bekannt, als dies allbeliebte, ist ein ähnliches Lied von demselben Autor: »Bierstaat«, woraus hier nur eine Stelle allegiert sei:

> *Wer einst Flanderns Thron beglückte,*
> *Nektar aus der Gerste drückte,*
> *Seinem edlen Angedenken*
> *Weih'n wir unsern Zecherstaat.*

Ein anderes Lied, betitelt »Bier und Wein«, unbekannten Autors, soll 1840 zuerst von den Bergakademikern zu Schemnitz gesungen worden sein.

Es beginnt:

> *Warum sollt' im Leben*
> *Ich nach Bier nicht streben,*
> *Warum sollt' ich denn nicht manchmal fröhlich sein?*
> *Meines Lebens Kürze*
> *Allerbeste Würze*
> *Sind ja Gerstensafte und der Wein.*

Dann kommt als zweite Strophe jene bereits beim Hopfen genannte Stelle:

> *Wenn die Bächlein rinnen etc.*

Dieses Gedicht hat an sieben Strophen, und der fünften sei noch besonders gedacht:

> *Jenem gutem König,*
> *Dem der Wein zu wenig,*
> *Der aus Gerste hat das edle Bier gebraut,*
> *Ihn nur will ich loben*
> *Dort im Himmel oben,*
> *Wo des Nektars Fülle ihn umthaut.*

Nun will ich zwei Lieder vorführen, von denen das erste, »Die Welt eine Bierbouteille«, einen köstlichen und treffenden Vergleich enthält.

> *Die Welt gleicht einer Bierbouteille,*
> *Wir Menschenkinder sind das Bier;*
> *Dies Gleichniss passet à merveille,*
> *Es zu beweisen steh' ich hier.*
>
> *Der Schaum bedeutet große Leute,*
> *Als Bier sieht man den Bürger an,*
> *Als Hefe steht ihm kaum zur Seite*
> *Der vielgeplagte Bauersmann.*
>
> *Und wird der Kork hinweggezogen,*
> *So präsentirt sich gleich der Schaum;*
> *Nach ihm wird der Gehalt gewogen,*
> *Das Übrige bemerkt man kaum.*
>
> *Doch kann nur Kraft im Biere liegen,*
> *Der Schaum ist weiter nichts als Wind,*

Und ist er noch so hoch gestiegen,
Fällt er doch ebenso geschwind.

Die Hefe wird gar nicht geachtet,
Man weiß, wie gern der Undank schweigt;
Und, wenn man es beim Licht betrachtet,
Sie ist's, durch die der Schaum nur steigt.

Von meinem Liede hört das Ende:
Der Tod kommt unverhofft in's Haus,
Und leeret ohne Komplimente
Den Schaum zusammt der Hefe aus.

Das andere, betitelt: »Gerstensaft«, kennzeichnet und charakterisiert so recht und echt das deutsche Getränke, von dem die alten Germanen immer noch ein's tranken.

Der Gerstensaft, ihr meine lieben Brüder,
Ist schon ein alter Trank,
D'rum füllt die größten Stiefelgläser wieder,
Habt dem Erfinder Dank.

Thiuskon's Söhne schon, ihr Brüder, tranken
Euch dieses Säftlein fein,
Durch deren Schwert die stolzen Römer sanken,
Und denkt, – die tranken Wein.

Aus diesem nun könnt ihr ganz richtig schließen,
Es sei ein edler Saft,
Wenn auch sogar Erob'rer fallen müssen
Durch seiner Trinker Kraft.

Gesteht's nur selbst, in Baiern und in Franken
Gibt's Männer voller Kraft:
Was mag die Ursach' anders sein? Sie tranken
Den edlen Gerstensaft.

Und als die Enkel Hermanns Bier noch tranken,
Da sah'n sie stolz herab;
Als sie es aber eitel schmähten, sanken
Sie ruhmlos in ihr Grab.

> *Der Wein, der Punsch gewähren nichts als Pochen*
> *Und eine rote Nas';*
> *D'rum wünscht ihr frische Farb' und Knochen,*
> *So bleibt beim Gerstenglas!*
>
> *D'rum schämt euch nicht der Väter, meine Brüder,*
> *Mit Freuden seh'n sie das;*
> *Sie singen in Walhalla Bardenlieder,*
> *Und greifen nach dem Glas.*

Und der »Wartburg« entnehme ich folgendes »Westöstliches Bierlied«, das nach der Melodie »Von allen den Mädchen« gesungen wird:

> *Im Biere liegt Weisheit, im Biere liegt Kraft,*
> *Die treiben zu herrlichen Taten;*
> *O Studio, was hast du beim Biere geschafft,*
> *Nie wär' es dir sonst wohl geraten!*
> *Verflucht drum wer diesen begeisternden Trank*
> *Dem dürstenden Menschen verwehret!*
> *Zum Teufel mit solchem verderblichen Zwang,*
> *Der nur die Gewissen beschweret!*
>
> *Ja wär' ich der Sultan, der heidnische Mann,*
> *Und ging zur Moschee, um zu beten: –*
> *Wozu die Gesetze? – ich kehrt mich nicht dran,*
> *Trotz Koran und trotz des Propheten.*
> *»Herr, leer ist dein Reichsschatz!« – so ächzt mein Vezier,*
> *»Das geht mich nichts an, du kannst borgen!*
> *Ben Haleb da drüben schenkt Erlanger Bier,*
> *Du musst eine Lage besorgen!«*
>
> *Dann geht er zum Juden und fordert sich Geld,*
> *Der greift in die pludernde Hose,*
> *Zwar flucht er sich selber und Gott und der Welt,*
> *Doch pumpt er die lumpige Schose.*
> *Das Geld geht zur Schenke, da wird es zu Bier*
> *Trotz Koran und trotz Mohameten.*
> *Im Übrigen aber befolgt mein Vezier*
> *Und ich das Gesetz des Propheten.*

Und um auch etwas aus der neueren und neuesten Bierpoesie etwas in unsere Anthologie aufzunehmen, sei des Bierliedes von Aug. Geib

Erwähnung getan, sowie eine Probe aus einem bei H. Costenoble in Jena erschienenen Bändchens Gedichte, »Jenenser Leben« von G. H. Schneideck, geboten. Er feiert in einem besonderen Gedichte: »Der Weißbiertrinker«, den Stoff von Lichtenhain:

> Was schiert mich Sect und Nierensteiner,
> Was Porter, Ale, Knickebein?
> Die junge Welt wird immer feiner,
> Ich trink' mein Bier in Lichtenhain.
>
> Zwar bringt's mir nicht im theu'ren Glase
> Ein Kellner her auf dem Tablett,
> Es kitzelt kein Bouquet die Nase,
> Es prahlt kein falsches Etikett.
>
> Aus Holz gedrechselt ist mein Kännchen,
> Vom Wirt der Name d'rauf gedruckt,
> Und doch mach' ich wie ihr, mein Männchen,
> Wenn ich zu tief hineingeguckt.
>
> Trinkt auch aus gelbgelackter Flasche
> Im Prachtsalon das Zipperlein,
> Ich steck' zehn Pfennig in die Tasche
> Und geh' vergnügt nach Lichtenhain.

Übrigens kommt gerade bei diesem jungen Poeten auf das Bier des öfteren die Sprache; z.B. in seinem Gedichte »Ziegenhain« findet sich eine Strophe, die sich ganz vorzüglich zum geflügelten Worte eignet:

> Es tut in froher Nachbarschaft
> Sich gar behaglich plaudern,
> Geschwätzig lässt der Gerstensaft
> Stets mit dem Aufbruch zaudern.

Schneideck hat auch eine Scene »Auszug zum Bierstaat« gedichtet und somit finden wir die Bierpoesie nicht nur lyrisch, sondern wie wir von dem (in Kap. IV erwähnten) kleinen Meinert'schen Epos »Die Kneipe« hörten, auch episch und selbst dramatisch vertreten. Als Perle zu nennen ist das von Jos. von Schmaedel auf Veranlassung des IV. deutschen Brauertages zu München gedichtete und auch aufgeführte Festspiel »Die Vermählung des Gambrinus« (auch als

Broschüre erschienen 1880 bei Knorr und Hirth in München). Ich lasse die Handlung, sowie Proben aus dem siebenscenigen Einakter nach einer Kritik in der »Allg. Ztschr. für Bierbrauerei« folgen.

Gambrinus, der Alte, will, um nicht dem Hagestolze zu verfallen, ein Weiblein sich erküren, die öffentliche Meinung, welche durch die urwüchsigsten alten Spießbürger Münchens verkörpert, ist dagegen, sie will am Alten halten und allenfalls des Nachbars Urschel will man Gambrinus als Gattin vergönnen; da nahet wie von ungefähr die Zymotechnia, ein schönes Weib, wofür Gambrinus entflammt und welcher er seine Lieb' erklärt. Zymotechnia weist das Verdienst ihres Gedeihens von der Hand und erklärt nur durch die Bierbrauer zu Kraft und Leben gelangt zu sein. Die Zopfhelden treten gegen die Vermählung des Gambrinus mit der Zymotechnia auf, weil sie, wie sie angeben, keine Wissenschaft im Brauwesen anerkennen wollen, zumal es kein Bedürfnis wäre, dass der Brauer etwas wissen müsse! – Nachdem die Parteien lange gestritten, erscheint mit einem Donnerschlag das bekannte Münchener Kindl in einem Kranze über einem großen Fasse und spricht:

Zurück! Was streitet Ihr beim frohen Feste? –
Gambrinus – Zymotechnia – verzeiht,
Dass Kinder meiner Stadt – Euch so gekränkt!
Seid mir willkommen in den Mauern Münchens
Sammt der getreuen Schaar, die Euch umgibt!
Lasst Euch durch Unverstand, der nicht so schlimm
Gemeint, als wie er scheint, die Lust nicht trüben!
Bedenket es, dass stets die große Menge
Dem Geist der Zeit nur langsam folgen kann,
Und dass es lange währt, bis sie die Segnungen,
Die er uns bringt, in ihrem Wert begreift!
      (Zu Biedermayer und den Übrigen):
Ihr aber wack're streitentbrannte Zecher,
Vernehmet mich und lasset Euch belehren!
Ich kenn' die guten, alten Zeiten besser! –
Seid überzeugt – wär' Alles so geblieben,
Wie es vor hundert Jahren noch gewesen –
Es stünde schlecht um Euch und Euren Durst! –
Wo man vor Kurzem noch der Eimer Zahl

Nach Tausenden gezählt, da sind es heute
Viel Hunderttausende, die man bedarf,
Um all' die durstgequälten Kehlen
Nach des Tages Müh' und Arbeit zu benetzen!
Glaubt mir's! Der Arme müsste bitter darben;
Er könnte nicht das braune Nass erschwingen,
Das heute keinem der Geringsten fehlt,
Wär' Zymotechnia – die edle Tochter
Der Wissenschaft – nicht unter Euch gekommen!
D'rum schmäht sie nicht! Nein – preiset sie vielmehr
Und freut Euch, dass Gambrinus sie erkoren
Zur Königin des weit verzweigten Reiches!
Doch hört noch mehr, dass Euch der letzte Zweifel
An ihren Segnungen benommen sei! – –
Ich will Euch Eures Hauptes Nebel lichten
Und will Euch schauen lassen, was ich weiß! –
Ihr munkelt stets, dass Zwietracht sie gesät
In die Verbindung, welche Malz und Hopfen
Im Reiche des Neptuns geschlossen haben!
Ihr zeiht sie falsch! – Blickt in des Fasses Tiefe
Und überzeugt Euch selbst von meinem Worte!
                              (Melodramatische Musik.)

(Der Boden des großen Fasses, welches den Thron des Gambrinus bildet, teilt sich und man erblickt in der Mitte den Neptun und vor ihm sich die Hände reichend Hopfen und Malz als allegorische Figuren. Amn der Seite im Vordergrunde des Fasses steht ein Steuerbeamter.)

MÜNCHENER KINDL. *Hier seht Ihr Malz und Hopfen eng verbunden*
Im Reiche des Neptun – nichts stört die Eintracht,
Die segensvoll den edlen Bund beherrscht!

BIEDERMAYER. *Wer ist nach' der – der no mit drina steht!*

DIMPFBERGER. *Jawohl – ganz recht – da is no Dana drinn!*

HUBER. *Ganz sauber ist es – so zu sagen – doch nicht!*

STEUERBEAMTER *(heraustretend).* *Entschuldigen die Herren – ich bin nur der Steuerbeamte!*

BIEDERMAYER, DIMPFBERGER UND HUBER. *Ah so!*

HUBER. *Da lässt sich – so zu sag'n – nix sag'n!*

MÜNCHENER KINDL. *Oh doch! Seid ihm nicht gram! Er sorgt dafür,*
Daß nichts den ehelichen Frieden störe,
Der Malz und Hopfen stets verbunden hat.
BIEDERMAYER UND DIMPFBERGER. *Jawohl – wenn nur dös Zahln net war!*
MÜNCHNER KINDL. *Bedenkt es doch! Es lässt sich das nicht ändern!*
Gebt Eurer Kehle, was sie nötig hat –
Doch auch dem Staate, was er nötig braucht!
BIEDERMAYER *(zum Steuerbeamten). No meinetweg'n! Herr Nachbar nix für ungut!*
MÜNCHENER KINDL. *So ist es recht! Seid Ihr versöhnt? – zufrieden?*
Gefällt Euch nun die segensvolle Wahl,
Die Euer Herr – Gambrinus heut getroffen?
ALLE STAMMGÄSTE. *Ja wohl!*
BIEDERMAYER. *Ma muaß halt d'Leut erst kenna lerna!*
MÜNCHENER KINDL. *Nun denn – so füllt die Gläser, lasst sie schäumen!*
Ihr Alle, die Ihr hier versammelt seid –
Bekennt es laut und ruft aus vollem Herzen:
Es lebe hoch das königliche Paar –
Gambrinus hoch und Zymotechnia!

Tusch. – Bengalische Beleuchtung

ALLES. *Hoch! Hoch! Hoch!*

Dieses Schlusstableau mit dem Hinweis auf die drückende Biersteuer verfehlte seine Wirkung auf die Fachgenossen und die anderen Gäste nicht; der Autor, welcher sich um das Ganze so viele Verdienste erworben, wurde sammt den Darstellenden vielfach gerufen und stürmisch begrüßt. So schloss das heitere und sinnige Festspiel.

Auch die Saufmette (die wir bereits aus Kap. IV kennen) hat einen dramatischen Charakter und ebenso die Bieraufführungen, wie Biermensuren, Biermetten und sonstiges Burschen-Zeremoniell.

»Parsifal der reine Chor oder die Ritter vom Salvator« hieß der langatmige Titel einer Parodie, welche einige Zeit allabendlich in einem Münchener Volks-, Rauch- und Biertheater zur Aufführung gelangte.

Die Parodie nennt sich »Große Bayreuther Bühnenweihfestspiel-Komödie in 5 Abteilungen, frei nach dem Wahnfriedischen des Richard Wagner für Nicht-Bayreuther leichtfasslich bearbeitet und mit Gesang, Tanz und Salvatorkneiperei ausgestattet von E. F. Germanicus.«

Die Parodie zerfällt in 5 Abteilungen:
1) »Ein reiner Thor, oder: Der verhängnisvolle Literkrug.«
2) »Auf der Salvatorburg, oder: Eine spiritistische Klopffechterei.«
3) »In der Zauberküche des Nekromanten, oder: Eine verfehlte Spekulation, oder: Die böse Saat.«
4) »Die heiratslustigen Blumenmädchen, oder: Der reine Thor in Verlegenheit, oder: Der in der Luft hängen bleibende Pokal.«
5) »Der tote Geist, oder: Der wundertätige Pokal, Loder: Die Kraft des Salvators, oder: Ende gut, Alles gut.«

Das Personalverzeichnis enthält folgende Namen und Details:

GURNEMANZ, ein altes Hausmöbel, so alt, dass er die Pfeife nicht mehr mit den Zähnen halten kann, sonst Haushofmeister und Bariton, besitzt die Tapferkeitsmedaille und das Verdienstkreuz für sechzigjährige Ehe.

GUNDRY, ein weibliches Mädchen, von deren Zweck und Notwendigkeit niemand überzeugt ist; etwas leicht und vergesslich, war früher Konzertsängerin und Goldfliege am Théâtre Chatelet zu Paris.

PARSIFAL, der eigentliche Held, recte dummer Kerl im Stück, jung, übermütig, roh, ja sogar etwas frech, trotz alledem aber doch ein reiner Thor, um dem Wagner'schen Urtexte gerecht zu werden, sonst hat's weiter keinen Zweck.

TITURELL, ein abgestorbener König, wandelt als Geist ruhelos umher und wird von Zeit zu Zeit von seinem Herrn Sohne als Medium benützt, was sogar den Geist schließlich umbringt.

AMFORTAS, König und Sohn seines geisternden Herrn Vaters, Vorsitzender eines Vereins zur Vorbereitung des Salvators. In seinen freien Stunden ein eifriges Mitglied einer spiritistischen Gesellschaft.

KLINGSOR, früher Tändler und Kommissionär, nachher Unterhändler und Börsenjobber, jetzt Zauberer aus Verzweiflung, um seine fünf mitgiftlosen, verzogenen Töchter an den Mann zu bringen, u.s.f.

Endlich Ritter, Knappen, Leichenbitter, Mundschenken und Kellnerjungen, Rettigweiber und sonstige Würdenträger.

Der hauptsächlichste Teil der Handlung spielt sich in einem Kneipsaale auf dem Monsalvat ab. Nach der Parodie kann Amfortas von seinen Leiden (Rheumatismus) nur dann geheilt werden, wenn ein reiner Thor ihm, dem kranken Könige, den Pokal zurückbringt, dessen er durch Klingsor gelegentlich eines zärtlichen Stelldicheins mit Kundry beraubt wurde. Parsifal erlangt den Pokal, heiratet Kundry, und Amfortas Versöhnt sich mit Klingsor. – Die Parodie, welche mit wenig Witz und viel Behagen verfasst ist, bezweckt hauptsächlich eine Verherrlichung des Salvator- und Hofbräuhausbieres. Hin und wieder vermag der parodierte Parsifal dem Hörer ein Lächeln abzubringen, im Ganzen jedoch zwingt er demjenigen, welcher ihm einen ganzen Abend geopfert hat, den ärgerlichen Ausruf ab: »O, ich reiner Thor!«

Auch eine Parodie fällt mir ein auf das bekannte schöne Czarenlied in der Oper »Czar und Zimmermann«, ich meine jenes nach der Opernmelodie gesungene Fuchsenlied »Fuchsenseligkeit«, dessen erste Strophe lautet:

> *Einst lebt ich so harmlos in Freiheit und Glück:*
> *Gefüllt war der Beutel, stets heiter mein Blick;*
> *Ich klirrte mit Sporen, ich schwang das Rappier;*
> *Zu frohen Gesängen, wie schmeckte das Bier!*
> *Frohlockend stets schwärmt' ich durch Fluren und Hain,*
> *O selig, o selig, ein Fuchs noch zu sein!*

Auch der »König von Thule« ist gambrinal parodiert in dem »Studenten von Jena«. Ich zitiere nur zwei herausgehobene Strophen:

> *1. Str.: Es war ein Studio in Jene*
> *Besoffen Tag und Nacht,*
> *Dem sterbend seine Lene*
> *Ein großes Glas vermacht.*

> *5. Str.: Da saß der alte Zecher,*
> *Trank Ziegenhainer Naß,*
> *Und warf den leeren Becher*
> *In das geleerte Fass.*

Ziegenhain ist ein Bierdorf bei Jena, es ist also jedenfalls unter dem Nass – Bier gemeint. Komisch wirkt auch die scherzhafte absichtliche Wort-Metathese in der Originalstelle:

> *Die Augen gingen ihm über,*
> *So oft trank er daraus.*

statt *So oft er trank daraus.*

Gambrinale Parodien auf einzelne Stellen sind auch:

> *Wo man Bier trinkt, kannst Du ruhig lachen,*
> *Böse Menschen trinken schärf're Sachen;*

oder

> *Das Schrecklichste der Schrecken,*
> *Das ist der Bayer ohne Bier.*

Eine gelungene Parodie ward bei einem kürzlich abgehaltenen Akademie-Kommers in Berlin gesungen:

> *Sah ein Knab' ein Gläslein stehn,*
> *Gläslein edlen Bieres;*
> *War so schwarzbraun, schäumend schön,*
> *Wollt' den Boden gern er sehn;*
> *Dacht': ich nehme mir es,*
> *Gläslein edlen Bieres.*
>
> *Knabe sprach: »Ich leere Dich,*
> *Gläslein edlen Bieres«;*
> *Gläslein sprach: »Ich wehre mich,*
> *Bis ich hab' besieget Dich,*
> *Rath' Dir, nicht probier' es.«*
>
> *Und der wilde Knabe trank*
> *Zwanzig Gläslein Bieres,*
> *Bis er von dem Stuhle sank,*
> *Stillvergnügt, doch todeskrank;*
> *»Nun, ich sagt' ja Dir es!«*
> *Sprach das Gläslein Bieres.*

Eine Parodie ist auch das Loblied auf das Schwechater:

> *Wir wollen ihn nicht haben,*
> *Auch nicht den besten Wein!*
> *Wir wollen uns erlaben*
> *Am guten Bier allein.*
> *So lang der Meister Dreher*
> *Sein herrlich Lager braut,*

> *Ist uns're Bieresliebe*
> *Auf einen Fels gebaut.*
>
> *Wir wollen ihn nicht haben*
> *Auch nicht den besten Wein!*
> *Wir wollen treue Knaben*
> *Dem guten Biere sein,*
> *So lang der Meister Dreher*
> *Noch ist der Brauer Zier,*
> *Er braut in seinem Hause*
> *Noch solches Firnebier.*
>
> *Wir wollen ihn nicht haben*
> *Auch nicht den besten Wein!*
> *Wir wollen uns erlaben*
> *Am Lagerbier allein,*
> *So lang der Meister Dreher*
> *Als edler Brauer lebt,*
> *So lang bei seinem Lager*
> *Noch unser Puls erbebt.*

Das Bier in der Parodie kann aber noch weiter vielfach verfolgt werden. Ich zitiere eine einer humoristischen Münchener Hofbrauhauszeitung entnommene Stelle:

> *Lieb Vaterland magst ruhig sein!*
> *Ich geh' in mein Brauhaus hinein,*
> *Und setze friedlich mich am Tisch,*
> *Lass bringen mir a Maß'l frisch*
> *Und eß' dazu mein Schinkenbein,*
> *Lieb Vaterland magst ruhig sein!*

Oder eine Parodie nach Uhland:

Es zogen drei Bursche in's Hofbräuhaus.

> *Es zogen drei Bursche zum Isarthor rein,*
> *Rechts durch das Gäßchen, da bogen sie ein.*
> *Bald waren sie nah' und sahen die Hall',*
> *Es wimmelt' von lustigen Gästen zumal.*

> He! Freunde lasst uns doch ausruh'n allhier,
> Und zeigt uns die Stell', wo man ausschenkt das Bier.
> Platz gibt's zwar wenig, doch schränkt Euch nur ein,
> Denn 's Bier ist der Art, das getrunken will sein.
>
> Da ging nun der Erste, der holt sich ein Bier,
> Und hüpfte und tanzte vor Freude d'rob schier,
> »Ach hätt' ich dich stets, du malzreiches Bier,
> Ich ging meiner Treu nimmer weiter von hier.«
>
> D'rauf versucht' es der Zweite, der kriegt nimmer gnua,
> Und als er's geleeret, da sang er dazu:
> »Ach, das is a Bierl, das tut an Mag'n wohl,
> Dös is a Muster, wie's Andre sein soll!«
>
> Nun kommt noch der Dritte, der faßt'n Krug gewandt,
> Und rief ganz begeistert, indem er aufstand:
> »Dich trank ich schon früher, dich trink' ich noch heut',
> Dich werde ich trinken in Ewigkeit!«

Sehr gut parodiert ist das bekannte Goethe'sche Lied aus der Oper Mignon:

> Kennst Du das Land, wo Malz und Hopfen blühen?
> Pausbäck'ge Wangen für Gambrinus glühen?
> Wo Freiheit, Gleichheit aus den Büchern sprühen,
> Und Heldentaten aus den Krügen ziehen?
> O ja, o ja!
> Es ist bekannt, ist weltbekannt,
> Das liebe Land,
> Ach ja: Es ist Germania!

Und als geradezu vorzüglich muss ich eine Parodie auf Schiller's Dialog »Hektors Abschied von Andromach« bezeichnen, welche in einer Bierturnzeitung vom letzten Sylvesterabend stand:

FRAU: Willst Dich, Mann, schon wieder von mir wenden,
Wo der Wirt mit den geschäft'gen Händen
Dem Gambrinus schrecklich Opfer bringt?
Wer indes wird Deine Kleinen lehren
Konjugieren und die Eltern ehren,
Wenn die finst're Kneipe Dich verschlingt?

MANN: Teures Weib, gebiete Deinen Tränen,
Nach dem Bairisch ist mein feurig Sehnen,
Dieser Kehle ist der Hausmuff Qual;
Trinkend auf das Heil von Millionen,
Falk ich und in höh're Regionen
Steigt die Seele aus dem Bierlokal.
FRAU: Nimmer spür' ich Deines Geistes Frische,
Müßig liegt die Arbeit auf dem Tische,
Und der Schlingel, unser Sohn, verdirbt.
Wo die rote Glaslaterne scheinet,
Wo der Hopfen bitt're Tränen weinet,
In dem Biere Deine Liebe stirbt.
MANN: All' mein Sehnen will ich, all' mein Denken
In des Bieres braunen Strom versenken
Aber meine Liebe nicht!
Horch! Der Wirt zapft schon ein neues Fässchen,
Sei nur ruhig, trink' ein Fliedertässchen,
Männerliebe stirbt im Biere nicht!

Und ihr an die Seite zu stellen ist zweifelsohne »Der letzte Zecher« von Fritz Reinhard auf das bekannte Anast. Grün'sche Gedicht.

Wann habet ihr Kneipanten
Des Zechens mal genug?
Wann endlich ausgetrunken
Ist Seidel, Maß und Krug?

Ist nicht schon längst geleeret
Der Tonne mächt'ger Bauch,
Gestürzt nicht alle Humpen,
Gefüllt schon jeder Schlauch?« –

So lang' die goldne Gerste
Weithin das Land bedeckt
Und stolz an langen Stangen
Der Hopfen hoch sich reckt;

So lang' das Fass noch Seidel
Und mächt'ge Schoppen hegt
Und Hoffnung tönt im Klange,
Wenn man dagegen schlägt;

So lang' vor Ungewittern
Du noch geborgen bist,
Noch keines Weibes Tücke
Dir droht und Hinterlist;

So lange noch die Straßen
Mit Kneipen sind besä't
Und noch ein Mensch das Trinken
Zu würdigen versteht;

So lang' die Flasche winket,
Ein Schlund noch füllt und gießt;
So lang' der Tisch nicht mitstürzt,
Wenn wer hinunterschießt;

So lang' der Bauer reiset
Zum Jahrmarkt in die Stadt,
Der Rindvieh zu verkaufen,
Ein Schwein zu kaufen hat;

So lang' noch Katzenjammer
In Schädeln brummt fortan,
So lang' was überflüssig,
Man noch erbrechen kann:

So lange wallt zur Kneipe
Der Zecher junge Schaar,
Und mit ihr torkelt lallend
Manch' Alter, grau von Haar;

Und schimpfend einst und fluchend
Schmeißt aus des Schenken Haus
Den letzten müden Zecher
Der grobe Wirt hinaus.

Noch hält der wack're Zecher
Paar Batzen in der Hand;
Er rechnet nach und freudig
Ruft er: »Da ist noch Land«

Wenn auch der letzte Heller
Verflüssigt ist zu Nass,

> *Und dann kein Mensch mehr pumpet*
> *Und sagt: »Ich brat' dir was!«*
>
> *Erst dann fragt, wenn des Fragens*
> *Ihr noch nicht habt genug,*
> *Ob endlich ausgetrunken*
> *Ist Seidel, Maß und Krug.*

Die größte und bedeutendste Parodie bleibt aber entschieden »Das hohe Lied vom Bier«, Phantasie von E. Daelen, illustriert erschienen im Verlag Felix Bagel in Düsseldorf, eine Parodie auf Schillers Glocke. Einzelne Stellen habe ich schon an passenden Orten zitiert.

Gelegentlich der parodistischen Stellen sei auch der Wagner imitierenden Alliterationen auf cerevisiellem Gebiete gedacht. Einer begegneten wir bereits, ich erinnere der Vollständigkeit halber hier nochmals an dieselbe, die da lautet: »Brave, biedere, brauchbare Bierbrauerbursche bereiten beständig bitteres braunes, bayerisches Bier – bekanntes, besonders billiges Bedürfnis begnügsamer, behaglich beisammenbleibender, brüderlich besorgter Bürger. Bierfeindlich betörte Bacchusjünger behaupten bisweilen bestimmt: Bier beherrsche Bayern, berausche bald, befriedige bloß besoffene Bauern, beraube bessern Bewusstseins, beschränke blühende Bildung, begründe breite Bäuche, bereite Barhäuptigkeit, befördere blinden Blödsinn, breche bedauerlichen Begierden bedenkliche Bahn. Begeistert Bacchus besser, bleibet beim Bessern! Besinget Burgunder, Bordeaux, Brausewein, beschimpfet böswillig bayerisches Bier! Bevor Beweise Besseres bewähren, bleibt Bayern beim braunen Becherblinken, bleibt bayerisches Blut beim braunen Bier! Bernhard Benno Braun, bürgerlicher Bierbrauer.«

Als Seitenstück dazu bin ich im Stande, einen anderen mit »W« alliterierenden Weißbierspruch zu bieten: »Willkommen, wer wirkliches Weißbier wünscht! Weißbier werden wohl wenige Weise wie wertvolle Ware wahrhaft würdigen. Weswegen? Wisse, weil weizenes Weißbier wunderbar wirkt, Witwen wie Waisen wohltut, wilden Weltschmerz wegnimmt, weihevolle Wehmut, wonnige Wollust, witzig wechselnde Worte, wohlgefällige Werke wie würdige Wallungen weckt, Wangen wie Waden wärmt. Welch' wünschenswerte Wohltat! Wer wird Wasser würdigen wollen? Waldesel, Wallache, wahnsinnige Wiedertäufer, welke Wasserkröten, wimmelnde Würmer, windige, wetterwendische Wichte, weichselzöpfige Wucherer! Während wüste Weintrinker wieder wanken, wackeln, wirbeln, wälzen werden, wie weiland (Wendenkönig Wenzel, Weiola Weia wimmern werden, wie Wagner's Walküren. Werther Wirt! Wankelmütige, weichliche Waschweiber wünschen, Wohlgeschmack wähnend, Wachteln, Walnüsse, Waldmeisterbowln, wie wabbliges Warmbier. Wir würdigen weidlichen, wahrhaften Weisen wollen – werde wildes wütendes Wetter, werde warmer Westwind – wiederholt winterkühles Weißbier, warme Wiener Würste, Würzburger Wildbraten, Wachholder, Wermut, wie Würfelluft! Widrigenfalls Wichse!« –

Man könnte noch hinzufügen: »Wahnwitzig wässriger Weißbierdichter wertlose Witzhascherei!!!« – Doch nur zu! Das ganze Alphabet durch! Ein netter Beitrag zur Bierhumoristik!

Soeben kommt mir eine neueste Bierturnzeitung vom 31.Dezember 1885 datiert zu, aus welcher ich noch einen kleinen ganzen Roman aufzunehmen nicht unterlassen kann.

BERNHARD, BRUNHILDE, BALTHASAR.
Beispiellose Begebenheit

I. Bernhard Bürstenbinder, bedeutender Biertrinker, bewährter, bevorzugter Bildermaler, bemalte billige Bilderbögen.

Bernhard bedurfte besondere Bewegung, besseren Blutumlauf bewirkend, bei besagter beständiger bewegungsarmer Beschäftigung.

Bernhards Bauch, bereits bedenkliche Breite bietend, bezeigte bestens bewältigten Bierstoff. Besserung begehrend, Blutwallungen, beziehungsweise Beängstigungen beim bewegungslosen beständigen Bemalen billiger Bilderbögen besänftigend, beschwichtigend, beruhigend beizuspringen – beschloss Bernhard baldigst Brust – Bein – Bauch – Beugung -Bewegungsvereinen beizutreten.

Bevor Bernhard bekannte Bewegungen begann, besuchte Bernhard Bürstenbinder Balthasar Besenbinder, Brunhildens Bruder, Belehrung begehrend.

Balthasar Besenbinder, behäbiger Bürgersmann, bierfeindlicher Brausetrinker, Bierbauchverachter, Bruchbandagenbereiter, borgte Bernhard brauchbare, Belehrung bietende Bücher, Bierbäuche-Bewältigendes, Betreffendes bringend.

Bernhard besah Betiteltes, Bedrucktes, blätterte, blickte beglückt, begann bei Balthasar Buden-Brust-Bein-Bauchbewegungen, beispielsweise: Brustweitungen, Bauchwendungen, Beinschwenkungen, – Buches Belehrungen bestens benutzend.
Bewegungen beider Beine beibehaltend, bemerkte Bernhard Brunhildens Betreten Bruder Balthasars Bude. – Blonde blauäugige busige Brunhilde blickte bänglich, beschaute bewundernd Bernhards breite Biergestalt.
Bernhard beendigte Bewegungsversuche, begrüßte Brunhilde, blickte begeistert, beseligt begehrend.
Balthasar beobachtete besorgnisvoll Beide. Bernhard Bürstenbinder, Brunhilde Besenbinder beharrten bewegungslos, bewundernd. – Bruder Balthasar bänglichen Blickes, begann besorgter, Beide befragend: »Begehrt Bernhard Bürstenbinder blauäugige, blondhaarige busige Brunhilde Besenbinder?«
Bernhard bejahte bewegt. Brunhilde blickte beschämt. Bruder Balthasar blieb besorgnisvoll. – »Begehrt Brunhilde Besenbinder breitschultrigen bierbäuchigen Bernhard Bürstenbinder?«
Brunhilde bejahte bewegt. Bernhard beugte beide Beine bodenwärts, berührte begehrenden Blickes Brunhildens blühende Backen, Busserl bietend.
Balthasar bestürzt blickend, bedachte Besseres, begann böse: »Bernhard Bürstenbinder beginne Bewegungen beim Brust-Bein-Bauchbeugung-Bewegungsverein,« bis Bierbauch beseitigt! Brunhilde begnüge bis behindernden Bierbauchs Beseitigung Bernhards brüderliche Begrüßung! Bleibt Bierbauch – bleibt Brunhilde beim Bruder! Basta!«
Bernhard Bürstenbinder, Brunhilde Besenbinder blickten bodenlos betrübt.
II. Balthasar Besenbinder, bocksitzend, bewickelt bestellte Bruchbänder. Brunhilde bringt Bruder Balthasar Brause. – Bald Beide beschäftigt. Balthasar, brausetrinkend, beginnt boshaft:
»Bier – – Brrr! Brause besser – bedeutend! Bier berauscht bloß, besonders Bockbier! – Brause – besänftigend; – Bier befördert breite Bäuche; Brause bringt Blutumlauf, Bewegung! Bier bringt Bewusstlosigkeit, – Blödsinn, befriedigt bloß Bauern, Bornirte; Brause, Bordeaux, Burgunder, bringen Begeisterung, blühende Bildung! Brause belebt beständig! – Bier – Bierbauch – – Brrrr!«

Brunhilde beschäftigt beim Begießen blühender Blumenzwiebeln, bunter breiter Blattpflanzen, begrübelte Besprochenes, bedachte Bruder Balthasars bittere Bedingung, boshafte Bemerkungen. Brautstands baldigste Beendigung begehrend, blickte Brunhilde betrübt, beängstigt, bedenkend! Bleibt Bräutigam Bernhard Bierbauch, – bleibt Bruder Balthasar bestimmt bei bejammernswerter Bedingung. –

Bernhard Bürstenbinder, baldigste Besserung begehrend, betrat Bewegungs-Boden bekannten Brust-Bein-Bauchbeugung-Bewegungsbundes, – blieb beim Bunde, begann bestimmte, Bestes bewirkende Bundesbewegungen, beobachtete bald Besserung, – begrüßte beispiellos beseligt – Bierbauchschwinden.

Bald betrat Bürstenbinder Balthasar Bandagen-Bude, Braut beglückt begrüßend, Braut bestimmt begehrend.

Balthasar Besenbinder, bierfeindlicher Brausetrinker, Bruchbandbereiter, behäbiger Bürgersmann, Bierbauchverachter, – beschaute Bernhards Begrenzung, blickte befriedigt, beistimmend, beglückwünschte Bräutigam, bestieg Bock, begann:

»Bräutigam Bernhard Bürstenbinder – Braut Brunhilde! Begnadigt Beide! – Bernhards behindernder Bierbauch bestens beseitigt! Bleibt beisammen!«

Begründet behagliche Behausung, beordert Bagage, Betten, Bettstellen, Bettwäsche, Bürsten, Besen, Bilder, Blumentöpfe, Blechgeschirr, Bratpfannen: Benötigtes, Brause. Besorgt – Babies!

Bernhard Bürstenbinder, Brunhilde Besenbinder blickten beseligt.

Beschreibung beispielloser Begebenheit beendet. – Befriedigend?

Weitere Poeten zur Bierpoesie sind die »Neuen Bierlieder« von Fr. Böttcher, deren ich hier zwei folgen lassen will.

I.

Wenn ich einst kein Bier mehr trinke,
O! Dann sorget für mein Grab.
Gerne folg' ich Deinem Winke,
Freundchen Hain, und trolle ab!
Denn was wäre ohne Bier
Ein vernünft'ger Mensch wohl hier?

Wasser, edle Himmelsgabe,
Sei gepriesen für und für;
Aber meine höchste Labe
Ist und bleibt ein Töpfchen Bier!
Sagt, was wär' der Mensch wohl hier,
Sollt' er leben ohne Bier?

Wenn in trüben, bangen Stunden
Keine Freud' und Hoffnung winkt,
Ist der Mann, ich hab's empfunden,
Ruhig, wenn er raucht und trinkt.
Komm', verscheuch' die Grillen mir,
Altes, gutes Töpfchen Bier!

So auch, wenn uns Glück und Freude
Auf dein Lebenswege lacht,
Wenn uns immer, so wie heute
Kraft und Wohlsein heiter macht;
Dann, Geliebte, glaub' es mir,
Mundet köstlich ein Glas Bier!

Wein ist auch nicht zu verachten,
Aber billig ist er nicht!
Danach lass ich Reich're schmachten,
Tue meine Bürgerpflicht:
Denn ein braver Bürger hier
Trinkt des Abends sein Glas Bier.

Zankt mein Weib, kann sich nicht fassen,
Weil die Magd so unverschämt,
Geh' ich stille und gelassen
Dahin, wo man sich nicht grämt.
Hör' ich's klopfen, denk ich mir:
Halt, hier gibt's ein frisches Bier!

Nun erzählt man seine Taten,
Ich geb' auch mein Wörtchen d'rein,
Staats- und Volkswohl wird beraten,
Jeder will der Klügste sein!
Die Gescheidt'sten, glaubt es mir,
Sagen nichts und trinken Bier!

Später wand're ich nach Hause,
Dünke klug und weise mich.
Frauchen ruht in ihrer Klause,
Nennt mich unverbesserlich!
Bleib' doch heime, folge mir,
Du trinkst wahrlich zu viel Bier!

Ja, wenn ich kein Bier mehr trinke,
Dann sorg' schleunigst für mein Grab.
Gerne folg' ich höh'rem Winke,
Füge mich und trolle ab.
An dem Grabe sprechet Ihr:
Er trank gerne sein Glas Bier!

II.

Der liebste Trunk ist mir das Bier,
Der gold'ne Gerstensaft,
Der, meines Lebens höchste Zier,
Mir heit're Stunden schafft;
Und plagen Grillen mich und Pein,
So soll er stets mein Helfer sein,
Der gold'ne Gerstensaft!

Vom Weine faselt mancher Thor,
Dass besser er als Bier,
Doch ich, der sich das Bier erkor
Zum treu'sten Freunde hier,
Ich sage und behaupt' es fest:
Von Allem ist halt' doch das Best'
Der gold'ne Gerstensaft!

Wenn ich dann einst gestorben bin
Und nicht mehr trinken kann,
So schreibt auf meinen Grabstein hin:
»Hier ruht ein braver Mann,
Der recht gehandelt immerdar
Und dessen Freund und Bruder war:
Der goldne Gerstensaft!«

Ferner ein dem kleinen »Bier-Bädecker« entnommenes Bierlied:

Bei uns im alten Bayernland
Gedeiht kein goldner Wein,
Wie an dem rebengrünen Strand
Vom greifen Vater Rhein;
Dafür gebiert das runde Fass
Das andre hochberühmte Nass,
Das liebe braune Bier.

Und uns're Luft ist frisch und herb
Und rau und doch gesund,
Desgleichen etwas rau und derb
Und trocken unser Mund.
Es stärket ihn, wenn er erschlafft,
Der Bayernmeth der Labesaft,
Das liebe braune Bier.

Es ist nicht wie der Traubensaft
So feurig, klar und rein,
Es macht auch nicht so kreuzfidel
Wie der Champagnerwein.
Es ist so rot und dick wie Blut,
Es leistet Manneskraft und Mut,
Das liebe braune Bier.

Man macht es auch nicht so bequem
Wie aus der Traub' den Wein,
Man braucht dazu schon ein System
Und große Brauerei'n;
Die Arbeit, Mühe und die Kraft,
Die immer geht und immer schafft,
Die geben uns das Bier.

Man ehrt das Wissen und die Kunst
Wohl der Bavaria,
Doch vor dem Allen steht in Gunst
In Ländern fern und nah,
Der Durst'gen bestes Jagd-Erwies,
Das hochgepries'ne Elixis,
Das liebe braune Bier.

Es ist denn auch kein Trank, der nur
Für edlen Mund gebraut,
Wer hat im Bierhaus eine Spur
Von Kastengeist geschaut?
Beim Bierfass sitzt man im Verein
Der Graf stimmt mit dem Bettler ein:
Es lebe das braune Bier!

Zwar spotten manche Züngelein
Uns durst'ge Bayern aus,
Es mögen noch so viele sein,
Wer macht sich was daraus?
Der Spötter wäscht zu jeder Stund'
Zu neuem Spotte seinen Mund
Mit unserm guten Bier.

Es lieh den alten Deutschen schon
Ein Bier die Heldenkraft,
D'rum ehre sein getreuer Sohn
Den altererbten Saft.
So füllt denn eu're Gläser neu
Und bleibet diesem Wahlspruch treu:
Es leb' das braune Bier!

Doch ewig Weh dem Manne frech,
Der fälschet unsern Trank,
Den strafe nach dem Erdenpech
Noch höllisches Gestank.
Wir bringen nur sein Pereat
Den Brauer, der mit Surrogat
Verdirbt das braune Bier.

Ein Gedicht, »Lob des Bieres« von Joh. Jos. Polt möge hier ferner seinen Platz finden:

Den Gerstensaft, lasst uns ihn preisen,
Er ist des Lobes wahrlich wert,
Durch Liedersang in mannigfachen Weisen,
Sei er von uns gar hoch geehrt.

Ägypten sah die ersten Säfte
Aus Gerstenmalz zum echten Bier;
Und lernte seine ganzen Kräfte
So würdig schätzen als wie wir.

Die Deutschen fanden bald vor Allen
Am neuen Trank Geschmack,
Und tranken, ohne hinzufallen,
Den ganzen lieben Tag.

In den berühmten Ritterzeiten
Da trank man viele Humpen leer,
Und tat mit allen Nachbarn streiten,
Und trank nach jedem Kampf noch mehr.

Ja, selbst in unsern Lebenstagen,
Da trinkt man's Bier oft kannenweis,
Und wen die Sorgen heftig plagen,
Der gibt sie gutem Biere preis.

D'rum wollen wir am Bier uns halten,
Und laben uns an seinem Trank;
Dann wird uns gleich den braven Alten
Die Zeit im Leben nie zu lang.

Auf! hebt das Glas in eurer Rechten
Und trinkt es aus auf Freundes Glück;
Und wer das Bier nicht will verfechten,
Den stoßt aus unserm Kreis zurück.

Zum Schlusse lasst die Bräuer leben,
Die reines, gutes Bier nur bräu'n;
Gesundheit zu erhalten streben,
Und sie nicht stören durch Arznei'n.

Gesundheit macht das Leben fröhlich,
Und wehe dem, der sie verstimmt,
Zu preisen ist nur jener selig,
Der Teil an ihr mit Freuden nimmt.

Ferner:

WAS EIN GUTES BIER VERMAG!«
Wenn du 'mal recht durstig bist
Und das Bier hübsch söffig ist –
Kannst du dann wohl widerstehen?
Hin zur Kneipe wirst du gehn,
Tust am Bier dich gütlich,
Fühlst dich urgemütlich!
Merke dir: so'n Gerstensaft
Hat 'ne ganz besond're Kraft!
Bist du auch 'mal schlecht gestellt
Und schaust grämlich in die Welt –
Trink' nur ein'ge Liter,
Gleich wird's anders wieder!

Sogar Eduard Grisebach's anonym erschienenem »Neuen Tannhäuser« kann ich aus Nr. XX die ersten Strophen für unsern Zweck entnehmen:

Kopenhagen – Nord Venedig!
Doch mehr Straßen als Kanäle,
Und anstatt in schwarzen Gondeln
Fährt man aus dem bunten sporvei.

Blonde Männer, blonde Weiber,
Sehen völlig aus wie Deutsche,
Lachen, trinken urgermanisch,
Aber dänisch sprechen alle.

Missverständlicher Jargon!
Durch die Gothersgade sah ich
Einen Wagen voller Fässer
Fahren und daran stand: Öl.

Doch der Tonnen Inhalt war
Kjoebenhavner ale und porter,
Wie ein Dämchen mich belehrte,
Welches bei der Windmühl' wohnt.

Ja, das Bier ward Öl und schmeckt auch
Wie verdünntes Öl mit Zucker,

*Weckt die Seekrankheit von Neuem,
– Dann wie einstmals dem Odysseus.*

*Krempelt um auch mir Poseidons
Teufelsfaust den armen Magen
Wie 'nen Handschuh, riss den Brennpunkt
Uns'res Wollens, riss das Herz mir*

*Aus der Brust gleich Vitzliputzli's
Oberpriester – der Verstand nur
Blieb zurück als kalter Abscheu,
Schauder vor dem ganzen Leben.*

*Ach, an solcher Stunden Qual
Mahnt mein Dulderherz das Dünnbier,
Welches Hamlets Enkel brauen,
Und es weckt mir edle Sehnsucht*

*Nach dem edlen Bier des braven
Palzenhofer und nach Walther's
Schöner Schenkin, die den Seidel
Uns kredenzt nach Mitternacht.*

*(Wenn wir nämlich von dem echten
Bier, dem Bier des echten Trinkers,
Schon genug getrunken, sei's bei
Olbrich, sei's beim schweren Wagner),
etc. etc.*

Dies führt mich auf Piècen, welche spezielle Biere berühmen. Vielen sind wir schon begegnet, ich lasse noch einzelne folgen, z.B. die aus Berlepsch' »Chronik der Gewerbe« Bd. 9, S. 174 entnommene in poetisches Gewand gekleidete historische Sage vom Bock, die wir in Prosa bereits aus Cap. V kennen:

*Als Kurfürst Maximilian von Bayern,
Mit Herzog Heinrich, um ein Fest zu feiern,
Im neugewordnen Rang in Braunschweig saß,
Und an der fürstbesetzten Tafel Glas
Und Becher, schäumend Braunschweigs weltberühmtes,
Gebräu, die Mumme, kreisten: da gefiel es
Der Durchlaucht Max, obwohl mit wirrem Sinn,*

Die Mumme schal zu nennen, schlecht und dünn,
Erbärmlich eklen Trank, nicht zu verdau'n,
Und pries das Bier, das feine Münchner brau'n.

»Verzeiht, Herr Vetter!« fiel der Herzog ein,
»Ihr müsst durch dies Getränk im Irrtum sein;
Nie hörte ich die Münchner Biere loben,
Nie tadeln dieser Mumme kräftig Toben.
Was Ihr da Eckel nennt und dünn und schal
Ist Euer Zeugs! – O, wär' nur ein Pokal –
Den's wahrlich schändet – Münchner gleich zur Stelle
Ihr hättet Pfützenschlamm für reine Quelle:
So faulicht, bitter schmeckt der Bayern Bier,
Doch Göttertrank ist uns're Mumme hier!«

»Still, Vetter, still, mit Eurem zorn'gen Schrei'n,
Wir wollen nicht wie Brauer uns entzwei'n!
Doch bleibt's dabei: der Bayern Bier ist stark,
Erfrischt das Herz und stärket Bein und Mark;
Auch dass es kräft'ger als da Eure Mumme,
Geht eine Wette ein, nennt eine Summe;
Bestimmt die Weise dann – hier, diese Herr'n,
Sie sind dabei, ich weiß, sie zechen gern.«

»Gut, Vetter, gut! Zweitausend Stück Dukaten,
Dazu ein Fuder Wein, wenn's noch geraten,
Nachdem wir jeder richtige sechs Maß,
Ihr Mumme, Bayrisch wir, doch Glas um Glas
Getrunken – dann auf einem Bein ohn' Mühen
In eine Nadel einen Faden ziehen!«

»Topp!« heißt es jubelnd, »topp« – und man beschloss,
Dass Mitte Mai auf Maximilian's Schloss
Die Prüfung nach der vorgeschrieb'nen Weise
Gescheh' – dann Gruß und Glück und frohe Reise.

In Braunschweig wird ein Privilegium
Verheißen für die allerstärkste Mumm';
In Bayern große Freiheit und Geschenke
Für ein, gleichviel ob alt, ob neu Getränke,
Das Braunschweigs Mumme an Geschmack, Gehalt

Weit überträf', und mussten also bald
Die Brauer Proben liefern. – Beim Genusse
Und beim Vergleich war, Maxen zum Verdrusse,
Die Mumme besser. – Schrecklich missvergnügt
Rief Max: »Ihr Schlempenbrauer seid besiegt!
Beim Teufel, seht, verlier' ich Ehr' und Wette,
So ist das Zuchthaus eure Ruhestätte!«

Da, wie vom Himmel hergesendet, spricht
Ein festes Männlein, kupfrig im Gesicht:
Wenn Euer Durchlaucht schenken mir Vertrauen,
Will ich ein köstlich starkes Bierlein brauen;
Ein Bierchen, so, bei meiner armen Seel',
Dass eine Kanne spült die Sinne fehl.
Bin Klosterbrauer, brau' für Mönch' und Pfaffen,
Die sich bemüh'n, den Himmel uns zu schaffen.
Macht mein Gebräu zu Schanden nicht die Mumm',
Nennt mich ein ledern Pferd und eselsdumm!«

»Gut, Pfaffenbrauer!« scherzte Max, »wir wollen
Es prüfen – Schlempenbrauer, könnt euch trollen!
Du braue zu; gelingt's mit deiner Kunst,
So sei versichert uns'rer Gnad' und Gunst!«
Es kommt der Mai, der Tag, die Stunden nahen,
Die Zecher sind bereit und Alle sahen
Im Geiste Sieger sich. – Ein Prachtgestell
Trägt bayrisch Bier, eins Mumme. – Dann ein Quell,
Der Beides trennt, in wunderhellem Wühlen
Füllt Silberschalen, heißen Gaum zu kühlen.

»Zapft an!« ruft Max, »die Nadeln her!
Jetzt trinken wir, bis beide Fässer leer!«
»Recht, Vetter! stoße an: – die Bayern leben,
Die Bayern hoch und Braunschweig hoch daneben!«

Und manches Vivat im Tenor und Bass
Erfüllt den Saal, man leeret Glas um Glas.
Die Diener selbst, verstohlen in den Ecken,
Sah man hier Mumme und dort Bayrisch lecken.
Der kräft'ge Trunk verfehlt die Wirkung nicht;

Das Auge sprüht, es glühet das Gesicht.
Kurz, was nur je in Trunkenheit gescheh'n,
War an der Fürstentafel hier zu seh'n.

Noch blieben Max' und Heinrich's starke Geister
Bei der Vasallen Niederlage Meister,
Obschon ein stieres Aug' die Menge zählt,
Die auf dem Platze noch und die schon fehlt.
»Beim Teufel, alle Stützen Bayerns liegen!
Doch soll der Kurfürst über'm Herzog siegen!«
Schrie Max. – »Oho!« fiel Herzog Heinrich ein,
»Doch soll der Humpen hier der letzte sein.
Dann fädeln wir, als flickten wir die Kleider,
So fest und sicher wie gewandte Schneider.«

»Wohlan!« rief Max, »gib mir den Humpen her«,
Er stürzt ihn aus – der Faden geht durch's Öhr,
Auch Heinrich stürzt ihn aus – doch Geist und Glieder
Erschüttert schnell der Rausch und wirft ihn nieder.
Im Wahne brüllt er: »Gebt, den Stock, den Stock!
Ich falle nicht, mich stößt ein Bock, ein Bock!«

Da naht dem trunknen Max aus seiner Lauer,
Triumph im Blick, der list'ge Klosterbrauer,
Begrüßt den Herrn als Sieger und als Held,
Und Max versichert ihm der Wette Geld.

»Erlaubt, o Herr, noch eine Gnade:
Nicht Namen hat mein Bier – und wär' es schade,
Vergäß man Strauß und Bier, des Herzogs »Stock« –
Wie er's benannte, heiß' es – »Bock!«

Oder

Ein Bernauer Biermärlein

von Richard Schmidt – Cabanis:

War einst ein Brauer zu Bernau,
So dick als lang, so fromm als schlau:
Der braut aus Malz und Hopfen,

Zu Sanct Gambrini Ehr' und Ruhm,
Gar einen guten Tropfen!

Zu Ohren kam auch dem Prokop
Desselb'gen Gerstensaftes Lob,
Als kriegt er d'rauf ein Dürsten –
Es wässert sein Hussiten-Maul
Ganz ohne Maß dem Fürsten!

Und da er heiß des Trunks begehrt,
So zog er sein zweischneidig Schwert.
»Nun rüstet flink, ihr Haufen:
Bernau, joch hossko hawadey!
Zu Grund will ich Dich… trinken!« –

So zog er vor die gute Stadt,
Die drob kein großes Freuen hat;
Doch schwur sie auf der Stelle:
»Wie's kommen mag, wir lassen ihn
Nicht über uns're Schwelle!«

Zum Brauer aber nächtens baß
Trat listig grinsend Satanas:
»Soll zwischen Ein und Zwölfen
Mir Deine Seel' verfallen sein,
Will aus der Not ich helfen!«

Hei, denkt der Bräu, Du altes Haus,
Nur zu, ich helf' mir schon heraus:
Schmier' Teufel, Deine Sohlen,
Ist nur die Heimatstadt befreit,
Magst Du um Zwölf mich holfen!

Und Beelzebub, ein Haupt-Adept,
Gibt flugs dem Brauer ein Rezept,
D'rin flimmert es von Quecke,
Von Quassienholz und Glycerin
Und anderm Teufelsdr –e!

Und der Gesell' braut d'raus ein Bier,
Davor ihm schaudert selber schier;
Das schickt man ohn' Entgelte

Zum Willekomm' und Sühnetrunk
In des Prokopen Zelte!

Doch Der tät kaum den ersten Schluck,
Da hatt' er mehr schon als genug:
Im Leibe mocht' er's spüren
Und musst' sich mit dem ganzen Heer
Flugs »rückwärts konzentrieren«!

Derweil der Brauer weislich schon
Fleht still zu seinem Schutzpatron:
Gambrinus, laß gelingen,
Dass ich mit Deiner Hilf' und Kraft
Mich zieh' aus Satans Schlingen!

Und gießt von seinem besten Trank
Drei Liter auf die Ofenbank;
Das gab ein Gischt und Schäumen:
Nun gilts, den dummen Beelzebub
Gehörig hier zu »leimen«!

Und als das Glöcklein Zwölfe schlug,
Der Böse kam in wildem Flug.
»Ich weiß was Dich gelüstet –
Sitz' nieder hier 'nen Hahnenschrei,
Bin gleich zur Fahrt gerüstet!« –

Und Satan sitzt vor'm Ofenloch –
Riss er sich los nicht, säß er noch!
Zwo Stunden mit Gekeife
Zerrt er herum, dann blieb zurück
Ein Stück noch von dem Schweife!

Still schleicht er heim zum Höllengrund:
»Was soll ich mit dem Kerl da drunt?!
Mir scheint, es ist das Beste,
Ich lass' ihn hier, sonst klebt er noch
Die Großmama mir feste!« – –

So ward gerettet einst Bernau
Durch seinen Brauer fromm und schlau.
Wo Satan mit Gestanke

Und der Prokop den Heimweg nahm,
Da fließt seitdem die Panke! –

Doch ließ der Böse voller Türk
Auf Erden sein Rezept zurück:
Das fund nachher ein Welscher,
Der erbt's auf Kind und Kindeskind –
Sind lauter Bierverfälscher!

Nur in Bernau, gedenk des Falls,
Braut man aus Hopfen stets und Malz
'nen Stoff ganz sonder Zweifel,
Und fürcht't sich im Geringsten vor
Hussiten nit und Teufel! –

Und der Euch dieses Lied erdacht,
Hat dort gekneipt manch' frohe Nacht:
Er tut den Humpen heben
Und bringt ihn dieser wackren Stadt –
Stoßt an, Bernau soll leben!

Oder eine Ode an den Bock:

Heil dir, verehrlicher,
Münchenverherrlicher,
Dasein verschönender,
Blüten auskrönender,
Lieblicher Bock!

Rettich' bekränzen dich,
Bräuknecht bekränzen dich,
Schaumüberkräuseltes,
Wurstdampf umsäuseltes
Nektargetränk!

Völker vermischest du,
Kleingeist verwischest du,
Angstrohr und Waffenrock
Bringen vereint, o Bock!
Opfer dir dar.

> *Süßen Gewaltstreich*
> *Erzielst du, o malzreicher,*
> *Urhofbrauhäuslicher,*
> *Kampfunabweislicher,*
> *Siegreicher Bock.*

Außer zahllosen Stellen in seinen diversen Gedichten ist von Hoffmann von Fallersleben besonders sein Lied »Der politische Bürger« zu nennen:

> *Die Sonne sinkt, geräuschlos werden*
> *Die engen Gassen nach und nach,*
> *Da sucht für seine Tagsbeschwerden*
> *Der Bürger wieder sein Gemach. –*
> *Er spricht, was soll ich länger hier?*
> *Gesagt, getan, er geht zu Bier.*
>
> *Er kennet seines Hauses Wände*
> *Und Tisch und Schränke sehr genau,*
> *Er kennt, wie seine eignen Hände,*
> *Die Kinder, Großmama und Frau. –*
> *Er spricht, was soll ich weiter hier?*
> *Gesagt, getan, er geht zu Bier.*
>
> *Er kann zu Hause nichts erleben,*
> *Als was er längst erlebet hat,*
> *Und was sich irgend hat begeben,*
> *Erfährt er dort ganz akkurat. –*
> *Er spricht, was soll ich länger hier?*
> *Gesagt, getan, er geht zu Bier.*
>
> *O Lust, bei Bier und Tabaksdampfe*
> *Zu hören von dem Lauf der Welt,*
> *Von der Tscherkessen Freiheitskampfe,*
> *Und wie ein König Reden hält. –*
> *Er spricht, was soll ich länger hier?*
> *Gesagt, getan, er geht zu Bier.*
>
> *Kaum tönt vom Turm die sechste Stunde,*
> *So treibt's ihn aus dem Hause fort;*
> *Den letzten Bissen noch im Munde*

> *Summt er fein erst und letztes Wort –*
> *Und spricht, was soll ich länger hier?*
> *Gesagt, getan, er geht zu Bier.*

Ein Bierlied fand ich auch als Gambrinushymne aus der Zauberposse »Sneewittchen« von Hopf (Musik von Corradi) bei Ed. Bloch in Berlin annonciert.

Ein anderes Bierlied von F. v. Wickede in Musik gesetzt, hat Müller von der Werra gedichtet:

> *Man singt von vielen Dingen,*
> *Vom Wassertrinken schier!*
> *D'rum lasst mich einmal singen*
> *Vom echten deutschen Bier.*
> *Wer sich es recht lässt munden,*
> *Der hat bei manchem Spaß*
> *Dazu auch wohl gefunden*
> *Den allerschönsten Bass!*
> *Ja, ja! Ha, ha!*
> *D'rum bringt mir noch ein Glas!*
> *Ja, ja! Ha, ha!*
> *D'rum bringt mir noch ein Glas!*
>
> *Tief in des Kellers Räumen,*
> *Da trinkt sich's gar so gut;*
> *Wenn hell die Gläser schäumen,*
> *Gibt es so frohen Mut!*
> *Man lässt den Himmel walten*
> *Und kennt nicht Zorn noch Hass,*
> *Und hat noch stets erhalten*
> *Den allerschönsten Bass!*
> *Ja, ja etc.*
>
> *Wie trinkt sich's so gemütlich*
> *Im kühlen Schatten hier;*
> *Kommt, lasst uns tun recht gütlich*
> *Am braunen Elixir.*
> *Man singt mit mehr Behagen,*
> *Ist erst die Zunge nass,*
> *Und kann beim Trunke wagen*

> Den allerschönsten Bass!
> Ja, ja etc.
>
> Ihr möget für der loben
> Das Wasser und den Wein;
> Den Bierstoff zu erproben
> Soll meine Freude sein!
> Ich hab' es gut vernommen,
> Als ich lag einst beim Fass,
> Dass ich dabei bekommen
> Den allerschönsten Bass!
> Ja, ja etc.

Ich lasse nun folgen: G. Friedrich Sterzing's

Schnalzt immer mit der Zunge«:

> Schnalzt immer mit der Zunge
> Und singet hell und laut,
> Der luft'ge Bauernjunge
> Hat dieses Bier gebraut.
> Sang nützt zu allen Dingen,
> Doch nirgend so wie hier,
> Beim Brauen muss man singen,
> Nur dann gerät das Bier.
>
> Und dieses ist gelungen,
> Da steht's in aller Pracht,
> Weil er dazu gesungen,
> Weil er dazu gelacht.
> D'rum lasst die Gläser klingen
> Ihm, aller Burschen Zier!
> Beim Brauen muss man singen,
> Nur dann gerät das Bier.
>
> Rinnt durch die Kehle nieder
> Ein Schluck bis auf den Grund,
> Gleich tönen lust'ge Lieder
> Aus eines Jeden Mund.
> Kaum von den Lippen bringen
> Kann ich das Glas vor Gier.

Beim Brauen muss man singen,
Nur dann gerät das Bier.

Man könnte Tode wecken
Mit diesem Zaubertrank.
Hei, wie sie würden schlecken,
Die Augen voll von Dank!
Es kostet gar kein Zwingen,
Es geht von selber schier.
Beim Brauen muss man singen,
Nur dann gerät das Bier.

Auf! Jubelt tausendtönig,
Dass krache Deck' und Wand!
Gambrinus gilt's, dem König,
Weil er den Trunk erfand.
Seit ihm es tat gelingen,
Ist Wasser nur für's Tier:
Er tat beim Brauen singen,
Und ihm geriet das Bier.

Ferner C. Rascher's

Heute bin ich kreuzfidel

Heute bin ich kreuzfidel
Bei dem Gerstensaft,
Seh' ich auf keinen Menschen scheel,
Trink' mit Jugendkraft,

Denn das Herz, das baumelt mir,
Sag' es frank und frei,
Gar zu gern im Doppelbier,
Valleri juchhei

Keine Sorgen drücken mich,
Kein Philister tritt,
Kümm're mich um gar nichts mehr,
Bin mit Allem quitt,
Denn das Herz usw.
Sagt, was brauchen wir den Wein,
Lasst den alten Herrn,

Trinke lieber Bier als Wein,
Trink es gar zu gern.
Denn das Herz usw.

Keine alte gute Lehr',
Die man je erdacht,
Kommt mir jetzo inhaltsschwer
Durch den Kopf gejagt.
Denn das Herz usw.

Komm' Euch d'rum ein volles Glas,
Freunde, singt und trinkt!
Und die Seele, glaubt mir das,
Sel'ger einst entspringt,
Wenn das Herz im Doppelbier,
Sag' es frank und frei,
Stets im Leib gebaumelt hier,
Valleri juchhei.

Und I. P. Hoffmann's

Den Gerstensaft, lasst uns ihn preisen

Den Gerstensaft, lasst uns ihn preisen,
Er ist des Lobes wahrlich wert,
Durch Liedersang in mannigfachen Weisen
Sei er von uns gar hoch geehrt.

In den berühmten Ritterzeiten
Da trank man viele Humpen leer,
Und tat mit allen Nachbarn streiten
Und trank nach jedem Kampf noch mehr.

Ja selbst in unsern Lebenstagen
Trinkt man das Bier oft kannenweis;
Und wen die Sorgen häufig plagen,
Der gibt sich gutem Biere preis.

D'rum wollen wir am Bier uns halten,
Und laben uns an seinem Trank;
Dann wird uns gleich den braven Alten
Die Zeit im Leben nie zu lang.

Auf, hebt das Glas in Eurer Rechten
Und trinkt es aus auf Freundes Glück;
Und wer das Bier nicht will verfechten,
Den stoßt aus unserm Kreis zurück.

Zum Schlusse lasst die Brüder leben
Die reines, gutes Bier uns bräu'n,
Gesundheit zu erhalten streben
Und nicht sie stör'n durch Arzenei'n.

Gesundheit macht das Leben fröhlich,
Und wehe dem, der sie verstimmt;
Es wird der Brauer hier und dort nicht selig,
Der Kräuter zu dem Biere nimmt.«

Ein Beitrag Paul von Portheim's aus seinem posthumen »Silentium« sei hier nicht verschwiegen:

Die Geschichte vom Rösli im Stern.

Da sitzen die Leut' wie das Vieh bei der Tränke,
Verbringen die Zeit in rauchiger Schänke,
Die Köpfe zusammen, die Ohren gespannt,
Des Gerstensaft's Flamme macht zungengewandt.

Man tratscht und man schwätzt vom Bier und vom Zechen
Und kommt dann zuletzt auf's Rösli zu sprechen.
Freund Förster, berichte die schaurige Mär,
Die alte Geschichte den Wirten zur Lehr'!

Das Tischgespräch stockt; es geht ein Geflüster
Vom Kaufmann zum Vogt, vom Lehrer zum Küster;
Man rücket zur Seiten, der Förster hebt an:
Da war einst vor Zeiten ein fürnehmer Mann.

Der hat auf dem Schloss, auf Adelguntsteine
Mit Knappen und Roß gehauset alleine.
Doch weil's ihm zu einsam, hat meist er die Nacht
Mit dem Dorfe gemeinsam im Stern zugebracht.

Das Bier dort, das war das Beste von allen,
Das Wirtsrösli gar, die hat ihm gefallen,

Er saß ihr zur Seite, schwur Liebe und Treu,
Es saßen die Leute schier neidisch dabei.

Und als einst das Bier recht frisch und recht tüchtig,
Da hat er sich ihr versprochen auch richtig;
Das gab ein Gerede im Dorf und im Land,
Da hätte sich jede gern Rösli genannt.

Die trug ein Geschmeid' und güldene Ketten,
Ach, wenn wir nur heut' ein halb davon hätten!
Das Dorf hat gefreut sich, es jauchzte die Welt;
Wenn nur die gescheut sich auch weiter verhält!

Da kam jene Nacht: er saß in der Schänke,
Es hatten sich sacht geleeret die Bänke;
Beim Krug nur der Ritter missmutig allein:
Das Bier wird schon bitter, schenk' frischeres ein!

Doch weil's schon so spät, und kein Gast mehr beim Biere,
Dacht's Rösli: es geht indes noch das Frühre.
Vom Fasse sie schenket das letzte ihm her,
Sie schüttelt's und denket: der merkt's eh nicht mehr.

»Pfui Warmbier und Schand!« so hat er gewettert
Und hat an der Wand den Steinkrug zerschmettert!
Zum Gruß kein »Behüt Dich!« die Tür flog in's Schloss,
Hohnlachend und wütig so stieg er zu Ross.

Mit klirrendem Sporn so ist er inmitten
Der Nacht noch im Zorn von dannen geritten,
Er mahnt mit dem Arm nur: Du herzig Gespiel:
Das Kühlbier macht warm nur; das Warmbier macht kühl.

Endlich möchte ich den Chor neuerer Bierlieder mit einer Pièce von Rudolf Baumbach ausklingen lassen:

Der Eremit

*Nicht kann ich länger helfen mir,
Ich werd' ein Weltverächter,
Die Menschen und das liebe Bier,
Die werden täglich schlechter.*

Ade, Du Welt, so falsch und kalt,
Ich ziehe in den düstern Wald
Und werd' ein Eremite.

Auf einer grünen Waldesau,
An stiller, kühler Stelle
Dem heiligen Gambrinus bau'
Ich eine Waldkapelle.
Ich nehm' dazu ein altes Fass
Und droben wird ein Deckelglas
Als Glocke aufgehangen.

Und wenn zur Vesperzeit erschallt
Mein Glöcklein klar und helle,
Dann pilgert durch den finstern Wald
Zur traulichen Kapelle
Mit vollen Krügen Bier beschwert
Die Menschheit, so noch fromm verehrt,
Den heiligen Gambrinum.

Es lagern sich im Kreis umher
Die frommen Potatores,
Wir trinken alle Krüge leer
Gambrini in honores;
Wohl in maiorem gloriam
Sanctissimi Gambrini.

Welch' reiche weitere Ausbeute für unsere Bierpoesie! Es sei nur beispielsweise des Elsässers gedacht, der da beim Biere singt:

Vergesse tuet mer Müje un Sorje
Bim e Schöppel Bier!
Mer denkt nit an den andre Morje,
'S isch e Weltpläsier,

oder des Schnadahüpferls:

Jtze gang' i net hoame,
Dös Bier is z'guat,
Jetzt bloab' i in'r Schenken,
Bis zwölf schloaga tuat,

oder des Wienerischen:

> *Wer hat denn's Bier umg'schütt?*
> *Wer war denn gar so g'schickt?*
> *Wer hat denn dös tan?*
> *Wer hat's denn tan?*

oder des Egerländischen G'stanzels von Clemens Graf Zedwitz in seinem »Aladahand«:

> *Bin ganga zan Böia,*
> *Bin dueschti sua gwest,*
> *Dann waa nex im Glasla,*
> *'S waa halmi vull Gest (Schaum), usw.*

Überhaupt kann man in der Dialektdichtung, und insbesondere im Baierischen, sowie im Bäuerischen und in dem Egeranischen, dem Bier (Böia) auf Schritt und Tritt begegnen, ist ja doch das Egerland das eigentlichste Deutschböhmen und Böhmen vorherrschend ein Bierland, weshalb, wie ich Eingangs bemerkte, nächst dem Deutschen das Czechische die Bierpoesie kultiviert. Damit auch diese wenigstens probeweise vertreten sei, lasse ich zum Schluss ein Gedichtchen des erst in neuester Zeit besonders zur verdienten Anerkennung gekommenen, czechischen Dichters Halek in deutscher Übersetzung von Gustav Dörfl folgen: »Das wohlmeinende Gänslein«

> *Flog eine junge Gans*
> *Über den Bach voll Mut,*
> *Konnte nicht darüber weg,*
> *Fiel in des Baches Flut.*
>
> *Trank alles Wasser aus*
> *Bis auf den Boden rein,*
> *Dass es der Schenke nicht*
> *Schütte in's Bier hinein.*

Zahlreiches Material bietet die czechische Volkspoesie. Ein ganzes Werkchen betitelt sich «Pisně z vandru von B. Kokoška (1882)«» und enthält Lieder eines fahrenden Brauerburschen. Schließlich noch einzelne Dialektproben, die ich Dr. Graeßes Sammlung entnehme.

»Bierlied in der Bauernmundart zwischen Springe und Rodenberg im Deister Gebirge im Hannöverschen.«

Brauer! kumm to Bair (Bier).
Brauer (Bruder), kumm to Bair' un laht üsch fuhpen
Sieh eis, wo (einmal) deck (wie) doch de Brailsse (Bier) schühmt!
Schöll (sollte) eck ok up allen vairen krupen (kriechen)
Blihw eck bet dat Fat is uperühmt.

Laht se in der Stadt man jümmerst jaulen (nur immer schrein)
Dat Schampanjer bäter sih;
Könt se doch darnah nich bäter schraulen (brüllen)
Suhpt se seck nich dicker da as wih.

Höhr! dohrt gift et deck der Kehrls en Hupen (Haufen),
Dei von nicks as Rihnschen Wihne singt;
Singt davon, un mötet (müsset) Water suhpen
Bet eis (bis einmal) einer öhre Lihre (ihre Leier) dingt.
Davor schmeckt us use Brailsse bäter;
Keimen (kämen) geern to üfch beruht!
Sind sau mager, mihne Zeeg is fetter,
Seiht (seht) as upgedrögte (aufgetrocknete) Hehrje uht.

Brauer! fülle meck de ganze Stanne!
Hüte Abend sin wih jo so luht,
Un meck dörstet. Süh! de dumme Kanne
Is jo alle Ogenblicke uht.
In der Stadt da gift et lütge (kleine) Glase,
Gastrig (Garstig) Bair, un weinig Trost.
Water suhpt se; Wäter süpt (säuft) de Hase,
Doch wih suhpet Brailsse! Brauer, prohs't!

Bierlied aus dem Osnabrückschen in westphälischer Mundart.

Der Mann: Hör Fruwwe (Frau), de Grönlänner drinket kein Beer
Die Frau: O heh!
He drinckt sick den schlibbrigen Thraun vor Plaseer
Die Frau: O weh!
De Fruwwe – de drünke auk geren dat Fett,
Doch nei – in dem Himmel – dar kricht se wat met!

Die Frau: O weh, o weh, o weh!
O wehja, o wehja, o weh.
Ick hewwe hier, Fruwwe, en Krögsken met Beer!
Die Frau: Juchhe!
Ick weet wohl, Du drünkest et geren woleh'r (ehemals)
Die Frau: Juchhe!
Ick heww' er en Krömelken Sucker in daun (getan)
Uem dat et Die sööter (süßer) herunner fall gaun (gehen)
Die Frau: Juchhe, juchhe, juchhe!
Juchheja, juchheja, juchheja.
Die Frau, nachdem sie getrunken hat:
Dat mott ick doch seggen, düt weet ick Die Dank!
Der Mann: Juchhe!
Et ees doch een gans allerleewesten Drank!
Der Mann: Juchhe!
Ick weet nich, ik weere sau munter un licht –
Wenn mie man (nur) dat Krögsken to Koppe nich stiggt!
Der Mann: Juchhe etc., Juchheja etc.
Godd Dank, dat wie (wir) beeden in Grönland nich send!
Der Mann: Juchhe!
Un dat wie en beteren Hemel doch kennt,
Der Mann: Juchhe!
Und dat Du nich lichte wat Gooes (Gutes) genüst,
Wat Du nich van Harten mie geren auk büst (bietest)!
Der Mann: Juchhe etc., Juchheja etc.
Der Mann:
Der send auk wol Männer, de drinket sick Wien,
Die Frau: O heh!
Un gläuf ar, dar mööt (müssen) er vull Dalers bi sein!
Die Frau: O weh!
Un lichte, dat se er bedrunken van weerd (werden)
Nu kannst Du wohl denken, dann geht er vorkehrt!
Die Frau: O weh etc., O wehja etc.
Un Veele – de supet dat Brannewiensgift –
Die Frau: O weh!
Dann send se, als wenn se de Bösewicht drifft!
Die Frau: O weh!
Se bringet de Fruwwe in Jammer un Naut,
Un straffet sick sülwens met Krankheed un Daud!

Die Frau: O weh etc., O wehja etc.
Die Frau:
» *Godd Dank, dat Du Die van dem Wiene enthältst*
Der Mann: Juchhe!
Un dat Du auk nich up den Brannewien fällst!
Der Mann: Juchhe!
Mann wullt Du wat hewwen vor Lust un Plaseer,
Sau drink Die man geren sau'n Krögsken met Beer!
Der Mann: Juchhe etc., Juchheja etc.
Un wenn ick nich kann off to ielig ens (einmal) ben –
Der Mann: O weh!
Dann gan Du auk geren alleine man hen –
Der Mann: Juchhe!
Un drink Die en Krögsken met fröhlichen Mood
Es schmeckt allerleewest – bekümmt Die auk good!
Der Mann: Juchhe etc., Juchheja etc.

WESTPHÄLISCHES BIERLIED IM OSNABRÜCKISCHEN DIALEKT

Sau'n Krögsken Beet – wat schmeckt dat allerleewest!
O singet em een Leed!
Un haulet (haltet) alle jüst de rechte Wiese –
Un dat es munter geht!
Sau'n Krögsken Beer – wat schmeckt dat allerleewest!
De Wien ess düür un suur!
He ess kein Drank vor uss hier in Westfalen.
En drink' de rhienske Buur!
Sau'n Krögsken Beet – wat schmeckt dat allerleewest!
Weg met dem Brannewien!
He stiggt to Koppe, tehrt (zehrt) an Lief un Lewen!
He ess een wahr Vernien (Gift)!
Sau'n Krögsken Beer – wat schmeckt dat allerleewest!
Un't kosset grauts kein Geld!
Sau dann un wann kann't Jeder wol betalen,
Wenn he't' er (er es da) man to stellt.
Sau'n Krögsken Beet – wat schmeckt das allerleewest!
Un't maakt nich knüll un dick!
Doch stillt et den Vordreet (Verdruß) un auk den Aerger,

Un maakt vorgnögelick!
Sau'n Krögsken Beet – wat schmeckt dat allerleewest!
Un et bekümmt auk good!
Et maakt nich kault (kalt) et maakt auch nich to hitzig
Et paßt in't düütske Blood!
Sau'n Krögsken Beer – wat schmeckt dat alletleewest!
Un't maaket stark un stolt!
Drüm drünken 't auk de aulen (alten) düütsken Helden!
Dat heww't (haben) de Römer sollt!
Sau'n Krögsken Beet – wat schmeckt dat allerleewest!
Jau wunnerleef un sööt –
Dat sülfs de Fruwwe, met den leewen Kinnern
Uss geern beschehen (Bescheid tun) döht!
Sau'n Krögsken Beet – wat schmeckt dat allerleewest!
Drüm stäutet (stoßet) Alle an!
Und Jeder drink' un rope em tor Ehre
Dat Höchste, wat he kann!

BIERLIED IN DÜSSELDORFER MUNDART
Och wat setze met so stief?
Lot ons düchtig drenke,
On lot dat Bier en onse Lief
So lantsam 'rongersenke (heruntersinken)!
Dat Biet dat eß dä beßte Drank,
Dat sät (sagt) ons, wat hesch (heißt) läwe.
Ä Möske (Mäßchen) Bier, 'ne löst'ge Sank,
Wat kann et Beßtres gäwe?
Dröm, Bröder, drenkt, on drenket us
On lot öch neu Bier brenge!
Mer läwe he (hier) en Suus on Bruns
On donnt (tun) och Ledches senge.
Dat Bier jäht (jagt) all die Oeschel (Ärget) fott,
Dröm lot ons düchtig suffe!
On sint de Köpp och noch so kott (böse),
Dat Bier deet so verkuusse (zurechtstellen).
Völl (Viele) sage: Mer sint he am Rhing (Rhein)
On Bier möss' mer nit drenke,
He wächs jo all dä gode Wing (Wein)

Kickt, wie hä klor deet (tut) blenke.
Doch die dat sage, spreche good!
Wo soll mer'n ewwer kriege?
Hä wat! dat Biet göt (gibt) ons och Blood
Wat soll am Wing ons liege?
On wemmer (wenn wir) satt gedronke sint
On et nit mir (mehr) well sacke
Denn stonnt (stehen) mer op on gamt dann schwint
(gehen dann geschwind)
On donnt (tun) ä Känntche packe.

Baierische und Salzburger Schnadahüpfle vom Bier

O du liaba Gerstnsoft
Gibst mein Glidan so viel Kroft!
Foll i's Togs wol neumol nida,
Steh ollamol auf und sauf glei wida.

Vor de Mittanacht geh-n-i net hoam:
Wos macht des brau (braun) Biar für an Foam (Schaum)!
Vor da Mittanocht geh-n-i net wegk,
Weil ma (mir) des brau Biar got so guat schmeck'.

Süaß Bial (Bierlein!) süaß!
Wenn i d'Stümpf (Strümpfe) und d'Schuah vosauf,
So hon i do no d' Füaß,

A schweinanö Wurst
Und a frischö Moß Bier,
Und a schworzaugats Diernd!
Dos schodat ma nie.

A frischö Moß Bier
Mit an Foam (Schaum) an weißen,
Und heunt gehni nöt hoam
Bis s' mö aussöschmeißen.

Trinklied der Fischer auf Hiddensee bei Rügen

Einer:
Hans Naber, ick hebb et ju (Euch) togebrächt
Sett ji (Ihr) man den Duumen un Finger torecht.
Hei! kuck emol drin!
Noch Oele (Bier), noch Oele, veel Oel noch darin!
Bist 'n Super (Säufer), sup ut Du Lumpenhund
Bist 'n Super, sup ut bet (bis) up den Grund!

Der Andere:
Hei! kuck he mol drin!
Nicks Oele, nicks Oele, nicks Oele mehr darin.

Dia siebe Brauer uf d'r Jacht

Halloh! jetz geits e wilde Jacht
Und Bluat muaß heit no fließa!
De Bäuch wurd iatz Motion gemacht,
Mier Brauer ganget uf die Jacht,
Mier wöllet Rehböck Schießa,

Der Zunftjohann wurd kummandirt,
Proviant für aus zu kaufe;
Zu siebet sind mer ausmarschirt,
Und heut es guat mit Unschlich g'schmiert,
Um koine Wölf' zu laufe.

Manch Jägerlied, Hallih, Halloh!
Heut mier mitnander g'sunge;
»Hallih, halloh, und frisch und froh,
Bei uns geht's alle Tag eso«
Hoat's durch de Wald geklunge.

»Huß –huß –huß« hent mir gekeucht,
»Huß –huß« und schnaufe müasse;
De Leut im Wald hot's äll gedäucht,
'S wär uf der Eisebah vielleicht
E' Dampfgaul ausgerisse.

Im Wald druß ischt a grauß Schtück Wild,
Mit Hörner ummergloffe.
Des hot es grimmig angebrüllt,
Mir älle siebe hent druf zielt,
Und, bautz! do war's getroffe.

Wie's gfallen ischt, sin mier druf zu,
E Bock war richtig gschossa!
E Bock, wo Milch geit noa derzu!
Der Rehbock war en alta Kuah,
Dees hot es arg verdrosse!

E' lump'ger kleiner Baurebua,
E' Kerl no auhne Hofe,
Der ruft, wie's knellt, seim Vatter zua:
»Dia Brauer hent es auser Kuah
In Grund-Erds-Bode gschoffe!«

Der Baur hoat in d' Faust nei gelacht,
Deam hemmer müasse bleche,
Der hoat es glei für auser Jacht
A schöne Zech na gmacht,
'S Herz könnt oim do breche!

Mir schieße doch schau manches Joahr,
Soll oein dees net verdrieße?
A Fehlschuß kommt bei aus net vor,
Als wenn wir außem Flintrohr
Schtatt mit de Schießer schieße.

Mer sind no hoim: »Hallih! Ha'loh!«
Hot's durch de Wald geklunge,
»Hallih! Halloh! hallih, halloh!
'S wär schlimm, ging's älle Tag eso«
Hent mir zu siebet g'sunge.

In dem Engländer Burns endlich vermögen wir einen Klassiker der Bierpoeten aufzustellen. Vor Allem ist seine schottische Ballade »Hans Gerstenkorn« zu nennen:

Drei Könige waren einst im Ost,
Weit waltet ihr Gebot;

Die schwuren hoch und feierlich
Hans Gerstenkorn den Tod.

Sie pflügten ihn im Acker ein,
Sein Haupt bedeckt mit Kot;
Sie schwuren hoch und feierlich,
Hans Gerstenkorn sei tot.

Doch milde kam der frohe Lenz
Und warmer Regen fällt;
Da wuchs Hans Gerstenkorn empor
zum Staunen aller Welt.

Des Sommers schwüle Sonne schien,
Da ward er stark und dick,
Mit spitzem Speer das Haupt bewahrt
Vor jedem Missgeschick.

Sanft kam der kahle Herbst heran,
Wie bleich ach! ward er da!
Gebückt das Knie, gesenkt das Haupt,
Man sah, sein Ziel war nah.

Dies Farbe krankt ihm mehr und mehr,
Vor Alter welkt er hin,
Da zeigten seine Feinde gleich
Den mordbegier'gen Sinn.

Mit einer Waffe lang und scharf
Man über'm Knie ihn hieb;
Auf einen Karten band man ihn,
Wie einen Galgendieb.

Man legt ihn auf dem Rücken hin
Und prügelt' ihn voll Zorn,
Man hängt' ihn auf im Sturmesbraus
Und dreht' ihn hint' und vorn.

Man füllt ein dunkles Fass zum Rand
Mit Wasser an im Nu;
Da tat man unsern Hans hinein:
Sink' oder schwimme du!

Man warf ihn auf die Tenne stracks,
Mehr Leid ihm noch geschah:
Denn, regt' ein Lebenszeichen sich,
Kniff man ihn hier und da.

Man sott ihm auf der Flamme Rost
Das Mark aus dem Gebein;
Ein Müller quetscht' – das ist zu arg! –
Ihn zwischen Stein und Stein.

Man nahm sein innerst Herzensblut
Und trank es rund umher;
Je mehr man davon trinken tat,
Der Wonne ward je mehr.

Hans Gerstenkorn, das war ein Held
Von edlem, tapferm Blut;
Denn wenn ihrs nur getrunken habt,
Wächst auch sogleich der Mut.

Vergessen macht es Mannes Weh,
Erhöht all' seine Lust,
Macht singen, ob die Thrän' im Aug'
Ihr steht, der Wittwe Brust.

Drum lebe hoch Hans Gerstenkorn!
Die Gläser nehmt zur Hand!
Sein edler Same fehle nie
Im alten Schottenland!

Diese prächtige Ballade, welche stellenweise höchst geistreich, in ein griphologisches Gewand gekleidet erscheint, ist entschieden eines der hervorragendsten poetisch-literarischen Dokumente für unseren Zweck. Wegen der hohen Wichtigkeit dieser weltberühmten Burns'schen Ballade, der eine Stelle in der Weltliteratur gesichert ist, lasse ich vorstehender Verdeutschung von Karl Bartsch noch eine zweite Übersetzung von W. Gerhard »Hans Gerstenkorn« folgen:

Drei Könige saßen im Morgenland,
Drei Könige frisch und rot;
Die schwuren einst mit schwerem Eid
Hans Gerstenkorn den Tod.

Sie stürzten ihm mit scharfem Pflug
Erd' über's blonde Haupt;
Und sagte man, er lebe noch,
So haben sie's nicht geglaubt.

Doch hob, sobald der milde Lenz
Mit warmen Schauern kam,
Hans Gerstenkorn sich wieder empor,
Was Alle Wunder nahm.

Die Sommersonne brannte schwül;
Er wurde dick und schwer,
Und schirmte sein bedrohtes Haupt
Mit manchem scharfen Speer.

Allein so günstig war ihm nicht
Des Herbstes milder Strahl;
Sein Knie erschlafft, er hing den Kopf
Und wurde bleich und fahl.

Geschwunden war die junge Kraft,
Der Jugend frischer Mut:
Das nützten seine Feinde gleich
Und zeigten ihre Wut.

Sie fällten grausam ihn am Knie,
Durch scharfer Waffen Hieb;
Auf einen Karten banden sie
Ihn fest wie einen Dieb.

Sie legten auf den Rücken ihn
Und bläuten auf ihn los
Und hingen umgekehrt ihn auf,
Dem Wind und Wetter bloß.

In Wasserkufen tauchten sie
Den Leib schon todeswund;
Und wenn er da nicht schwimmen kann,
So sinkt er auf den Grund.

Und hin und her noch stießen sie
Ihn auf der Tenn' im Haus

Und löschten ihm von Lebensglut
Das letzte Fünkchen aus.

Und über'm Feuer rösteten sie
Hans Gerstenkorn's Gebein;
Ein böser Müller aber quetscht'
Ihn unter hartem Stein.

Nun tranken sie sein Herzensblut,
Des Sieges sich bewusst;
Mit jedem Schlucke mehrte sich
Ihr Jubel, ihre Lust.

Hans Gerstenkorn mag wohl ein Held,
Ein Held gewesen sein:
Denn wer von seinem Blute trinkt,
Dem glüht's in Mark und Bein.

Der Mann vergisst bei solchem Trank
Sein Leid und Missgeschick,
Und selbst das Herz der Wittwe jauchzt,
War auch die Thrän' im Blick.

So lebe denn Hans Gerstenkorn –
Den Becher in die Hand! –
Nie sterbe sein berühmt' Geschlecht
Im lieben Vaterland.

Was Burns berühmte Ballade in poetischem Gewande schildert, das Martyrium des Gerstenkorns, seitens der Menschen mit Hilfe der vier Elemente, das findet sich auch prosaisch eingehend behandelt in dem »Martyrologia Hordei« von Johann Critiphilus (1609?), welche Burns vorgeschwebt haben mag, oder in der »Bierelogia« worin ebenfalls, ich möchte sagen, die ganze Passion des Gerstenkorns abgehandelt wird. Aus letzterem Werkchen lasse ich einzelne Stellen folgen: »Erstlich aber wenn die Gärste gesäet wird, so ruhet und schläfft sie in der Erden, als in ihrem Ruhe-Bettelein fein sanfte. Wenn sie aber das Bälglein oder Spreu abgeleget und gestorben ist, und beginnet zu grünen und aus dem Acker zu sprossen. Ach, ach, ach, da gehet ihr Leyden und Marter schon an, dann da kommen die diebische Vieh- und Schaaff-Hirten, meynen es möchte zu sehr verwachsen, treiben gantze Heerden auff den Acker, und lassen die grüne Saat mit ihren scharffen Zähnen abetzen beissen und fressen, dass die Wurtzel sich kaum wieder erhohlen kann. Wann sie nun wieder zu Kräfften kommet, und nachmahls außsprosset, siehe da kommen die feindseelige Weiber und verhurete Groß-Mägde, suchen und lesen das Unkraut aus, dass es die Gärste nicht unterdrucken soll: Wie machen sie es aber, was tun sie? Ach Gott, sie rauffen nicht allein die unschuldige Gerste sampt dem Unkraut aus, sondern machens über das noch zehnmal ärger, treten sie mit bloßen ungewaschenen Füssen, ja wann manche sollte büßen, mit ihren bloßen Füssen, was ihre Median getan, sie müsste viel Jahr barfuß gahn. Sie machen das Übel noch ärger, und setzen sich gar mit dem unreinen Hintertheil darein, pfuy dich an, also daß sie nicht wieder zu Kräfften kommen kann, sondern ist zerknirschet, zertretten, zermalmet, hängt und liegt schlecht auff der Erden, und ehe sie reiff wird, ist es ledig Stroh, und dennoch sind sie an diesem Schaden noch nicht vergnügt, das Maaß der Bosheit muss erfüllet werden, darumb so bald sie mercken, dass die Gerste durch Gottes gnadenreichen Segen und Regen wiederumb erfrischet, und etwann anderthalb Schuh hoch hervorgewachsen ist, siehe, da kommen die diebische Grase-Mägde wieder daher geschlichen, bringen eine scharffe Sichel mit, schrip und schrapen die arme Gerste, schneiden ihre oberste weiche Blätlein ab, zertreten sie abermals mit ihren garstig und stinckenden Füssen, dass sie möchte ohnmächtig werden, und zerknicken und zerbrechen sie dermaßen, dass keine oder gar wenig Hoffnung ist, dass sie den Schaden überwinden, und sich wieder erholen möge.

Und was soll ich doch viel sagen? Es ist keine Treue noch Liebe zu dem Gersten-Körnlein, und gönnen ihm die Neidhämmel und Missgünstigen nicht was, ihm doch Gott aus Gnaden gibt und gönnet. Dann wann es nun mit Gedult alles anitzo erzehltes Unglücke außgestanden, und sich wieder in die Höhe erhebet, und mit ihren Ährlein im Creutz pranget, und gleichsam triumphieret, dass sie dennoch alle ihre Feinde mit Gedult überwunden, und den Sieg erhalten habe, O siehe, da gehet erst die rechte Feindschaft und Verfolgung an; denn wann die geitzigen Ertz-Lauren und schlimme Bauren sehen, dass die Gerste fein gelbe und im Reiffen stehet, da säumen sie sich nicht lange, klopfen, wetzen, schärffen und rengeln ihre Sicheln und Sensen, fallen sie damit auff freyer Heerstrassen unter dem blauen Himmel feindsehliger Weise an, als einen Feldflüchtigen, da sie doch zu weichen niemahl ihr in Sinn genommen, und hauen sie gottsjämmerlich darnieder, dass man kaum den Strumpff und Stiel sehen kann, darauff sie gestanden hat, ach, ach! da liegt alsdann die arme Gerste, und giebet ihren Geist auff, ja es haben die Mordgierigen Bauren noch nicht ihr Müthlein genugsam daran gekühlet, und ihr Toben hat noch kein Ende, sondern sie machen Seile und Stroh-Bände, harcken und rechen sie zusammen in Garben, bindens fein feste zusammen, dass sie ja nicht flüchtig werden soll. Oder großen Tyranny: bald darauff nehmen sie einen großen Wagen, spannen etliche Pferde dafür, und holen sie ein als einen Übelthäter und Gefangnen, da dann abermal die Marter auffs neue angehet.

Dann der unbarmhertzige Bauer nimpt eine zweyspitzige Forck oder Gabel zur Hand, sticht mit unsinnigem Grimm und Gewalt in die tote Garbe, dass sie ihr Eingeweyde außschütten möchte, und hebet sie also mit Freuden, gleich als triumphierend in die Höhe, und wirfft sie unbarmhertziglich auf den Wagen, auf welchen auch schon ein tyrannischer Bauer-Knecht stehet, welcher mit Blutgierigem Herzen und mörderlichen Händen die tote Gersten-Garbe gleichsam bei den Haaren ergreiffet, und in den Wagen an einen gewissen Ort leget, tritt ihr hernach aus vollen Kräften mit seinen Füssen auff den Hals, und wirfft auff die untersten Garben etliche Mandel anderer Garben, als wolt er sie ersticken, presset und drücket sie so hart zusammen, dass wann er sie vom Wagen abladet, sie so geschmeidig ist, und fast in einer Hand kann gehalten werden, da man sie zuvor kaum mit beyden Armen umpfangen kundte; O Tyranney! O Unbarmhertzigkeit. Und was geschiehet mehr, wann sie die unschuldigen Gersten-Garben als Gefangene auf dem Wagen einführen, da jauchtzen und schreyen die übermüthige Bauten, als wann sie Sinnloß wären, die Gerste ist reiff, die Gerste ist reiff, und führen sie also mit jubilieren vom Acker in ein Gefängnis einzuschließen, welches sie eine Scheune nennen, die groß und weit, und sonderlich dazu gebauet ist; Wann nun die anderen faule Heintzen und Haußschlüngel, so zu Hause blieben seyn, sehen und hören, dass der Wagen mit der gebund- und gefangen geführten

Gersten ankompt, da siehet man Wunder, wie geschwinde die Flegel gelauffen kommen, als ob sie Flügel an den Füssen hätten, mit großer Begierde, die gefangen genommene Gersten zu besehen; O Gott, wie ist als denn ein frohlocken da? wie bald legen sie alle Hand an, und helffen den Wagen an die Scheune schieben. Dann bisweilen sind die Pferde zu schwach, wann der Wagen sehr überladen ist, dass sie der Menschen Hülfe benötiget seyn, umb dieser Ursache willen versitzet es keiner vom Haus-Gesinde, den Pferden zu Hülffe zu kommen, und wie man sagt, es ist kein Unglück allein, sondern eines reichet dem andern allezeit die Hand, und wird fast immer ärger, also häuffet sich auch allhier das Creutze: Dann sobald die Pferde ausgespannet sind, da sind etliche starke Speckfresser, die sind willig und bereit, die gebundene Gerste in das Gefängnis zu werffen, da steiget einer auf den Wagen, ergreifft die erste Garbe, und wirft sie in den Abgrund der Scheunen: die andern stehen da, warten mit Freuden auff, und fangen sie mit beyden Händen, sehen sie auch wol mit schelen Augen an, einer lobet sie, der andere tadelt und lästert sie, dass sie nicht mit reichem Wucher und Seegen einkommen sey. Du bist sehr gering sagt der eine, hast kurtze Ähren und kleine Körner, bist mehrenteils taub, hast nicht wol geschwadet, Hedrich, Trespen und Unkraut hastu genugsam, aber wenig gut Korn.

Halts Maul du Esels-Kopff, saget der ander, die Garben sind schwer gnug, stecken voller Ähren bis ins Band, sie wird wol Scheffeln: wirf nur lustig vom Wagen ab, wir wollen sie in die eusserste Finsternis des Scheunen-Kerckers legen, darauf nehmen sie zuvor einen guten Schluck Bier zu sich, dass ihnen die Augen übergehen, davon wächst ihnen Hertz und Muth. Jener wirft vom Wagen, diese fangen die Garben auff, werffen sie einander ordentlich zu, endlich überlieffern sie dieselbe dem Schichtmeister, der ergreift sie mit unbarmhertzigen Händen, wirfft sie unter die Füße, zertrampelt und zertritt sie, dass sie Öl miegen möchte, und unterdrucket sie mit allen Kräfften, leget sie aso alle mit einander nach der Reihe in eine gewisse Ordnung.

Wenn nun das geschehen und mit höchstem Fleiß verrichtet ist, so muss die arme elende Gerste da liegen, eine schwere Last auff sich tragen, und so lange ruhen, bis die unbarmhertzigen Bauten noch eine greuliche Plage ausspintisiren und erdencken.

Und da ist traun kein Verzug, kein säumen, noch lange harren, dann da steiget ein grober Flegel in die Scheunen oben auf die abgespannete Gerste, wirft etliche Garben nach der Zahl herunter, über Hals und Kopf, ohne einiges Mitleiden, steigt wieder herab, nimpt einen oder zwey gleichmässige starcke Bengel als er selber ist, und alsdann fasset ein jeder zur Faust einen gelencken schweren höltzernen Flegel und Schlegel, schmeißen und dreschen Gottsjämmerlich auf die wehrlose gesungene und gebundene Gerste, dass es einen harten Stein erbarmen möchte, und damit ja nichts vergessen noch unterlassen wird, was Marter, Schmertz und Pein bringen möge, so legen sie die arme Märtyrer in Garben in eine Ordnung, und schlagen sie allen Kräfften, ohne einiges Erbarmen, auf die Köpfe, dass sie die Augen davon verkehren, und ihr Gehirn an eine Wand springet, hernach lösen sie die Garben auff, und breiten das Stroh weit voneinander, und schlagen mit ihren harten Flegeln, die sie nicht mit Baumwolle gefüttert haben, wiederumb gantz erschrecklich, und tyrannischer Weise, als ein Türck tun kann, auf ihren ganzen Leib, und treiben solch unbarmherzig Werk den ganzen Tag, dass sie davon weder Gelenke noch Bein gesund oder ganz behalten kann. Was sagt aber die arme Gerste dazu, oder was tut sie? Sie fühlet die Striemen, befindet die Schläge und ungewöhnlichen Tot bey dieser seltsamen Music, wie dass ihr ganzer Leib und alle ihre Glieder zerschlagen, zermalmet und verwundet sey; Aber sie schweiget damit so stille als ein Mäuslein, sie ist stumm wie ein Fisch, sie weiß keine bessere Hoffnung, sondern erwartet der Intresse und hinterstelligen Marter mit aller Gedult, ganz beständiglich bis ans Ende, denn sie weiß wol, dass es nicht anders seyn könne, sie müsse durch viel Schläge und Marter aus dem Scheuren-Kercker auff den Boden gehen, und diese Gedanken fehlen auch nicht umb ein Haar, dann wann die Drescher-Lauren und geübte Flegel-Studenten das Exinanite mit der Gersten gespielt, und sie aller ihrer von Gott gegeben Körnlein beraubet und ausgeplündert haben, da treibet sie ferner entweder der Zorn, oder Trunck, oder der leidige Geitz, (denn ich weiß selber nicht, was sie neues im Sinn haben) dass sie das ausgedroschene Gersten-Körnlein in keinen Würden oder Ehren halten, sondern ganz geringschätzig, als einen Schuhlappen achten, schippen und kehren es mit allem Kaff und Spreu in einen Winkel zusammen, und lassen es daselbst mitten unter dem Staube eine kleine Zeit ruhen und schlaffen, unterdessen setzen sich die vierschrötigen Flägellanten zu Tische, und fressen mit beyden Backen wie die Hämbster den dick. und feisten Speck Und blutigen Saumagen, dass ihnen das Maul davon schäumen möchte, als ob sie auffs neue eine Flegelschafft und Drescher-Kampff liefern wollen, wann nun die Freß-Stunde verlauffen ist, so kommen die Flegel-Soldaten wieder in die Scheuer, nehmen ein sonderlich Instrument, welches sie eine Schip- oder Wurff-Schauffel heissen, und holen damit die Gerste aus dem Winckel wieder herüber in die Mitte. Was wird denn endlich aus dem Spiel? Sie stellen sich wohl, als wolten sie sich einmahl umb die liebe Gerste recht verdienet machen, und ihr eine große Guth- und Wolthat erzeigen, aber sie behalten doch den Schelm im Nacken, werffen sie zwar dem Winde entgegen, damit die Spreu und Kaff durch des Windes Gegenstooß zurücke lauffen, und die reine Gerste sich alleine auff einen Hauffen sammeln soll, welches doch gleichwol nicht allerseits ohne Schmertzen abgehet, weil die geworffene Gerste unsanft auff die harte Erde fället, worauf weder Blumen gestreuet, oder weiche Küssen geleget seyn, denn je höher sie mit der Wurff-Schauffel geschwungen wird, je verdrießlich und schwerer sie wieder darnieder fällt. Das wäre aber alles wohl zu verbeissen und zu leyden, wann nicht noch eine wärmere Badstube daraff folgete, und eine größere Marter dahinden wäre, dann wann nun die Gerste ist rein gemacht worden, so trauen sie ihr nicht auf ein Haar, ihr Glaube und Grauen ist gantz verdächtig, dann sie befürchten sich sehr, sie möchte das Hasen-Panier ergreiffen, und ohne Abschied davon lauffen, schütten sie deßwegen mit einer Mülden (wann sie zuvor durch ein Drat-Sieb gelauffen und gereiniget ist) in einen Scheffel, messen wie viel sie gebe, und wie viel Schock man zu einem Wispel haben müsse, und wenn sie nicht wohl scheffelt, und viel Säcke voll giebet, ach wie erzürnen sie sich darüber, der Herr sowohl als der Flegel-Fechter, weil jener destoweniger Geld daraus löset, dieser aber desto minder mit seinem sauren Dreschen davon verdienet, verweisen es ihr sehr schimpflich, und werffen ihr Hohnsprechend für, daß sie so unfruchtbar gewachsen sey, und so wenig gebe. Wann sie nun in Scheffel gemessen ist, so schütten sie dieselbe in einen alten Sack, werffen sie im Zorn auff die Achsel, wie der Wolff ein Schaaff, tragens auff einen Soller oder Korn-Boden, schüttens mit Ungestühm aus, verwahren sie woll mit Thüren und Schlössern, damit sie ja nicht außreissen oder flüchtig werden soll, wann sie nun das alles bester massen verrichtet haben, da setzet sich der hochgeehrte Herr Bauer zu seiner lieben Greten, sind gutes Muths und schmutzerlachen lustig zusammen, sonderlich wann das Korn wol gegeben, und reichlich gescheffelt hat, und berathschlagen sich mit tieffgesuchten Gedancken, was sie ferner mit der Gersten machen wollen, und schliessen eins Theils dahin, daß sie dieselbe wollen dem diebischen Müller durch die Hände gehen und mahlen lassen, welches aber ohne Abbruch nicht geschiehet, daß er sich nach seiner bösen Gewohnheit nicht daran vergreiffen solte, wird demnach zwischen zweyen harten Steinen zerquetschet, zermalmet und zu einem klahren subtilen Mehl gemahlen, daß man daraus ein wohlschmeckend und gesundes Brod backen kan, wie insonderheit diejenigen thun, so an den Wester- oder Oster-Walde wohnen, ja auch wol die Sachsen, die es unter das Rocken-Mehl mengen, und zu ihrem Tisch-Brodte gebrauchen. Oder sie machen daraus gute Graupen und Grütze, welche in der Haußhaltung eine nützliche und gesunde Speise geben, wenn sie mit Milch, oder die Graupen mit frischer Fleisch-Brühe gekochet werden. Den andern Teil hat Laßdünckel feil, und meynet, er habe ein Quentlein Klug oder Weißheit mehr als ein grob- und ungeschickter Bauer oder Korn-Hammer, fället demnach ein solches Urteil, daß man die Gerste als einen Gefangenen umb ein billiges Geld verkauffen soll; Da stecket nun die wolgeplagte Märterin die Gerste zwischen Tür und Angel. Was sie aber für Marter und Pein in der Mühlen außstehet, wollen wir unten mit mehren berichten, und anitzo nur erzehlen, wie es ihr gehe, und was für einen betrübten Nothstand sie außstehen muss, wenn sie verkauffet wird. Jedoch können wir nicht allerdings mit stillschweigen vorbey gehen, die grosse Angst, Marter und Noth, die sie alsdann betrifft, wann sie soll za Brodt gebacken werden, dann der Küh-Priester die grosse starcke Vieh-Magd, oder die Frau, schüttet das Mehl in einem hölzernen Back-Trock, siedet Wasser in einem Kessel oder Kupfern Blasen, und geust solches in das Mehl, als ob es ersäuffen solte, menget Sauerteig darunter, der die Natur von der süßschmeckenden Gerste gantz und gar versäuret, streicht ihr Ermel auff, und knetet mit ihren reingemachten Armen und Händen durch grossen Fleiß und Schweiß einen schönen Teig daraus, wircket es mit beyden Händen in die runde und länglichte Form und Gestalt, schiebet es in den Feuerheissen Back-Ofen (als den ärgesten Uebelthäter, und lässet es die Hitze auff eine gewisse Zeit und Stunde übel martern, und in der Feuers-Noth wol probiret und bewäret werden, daß ein wohlgeschmacktes Brodt daraus gebacken wird; Wann es nun aus solcher Feuers-Noth errettet, und wieder heraus gezogen wird, da fängt sich alsbald eine neue Marter an, dann da kompt die Hauß-Mutter mit einem scharffen Messer, viertheilet damit das unschuldige Brodt, schneidets in unterschiedliche Stücke, wann es noch Brüh-heiß und warm ist, stecket und schmieret Butter darein und drauf, und giebet den hungerig- und begierigen Kindern einem jeden ein Stück davon, die beissen Gottsjämmerlich in das Butter-Brodt, daß ihnen die Finger trieffen, und die Butter an den Lippen gläntzet, daß man sich bey nahe darin bespiegeln kan, zermalmen das liebe Brodt aufs Neue zwischen den beissenden Zähnen, und vergraben es in den unreinen Bauch; Ach des Jammers! Ach der grossen Noth: Aber für Thränen und betrübten Mitleyden, kan und vermag ich nicht weiter davon zu reden: Will mich demnach zu meinem Discurs wieder kehren und wenden zu dem Gersten-Kauf, und beschreiben, was für Pressur und Quaal darbey fürläufet, wann die leichtfertigen Bauren die Gerste zu Marckte bringe wollen, so lassen sie dieselbe erst durch ein Sieb lauffen, daß die arme Gerste gar toll im Kopfe wird, damit sie nicht mercken oder verstehen soll, wie es ihr ergehen, und was man mit ihr ferner für ein Spiel vornehmen werde, dann durch solches rütteln und schütteln geschwinden Ablauff und harte Anstösse an den Drat im Siebe, wird ihr Gehirn dermassen wüste, wütend und tobend gemachet, daß sie hernach gantz tumm und untüchtig ist, von weißlichen Sachen zu reden oder zu gedencken: Dann wan einer rund umblauffet, in einem Kräyse, oder über Halß und Bein von der Höhe abgestürtzet wird, so verliehret er leichtlich seine Vernunft und Sinne; aber dieses Faß wollen wir auch nun wieder zuschlagen, und ferner observiren, wann sie obberührter massen ist durchs Sieb gelaufen, so wird sie hernach wieder in den groben und ungewaschnen Sack geschüttet, dann sie befürchten sich, weil die Gerste toll worden, so möchte sie mit Gewalt als die Bienen schwärmen und davon laufen, deßwegen binden sie den Sack oben mit einem

Hanf-Bande und nicht mit einer seiden Schnur zu, und werffen sie alsdann unbarmhertziglich auf einen Bauren-Wagen, darüber keine sammetene, lederne oder wollene Decke ist, und lassen sie nicht alleine liegen, sondern belästigen und beschweren sie ohne einiges Erbarmen mit andern Marck-Wahren, damit die Last desto schwerer werden muß, und führen sie also mit Freuden in die Stadt zu Marckte: Wie fangen es nun die geschäfftige Lauren ferner an. O sie sind so listig und verschmitzt, wie eine Fuhrmans-Peitsche, sie können den Schalck meisterlich verbergen, und ihr vortheilhaft- und betrigliches Hertze mit dem Kleide der Einfalt bedecken, und sich gar fromm und albern stellen, sind aber Schelme in der Haut.

Dann was die unadeliche Flegel-Ritter von Bengelsdorff und Tölpelhausen zuvor wohl abgefleget, zerschmissen und gedroschen, ja gar toll und thöricht gemacht haben, das loben sie itzund auff den Marckte so hoch, daß sie kaum genug ruhmredige Worte finden können, solche auffs beste heraus zu streichen, sehet da meine Herren, sagen sie, wie rein und schön, ja gelbe als wie ein Gold ist sie, fühlet wie schwer und großkörnig ist sie, es ist kein Unkraut weder Raden oder Trespen darunter, ihr sollet nicht ein taub Körnlein darunter finden, warumb thun sie das, nur daß sie den Käuffer überreden, daß er sie desto theurer bezahle, und hernachmals seyn Müthlein an der unschuldigen Gersten, mit viel greulicher Marter wieder kühle, der Käuffer, welcher durch das unmässige Lob listig ist betrogen worden, zehlet dem Bauren davor Geld auf den Tisch, und damit er alsdann seinen Grimm und Unwillen an den Tag gebe, thut er den ernsten Befehl die Gerste auff den Coller oder Boden zu schütten, darauf überantwortet er dieselbe dem Maltzbereiter, oder fast billiger zu sagen dem Scharfrichter, derselbe nimpt alsobald die Gerste an, und wirfft sie mit ungestühm über Halß und Kopf in eine grosse Butte, giesset viel Eymer voll Wasser darauff, als wolte er sie im ersten Bade ersäuffen, also daß keine Hoffnung des Lebens mehr verhanden ist, und scheinet gäntzlich, daß sie nimmermehr, und zu ewigen Zeiten werde wieder lebendig werden, umb dieser Ursache willen lässet er sie nicht nur etwan eine halb- oder gantze Stunde im Wasser liege, wie die Hencker, wann sie einen Übeltäter in Sack stecken, und in dem Wasser erträncken, sondern er darf sie wol drey oder vier Täge und Nächte darinnen behalten: Ob sichs darauff gleich mit der blinden Vernunft ansehen lässet, als wäre nun alle Hofnung des Lebens abgeschnitten, so wird sie dennoch durch des Almächtigen Gottes sonderlich und wunderliche Gnade, der die Seinigen zwar lässet sincken, aber nicht vertrincken, wiederumb lebendig.

Dann wann der Ertzbösewicht, der die Gerste ins Wasser geschüttet, vermeynt, sie sey nun ersticket, so lässet er das Wasser allmälig davon ablauffen, und schlägt die geweichete Gerste mit einer Schuppen oder Schauffel aus der Butten mit grosser Unbescheidenheit, daß es kein Wunder wäre, wann ihr alles Marck, Krafft und Safft, ja gar der Athem davon außgienge, wann er sie nun gedachter massen heraus geworffen hat, so schüppet oder wirffet er sie erstlich zusammen auf einen Hauffen, darnach rühret ers von einander, wie die Bauren die Forchen auff dem Acker pflügen. Da erholet sie sich wiederumb ein wenig, fängt an außzukeimen, und giebet unfehlbare Merckzeichen des Lebens von sich, denn sie bekompt weiche zarte Härlein oder Lodlein herführ, welche gewisse Zeichen seyn eines neuen Lebens: So bald aber der unbarmhertzige Mältzer das gewahr wird, so mißgönnet er der elenden Gersten ihr grünend und blühendes Glücke, laufft eylends hinzu, macht den Dürr-Ofen fertig, hauet Holtz und machet ein grosses Feuer darunter, hat darzu sonderliche Instrumenten, und richtet alles fein ordentlich zu, und streuet mit unbarmhertziger Hand die Gerste drauff.

Ach, ach! da muß die unschuldige Gerste, welche doch kein Kind beleydiget, brennen und braten, daß sie möchte schwartz werden, und damit ja keine Seite feuchte oder naß bleiben möge, so wird sie fleissig umbgewendet, wann sie auf der einen Seiten gedorret ist, damit sie gantz auff allen Ecken und Enden, hinten und forne und rund umbher wohl dörren möge. O mehr als Henckerische Boßheit! O unaußsprechliche Tyranney!

Wann sie nun als eine Märterin genugsahm gebraten und gedorret ist, so nimpt er sie wieder von dem Dörr-Ofen ab und stösset sie abermahl in einen Sack, und schicket sie dem feindseligen diebischen Müller in die Mühl, der schüttet und schrottet sie zwischen zweyen harten Mühl-Steinen, welche von dem Wasser-Rade oder Wind-Flügel geschwind herum lauffen, und zermalmet sie gantz erbärmlich, daß ein geschrotten Mehl oder Maltz daraus wird.

Ach! welch eine grosse Marter und bittere Pein muß dieses wohl seyn, zwischen zweyen Steinen zerquetschet, zermalmet und zerrieben zu werden? Wer hat das von Anfang der Welt jemahls gehöret? und also beschleust die edle Feld-Ritterin und theure Märterin ihren Lebens-Lauf und beschwerliches Ende.

Aber was thut hernach nicht der Menschen feindseeliges, mißgünstig und neydifches Hertze. Der auffrichtige Müller, Gott verzeihe mirs, wann ich unrecht rede, wann er das Maltz abgemahlen hat, thut solches wieder in die Säcke, leget einen nach dem andern über aller Haasen Groß-Mutter, oder einem langöhrichten Esel kreutzweise auff den Rücken, oder vierräderichten grossen Wagen, und liefert sie dem Kauffmanne wieder auf den Boden; Was geschicht weiter, der grausahme und tyrannische Mältzer und Brauer schüttet solche wieder in eine Bütten, giesset siedenheiffes Wasser aus der Brau-Pfannen darüber, und damit es ja allzumahl kochen möge, so nimpt er etliche Gehülfen darzu, die rühren es mit langen Rühr-Stangen fleissig umb, damit ja nichts überbleibe, welches daß siedende Wasser nicht empfunden hat, über das sind sie mit dieser Marter noch nicht ersättiget, sondern schütten die zermalmete und wohl gebrühete Gerste gar in die kupferne Brau-Pfanne, und lassen sie eine gute Zeit darinnen lustig sieden und kochen, daß ihr davon Haut und Haar abgehen muß, O Marter, O Pein!

Wann sie nun woll und lang genug durchkochet ist, so giessen sie dieselbe in eine andere Pfanne, und schütten darzu nicht etwann Zucker-Tand oder süssen Honig-Syrop, sondern einen Gallen-bitterschmeckenden Hopffen, da wird das Maltz gantz und gar durchkochet und außgesogen, daß nunmehr die Seele Abschied nimmet, und davon nichts mehr übrig bleibet, als Kraft- und Saftlose Trebern oder Säw, wie es die Niedersachsen nennen, und damit ja nichts von der Gersten übrig behalten, sondern ihr Gedächtniß ausgerottet, und gantz im Grund vertilget werde, so geben sie gemeldete Trebern dem Viehe, und sonderlich den Schweinen und Ochsen.

Meynet ihr aber, daß nunmehr die Tyranney mit der armen Gerste zu Ende sey, O nein, des Menschen boßhafftiges Hertze kan sich dabey noch nicht zur Ruhe geben, dann sie füllen den außgekochten Gersten-Safft in ein oder mehr Fässer, würtzen ihn ab mit Hefen oder Bärmen, und bereiten einen anmuthigen, lieblich und wolschmeckenden Tranck daraus, welchen sie ins gemein Bier nennen, und solches mit mancherley Nahmen tauffen, und entweder von dem Orte, oder von seiner Wirckung und Krafft einen wunderlichen Rahmen geben.«

Äußerst nett, besonders im Original ist ferner das folgende Gedicht:

> *O, Willie braut' ein Fäßchen Bier,*
> *Und Rob und Allan kam daher;*
> *Drei frohere Bursch', die lange Nacht,*
> *Gibt's in der Christenheit nicht mehr.*
>
> *Wir sind nicht voll, wir sind nicht voll,*
> *Ein Tröpfchen erst – das gibt uns Kraft,*
> *Der Hahn mag kräh'n, die Nacht vergehn,*
> *probieren wir den Gerstensaft!*
>
> *Drei lustige Burschen sind wir hier,*
> *Drei lustige Burschen im Verein;*
> *Wir waren lustig manche Nacht*
> *Und hoffen's manche noch zu sein.*
>
> *Das ist der Mond, das ist sein Horn,*
> *Das glitzert von des Himmels Bläu';*
> *Nach Hause leuchten will er uns,'*
> *Doch der kann warten, meiner Treu.*
>
> *Der erste der nach Hause will,*
> *Der soll ein Lump und Schurke sein;*
> *Doch wer zuletzt vom Stuhle fällt,*
> *Der sei der König von uns drei'n.*
>
> *Wir sind nicht voll, wir sind nicht voll,*
> *Ein Tröpfchen erst – das gibt uns Kraft;*
> *Der Hahn mag kräh'n, die Nacht vergeh'n,*
> *Probieren wir den Gerstensaft!*

Launig schildert ein drittes Gedichtchen von Burns:

> DIE BEGEISTERUNG FÜR DAS BIER
> *O gut Bier kommt, nun geht es los,*
> *Für Bier verkauf' ich meine Hof',*

Verkauf' die Hof, versetz' die Schuh',
Gut Bier gibt meiner Seele Ruh.

Sechs Küh' hatt' ich an meinem Pflug,
Sie zogen alle gut genug;
Sie all verkauft' ich, Kuh um Kuh:
Gut Bier gibt meiner Seele Ruh.

Gut Bier erhält mich unverzagt,
Macht Muth zu scherzen mit der Magd,
Und schafft mir rechte Kraft dazu:
Gut Bier gibt meiner Seele Ruh.

O gut Biet kommt, nun geht es los,
Für Bier verkauf' ich meine Hof',
Verkauf' die Hof, versetz die Schuh'
Gut Bier gibt meiner Seele Ruh.

Erinnert dies nicht auch an den böhmischen Müller oder an einen Fürsten von Rodenstein. Ganz besondere Reklame machte Burns einer Wirtin, Namens Frau Lucky, welche er als »Frau Einzig« preist:

Jeder Bursch vom Thorniestrand,
Geht's zum Uferrand des Bucky,
Nimmt sicher hier sein Gläschen Bier
Bei Frau Einzig, bei Frau Lucky.

Ja! Frau Einzig, ja Frau Lucky
Braut gut Bier am Rand des Bucky;
Glück wünsch' ich ihr für ihr gut Bier,
Das best' am Uferrand des Bucky.

So reinlich ist da Küch' und Haus,
Sie ist die nett'ste Frau am Bucky,
Und freundlich blinkt des Ofens Gluth
Bei Frau Einzig, bei Frau Lucky.

Ja! Frau Einzig, ja Frau Lucky
Braut gut Bier am Rand des Bucky;
Glück wünsch' ich ihr für ihr gut Bier,
Das best' am Uferrand des Bucky.

Die ganze Form gemahnt unwillkürlich an das bekannte Schnapslied:

> *Auf dem Schlosse zu Gradesco*
> *Hinterwärts von Temesvar,*
> *Saß der alte Fürst Bibesco,*
> *Serbiens greiser Hospodar.*

> *Slivowitz trank Fürst Bibesco*
> *Serbiens greiser Hospodar,*
> *Auf dem Schlosse zu Gradesco, usw.*

Einige andere englische und schottische Bierlieder lasse ich im Original mit Quellenangabe wieder aus Dr. Graesses Sammlung folgen, sowie ich auch sein holländisches Bierlied akzeptiere:

Englisches Bierlied[2]

Aus dem 1575 zuerst gedruckten Englischen Luftspiel in Versen, Gammer Gurton's Needle, von John Still, der 1607 als Bischof von Bath und Wells starb. Hier abgedr. aus Hawkins, Origin of the English drama (Oxford 1773) T. l. p. 183 etc.

> *Back and side go bate, go bare,*
> *Booth foot and hande go colde:*
> *But belly, God send thee good ale ynoughe,*
> *Whether it be new or old.*

> *I can not ear, but little meat,*
> *My stomack is not good;*
> *But sure i think, that i can drink*
> *With him that weares a hood.*
> *Though i go bare, take ye no care,*
> *I am nothing a colde,*
> *I stuffe my skin so full within,*
> *Of joly good ale and old.*

---

2 Warton, Hist. of the Engl. Poetry, T. lll, p. 207, erklärt dieses Lied für das erste Trinklied von Werth in der englischen Sprache. Es gibt eine ältere Redaktion desselben, wo die Stelle »and Tyb my wife etc.«, die sich auf eine Persönlichkeit des genannten Luftspiels bezieht, fehlt, woraus folgt, dass das Lied älter ist als letzteres und nur demselben angepasst ward. Beide Redaktionen stehen bei R. Bell, Songs from eramatists. London 1854, p. 33 etc.

Back and side go bare, go bare,
Booth foot and hand go colde:
But belly, God send thee good ale ynoughe
Whether it be new or old.

I love no rost, but a nut-brown toste
And a crab laid in the fire,
A little bread shall do me stead,
Much bread i not desire.
No froste nor snow, no winde, i trow,
Can hurte me if i wolde,
I am so wrapt, and throwly[3] lapt
Of joly good ale and old.
Back and side go bare etc.

And Tyb my wife, that as her like
Loveth well good ale te seek,
Full ofte drinkes she, till ye may see
The teares run down her cheeke;
Then dooth she trowle so me the bowle,
Even as a mault worm shuld.
And saith, sweet heart, i took my part
Of this joly good ale, and old.
Back side and go bare etc.

Now let them drink, till they nod and wink,
Even as good fellows should do,
They shall not misse to have the blisse
Good ale doth bring men to:
And all poor souls that have scowred boules
Or have them lustely trolde,
Good save the lives of them and their wives
Whether they be yong or old
Back and side go bare etc.

---

3   thoroughly

A Pot of Porter, Ho!
(Englisches Bierlied)

Aus Myrtle and the Vine, or Complete Vocal Library. London 1800, T. II. Mit den zwei folg. abgedr. in The book of English songs. London o. J. in 8°. S. 126 etc.

When to Old England I come home
Fal lal, fal lal la!
What joy to see the tankard foam
Fal lal, Fal lal la!
When treading London's wellknown ground,
If e' er I feel my spirits tire,
I haul my sail, look up around,
In search of Whitbread's best entire.
I spy the name of Calvert,
Of Curtis, Cox and Co.
I give a cheer and bawl for't,
»A pot of porter, ho!«
When to Old England I come home,
What joy to see the tankard foam!
With heart so light, and frolic high,
I drink it off to Liberty!

Where wine or water can be found,
Fal lal, fal lal, la!
I 've travell 'd far the world around,
Fal lal, fal lal, la!
Again I hope before I die,
Of England's can the taste to try;
For many a league I 'd go about,
To take a draught of Gifford's stout:
I spy the name of Trueman,
Of Maddox, Meux and Co.
The sight makes me a new man,
»A pot of porter, ho!«
When to Old England I come home etc.

English Ale

D 'ye mind me? I once was a sailor,
And in different countries I 've been,
If I lie may I go for a tailor!
But a thousand fine sights I have seen:
I've been cramm'd with good things like a wallet,
And I've guzzled more drink than a whale,
But the very best stuff to my palate,
Is a glass of your English good ale.

Your doctors may boast of their lotions,
And ladies may talk of their tea;
But I envy them none of their potions,
A glass of good stingo for me!
The doctor may sneer if he pleases,
But my recipe never will fail,
For the physic that cures all diseases
Is a bumper of good English ale.

When my trade was upon the salt ocean,
Why there I had plenty of grog,
And I lik 'd it, because I 'd a notion
It set one's good spirits agog;
But since upon land I 've been steering,
Experience has altered my tafe,
For nothing on earth is so cheering
As a bumper of English good ale.

The brown Jug
Von Fracis Fawkes, eingelegt in J. O'Keeffe's Oper »The poor Soldier«.

Dear Tom, this brown jug that now foams with mild ale
(Out of which I now drink to sweet Nan of the vale),
Was once Toby Filpot, a thirsty old soul
As e 'er crack'd a bottle, or fathom'd a bowl.
In boozing about 'twas his pride to excel,
And among jolly topers he bore off the bell.

It chanced as in dog-days he sat at his ease
In his flow'r-woven arbour, as gay as you please,
With a friend and a pipe, puffing sorrow away,
And with honest old stingo was soaking his clay,
His breath-doors of life on a sudden were shut,
And he died full as big as a Dorchester butt.

His body, when long In the ground it had lain,
And Time into clay had resolved it again,
A potter found out in its covert so snug,
And with part of fat Toby he form'd this brown jug
Now, sacred to friendship, to mirth and mild ale
So here's to my lovely sweet Nan of the vale.

The Ale-Wife and her Barrel
(Schottisches Bierlied)

Aus der hdschr. Samml. v. P. Buchan in The illustr. Book of Scottish Songs. London o. J. in 8°, S. 235, daselbst auch das folg. L. S. 240.

My mind is vex'd and sair perplex'd,
I'll tell you a' that grieves me;
A drunken wife I hae at hame,
Her noisome din aye deaves me.
The ale-wife, the drunken wife,
The ale-wife she grieves me;
My wifie and her barrelie,
They'll ruin me and deave me.

She takes her barrel on her back,
Her pint-stoup in her hand,
And she is to the market gane
For to set up a stand.
The ale-Wife etc.

And whan she does come hame again,
She wides trough girse and corn:

Says, I maun hae anither pint,
Though i should beg the morn.
The ale-wife etc.

She sets her barref on the ground,
And travels but and ben:
I canna get my wifie keepit
Out amo' the men
The ale-wife etc.

Oh, Gute Ale Comes.
(Schottisches Bierlied.)

Oh, gude ale comes, and gude ale goes;
Gude ale gars me sell my hose,
Sell my hose, and pawn my shoon;
Gude ale keeps my heart aboon.

I had sax owsen in a pleuch,
Aud they drew teuch and weel eneuch:
I drank them a' just ane by aae;
Gude ale keeps my heart aboon.

Gude ale hauds me bare and busy,
Gars me moop wi' the servant hizzie,
Stand i' the stool when I hae done;
Gude ale keeps my heart aboon.

Oh, gude ale comes, and gude ale goes;
Gude ale gars me sell my hose,
Sell my hose, and pawn my shoon;
Gude ale keeps my heart aboon.

Holländisches Bierlied
aus Willems, Oude vlaemsche Liederen. Gent 1848 S. 409

Wie wilt op opgeschreven worden?
Bachus neemt soldaten aen:
Op de bierbank ts't slagorden,
Daer wy moeten vechten gaen,

d'Herberg is de rendez-vous
Het woord is: 'k breng het u, of avous.
Vecht kneeht, doot kaes en broot.
Schenkt, drinkt!
't Gelasen trompet dat klinkt.

Bachus tonneke is de trommel
Die men in dien oorlog slaet,
Want men zuipt daer als de drommel
Dat de buik gespannen staet:
Als een trommeltje zoo brou
Dat het daer op klinken zou.
Vecht knecht etc.

Bierbuik houdt drie compagniën,
Louter drinkebroêrs, in 't veld,
Om den oorlog te biën
Aen den dorst die 't keelgat kwelt.
Dikke Pier is kolonel,
Hy brengt de drinkbroêrs eel een snel.
Vecht knecht etc.

Hei coraedge! Jan Potaedje
Drinkr dat zijne neus wordt rood;
't Js eerst teeken van coraedje,
Van coraedje die es groot;
Trekt met hem dan naer het veld,
Waer noch honger noch dorst en kwelt.
Vecht knecht etc.

Tapt nu bier in abondantsie,
Drinkt, eer dat gy vechten gaet,
Eenen teug van assurantsie,
Opdat gy den dorst verslaet:
Hangt aen uwen bandelier
Tien, twaelf snellen van 't sterkste bier.
Vecht kecht etc.

Valt daer jemand in gebreken
Vaec het laedkruid of de lont,
Hy mag zyn gelas aensteken

Met een worstje van een pond;
Dat hy, als de stryd aengaet,
Op zyn taljoorken de trommel slaet.
Vecht knecht etc.

Zijn de kiekens um vyanden,
Die op tafel zijn gezet,
Neem voor 't zweerd een mes in handen,
Voor den fluiter een servet;
Snijd hun neus en ooren af,
Maek van uw buik hun heldengraf.
Vecht knecht etc,

Die in Bachus oorlog schermen,
Maken wel hun beenen slap,
Maer z'en breken been noch armen,
Door de kracht van 't geerstensap:
Doet hun hoofd wat zeer dernaer,
Zy nemen 's morgens van 't zelfde hair.
Vecht knecht etc.

Dien de bierpot het verwonnen,
Die noch gaen en kan noch staen,
Zal als Bachus op een tonne
In triomf naer huis toe gaen.
Als 't al zal gestreden zijn,
Zal in 't bedde de vrede zyn.
Vecht knecht, doot kaes en brood;
Schenkt, drinkt,
't Gelazen trompet dat klinkt.

Dagegen möchte ich von älteren poetischen Beiträgen noch einige hier aufnehmen aus der alten Bierelogia. So »Das Lob des Bieres«:

Edles Bier was soll ich sagen?
Weil dein Lob zu überhäufft,
Du erkühlest unsern Magen,
Wann ihn Hitz' und Durst angreifft.
Du bringest fast gäntzlich verdorrete Glieder,
Zu vorigen Kräfften in kurtzer Zeit wieder.

Deine Farbe geht im Glase,
Manchem schönem Weine für,
Und ich glaube, daaa der rase,
Welcher dich O edles Bier
Mit hönisch und spöttlichen Reden verachtet,
Nach Weinen und hitzigen Träncken nur trachtet.

Denn wie leicht ist es geschehen?
Thut er einen Trunck zu viel,
Ey so kan man leichtlich sehen,
Wie der Hase hält sein Spiel.
Wie Stellung, wie Reden und alle Gebehrden,
Zu Zeichen des rauschenden Reben-Saffts werden.

Dahingegen bey dem Biere,
Thut man einen Neben-Trunck.
Und ein Kannen oder viere,
Sind vor diesem eben gnung,
Der köstlich den Gersten und Hopffen verstehet,
Und niemals mit Durste zum Bette hin gehet.

Bier das mästet, Wein der zehret,
Greiffet Lung und Leber an.
Durch Bier wird die Krafft vermehret,
Dahingegen jener kan,
Bey vielen die Kräfte dermassen vermindern,
Daß sie in kurtzer Zeit gleichen den Kindern.

Wein erregt Podagra-Schmertzen,
Und der Scharbock ist nicht weit,
Wo man bey dem Wein will schertzen.
Dahin wieder Bier erfreut,
Und wer sich in lieblichen Biere gewehnet,
Hat niemahls vom Schmertzen der Glieder gestöhnet.

Doch, wie es sehr unterschieden,
Also muß man mässig seyn,
Eines lasset uns zu frieden,
Anders nimpt den Kopff stracks ein,
Man siehet fürnehmlich bey Bäurischen Schmausen,
Es hinten und vorne erschrecklich ausbrausen.

Wie mich dieses nun nicht irret,
So lob' ich ein Gläßgen Bier.
Wein macht meinen Kopff verwirret,
Daß ich nicht recht bin bey mir.
Ich laß ihn denselben die besser es wissen,
Wie man ein Glaß Reben-Safft öffters soll küssen.

Etzliche Sauff-Brüder ergetzen sich an folgenden Gesängen

Sa, sa, sa, ihr Teutschen Brüder
Stimmt ein frohes Vivat an,
Singt die allerbesten Lieder,
Schreye, wer da schreyen kan,
Hier ist der Gersten-Safft,
Der labt das ausgedorrte Hertz,
Und lindert unsern bittern Schmertz,
Drum liebes Bier,
Komm her zu mir,
Das lauter Freude schafft.

Andern mögen tausend Grillen,
Tag und Nacht im Sinne seyn,
Jene mag die Venus trillen,
Und im Lieben schläffern ein,
Hier ist einer freyer Geist,
Der keine geile Venus liebt,
Der keinen Grillen sich ergiebt,
Du edles Bier,
Bleibst für und für,
Das meine Zunge preist.

Auff Gesundheit unser Sachsen,
Trinck ich dir ein gantzes zu,
Unsre Raute müsse wachsen,
In Vergnügungs voller Ruh,
Es lebe Sachsen-Hauß,
So lange Sonn und Monden steht,
Biß daß der Erden-Ball vergeht,
Biß daß man hier,

Nicht mehr das Bier,
Wird bringen auff den Schmauß.

Nun so kompt ihr süssen Säffte,
Fliest mir in die Kehl hinein,
Kompt und gebt mir neue Kräffte,
Sa, es muß getruncken seyn,
Sa, sa, sa, sa, sa, sa,
Singt Brüder ein Runda,
Es schreye wer da schreyen kan,
Hiermit so setz ich freudig an,
Jouche, jouche, jouche, jouchhe, jouche, dum dei dum da.
Nun ich hab es außgesoffen,
Sa wer schenckt ein frisches ein,
Bruder so wie ichs getroffen,
Muß es auch getroffen seyn,
Sa, sa, sa, sa, sa, sa,
Wem dieses Spielchen nicht gefällt,
Der küsse uns die Unter-Welt,
Denn nichts gilt hier,
Als gutes Bier,
Und denn ein frisch Runda.

Oder:

Ihr Freunde kompt herbey,
Wir wollen einmahl lustig seyn,
Bey Zerbster Bier, Garley, Tuchstein,
Ihr Freunde kompt herbey.
Macht euch fein bald parat,
Langt nur Taback und Pfeiffen her,
Ist dann kein Wirt im Dorffe mehr,
Macht euch fein bald parat.
Sa lustig fangt frisch an,
Derselbe soll gelobet seyn,
Ders beste hat gethan,
Und wer nicht machet mit,
Der ist ein Narr in Folio,
Vergüldet auff dem Schnit.
Die alten Teutschen truncken gut,

Und waren brave Leuth,
Sie hatten einen frischen Muth,
Und machten gute Beuth.
Sa wer von Teutschem Blute ist,
Der setze tapffer an,
Und wenn ein Glaß das andre küst,
So ist es wohl gethan.

Und:

Frisch auff liebe Ceres-Brüder,
Last uns heute lustig sein,
Dieser Tag kompt doch nicht wieder,
Mit so klarem Sonnenschein,
Habet einen guten Muth,
Und erfrischt mit Bier das Bluth.

Fast die Gläser mit den Händen,
Trinckt auff gute Freundschafft aus,
Wer will unsern Vorsatz wenden,
Gibt zur Straff ein frischen Schmauß,
Dieses ist der feste Rath,
Denn man hier beschlossen hat.

Zwar ein jeder mag frey sagen,
Was vor Bier er haben will,
Jeder prüfe seinen Magen,
Sättge ihn nachd seinem Ziel,
Broyhan, Knißnack, Doppel-Bier,
Kan man alles haben hier.

Ich will mich ans Zerbster halten,
Das behält bey mir den Preiß,
Das gibt Kräffte Jung und Alten,
Rückt das Haupt nicht aus dem Kreiß,
Schmeckt vortrefflich, nicht zu süsse.
Nicht zu bitter, treibt die Flüsse.

Vivant alle Teutsche Hertzen,
Dem das liebe Bier gefällt,
Es vertreibe unsre Schmertzen,

Wie es heilt die gantze Welt,
Lustig! singt die besten Lieder,
Wir sehn uns so jung nicht wieder.

Ebenso entlehne ich aus Dr. Graesses Sammlung zwei Piècen:

Wer erstlich hat erfunden das Bier Und der dollen Brüder Turnier.

Schwank von Hans Sachs, gedichtet den 15. November 1553.

(Werke Bd. I., S. 505 etc., und bei Scheible, das Schaltjahr Bd. II. S. 282 –286.)

Jamprinius ein kühner Held
In Flandern und Brabant erwählt,
Ein König streng, gerecht und fromm,
Regiert in seinem Königthum,
Litt keine Räuberei noch Unrecht,
Er straft den Herren wie den Knecht,
Er hielt sein Volk getreuen Schutz,
Und handhabet gemeinen Nutz.
Derselb nach Iside der Frauen
Lehrt sein Volk das Ackerbauen,
Düngen, ackern und besäen
Mit Gersten und Weitz in der Nähen,
Lehrt schneiden, sammeln und einführen,
Und dreschen, wie denn thut gebühren,
Nach dem ließ er malzen und wenden,
Dörren und mahlen an den Enden,
Nach dem ließ er Bier daraus bräuen,
Damit thät er sein Volk erfreuen,
Weil in sein Landen wuchs kein Wein,
Und dieser König lebt allein.
Zu Jacobs Zeiten, weil gubernirt

Belocus der neunt König regiert
Noch in dem assirischen Land,
Zu der Zeit er das Bier erfand,
Jedoch in Niederland allein.
Doch sagt die Chronica gemein,
Bacchus der hab den Wein erfunden
In Griechenland, nachdem zustunden
Hab er Teutschland auch lehren schier,
Aus Gersten machen gutes Bier,
Voraus in mitternächtig Landen
Hab er sich solches unterstanden,
In Liefland, Sachsen, Meißen und Harz
Und immer je weiter einwarts,
Das ist wohl glaublich allerweiß,
Denn diese Völker dien mit Fleiß
Dem Gott Baccho mit dem Biersaufen,
Weib und Mann, Jung und Alt mit Haufen,
Und mag das wohl mit Wahrheit gehen,
Wie ich es denn hab selbst gesehen,
Eines Tags am Harz bei dem Bier,
Da hätten ihrer zwölf ein Turnier,
Diese Bierhelden sah ich streiten,
Mit Stützen und Kandeln zsamm reiten.
Einer schrei: Gut Gsell es gilt Dir,
Der ander schrei: Frisch her zu mir,
Der dritt schrei: Schenk, lieber schenk ein,
Der viert schrei: Bring frisch Bier her fein.
Der Wirtsknecht der hätt gnug zu laufen
Da sah man gar ein kühisch Saufen,
Welcher Held war verzagt im Handel
Bracht für sich vier oder fünf Kandel,

Ihr Brüst waren mit Bier begossen,
Man hätt kaum ein Pfeil dadurch geschossen.
Sie trunken sam wärens erdürst
Und fraßen dazu gsalzen Knackwürst,
Und rohen Speck gesalzen frisch,
Das Bier das floß über den Tisch,
Die Erd war naß wie ein Badstuben,
Zu saufen sie wieder anhuben.
Als auf sechs Stund währt der Turnier,
Austrunken war ein Tonnen Bier,
Ein Held hinter dem Tisch entschlief,
Der ander aus der Stuben lief,
War gar stud voll, mocht nit mehr trinken,
Der dritt thät darniedersinken,
Bei den Ofen auf die Leckbänk,
Der viert mit Fa…. macht ein Gstänk,
Dem fünften thät das Bier ausstoßen
Die Thür daß er pfercht in die Hosen.
Der sechs grölzt, thut den Säuen locken,
Der sieben warf ein Haufen Brocken.
Der acht thät nach spielen schreien,
Man sollt ihm Würfel und Karten leihen.
Der neunt brunzt unterm Tisch herfür,
Daß es runn zur Stubenthür.
Der zehnt juchzend, schrei und sang,
Der eilft saß und sah leichnam strang,
Und auch nur immer balgen wollt.
Der zwölft der schrei, man rechnen sollt,
Die Uerten macht der Wirth nach Dunken:
Drei Groschen einer hat vertrunken.
Also zogens ab vom Turnier

Und rochen alle nach dem Bier,
Und glotzten all wie die Geißböck,
Etlich zu Pfand ließen die Röck,
Ihr etlich fielen ob die Stiegen,
Ihr zween auf dem Mist blieben liegen,
Ihr drei gingen an Wänden heim,
Waten hin durch Dreck, Koth und Leim.
So rittens ab vom Turnierplan,
Des andern Tags jeder gewann
Zwo faule Händ und ein bösen Kopf,
Ein leeren Beutel, ein vollen Kropf!
Da dacht ich gar heimlich bei mir:
Wer täglich reit in den Turnier,
Es sei zu Bier oder Wein,
Und wartet nicht des Handels sein,
Dem kommt endlich Armuth zu Haus
Und trägt ihm sein Hausrath aus.
Wer aber in Arbeit ist nit lässig,
Und brauchet sich ziemlich und mäßig,
Wein und Bier oder ander Gaben
Die wir vor Gott dem Herrn haben!
Mit Dankbarkeit sie geneußt allwegen,
Dem giebt Gott Gedeihen und Segen,
Daß er sich also mag hie nähren,
Nach seinem Stand mit Gott und Ehren,
Behüt ihn vor Armuth, Angemachs,
Hie und dort ewig, wünscht Hans Sachs.

Neujahr-Wunsch für alle Bierwirthe, so das gerechte Bier verfälschen

Anno 1783. (Nürnberg in-fol. Abgedruckt b. Scheible, Bd. IV. S. 146–150.)

Wirth: Lass mir, ich bitte Dich, die Possen heuer bleiben.
Satyr: Wie? Possen, was meinst Du? Vielleicht N.-Jahrwünsch schreiben.
Wirth: Ja diese meine ich, es lässet gar nicht fein, Daß sie, statt einen Wunsch, oft meist Satyren sein.
Satyr: Geh alter Adamskopf, lass einen jeden machen, Worzu die Lust ihn treibt, und sieh nach Deinen Sachen Schenk ächten Püchlersgeist zum Dichten hurtig ein, Denn ohne diesen kann kein Poet glücklich sein.
Wirth: So schreib und dichte denn, doch nur zu niemands Schaden, Verschon ihr Excellenz, Hochwürden und ihr Gnaden: Sonst denkt die ganze Welt, Herr Bruder, Du bist toll.
Satyr: Leg dieses Sau ins Bett, er ist schon wieder voll. Mich jammern doch die Wirth', könnt' ich sie scherzend bessern, Dies wär mein größter Wunsch, ich wollt ihn nie vergrößern. Und dies ist nicht erlaubt.
Wirth: Ja Bruder sage mir. Du reimst so gut, und trinkst 1/2 Fürther Bier, Das Panschen kann kein Wirth, so wahr der Himmel, lassen, Es liegt in der Natur, und wer kann diese hassen.
Satyr: Und dieses sagst Du mir so dreiste ins Gesicht?
Wirth: Dir Bruder, sag ichs wohl, doch keinem andern nicht.
Satyr: Möcht Jovis Donnerkeil die Wirth doch all zerschmeißen.
Wirth: Nein Morgen, da muss ich von hier nach Zirndorf reisen, Hätt unser Gazeter in Mö. seht in jetzt an, Das Bier nicht so gepeitscht, wär er kein solcher Mann; Doch scheints, es wollte ihn im Alter jetzt gereuen: Ach Gott! seufzt er jetzt oft, du wirst mir doch verzeihen, Ein Fuchs und Bock wird ihm zum Abscheu vorgestellt, Drum wünscht er sich so oft aus dieser Welt. Ein anderer Fuchs ist der, so jetzt um diese Zeit Mit Verrätherei und Schimpf auf seine Nachbarn speit, Und dort im Elend wohnt, doch dieses ist ein Traum Da ich es überdenk, so glaub ichs selber kaum. Doch die Erfahrung es jetzt aus den Werken zeiget, So wird gewiss der Chor noch auf dem Weg gebeuget. Ob gleich ein Schulmonarch schon auf dem Wege geht, Und auf der Karte sieht, wie seine Sache steht, Wo seine Liebste sich mit andern amusirt, Dass er im Spiel vor Zorn die Uhr sogar verliert. Bei einem Schober Stroh kauft man ein fettes Schaaf, Sein

Nachbar hält auch mit, so träumt ihm in dem Schlaf. Er kaufts, er bindt es an, er zahlts, dann will ers holen, Bis er sich umgewandt, so war das Schaf gestohlen. Dort jener hat sein Schild zum grauen Muff genannt Bis daß man es vor Schnee und Koth nicht mehr gekannt. Will er vielleicht dies Schild nicht länger sehen an. Nun gut, so hängt man den H. Z. Hr. selbsten dran, Dort in dem kleinen Dorf, wo neun Wirthshäuser stehen, Daß man von einem kann hin zu dem andern sehen. Dort ists ein Leib und Blut, ein Herz und auch ein Sinn, Man fährt in Thais Roland, sogar in Brunzscherm hin, Da lobt man alles Bier, es sei süß oder sauer, Der Wirth im Conduit, als wie der g'lehrte Bauer. Zwar in der Nachbarschaft schenkt man gerechten Wein, Doch muß er öfters auch gelind gestrecket sein. In diesem ganzen Dorf sind alle Wirth Careten, So lang als sie das Bier so gottlos panschen werden. Sogar die Hartel Waatsch schließ ich im Wunsch mit ein, Daß in dem N. Jahr ihr Bier gerecht möcht sein. In jenem großen Dorf – ich will es zwar nicht nennen – Weil jeder Leser es vielleicht wird selbsten kennen, Der gehe nur dahin, wer ein Bierkenner ist, Und hör einmal davon den hochgelehrten Zwist; Da kann man um ein Wort, um alle Kleinigkeiten, Von 12 Uhr bis um 4 in einem Courier streiten, Das hält manch gelehrter Geck viel höher als die Welt, Den nur der Püchlergeist für einen Narren hält, Wenn man im Sommer oft verliebte Vers erdichtet, Beim Hummelsteiner Wein gelehrte Werk errichtet, Des Abends in der Maus – entwerfen die Kritik, Notarisch peinigen heißt da ein Meisterstück.

Wirth: Wie lange, lieber Freund, wirst Du dann bei uns bleiben, Und wie lang wirst Du noch an dem N.-Jahrwunsch schreiben, Du weißt, daß dieses Blatt doch nicht erlaubt ist?

Satyr: Das weiß ich, daß Du auch ein dummer Esel bist.

Wirth: Nein glaube Du es nicht, zum Rößlein wirds genannt.

Satyr: Hör, packe Dich vor mir, es ist mir schon bekannt.

Wirth: Mein Bier hat große Kraft, es bläht die Leute auf, Sag, Brüderchen, mir doch, was kost das Heu im Lauf?

Satyr: Sechs Büffel Köpfe Stück – – das habe ich vernommen Um aber noch zum Schluß auf meine Wirth zu kommen, Wer sind die Schelmsten dann, wurd ich ohnlängst gefragt, Giebt es denn Schelmenwirth, hab ich darauf gesagt. Ja, ja, in Eibach, Buch, in Dennenloh, in Feucht, In Erlestegn, Fach, und was sich dortrum

schleicht, In Fischbach, Lichtenhof, Loh, Leyh und Lauferholz, Da sind die Wirth fast all auf Schelmereien stolz, Dort auch in Ziegelstein, in Schnepfenreuth, in Thon, In Zabelshof, Steinbühl, und in der Fürther Kron, Nachdem beim Himpfleshof, am Bleicher, bei den Ställen Da wollt ich manchen Bock uud manche Ziege fällen. Zu Kalchreuth, Poppenreuth – Zirndorf und Gnadenberg, Dort giebt es Riesenwirth und keine kleinen Zwerg. Zu Großreuth geht man zwar dem Bier vor andern allen Der Wirthin aber mehr als dem Bier zu gefallen. Weil denn nun alle Wirth in Kellern Schelmen sind, So zeigt es, daß man sie doch alle einig findt. Die stete Einigkeit soll Fuerer Wirthschaft nützen, Und Euch der Himmel auch dieß Jahr vor Unfall schützen. Gelinget mir der Wunsch, so ists vor mich auch gut, Vor Freuden sch... ich Euch alle unter einen Hut, Sechs Kreuzer kost der Wunsch, doch 12 sind mir noch lieber.
 A Dieu votre Serviteur   *Jetzt mit dem Streusand*
 A de wort Serwiteer   *drüber.*

Hierzu gehört ein Kupferstich (auch bei Scheible copirt), auf welchem eine Art Kellerstube mit zwei hoch oben angebrachte Fenstern dargestellt ist. Zwischen denselben ist an der Wand ein langes Bret, wie ein Topfbret, angebracht, auf dem ein nackter gehörnter Teufel, der in der Hand ein Blatt mit der Aufschrift Alle darunter haltend, in kauernder Stellung den Rücken und Hintern nach dem Beschauer zu, dargestellt ist. Derselbe verrichtet seine Nothdurft in den Kopf eines ungeheuren Hutes, unter welchem wie unter einem Dache eine Menge Wirthe oder Bierschenken in Jacken und Schürzen, jeder ein Seidel in der Hand stehen. Ihre Haare steigen wie ungeheure Besen zu Berge und werden alle nach dem vorhin erwähnten Loche in dem Hutkopfe gleichsam magnetisch gezogen, so daß es scheint, als zöge sie der Teufel durch das Loch an sich. Links von ihnen ist ein Brunnen, aus dem Wasser in einen großen hölzernen Deckelkrug läuft, rechts liegt ein Fass, auf dessen Spundloch ein großer Trichter steckt.

So haben wir die Reichhaltigkeit der Bierpoesie nach allen Seiten kennen gelernt, sowie was Form und Inhalt betrifft, als auch was fremde Literaturen geliefert. Vieles findet sich im ganzen Werke hier und da an geeigneten Orten zerstreut. Das Gros habe ich für dieses Kapitel, welches die Anlage und den Grundstock einer Anthologie der Bierpoesie bilden soll, aufbewahrt. Dem Humoristischen sind wir vielfach begegnet, auch auf verseficirtem Gebiete, einzelnes z.B. Bier-Couplets absichtlich noch für ein quasi Supplement-Kapitel »Das Bier im Humor« aufbewahrend, da ich in dasselbe auch noch so manches Andere in meinem Werke bisher noch nicht Unterbrachte, wie in einem Asylhaus versorgen will. Wenn ich aber dieses 24. Kapitel meines Buches vom Bier trotz des in diesem Kapitel, wie ich mir schmeichle, reichlichen Materials, doch nur eine Anlage zu einer cerevisiellen Anthologie nenne, so geschieht es nicht aus provozierender gemachter Bescheidenheit, »nur Lumpe sind bescheiden«, sondern leider aus Überzeugung und hege ich sogar die Zuversicht, besonders diesen Teil in weiterer Auflage noch mehr ausspinnen zu können, eventuell einen eignen Band daraus zu gestalten. Und in der Tat, knapp bevor dieses Kapitel manuscriptuell der Preß-Officin übergeben wird, stoße ich auf neue poetische Piècen, welchen ich in fernerer Auflage ihren besseren Platz anweisen werde, die ich aber, da ich selbe auch in dieser Edition nicht missen will, noch als Appendix anhänge. Wir haben die cerevisiologische Poesie auf lyrischen, epischen und dramatischem Gebiete vertreten gefunden. Was das Epische betrifft, verweise ich noch auf ein Heftchen der Nouvelle Bibliotheque curieuse, »La Bière de Louvain«. Auch epischen Charakters ist der balladenhafte »große Bierskat«, welchen ich aus der Hans Licht'schen »Deutschen Kegel- und Skatzeitung« in Leipzig- entnehme:

Das waren wackre Zecher,
Das war ein Skattournier,
Wovon man stets wird reden,
So lang noch fließt das Bier.

Daran sich gern erinnern
Die Vier, die das vollbracht;
Drum Leser, Skatverehrer,
Gieb jetzo staunend acht!

An einem Junimorgen
Spazierten wohlgemuth
Vier flotte Musensöhne,
Ein Sträußlein keck am Hut.

Hinaus in's duft'ge Freie,
Hinaus zum grünen Wald,

Bis sie auf ihrer Wanderung
Bim Forsthaus machten Halte.

Schön Ännchen, jung an Jahren,
Des Waldes schönste Zier,
Empfing holdselig lächelnd
Die Gäste an der Tür.

»Willkommen hier im Grünen,
In uns'res Waldes Pracht,
Also geht in Erfüllung
Was mir geträumt bei Nacht.

Der älteste der Genossen
Hub lächelnd also an:
Grüß' Gott! sei Euch vor allem
Als Gegengruß getan.

Zwar wollten wir nicht rasten
Im trauten Försterhaus,
Wir wollten heute wandern
Viel weiter noch hinaus.

Doch da Ihr uns so freundlich
Und hold empfangen habt,
So spendet einen Trunk uns,
Der Herz und Seele labt!«

»Ich eile,« rief schön Ännchen
Und hole »frisch vom Fass,
Es birgt ja unser Keller
Ein edles Münchner Nass.«

Sie sprachs und schnell entschwebte
Sie einer Sylphe gleich
Hinab zum nahen Keller,
Ins tiefe, kühle Reich,

Wo manches Fässlein ruhte
Mit festverschlossnem Mund,
Kostbares Nass verwahrend
Im Bauche schwer und rund.

*Es ruhten unterdessen
Fast malerisch gruppiert
Auf grünem Rasenteppich
Die Vier ganz ungeniert.*

*Doch währte es nicht lange,
Da war der Gerstensaft
Vom wunderschönen Ännchen
Graziös herbeigeschafft.*

*Vier funkelnde Pokale
Gefüllt mit einem Trank,
Den selbst Gambrinus schlürfte
Mit Wollust und mit Dank.*

*Kredenzte, sich verneigend
Mit einem tiefen Knix,
Die Holde den Studenten;
Ein Werk des Augenblicks.*

*War es, und durch die Kehlen
Entschwand das edle Bier;
Doch durstiger als vorher
Erschienen nun die Vier.*

*Deshalb begann der Zweite,
Ein lock'ger Studio,
Fürwahr, Du holde Hebe,
Der Stoff ist comme il faut,*

*Sobald es sich verlohnet,
Sofort zum zweiten Mal
Dem durst'gen Mund zu nahen
Mit schäumendem Pokal.*

*Langanhaltender Beifall
Dem Sprecher ward zu Teil,
Ob solcher wackern Rede
Erscholl ein dreifach Heil.*

*Der zweite Schoppen nahte,
Man führte ihn zum Mund,*

Doch schon nach fünf Sekunden
Sah man ihm auf den Grund.

Erst herrschte tiefe Stille,
Doch dann erhob sich schnell
Der Dritte, ein beleibter
Und bärtiger Gesell.

Er sprach im tiefsten Baßton:
Ich bleib' dem Grundsatz treu,
Dass aller guten Dinge
Auch allezeit sind drei.

Darum, mein gutes Ännchen,
Hol' noch ein Mal, ich bitt',
Vom Münchner Nass doch bringe
Dir auch ein Schöppchen mit.

Hurrah! Du trafst das Richt'ge,
Du weißt wohl, was noch fehlt.
Du sorgst, dass auf der Wandrung
Uns Durst hernach nicht quält.

So lobten ihn die Dreie;
Ein Profit bald erscholl,
Fünfstimmig war es diesmal,
Es klang so rein, so voll.

Und prompt, wie auf Kommando
Verschwand zum dritten Mal
Des Bieres letzter Tropfen
Aus Becher und Pokal.

Hört mich, Komilitonen,
– Fast schüchtern es erklang –
Begann der vierte Zecher,
Ein Kerlchen dünn und lang.

Wohl niemand wird es leugnen,
Dass solcher Hochgenuss
Sobald nicht wiederkehret,
Drum lasset ab vom Schluss!

*Lasst länger uns verweilen
Im frischen grünen Wald,
Hier lasst uns Hütten bauen!
Mit süßer Allgewalt*

*Schlägt uns das Bier in Fesseln,
Denn, lieben Brüder, schon
Sind wir beim dritten Schoppen.«
So sprach der Musensohn.*

*Verständnisinnig blicken
Sich darauf alle an;
Der Blondgelockte meinte:
»Der Tag fängt heiter an;*

*Drum mache ich den Vorschlag,
Wir spielen einen Skat,
Wer weiß, wann wieder einmal
Der Förster »Münchner« hat.*

*Und bei den letzten Worten
Von fernher es erscholl:
»Ich grüße Euch, Ihr Herren,
Mein Keller liegt noch voll*

*Von diesem Labetrunke,
So man von München schickt,
Der Zunge, Kehle, Magen
Des Zechers hoch beglückt,*

*Der in die höchsten Sphären
Des Trinkers Geist versetzt,
Sobald er seinen Gaumen
Genügend damit letzt.*

*Drum Ännchen, füll die Gläser,
Wir suchen uns jetzt aus
Das allerschönste Plätzchen
Im luft'gen Blätterhaus.«*

*Bald fand sich, was man suchte,
Umrankt von wildem Wein*

Lud eine traute Laube
Zu lust'gem Zechen ein.

»*Nun Brüder, sprach der Bärt'ge,*
Wir spielen einen Skat!
Und rechnen, wie es üblich
Im Bierskatspieler-Staat,

Das, was wir heut verzehren
Mit in den Skat hinein«.
»*Bravo!*« *So riefen alle,*
»*Bravo! So soll es sein*«

»*Doch halt, sprach schnell der Vierte,*
Hört einen Vorschlag an,
Den ich hinzu noch mache
Und warm empfehlen kann.

Nicht bloß, was wir verzehren,
So lang' wir skaten heut',
Nein, was wir sonst gebrauchen,
Doch mit Bescheidenheit,

Das nehmen wir großmütig,
Wir haben's ja dazu,
Hinein in unsre Zeche
Mit größter Seelenruh'.

Und Bravo! rief nun wieder
Der Zecher frohe Schar,
Die gleichsam wie begeistert
Von diesem Vorschlag war.

Des Bieres frische Füllung
Stand lange schon bereit,
Und harrte nur der Trinker;
In Pracht und Herrlichkeit

Erglänzte goldgerändert
Des Skates loses Buch,
Das immerdar uns spendet
An Freud' und Leid genug.

»Nun lasst uns«, sprach der Förster,
»Bevor Ihr Skat beginnt,
Ein Hoch Gambrinus bringen,
Und Jedem, der ihm dient.«

Es klangen hell die Gläser,
Es tönte durch den Wald:
»Gambrinus hoch und Jeder,
Der zecht ob jung, ob alt!«

Der Bierskat stieg, der Förster
Sah zu in aller Ruh'
Und dicke Kreidestriche
Gab's massenhaft im Nu.

Hei! Wie die Karten flogen
Und wie durch Schnitt und Stich
Gar manches Spiel herumging!
Oft fluchte fürchterlich

Der Dicke, wenn verloren
Ihm Grand und Solo ging;
Jedoch was aus Revanche
Er trank, war nicht gering.

Mit einem Mal erhob sich
Der erste Studio
Und sprach: »Wir sind zwar Alle
So recht vergnügt und froh;

Mich aber drückt ein Kummer,
Der mir am Herzen nagt;
Seht Ihr dort jenen Baumstamm,
Der aus der Erde ragt?

Der riss mir ab den Hacken
Von meinem Stiefelett,
Als wir ein Plätzchen suchten;
Wenn einen Arzt ich hätt'

Für diesen Patienten,
Kurieren sollt' er mir

*Den kranken Schuh. Herr Förster,
Sagt an, wohnt denn nicht hier*

*Im nahen Dorf ein Schuster,
Der mir zu Hilfe eilt?«
Ja wohl, mein Freund, ich lasse
Ihn holen unverweilt.*

*Halt, halt! So rief der Dicke
Auch ich hab' ein Begehr:
Mir geht es ziemlich traurig,
O, schaut nur einmal her!*

*Doch zu dem Anblick stärkt Euch
Mit einem kräft'gen Schluck! –
Und von einander knöpft er
Sein Wamms mit einem Ruck.*

*»Seht, hier das Unterfutter
Ist gänzlich desolat,
Ich grübelte tagtäglich
Von früh bis Abends spat*

*Wo der Flickschneider wohnte,
Der Alles mir auf Pump
Fein sauber renovierte,
Und aus mir armen Lump*

*Mit Fingerhut und Nadel,
Mit Zwirn und scharfer Scheer'
Und ein'gen Tuchabfällen
Stellt' einen Stutzer her.*

*Und heute bietet günstig
Sich mir Gelegenheit,
Den Schaden zu beseit'gen
Wohl für geraume Zeit.*

*Ich bitte, dass der Schneider
Noch heute hier erscheint,
Und kunstvoll mit dem Futter
Das Sammtwamms mir vereint.*

*Natürlich rechnen Alles
Hinein wir in den Skat,
Wie unser wackrer Bruder
Es vorgeschlagen hat.«*

*Homerisches Gelächter
Zu Teil dem Sprecher ward,
Und »Prosit Rest!« erscholl es
Nach echter Zecher Art.*

*He, Ännchen! Frisches Bier her!
Ist leer das erste Fass,
Geh'n wir zum zweiten über,
Gar süffig ist das Nass.*

*Nun wurde in der Laube
Ein Fässchen aufgelegt;
Das war die rechte Weihe
Und wie's zu gehen pflegt,*

*Der Durst ward immer größer,
Je mehr des Biers man trank,
Doch stramm und taktfest saßen
Die Zecher auf der Bank.*

*Hei, wie die Karten flogen!
Es tönte oft das Wort:
»Prost«, »Ganzer«, »Halber«, »Kuhschluck«
An diesem trauten Ort.*

*Das waren wackre Zecher,
Sie standen ihren Mann,
Es freute sich gewaltig
Der alte Jägersmann.*

*So spielten nun und tranken
Die Viere kräftiglich
Und angekreidet wurde
Natürlich Strich auf Strich,*

*Manch' wackeliches Solo
Manch' fauler Null und Grund;*

Gar viele Spiele gingen
Herum mit Sang und Klang.

Viel wurde ja geredet,
Das größte Gaudium
Gab es, sobald ertönte
Das Wörtlein: »60, rum!«

So ging es bis zum Mittag,
Wo man sich kurze Zeit
Zum Essen Ruhe gönnte;
Doch bald war man bereit,

Sich wiederum zu stürzen
Mit Macht in's Skatturnier,
Doch ließ man jetzt bei Seite
Das schwere Münchner Bier.

Man trank, um aufzufrischen
Den müdgewordnen Geist
Erst Mocca, der bekanntlich
Stets heilsam sich erweist.

Inzwischen war der Schneider
Mit Nadel, Zwirn und Scheer
Zur Stelle, zu erfüllen
Der nobeln Herrn Begehr.

Der dicke Meister Knieriem
Auch nicht zu lange blieb,
Die dringende Bestellung
Zu schnellem Schritt ihn trieb.

Flugs ging es an die Arbeit
Und während diese Zwei
Auftrennten und annähten,
Kam allgemach herbei

Viel Publikum, das Wetter
War ja bezaubernd schön
Und hieß die nahen Städter
Hinaus in's Freie geh'n.

Doch gar nichts konnte stören
Das spielende Kleeblatt;
Hei, wie die Karten flogen
In diesem Riesenskat!
Bald sah man wieder blinken
Den schäumenden Pokal,
Unendlich beinah' wurde
Der Striche große Zahl.

Mit einem Mal erhob sich
Der lock'ge Musensohn,
Trank schleunigst einen Halben
Und sprach mit sanftem Ton:

»Soeben sah ich kommen
Den flinken Dorfbarbier,
Mir sind seit 15 Wochen,
– O, Brüder, glaubt es mir! –

Die Haare nicht geschnitten,
Geld ist bei mir stets rar;
Drum mag der edle Künstler
Flugs schneiden mir das Haar.

Sprachs und den andern Halben
Trank er, ging dann in's Haus
Und kam nach kurzer Weile
Adonisgleich heraus.

Der Förster war so freundlich
Und gab einstweilen her
Das Geld für Meister Knieriem,
Für Schneider und Friseur.

Mit schön geschornem Haupte
Mit ganzem Rock und Schuh,
So spielten nun die Dreie
In größter Seelenruh.

»Nun wärst Du an der Reihe,«
Der Bärtige begann

Zum Vierten der Studenten;
Der sah ihn lächelnd an

Und sprach: Ihr lieben Freunde
Vorläufig schweig' ich still,
Da ich, was ich mir wünsche
Zum Schluss mittheilen will.

Eins könnt Ihr sicher glauben,
Zwar komme ich zuletzt,
Jedoch was ich begehre,
Euch sicher auch ergötzt.

Es riefen nun die Andern:
»Bravo, bravissimo!
Stoßt an, stets sollst Du leben
In dulci jubilo!«

Hei, wie die Gläser klangen
Und wie das Bier entschwand!
Es lag das zweite Fässchen
Schon lange in dem Sand.

Das dritte ging zur Neige,
Der Abend brach herein
Mit lichtem Sternenglanze
Und mildem Mondenschein.

Und nun begann der Vierte:
»Ihr gebt gewiss mir Recht,
Wir haben viel geleistet
Und sind total bezecht.

Dass schwer uns fällt das Gehen,
Ist Jedem von Euch klar,
Denn wie die Rohre schwanken
Wir Vier ganz offenbar

Drum bitte ich den Förster,
Er mag so freundlich sein,
Zum Städtchen uns zu fahren;
Wir rechnen mit hinein

In unsre große Zeche;
–Welch' kapitaler Spaß! –
Was diese Fuhre kostet;
Nun, wie gefällt Euch das?«

»Hurrah, hoch! Einen Ganzen
Ein Jeder jetzt Dir kommt;
Du trafst allein das Richt'ge,
Du weißt, was jetzt uns frommt.«

Sie stiegen ein; schön' Ännchen
Sah traurig hinterher,
Wie wurde ihr doch diesmal
Das Abschiednehmen schwer;

Denn so viel ward verzehret
Noch nie seit ew'ger Zeit;
Wer zahlt und wann – verschweiget
Des Sängers Höflichkeit!

Interessante, oft wertvolle Piècen burschikoser Bierpoesie enthält die von Dr. Conr. Küster herausgegebene und von Leo Berg in Berlin redigierte »Deutsche Studentenzeitung«, aus deren Spalte »Bierzeitung« ich noch Einiges hier aufnehme. Zuvörderst Maximilian Schmidt's:

Probatum est

Wenn meine Knarre an der Wand
Mir stündlich stille steht,
Stoß ich das Pendel mit der Hand,
Bis es ein Weilchen geht.

Doch hat dies Gehen nicht Bestand,
Es ist nur kurzes Dreh'n,
Schau bald ich wieder nach der Wand,
Seh' ich es wieder steh'n.

Zu trocken ist des Schwarzwald's Sohn
Auch er hat Durstgefühl,
Voll Neid, dass ich am Bacchusthron
Mein Bier hinunterspül'.

Und merke ich nun diesen Spaß,
Gieß in sein Werkchen schnell
Ich ein belebend Quantum Nass –
Und horch, wie klingt es hell!

Das Perpendikel schwinkt sogar,
Die Glocke ruft die Stund',
Man wird das Räderwerk gewahr
Und Alles ist gesund.

Drum, dass dein Werk nie Stillstand quält,
Musst sorgen nur dafür,
Dass niemals dir die Schmiere fehlt,
Nämlich – ein gut Glas Bier. –

Ferner Adolph Katsch:

Strafe

An dem Bier im braunen Kleide
Hat der Weise seine Freude
Und er trinkt es mit Bedacht,
Wenn es aus der Tonne Spundung,
Kühl und frisch, ihm in der Rundung
Des Pokals entgegenlacht.

Aber, wer dem braunen Stoffe
Schwelgend sich ergibt, der hoffe
Ungestraft nicht zu bestehn.
Eine kugelrunde Tonne,
Muss er zu der Spötter Wonne
Keuchend durch das Leben gehn.

Sowie die mit R. Weiß gezeichnete Pièce:

Die rechte Fakultät
(Eine wahrhaftige Studenten-Historia aus dem 19. Säculo).

Ein Studio in München hatt'
Acht Jährlein schon studieret,
Die Wissenschaften Grad für Grad
Dem Gaumen anprobieret.
Doch, wie's schon leider manchmal geht,
Ihm wollte nichts behagen;

An jeder neuen Fakultät
Verdarb er sich den Magen.

Zuerst ging er zur Klerisei, –
Die wollt' ihm gleich nicht munden,
Er hatt' so manches Kuckucksei
Im heil'gen Buch gefunden,
Doch Lichtlein ging ihm keines auf,
Da fluchte er: Potz Hagel!
Und hing die schwarze Kutte auf
Am ersten besten Nagel.

Von Kreuz und Bibel sprang er kühn
Hinüb'r in's Feld der Rechte,
Doch weß' man da belehrte ihn,
Das schien ihm auch nicht s'Echte.
Er fand als letztes Resultat
Nur eitlen Fürstenschwindel
Und sah, das Recht im röm'schen Staat
Läg tief noch in der Windel.

Und er verklopft' beim Antiquar
Sein Corpus juris schnelle
Und log sich vor: Jetzt ist mir's klar,
Das ist die rechte Quelle!
Ja, Hippokratens edler Kunst
Will ich mich jetzo weihen,
Ich hoff' es wird mir seine Gunst
Gott Aesculap verleihen!

Doch als er zum Seciertisch schritt
Und sah die Herren schneiden,
Das wollt' ihm schier den Appetit
Und auch den Durst verleiden.
Er warf Lanzett' und Messer weg,
Ließ Quacksalbern und Schmieren,
Und tät im letzten Jahr frischweg
Philosophie studieren.

Doch auch in dieser Wissenschaft
Wollt' ihm sein Glück nicht blühen;

Schon schwand ihm Mut und Jugendkraft
Bei so viel fruchtlos Mühen.
Nun saß er öfters tief zur Nacht
Im alten Rathauskeller,
Vertrank in einsam stiller Wacht
Die letzten Studienheller.

Und – was bisher ihm nicht gelang,
Sein Ideal zu finden,
Und seinen dunklen Wissensdrang
Am Urquell zu entzünden,
Was ihm solang versaget war:
Sein Lebenselixire, –
Nun wurde ihm's urplötzlich klar:
Das lag im edlen – Biere.

Wie an der Sonne taut das Eis,
So schmolz sein Gram beim Becher,
Und aus dem lebensmüden Greis
Ward bald der frohste Zecher.
Und frägst du ihn: Was ließ so spät
Dein krankes Herz gesunden?
»Juchhe! die rechte Fakultät
Hab', Freundchen, ich gefunden!«

Weiter von Paul Züge:

Der commentmässige Stoff

Es saßen einst, ich weiß nicht wo,
Und weiß nicht wann, weswegen,
Im großen Trinkcollegio,
Wie oft zu tun sie pflegen,
Gott Bacchus, Herr aus Griechenland,
Der weinbekränzte Meister,
Und Rex Gambrinus, wohlbekannt,
Im Kreise ihrer Geister.

Dem Gläserklange, hell und rein,
Vermählt viel Herzensworte
Der philosophisch tiefe Wein

Aus heimlich düster'm Orte.
Da rollt das Blut, da lacht der Mund,
Wie glühen Aug' und Wangen!
Der Wein tut Sonnenstrahlen kund,
Die in die Trauben drangen!

Und wie es meistens dann geschieht,
Wenn Trinkervolk zusammen,
Dass sie der heil'ge Geist durchzieht
Mit seinen Redeflammen.
So sprang auch hier Herr Bacchus auf:
»Ihr weindurchströmten Herren!
Wer ist so kühn, im Jubellauf
Den Weg uns zu versperren?!

Sind Sonnenkinder, lichte Schaar,
Wir hassen Staub und Sorgen;
Der kennt nicht Not und nicht Gefahr,
Den wir bei uns geborgen!
Nicht wahr, Herr Vetter Cerevis?
Euch schmeckt der glüh'nde Tropfen,
Als ob er neuen Oden blies
Euch in die Brust – voll Hopfen!

Und schlagt Ihr dann die Lider hoch
Am Tage nach dem Heute,
Euch ist, als ob durch's Herz Euch zog
Nicht Blut, nein Wein, Ihr Leute!
Als wär't Ihr keine Menschen mehr,
Gedreht um alte Achseln,
Als wären leicht vom Herzen her
Die Flügel Euch gewachsen!« –

Da sprang Gambrinus stolz empor:
»Ihr Herren, kühn von Worten,
Meint ernsthaft, Euer Trinkercorps
Regiere aller Orten! –
Kommt morgen mit durch's deutsche Land
Und seht, was sie dort trinken,
Vom Gotthard bis zum Baltenstrand,
Gelehrig meinen Winken!

Kommt mit, heut Nacht, durch diese Stadt
Der deutschen hohen Schule,
Schaut, wer im Trinkerreich hier hat
Besitz vom Königsstuhle! –
Wir sind's gewohnt, Herr Bacchus mein,
Zu »reisen« nach dem Feste,
Durch's Kneipreich beim Laternenschein
Zu führen uns're Gäste!« –

»Topp!« – lacht Freund Bacchus herzlich froh,
»Komm', Bruder, Arm in Arme,
Zu Deinem Sanctuario
Und seinem Heil'genschwarme!
Will wissen, ob sie auch so toll,
Genial zu trinken wissen
Und nicht allein die Kehlen voll
Von Deinem Meth sich gießen!« –

Wie köstlich! Seht, da geh'n sie hin
Im eifrigsten Gelächter;
Die Nacht selbst freut's in ihrem Sinn,
Es freut sich selbst ihr Wächter!
Wahrhaftig! Der Laternen Schein
Verlischt vor solchen Zügen,
Der Giebelhäuser alt' Gestein
Will gar vor Lust sich biegen!

»Nun hier hinein!« – sagt Herr und Rex –
Jetzt steh'n sie auf der Schwelle;
Da drinnen sitzen vier mal Sechs
Mit herrlichem Gefälle!
Man dreht sich um und schaut sie an:
»Wer seid Ihr frumben Gäste? –
Kommt her und trinkt, was trinken kann,
Wir sind noch nicht beim Reste!« –

Nun wird getrunken und gelacht;
Damit er's ihnen zeige,
Trinkt unser Rex voll Königsmacht
Sechs Schoppen bis zur Neige! –
Dann stürmen sie zur Tür hinaus –

»Hier trinkt mein Volk Germanen –
Hast's wohl gesehn? – jahr ein, jahr aus,
Recht würdig seiner Ahnen! – «

So taumeln sie von Haus zu Haus
Auf ihrer Studienreise:
All überall ein Lustgebraus
Und frische Liederweise!
All überall, da sitzen sie
Und tun so gern das Ihre,
Und zechen Wein!? – Was sagst du, wie? –
Nein! Nein! – vom deutschen Biere!

Und sieh! – In ein geschmücktes Zelt –
Schon glüht es auf im Osten! –
Tritt man zuletzt, wenn's noch gefällt,
Auch dort den Stoff zu kosten.
Und drinnen donnert's grad' so schwer,
Wie beim Gewittergrauen,
Vom Salamander, lieb und hehr,
Auf Deutschlands holde Frauen!! – –

Da stutzt Herr Bacchus, sinnt und spricht:
»Ehr' solchem deutschen Tranke,
Um den sich echt germanisch flicht
Der Liebe Rosenranke!
Hier Herz und Hand! Schlag ein mein Freund,
Den Bundeseid zu schwören!
Wir woll'n, so lang' die Sonne scheint,
Uns herzlich angehören!«

Aber auch diesen Appendix mitgerechnet, ist das Bier noch lange nicht ausgesungen. Das Bier hat ja in der Poesie erst seine Zukunft und daher ist sie im ständigen Wachstum – die Anthologie der Bier-Poesie! –

XXVI

Das Bier im Bilde

Als ich im Kapitel »Gambrinus« an geeigneter Stelle der Bilder unseres Bierheros gedachte, da hatte ich noch nicht die Absicht dem »Bier im Bilde« eine spezielle Studie zu widmen. Doch so wie manche der späteren Kapitel erst entstanden, als mein Werk bereits unter der Presse, so entkeimte auch der Gedanke an dieses Thema erst später, erwies sich aber dann auch umso fruchtbarer. Das Bier im Bilde! Wir dürfen den Ausdruck nicht zu enge fassen und nicht eben bloß an jene auf Schenkenschildern und Fenstern aufgemalten Biergläser denken mit der unappetitlichen Bierfarbe, die oft nichts weniger als einladend wirkt. Doch weil wir vom Bierglase reden, es wäre nicht uninteressant die verschiedenen Glasformen für verschiedene Biersorten zu untersuchen, so erinnere ich zugleich an ein im »Gambrinus« X. Jahrg. Nr. 4 erschienenes Feuilleton auf Biergläser, das ich mit Illustrationen ohne Worte vergleichen möchte, wenn nicht jedes dieser verschiedenen Gläser, Krüge und Humpen auch irgendein Bier-Trinkschlagwort weisen würde, wie sich solche auf den in neuerer Zeit so beliebten Bierglasklebzettelchen vorfinden. Eine Sammlung antiker und moderner Biergläser und Humpen wäre kostbar; ich erwähnte schon, dass Noback einige Antiken besitzt. Hier sei speziell eines Stempelglases gedacht mit Schmelzmalerei. Außer dieser befindet sich darauf der Name Paltasar Vogt, 1690, und darunter stehen die Verse:

> *Ein Binder werd' ich recht genannt,*
> *Ich führe den Schlägel in meiner Hand,*
> *Damit tu' ich den Reyffen treiben,*
> *Damit das Bier im Fass tut bleyben.*

Wir dürfen, sagte ich, das Bier im Bilde nicht zu enge fassen und daher wären primo loco all die verschiedenen Gambrinusbilder auch mit hereinzubeziehen, auf welche ich nun, um mich nicht zu wiederholen, in jenes Kapitel zurückweise.

Unser Thema wird sich ohnehin noch äußerst ergiebig gestalten. Bevor ich die Gallerie eigentlicher auf Bier und Bierleben bezüglicher Bilder vorführe (wir werden manchen Kunstwerken an der Hand der Kunstgeschichte und Historie der Malerei begegnen) will ich die Kleinigkeiten abtun; dahin gehören geeignete Illustrationen, originelle Kopf- und Randleisten, Titelschmuck und Ähnliches.

Ich versprach auf Dr. Joh. Mayerhofer's »Lustsame Geschichte des Münchner Hofbrauhauses des braunen sowohl als des weißen etc.« zurückzukommen; nun hier ist die Gelegenheit. Das Broschürchen ist von der Franz'schen Hof-, Buch- und Kunsthandlung im Jahre 1884 in zweiter Auflage auf das Eleganteste ausgestattet und durch geistreiche Kunstideen von Franz Sales Pernat, Paul Pfann und Herm. Kellner reizend geschmückt. Vom Ersten ist die originelle Initiale der Littera D entworfen, vom Zweiten rührt die Hofbrauhausansicht, vom Dritten die humorvollen Arabesken und Vignetten her.

In der Vorrede wird nebenbei auf sonstige Ansichten des Hofbrauhauses und alten Bockkellers in der »Bilder-Chronik der kgl. Haupt- und Residenzstadt München« II, 162; III, 219, 316, 322, 333 und natürlich auch auf die Bilder der »Maillinger-Sammlung« verwiesen.

Noch genialer, künstlerischer und humoristischer als genanntes Broschürchen ist die Festgabe »Humoristische Fresken aus dem Münchner Ratskeller« von Ferd. Wagner ausgeführt. Diese Festgabe erscheint wie eine illustrierte Geschichte des Bieres in ihren Hauptzügen. Ein solcher Bilderzyklus wäre nicht unerwünscht und so wie der Maler Joh. Christ. Kimpfel (*1750) in einer Reihe von Gemälden eine Geschichte des Weins aus seinen Wirkungen von seinem ersten unschuldigen Gebrauch – bis zu dessen höchsten Missbrauch geschaffen, so wäre den Cerevisiologen auch ein gambrinaler Kimpfel gewiss nicht unwillkommen. Ich hebe aus genannter Festgabe hervor, die Erscheinung des Münchner Kindel, von dem es wie von Gambrinus auch vielfache Werke plastischer Kunst gibt, ferner eine Krönungsfeier und dann die verschiedenen mythologischen Illustrationen zu den bekannten Sprüchen, die wir bereits kennen gelernt.

Endlich aber sind noch als besonders gelungen die Arabesken zu nennen, welche sich aus Rettig, Käse, Würsten, Fischen, Knödeln und anderen Bierspeisen rekrutieren, wo z.b. mit ein paar Strichen die Augen des Käses benutzt werden Gesichter hervorzuzaubern u.dgl.m., die geistreichsten launigen Einfälle eines Malers und Illustratorentalentes. Bock, Affe und Kater fehlen auch nicht im gespenstigen Reigen und auch der Kellnerin ist nicht vergessen, ein Bierbildthema, das öfters anzutreffen, man denke nur an das vielfach verbildlichte berühmte »Schützenliesel«. Zahlreiche andere Broschüren und Werkchen sind, wer kann sie alle aufzählen, mit passenden Titeln und Schlussillustrationen geziert und selbst viele der älteren und ältesten Piècen cerevisiologischer Literatur, oft weiß man die Jahreszahl nicht, denn es steht orakelhaft geistreich darauf: »gedruckt in diesem itzigen Jahr«, sind mit Holzschnitten und Stichen versehen.

Zu nennen sind auch die Illustrationen zum »Hohen Lied vom Bier« von Daehlen aus neuerer Zeit.

Außer Gambrinus, Münchner Kindel, Bierkellnerin, Krügen, – manchmal weist das Umschlagbild einzelner Broschüren ein großes Glas oder die humoristische Bierzeitung, genannt Münchner Illustrierte Hofbrauhauszeitung, ist so auf der ersten Seite ausgestattet, – außer diesen Kleinigkeiten die wir sonst in verschiedenen Bierzeitungen treffen, habe ich, bevor ich an eine Gallerie größerer spezieller Kunstwerke schreite, noch auf einige reizende Initialen aufmerksam zu machen.

Einer habe ich bereits Erwähnung getan; aber eine größere Anzahl schöner allegorischer Initialen findet sich besonders im zehnten Jahrgang der »Allgemeinen Zeitschrift für Bierbrauerei«, es ließe sich fast ein Alphabet zusammenstellen. So sind dargestellt:

A, durch ein Hopfen pflückendes kleines Mädchen;
B, mit stehendem Gambrinus, den Humpen in der Rechten haltend, mit
    der Linken auf ein Schwert gestützt;
D, mit einem ins Fass pumpenden Genius;
F, auf einem Tisch ein Stillleben: Bierkrug, Rettig, Brod;
G, mit Getreide und Hopfen;
H, einmal mit einem Fass, auf dem eine humpenhaltende Gestalt,
    rückwärts ein Kobold, der nach dem Humpen greifen will und eine

zweite Initiale, ein H umrankt mit Hopfen, durch das H steckt ein Widder den gehörnten Kopf;

L, in einer Wolke mit Genius und Brauergeräts schaften wie Besen und Schaufel;

M, mit Fass und Ähren;

S, mit einer Hebe und Hopfen und

W, mit Getreide und Hopfen umrankt.

Hochinteressant wäre auch eine Sammlung oder ein Register der zahlreichen Bierzeichen für das Deutsche Reich, wie solche die »Allg. Brauer- und Hopfenzeitung« stets en masse gebracht. Gewissenhaft und genau hat das genannte große Fachorgan alle neuen Schutzmarken registriert. Wir begegnen da den gelungensten und phantastischsten Allegorien und ergäbe dies ein allerliebstes cerevisiologisches Bilderbuch, gleichsam einen zymotechnischen Orbis pictus.

Wenn ich nun nochmals abschweife, bevor ich auf mein eigentliches Thema lossteuere, so geschieht es um auch einem anderen Teil der bildenden Kunst Rechnung zu tragen und einige plastische Werke vorwegzunehmen. Soll ich auch hier mit dem kleineren beginnen, so müsste ich z.B. der Bildhauer gedenken, welche es bei Stirngiebeln für Trinkhallen an heiteren Darstellungen nicht haben fehlen lassen. Neben den erwähnten Statuen des Gambrinus und Münchner Kindel's sind auch manche Statuen des Bacchus, pro primo aber der Ceres zu stellen; berühmt ist von den älteren eine Ceres-Statue von Baccio Bardinelli (* 1487), sowie eine spätere von Michel Augier, dem Bruder Francois (* 1612). Auf die bildlichen Darstellungen übergehend, will ich gleich bei der Ceres verweilen.

In der Dresdner Gallerie befindet sich ein »Bacchus und Ceres von Genien umgeben« von Andrea Cavaliere Celesti (* 1637 Venedig); im Museum zu Madrid ein Gemälde des Malers Adam Elzheimer auch Elsheimer (* 1574 Frankfurt, † 1620 Rom) welches die uns bekannte mythologische Scene darstellt, wie Ceres ihre Tochter Proserpina suchend, bei Metanira einkehrt, ihren Durst zu stillen und von dem Knaben verspottet wird, ein für unsere Zwecke hochwichtiger Vorwurf. Dasselbe Bild besitzen wir auch als Kupferstich vom Grafen Hendrik Goudt (* 1585), einem der vorzüglichsten Stecher des 17. Jahrhunderts, der eben das Gemälde seines Lehrers Elzheimer gestochen.

Ebenso stach Christ. Wilh. Ketterlinus (*1766) eine »Ceres mit einem Pferde« nach Nahl, und eine Ceres von sehr poetischer Erfindung schuf der Kupferstecher Robetta (Florenz 1491 –1520).

Endlich last not least existiert auch ein »Bacchus und Ceres mit Nymphen« in einer Lunette eines gräflichen Hauses von Paolo Veronese Caliari (* 1528). Eine sogenannte Buch-Zeitungsmarke der Vereinigten Staaten im Betrage von 32 Dollars ist mit einer fein gestochenen Ceres geschmückt. Eine andere Serie hier herein zu beziehender Bilder sind jene wo der Hopfen und die Gerste das Sujet bietet.

So stellte z.B. 1555 John Linell zu Paris unter anderen auch eine »Gerstenernte« aus und ein »Hopfenpflücken« in einer Scheune machte erst jüngst in Illustration durch illustrierte Blätter die Runde. Hopfenernte ist wie Weinlese poetisch und malerisch. Beide schließen wie Winzerfeste mit Tanz.

Hervorragend zu nennen ist auch die Pièce »Kinder im Hopfengarten« von William Frederik Witherington (* 1785). So wie es einen Dichter Namens Hopfen gibt, auf welcher Zufälligkeit basierend die Bäthselschriftstellerin Louise Löwe ein Homonym komponiert, das noch als Beitrag ins Rätselkapitel gehört:

Romane von ihm sind willkommen;
»Zu einem Getränk wird's genommen;

so besitzt auch die Kunstgeschichte einen Daniel Hopfen, um 1495 herum lebend, und interessant ist die Notiz, dass dieses Kupferstechers Zeichen nach einigen für einen Leuchter, nach anderen aber und sinniger sowie berechtigter für ein kleines Hopfensträußchen gehalten wurde.

Unter den Genrebildern bilden die sogenannten Stillleben eine beliebte Kategorie; auch wir besitzen mehrere solche Bier-Stillleben. Ein Spezialist in Stillleben, besonders Bierkrügen war Theodor van Abtshofen auch Abshofen, ein Schüler des jüngeren Teniers; von ihm befindet sich auch ein schönes Frühstücksbild in der Dresdner Gallerie.

Ein Stillleben aber aller Stillleben und zwar ein Bierstillleben par excellence ist das bekannte Münchener Bockbild, welches auch als eines der ersten Öldruckbilder große Verbreitung gefunden und Beliebtheit erlangte. Es ist in Ölfarbendruck im Kunstverlag von

Breidenbach & Co. in Düsseldorf erschienen. Die Bildfläche besitzt 14 1/4 Zoll Breite und 15 Zoll Höhe. Bei diesem Stück müssen wir etwas länger verweilen. Es ist die Kopie eines in der neuen Münchener Pinakothek sich befindlichen Original-Gemäldes von F. W. Preyer. Fast in der Mitte steht das mit poliertem Zinndeckel und dem Bocke gekrönte Glas selbst, woraus schon ein guter Schluck getan. Der auf dem Biere befindliche, schon halb zusammengesunkene Schaum, dessen einzelne Bläschen gleich kleinen Hohlspiegeln mit allem künstlerischen Raffinement und Verständnis in möglichster Vollendung wiedergegeben sind, beweist, dass das verlockende Gebräu ein höchst gelungenes ist. Neben dem Glase gruppieren sich rechts in reizender, gaumenkitzelnder Weise Radieschen, Salzfass, Brod, eine angeschnittene Wurst und ein Messer, während links als Zugabe ein Fidibus und ein Stümpchen glimmender Zigarre, deren feine durchsichtige Rauchfäden sich über den Hintergrund verbreiten, zu bemerken sind. Dieses Zigarrenstümpchen nebst abgefallener Asche liegt auf einem etwas devastierten und vom Bier durchnässten Zeitungsblatte (Bockzeitung), welches einen langen Artikel über die Genesis des berühmten Bieres enthält und auf dem zwei durch das edle Nass erheiterte Fliegen sich vergeblich bemühen, den auf der Wand befindlichen Bockwalzer einzustudieren, der noch von anderen, dem Münchner Bockleben entnommenen Bildern, in Arabesken passend umgeben ist.

Nun kommen die verschiedenen Wirtshausszenen z.B. von Caspar Kaltenmoser, oder »eine böhmische Schenke« von Aug. Ludw. Most mit viel Humor. Hierher gehört David Teniers »Holländische Wirtsstube« und »Holländische Trinkstube«, welche sich in der Münchener Pinakothek befinden, R. Bendemann's »Münchener Schenke«, auf welchem Bilde man gleichsam hinter die Kulissen schaut und ein Schankfenster von Innen erblickt mit der Anzahl von Gläsern und Humpen. Vor dem Fenster stehen Bier holende Leute.

Hierher gehören ferner A. Seitz: »Im Wirtshaus« und S. Eggert ebenso betitelt. Auch Jan Steen (* 1636 Leyden) arbeitete in ähnlichem Genre. Dieser als Trunkenbold verlästerte tüchtige Maler muss uns schon deshalb interessieren, weil er einige Zeit lang zu Delft selbst Bierbrauer gewesen sein soll, wozu er aber natürlich kein besonderes

Geschick zeigte, dagegen wohl zum Trinken, aber auch künstlerischem Schaffen.

Wie wir aus dem Kapitel »Brauhaus und Kloster« ersehen, folgen logisch die verschiedenen Klosterbräustübchen und Keller, in erster Linie E. Grützner's Bilder, z.B. »Klosterbräuerei« oder »Das Gebetläuten im Klosterbräustübchen«; U. Eberle »In der Klosterschenke«; L. v. Hagn's »Münchner Sommerbierkeller« und zahllose andere.

In dieses Genre fallen jene Bilder, deren Hauptmotiv die Kellnerinnen. So hat sich der Genremaler Eduard Freudenberg schon 1839 speziell mit »Münchner Kellnerinnen« befasst und von dem bereits genannten S. Eggert besitzen wir zwei Seiten-, richtiger Gegenstücke: »Im Wirtshaus« wie lieb lächelt der Bauer der Kellnerin entgegen, die ihm, dem sie bereits Bier gebracht, auf einem Teller noch eine Wurst bringt, und »Zu Hause«, wo er sein ihn bedienendes Weib nicht so freundlich behandelt. Die Münchner Kellnerin ist ja ein wichtiges Blatt in der Gallerie weiblicher Original-Kostüme. Auch C. Hetz hat in seinem »Wohl bekomm's« eine allerliebste Kellnerin geschaffen. In der Tat die Poesie der Kellnerinnen wäre ein hochinteressantes Thema.

Sehr oft werden Musikanten, die gewöhnlich starke Trinker sind, zum Vorwurf gewählt. Wir besitzen von B. Kotschenreiter, welcher auch »trinkende Kartenspieler« verbildlicht, einen »Trompeter«, der neben sich das Bierglas am Tische stehen hat, ebenso einen »Klarinettenbläser«. Auch der Landschafts- und Genremaler Joh. Phil. Heinel (1800) schuf einen »Dudelsackpfeifer in einem Bierkeller«, Schmied einen Pfeifer, der ein Glas Bier neben sich am Tisch stehen hat und Th. von Cederström in seinem »Verfehlten Beruf« einen Hornbläser, der an Kotschenreiters genannte Bilder erinnert.

Diese Gestalten führen uns zu den diversen Bier trinkenden Studienköpfen. Auch da hat Kotschenreiter Interessantes geschaffen, z.B. »Wer's glaubt«, ebenfalls das gutmütige Gesicht eines Bauers, vor sich den Bierhumpen, oder C. G. Hellquists »Alter Schwede«, eine rechte Bierphysiognomie, oder A. Lüben's »Floßknecht«. Selbstverständlich haben alle diese Gestalten das Bierglas in der Nähe. Solcher Bilder gibt es übrigens zahllose. Wieder muss ich G. Noback nennen, welcher eine große Sammlung von photographischen Reproduktionen ähnlicher Bilder besitzt, freilich zumeist der neueren. Es gibt aber auch interessante antikere. So z.b. betitelt sich eines in der Eremitage von Peter van Slingelard (* 1640 Leyden) geradezu »Der Mann mit dem Glas Bier«. Auch unser früheres Kapitel »Bier und Tabak« finden wir in zahlreichen Gemälden vielfach illustriert.

Schon der um das Jahr 1690 lebende Maler und Kupferstecher Nicolas van Haeften machte vorzugsweise Raucher und Trinker zu Gegenständen seiner Kunst; von Maas (* 1656) hat sich ein Gemälde »Schmauchende Soldaten im Wirtshaus« erhalten. Auch dafür hat Kotschenreiter in seinem »Der hat's hinter den Ohren« eine gute Pièce geliefert, ein Bauer auf den Tisch gestützt, gemütlich vor sich sehend und rauchend, einen Humpen vor sich, und auch E. Zimmermann's »Stillvergnügt« ist hierher zu zählen, wenn man den rauchenden Bauer in's Auge fasst, der vor einem Fass Bier steht, auf welchem er seinen gefüllten Humpen stehen hat. Auch E. Grützner's »Bruder Braumeister« vor dem Fenster, ist rauchend und einen Humpen vor sich dargestellt. Ebenso gemütlich ist J. Hintze's »Ein guter Stoff«.

Im Belvedere zu Wien befindet sich ein Genrebild von Jan van Hoogstraaten (* 1630), zwei Weiber darstellend, das eine mit einer Pfeife, das andere mit einem Krug, der ein Bierkrug zu sein scheint. Ebenso hält D. Tenier's Bauer, den Joh. Metterleiter so vorzüglich in Kupfer gestochen, in der Rechten die Pfeife, in der Linken den Krug.

Indem ich mich nun zu einigen ganz besonderen Biergenrebildern wende, welche sich in keiner der vorigen Gruppen so recht einfügen lassen und welche ich mit Absicht zuletzt behielt, muss ich denn doch noch zuvor des literarhistorischen Interesses wegen einen »Shakespeare im Bierhaus« von Jean Baptiste Jules Trayer nennen, welcher auf der Pariser Ausstellung (1850 –51) erschienen.

Von den Genremalern auf diesem Gebiete dürfte der bereits mehrmals genannte Grützner dem Bier gleiches Recht wie dem Wein eingeräumt haben. Ich führe nun ferner Oskar Wergeland's »Frühschoppen« vor, der in kräftigem, aber durchaus nicht rohem Realismus eine Schaar Arbeiter und Arbeiterinnen bei Rettig und Bier fröhlich um den Tisch herumsitzen lässt. Oder O. Schorn's »Die Bierprobe«. Dabei sei erwähnt, dass auch das Thema der von Görre's besungenen Bierprobe schon des Öfteren bildlich dargestellt worden. Zwei vortreffliche Gegenstücke sind Hugo Kaufmann's »Schlechtes Bier« und »Gutes Bier«. Die Physiognomien sind gelungen; ein guter Gedanke ist auch in Fritz Reiß' Originalzeichnung in No. 2078 der Leipziger Illustrierten gewesen unter dem Titel »Geteilte Freude ist doppelte Freude.«

Burschikos ist G. Salinger's »Schmollis«, worauf zwei Studenten in Cerevisen einem alten Herrn maxima cum devotione ihr Prosit bringen.

Ein netter Gedanke liegt Leiben's »Ein guter Anfang« zu Grunde. Die Scene spielt in einem Wirtshaus, wo Alles trinkt und wo ein Vater seinen Jungen mit hat, der sich im Ziehen auch schon tüchtig zeigt. »Eine Anfechtung« benennt L. Neustätter sein Gemälde, worauf ein kleines Mädchen, das einen Krug Braunbier trägt, von einem Knaben, der gern davon trinken möchte, angehalten wird.

Auf F. Paulsen's Gemälde »Günstiger Moment zur Rache« trägt ein Lehrbube Bier und wird von einem anderen angepackt; komisch ist die Situation, aber für den Angegriffenen auch etwas tragisch, da er sich mit einer Hand wehren und doch auch auf sein Bier achten muss.

Von komischer Wirkung ist auch A. Lüben's »Zu gleichen Teilen«. Abermals ein Lehrbub, welcher einen Korb mit Waren am Arm in jeder Hand einen Krug trägt und bald aus dem einen, bald aus dem andern trinkt. Und weil wir beim Humoristischen sind, möchte ich auch J. Herterich's »Billiges Bier« nennen, worauf ein Mädchen mehrere Bierhumpen in einem Gestelle trägt, davon ihr ein Handwerksjunge ein Glas leer trinkt. Sie lässt ihn übrigens gewähren und schenkt es ihm.

So war ich denn im Stande eine stattliche Bilder-Gallerie vorzuführen, die aber wohl auf Vollständigkeit noch lange keinen Anspruch erheben will; das Beste jedoch hoffe ich nicht vergessen zu haben.

Das Thema ist groß und vielleicht erweckt dieses mein Kapitel in der Malerwelt Lust zur Darstellung neuer Sujets.

Im XX. Kapitel habe ich bereits auch eines Glasgemäldes Erwähnung getan, das natürlich auch in unsere Sammlung aufzunehmen und historisch ist. Ein rundes Glasgemälde befindet sich auch im Germanischen Museum zu Nürnberg. Es stellt das Innere eines Brauhauses vor, das einen Ausblick auf die Straße gewährt. Mehrere

Personen sind mit Bierbrauen beschäftigt. Am Rande dieses runden Glasgemäldes, welches wohl keine Jahreszahl trägt, aber nach den Kostümen und dem Stil zu urteilen, aus der Zeit des dreißigjährigen Krieges stammen dürfte, befindet sich ein Spruch, lautend:

Die Fass fill Ich – Mit Guttem Bier –
Das holdt man alle Tag bey mir.

Endlich wäre ein Album berühmter Brauer alter und neuer Zeit nicht uninteressant anzulegen. G. Noback besitzt einige Kupferstiche, alte Nürnberger Braumeister darstellend. Vornehmlich sind es drei Nürnberger Brauer, Herr Johann Schmauß des kleinen Raths und roter Bierbrauer in Nürnberg aetatis LXIV. annis, gestochen 1705 von Decker; so steht es darauf. Das Portrait ist angetan mit dem Magistratspersonen damaliger Zeit gebührenden Festgewande, Halskrause, Talar und einer Art spanischem Spitz Hut; ferner Herr Georg Schmauß, geb. 1619, gest. 1682, und Leonhard Golling (1604 –1667). Alle drei Portraits tragen auch Vers-Inschriften. Selbstverständlich könnte eine große Mappe mit ähnlichen Portraits gestüllt werden. Im Verlage der von prof. Tiller in Prag redigierten böhmischen Zeitschrift »Pivovarnické Listy« sind Bilder von Balling, Suk, Chodounsky etc. erschienen.

Was die modernen anbelangt, so ergeben auch diese ein stattliches Album. Wir finden die Bilder der hervorragenderen in Zeitschriften, besonders sehr oft auch an der Tête des Gambrinus in Wien, der auch schon andere um die Cerevisiologie verdiente Männer in effigie brachte.

In einem alten Werkchen, Epistola Itineraria LII. de Mumia Brunsvicensium a Fr. Ernesto Bruckmanno D. Wolfferb. MDCCXXXVI. befindet sich ein Bild eines bayrischen Malzkärrners, der so viel Mumme getrunken, dass er daran zuletzt gestorben und im 30. Jahre 3 ½ Zentner wog. Diesem mit riesigem Bauch ausgestatteten, aus einer kurzen Pfeife rauchenden Mummenkind, das mit Pferd und Wagen abgebildet, werden folgende Verse in den Mund gelegt:

Du hart-allerleuvste Mumken-Beur,
Ek fenu mek, wu ek von dek hour,
Förwohr ek karr keen Fuß vorby,
Wan'k weth dat daren Mumme sy.

> *Ek moot da trincken to myn Toback,*
> *Off dat ek bekom den gouen Geschmack.*
> *Myn Peerd un Karren met dem Moolt,*
> *Intuschen so lange stille hoolt;*
> *Dit triev ek jeyen Tages affau,*
> *Syß lev ek nich, dücht mek dathau.*
> *Man kan ook sehn an mynen Buck,*
> *Dat myt nak degt to temlek gout.*
> *Myn Peerd regeer ek nour met roopen,*
> *Allwegn wu het scholl herloopen.*
> *Der Tobacks-Piep es myn Korbotschen,*
> *Damet leg ekt dorch alle Gooßen,*
> *Kohm ek toor Möhl by mynes gliecken,*
> *So thau weg thau den Kann henschliecken,*
> *Un supen Mumme dat et pufft,*
> *Ok dat et gefft bym Harten Lufft.*
> *Hier seet mekt nour recht eens op an,*
> *Ek been gek een recht dücke Mann,*
> *Myn Rock es gou füff Ellen wiit,*
> *Toor Hoose syn 4 Kalverhüd,*
> *Myn Himm hefft 12 Ell Linewand,*
> *Woron het maket waerd toor Hand,*
> *Dat Mummenkind weer ek benömt,*
> *Wyl ek so kleen byn echefömt.*

Doch ich will schließen und zitiere nur noch ein paar Verse, die ich, als ich in losen Blättern Nobacks stöberte, auf einem alten Kupferstich (bei Campe in Nürnberg erschienen) unter dem Bilde eines sogenannten Hanns Immerdurst, Hauptmann der tapferen Biertrinker-Compagnie gedruckt fand und als Kuriosität notiere:

> *Was gleicht dem edlen Gerstensaft,*
> *Wo ist ein Trunk, der solche Kraft*
> *Dem Manne könnte geben?*
> *D'rum trinkt, wie hier Hanns Immerdurst,*
> *Ein Dutzend Glas zu Brod und Wurst*
> *Und lernt von ihm froh leben!*

XXVII.

Das Bier im Humor

Vielleicht auch der Humor beim Bier! Denn

Es darf Humor den durst'gen Kehlen
Beim Biervertilgen niemals fehlen,

und

Gemütlichkeit wird da gefunden,
Wo Bier, Durst und Humor verbunden.

Viele meiner auf wissenschaftlicher Basis aufgebauten aber im feuilletonistischen Stile angelegten Bierstudien trugen ein humoristisches Kolorit – nichtsdestoweniger muss ich doch dem Humor auch ein eigenes Kapitel widmen. Mehr als überall muss ich mich hier einschränken, sonst entstände aus dem beabsichtigten Kapitel bald ein ganzer starker Band.

Wir haben das Bier als Sorgenbrecher kennen gelernt und viele der gelegentlich zitierten Stellen waren vorwiegend humoristisch. Auch das vorvorige Kapitel vom »Bier in der Poesie« enthielt besonders in der parodistischen Partie viel Humoristica. Wir konnten sie aber noch lange nicht alle erschöpfen, zumal ich eine eigene Anthologie der Bierpoesie anzulegen gedenke. Der trockene Humor ist seltener, die Feuchtfröhlichkeit aber ein unendlich fruchtbarer Boden, davon belehrte uns auch das burschikose Kapitel.

Hier nun noch einige Humoristica, welche ich bisher noch nicht angebracht, andererseits aber in meinem Buche nicht missen kann. Wir sind dem Bierhumor im Wort wie im Bilde, in Prosa und Vers begegnet und haben nun hier gleichsam noch einige Ergänzungen zu bringen. Eine ganze humoristische Bierliteratur hat Ferdinand Fränkel verfasst und herausgegeben. Es sind mehrere Büchlein, darunter eine

»Münchener Bierologie«, »fünf Liter Witz, Humor und Satyre« und »ein kleiner Bierbädecker«, die Krone aller Cicerone. In letzterem finden sich vom Hofbrauhauskanzler Biermark in mehreren Paragraphen die Grundrechte für die Hofbrauhausgäste, z.B.
§ 3. »Jeder Gast hat das Recht, sich das Bier selbst zu holen, wenn er einen Krug dazu hat«, u.a.m.

Launiger Natur sind auch die Erörterungen über den Münchener Bier-Kultus in einer Nummer der Zeitschrift »das Gasthaus«, deren Grundton, wie die »Allg. Brauer- und Hopfenzeitung« gelegentlich der Reproduktion des Artikels meint, sich in die These fassen lässt: »Das Bier ist in Bayern das fünfte Element.« »Wir leben in einem Lande, wo das Bier gleichsam das fünfte Element ausmacht«, sagt auch Kreitmayr in seinen Anmerkungen über den Codicen Maxmilianeum Bav. civ. Ein verwandtes, bekanntes Dictum lautet auch: »Bier ist der Bayern Milch.«

Auch ich reproduziere Einzelnes aus den genannten Erörterungen: Überall sonst in der Welt ist es eine Erfrischung, ein Mittel zum Zeitvertreib; in München ist es der Lebenssaft, die Muttermilch des Daseins, die Wunderquelle, das Ein und Alles. An die reale Gegenwart des überzeugungsvoll rinnenden Bierzapfens hängt der Münchener die wechselvollsten Beweggründe, Anwandlungen, Notwendigkeiten und – trinkt. Zunächst seiner Urbestimmung nach aus Durst, dem allgemein menschlichen Bedürfnisse; dann und nebenher bei einzelnen Gelegenheiten, d.h. bei sämtlichen Gelegenheiten des Daseins. Ist er gesund, so treibt ihn die Kraft zum Trinken; ist er krank, die Schwäche -: Bier hilft. Ist er durstig: Bier löscht; ist er's nicht, so muss der Teufel mit oder in ihm los sein, und wie der reiche Mann im Evangelium sehnt er sich nach einem Himmel. Ist er hungrig: Bier sättigt; ist er satt: Bier verdaut. Ist ihm warm: Bier kühlt; ist ihm kalt: Bier wärmt. Ist er aufgeregt: Bier beschwichtigt; ist er abgespannt: Bier regt an. Hat er zu viel getrunken; Bier ist das Magenelixier; hat er zu wenig: er sitzt an der Quelle. Ist er betrübt: Bier erheitert; ist er übermütig: Bier bringt ins Gleis. Geht er zu Wein: schnell trinkt er Bier, das auf Wein nicht gut sein soll; kommt er vom Wein: nichts besser als Bier. Hat er Leibweh: Bier zieht zusammen: leidet er am Gegenteil: Bier entbindet. Ist er wütend: Bier gibt Frieden; ist er ruhig: Bier gibt

Schwung. Ob Regen, ob Sonnenschein, im Sommer, im Winter, der Witterung halber und durch sie angeregt, sie sei wie sie wolle, trinkt er – der Alte, um jugendliche Kraft, der Junge, um altverständige Gesetztheit, der Schlaflose, um gute Ruh, der Schlafbefangene, um Aufgewecktheit zu gewinnen. Dem Greise ist es gut und dem Mann, aber auch Weibern und Mädchen; dem Jüngling und der Jungfrau, aber auch Schulknaben und Schulmädchen; dem Entwöhnten am Gängelband und dem Säugling – ohne Unterschied des Geschlechts. Des Morgens trinken sie ihr Krügl; des Vormittags, um auszuhalten, ihr Krügl; des Mittags – vorm Essen ihr Krügl, beim Essen ihr Krügl; Nachmittags ihr Krügl; zu Hause ihr Krügl und des Abends – natürlich – ihr Krügl. – Und dass Alles, Groß und Klein, in traulich engstem Kreise sein Teil hat, wird offenbar an Schänken und Schanktischen, die, zur besseren Befriedigung des allgemeinen öffentlichen Wohles auf Straße und Markt hinausgerückt und unter den Eingangstoren sichtbar, nur gegen das Wetter Obdach und Schutz bieten. Hier sieht man zu den fünf Elementar- oder Medizinal-Bierstunden Hausmägde, Lehrjungen, Livréebediente, Kanzleidiener, alte und junge Dienstweiber, Dienstmänner, Knaben und Mädchen, jedes mit einem Krug oder einem erstaunlich weitaus greifendem Kreise von Krügen, den im engeren Henkelkreis geschickt ein paar zähe Finger zusammenhalten, Alles zu den Schankstätten eilen, unter den Haustoren Fuß fassen, zu der drängenden Menge strömen. Da wird geharrt, geschoben, gescharrt, geschrien, über Köpfe gegriffen, am Arme gepackt, gezankt, getobt, gehasst und geliebt. Zur Mittags- und »Jausen«-Zeit kannst du auch die ungeduldig wartenden Honoratioren-Gesichter an und hinter Fenster und Gardine nach den ausgesandten Boten spähen und lauschen sehen. – »Neues Bier« ist in allen Städten Europas, wohl auch Amerikas, eine einfache, hie und da vielleicht eine bemerkenswerte Tatsache; in München ist es ein Ereignis, eine öffentliche und zugleich eine Familienangelegenheit, welche jedes Haus, jede Stube, die ganze Stadt, das ganze Land betrifft. – Nirgends fragt man angelegentlicher als hier: »Hat der Dingsbräu schon angezapft?« – »Ist der Hübenbräu ausgetrunken?« – »Wie schmeckt's beim Drübenbräu?« – »Bock«, »Salvator«, »Märzen« schwirren in der Luft. – Ein rührender Beweis der Freundschaft und Opferfähigkeit aber ist, wenn Einer dem Andern – wie der eingeborene Ausdruck lautet – »verratet«, wo gutes Bier ist; hier hört selbst die Brüderschaft auf, zumal wenn die Räumlichkeiten klein, die Vorräte auf der Neige sind. Verschworenheit wirkt da, man schweigt wie die Vehme und betrachtet sich als Angehöriger des Geheimbundes der siebenmal siebenfach Versiegelten. Deshalb kennt und schätzt ein Münchener den anderen nicht etwa nach Rang, Titel, Stellung und sonstigen auszeichnenden Merkmalen, sondern wesentlich nach dem Biere und nach dem Orte, wo jener es trinkt. Fragst du nach der Wohnung eines Münchener Kindls, so kannst du zu hören bekommen: »Wo er wohnt, weiß ich nicht, aber – wo er sein Bier trinkt; er trinkt's bei den Franziskanern – oder beim Spatenbräu, das der Sedlmayer schänkt, – oder Zacherl – oder Orlando – oder Pschorr (und wie sie alle heißen); umso und so viel Uhr treffen Sie ihn sicher da!« Und triffst du ihn, so nehmen sachlich-sachliche Urteile dein bierologisches Hirn gefangen: »Es trinkt sich glatt.« – »Ist staubig im Glanz.« – »Ist wolkig.« – »Zieht nach.« – »Trinkt sich rauh.« – »Liegt auf.« – »Nicht recht süffig.« – »Wirft stark auf, hat aber ka corpus.« – »Der Flaum ist stockig.« – »'s fällt ab.« – »Klebt an.« – »Hat a Grundschneid'« u.s.f. aus der Fülle und Tiefe des Sprachreichtums, die ebenso unerschöpflich ist wie die Ausdrucksweise des Deutschen für – Betrunkensein.«

Höchst gelungen sind auch die 10 Gebote des Bierbrauers:
I. Du sollst Gott Gambrinus über alles lieben
    Und seine Ehre nicht durch schlechtes Bier betrüben.
II. Du sollst keine andern Götter neben ihm verehren,
    Und nicht durch Chemikalien dein Gut vermehren.
III. Du sollst unter der Woche gutes Bier brauen,
    Dass des Sonntags das Volk sich kann erbauen.
IV. Du sollst Vater Hopfen und Mutter Gerste achten,
    Und sie als Schöpfer deines Wohlstands betrachten.
V. Da sollst nicht töten
    Mit Bier von Schwerennöthen.
VI. Du sollst mehr auf deine Schankwirth' schauen,
    Als auf ihre Kellnerinnen und hübschen Frauen.
VII. Du sollst nicht stehlen dem Volk das Geld aus der Taschen,
    Und mit Wasser füllen Fässer und Flaschen.

VIII. Du sollst nicht falsches Zeug unter das Bier mischen,
Und Verdorbenes nicht als gutes auftischen.
IX. Du sollst vom Volk nicht mehr begehren, als dein Bier wert,
Weil an seinem Mark' ohnehin genug schon zehrt.
X. Du sollst nicht begehren, dass deines nächsten Hausfrau, Magd und Knecht,
Dein Bier trinkt, wenn es verdorben, leicht ist und schlecht.

Die humorvolle parodistische Bierpoesie hat kein Ende und auch die bereits bestehende konnte in der Bierpoesie nicht erschöpft werden. Eigentlich sind die zehn Gebote des Bierbrauers auch eine Parodie. Im Verlage von Gelbke & Benedictus in Dresden sind vier Tonnen »Neueste Westen-Taschen-Bock-Lieder« erschienen, welche manches parodistische Opus enthalten. Aus der reichen originellen Sammlung lasse ich nur Weniges folgen:

Die höchste Seligkeit
Melodie: Sonst spielt' ich mit Kronen.

Sonst spielt ich Piquet, oder Scat und Taroque,
Heut' greif' ich zum Hut und spazier' nach dem Bock.
Die Deutschen im Süden, im Nord und im West,
Die feiern im Jahre zur Bockzeit ein Fest.
Das Bockfest, das Jedem im Blute schon steckt,
O selig, o selig, dem's Bockbier noch schmeckt.

Zu Haus' hat man Ärger gar oft und Verdruß,
Gestört wird man häufig im Liebesgenuss;
Dann schleicht man sich leise hinaus an das Fass,
Gefüllt wird die Kanne mit schäumigem Nass.
Der Stoff ist so köstlich wie Porter und Sekt,
O selig, o selig, wem's Bockbier noch schmeckt.

Und endet die Bockzeit und endet die Lust,
Dann sind wir uns Alle gar fröhlich bewusst,
Dass wieder auf's Neue wird Bockbier gebraut,
Und wieder zur Bockzeit wird Bierjubel laut.
Dann ganz in der Stille an's Spundloch geleckt,
O selig, o selig, wem's Bockbier noch schmeckt.

Der gute Kamerad
Nach alter Volks-Melodie

Ich hatt' einen Kameraden,
Der hatt' einen weiten Schlund,
Beim Fasse war er fleißig,
Bock trank er Kannen dreißig,
Das hielt ihn kerngesund.

Stets kam er angeflogen,
Klopft' Einer nur an's Fass,
Trotz jeglichen Beschwerden,
Für's größte Pech auf Erden,
Hielt er ein leeres Glas.

Ich stand ihm treu zur Seite,
Wir tranken früh und spat,
Nichts kann es Schön'res geben,
Hurrah und Du sollst leben,
Mein guter Kamerad.

Der gesungene Teufel
Melodie: 500,000 Teufel

Gestern, Brüder könnt mir's glauben,
Unter blüh'nden Hopfenlauben,
Bei dem zwölften Seidel Bier,
Kam der Satan selbst zu mir.

»Prosit« sprach er, durst'ger Bruder,
Bist ein ganz versoff'nes Luder,
Doch jetzt heißt es: Hahn in Ruh',
Heut noch geht's der Hölle zu.

Dann macht er noch lust'ge Faxen,
Denn der Teufel ist aus Sachsen,
Der sehr fein »herjemersch« spricht,
Blümchen-Kaffee trinkt er nicht.

Herr College, sprach ich schüchtern,
Scheinst mir heut' noch völlig nüchtern,

Hier steht Bock für Deinen Wanst,
Zeig 'mal, was Du leisten kannst.

Satan nahm das Fass beim Spunde,
Leert's in einer Viertelstunde,
Schnappte wie ein Tintenfisch,
Bums! Dann lag er unter'm Tisch.

Schnell entrückt ich ihn der Sonne,
Schob ihn in die dunkle Tonne,
Schrie dann lachend in den Spund:
Kusch – Du schwarzer Höllenhund.

Jetzo könnt Ihr Bock verlangen,
Denn der Teufel ist gefangen;
Mag er schreien noch so sehr,
Holen kann er uns nicht mehr.

Der durstige Train-Soldat
Melodie: Ja einem kühlen Grunde.

In einem kühlen Grunde
Da saß ein Train-Soldat,
Der hier schon manche Stunde,
Bockbier getrunken hat.

Beturkelt war er heute,
Trank immer fort dabei,
Dann fiel er von der Seite,
Das Gläschen war entzwei.

Er lallte noch im Sinken,
Die Zunge war ihm schwer;
»Ich möchte Bockbier trinken,
Bis ich gestorben wär«.

Vergessenheit
Melodie: Deutschland, Deutschland über Alles.

Bockbier, Bockbier über Alles,
Über Sekt und Ungarwein!

Hab' ich auch den größten Dalles,
Gebt mir Bock, was kann da sein?

Ach, es ist nicht zu ermessen,
Wie viel Lethe Bock enthält,
Alle Schulden sind vergessen,
Diesen Kuss der ganzen Welt.

Ich vergesse aller Sorgen,
Die man auch so gern vergisst,
Ich vergesse auch, dass morgen
Wieder 'n Wechsel fällig ist.

Ich vergess' auch, dass geschrieben
Jüngst mein Mädchen freudenvoll:
Dass nach ach den vielen Lieben
Jemand Papa werden soll.

Ich vergesse meine Neider,
Bin ich angefüllt mit Bock,
Und dass ich dem alten Schneider
Zahlen soll den neuen Rock.

Ich vergesse selbst das Essen,
Trinke aber desto mehr,
Ja, ich würd' mich selbst vergessen,
Wenn der Kater nur nicht wär'.

Der eifrige Zecher
Melodie: Schier dreißig Jahre bist Du alt.

Schier dreißig Böcke trank ich schon,
So durstig wie ein Stint,
Ich trank fürwahr nicht schüchtern,
Und bin noch jetzt so nüchtern,
Wie'n neugebornes Kind.

Wir haben manche liebe Nacht
Durchkneipt bis Morgens vier.
Der Bock hat mich gewärmet,

Und was mich hat gehärmet,
Ertränkt ich stets in Bier.

Und wenn die letzte Ladung kommt,
Leg' ich den Mund an's Fass.
Der Hahn mag immer laufen,
Und giebt's nichts mehr zu saufen,
Dann beiße ich in's Gras.

Der Stammgast
Melodie: Ich weiß nicht, was soll es bedeuten.

Ich weiß nicht, was soll es bedeuten,
Heut werd' ich gar nicht satt,
So lang' die Gläser läuten,
Fühl' ich mich gar nicht matt.

Zwar vor dem Auge mir's dunkelt,
Sieht nebelhaft schon aus,
So lange der Bock noch funkelt,
Verlangt's mich nicht nach Haus.

Die fleißige Kellnerin sitzet
Ein wenig, um auszuruhn,
Die Ärmste, man sieht wie sie schwitzet,
Viel hatt' sie mit uns zu tun.

Den Zechern nickt sie im Spiegel,
Und seufzet hinterher:
»Die saugen ja heut wie die Igel,
Schon wieder ein Fässchen leer.«

Jetzt schwanke ich wie auf dem Schiffe,
Auch tut mir der Kopf schon weh;
Ich sah hier auch Brandung und Riffe
In meinem Portemonnai.

Wohl Zeit ist's, dächt' ich, wir gingen,
He, Kellnerin, Hut und Stock!
Wir werden noch häufig hier singen
Das Lied vom süffigen Bock.

Bier-Sarastro
Melodie: In diesen heiligen Hallen

*In diesen Bockbier-Hallen
Ist Trinken heil'ge Pflicht,
Bis uns're Zungen lallen,
Geh'n wir vom Fasse nicht.
Dann wandeln wir an Freundeshand.
Der Kater ist uns unbekannt.*

*In diesen alten Mauern
Ist es so wunderschön,
Hier kann's so lange dauern
Bis wir die Sonne sehn.
Wer sich am Bockbier nicht erfreut,
Ist zu beklagen alle Zeit.*

*Nach alter Väter Weise
Das Glas zu Munde geht,
Bis sich im engen Kreise
Um uns die Erde dreht.
Und ist das Schläfchen abgetan,
Dann fangen wir von vorne an.*

An die Freude.
Melodie: Freude, schöner Götterfunken

*Freude, schöner Götterfunken,
Leuchte uns mit Deinem Licht;
Heute wird nur Bock getrunken,
Dursten darf der Deutsche nicht.
Tönet laut, ihr Festeslieder,
Hebt dazu das volle Glas,
Wenn's geleert, dann füllt es wieder,
Mit dem edlen Götternass.*

*Ohne Sorgen lasst uns leben,
Kummer bringt uns kein Gedeih'n;
Gläub'ger soll es nicht mehr geben*

Und das Mahnen nicht mehr sein.
Ja, wer auch nur ein'ge Tränen
Noch in seinem Humpen hat,
Stoße an mit seiner Schönen,
Küsse sich 'mal herzlich satt.

Bockbier ist noch hier in Fülle,
Das viel Freuden uns verspricht;
Guter Mond, du gehst so stille,
Mach' doch nicht solch' Schaafsgesicht,
Feinde mögen sich Versöhnen,
Heute sind wir flott gestellt,
Bringt mit lauten Jubeltönen
Jetzt ein Hoch der ganzen Welt.

Gute Medizin
Melodie: Frisch auf Kameraden

Wohlauf! Kameraden, an's Fass, an's Fass,
Das Bockbier gehret und schäumet.
Ein Narr nur verschmäht das kräft'ge Nass,
Und ein Dummkopf, der's Leben verträumet,
An den Nagel gehängt euren Arbeitsrock,
Zur Erholung hinaus zum Bock, zum Bock.

Aus der Welt der Frohsinn verschwunden ist,
Alles blickt nur verdrießlich und schüchtern;
Der Deutsche fast gänzlich das Trinken vergisst,
Das ganze Leben wird nüchtern.
Zeigt Mut, deutsche Männer, an's Fass heran,
Sonst ziehen eure Frauen die Hosen sich an.

Warum weint die Dirn' und vergrämt sich schier,
Zwei Tränlein den Augen entblinken.
Der Liebste ging fort, er schied von ihr.
So gebt ihr doch Bock zu trinken.
Als Lethe wirkt es ganz wundersam,
Beim Bockbier vergisst man den Liebesgram.

Mein Liebesschwur
Nach alter Volksmelodie

Steh' ich in finstrer Mitternacht
Und um mich tobt die wilde Schlacht,
Denk ich an's ferne Liebchen flink,
Wie es mit mir zum Bockbier ging.

Als ich zur Fahne fort gemüsst,
Hat sie erst herzlich mich geküsst,
Holt dann in ihrem tiefen Schmerz
'ne Kanne Bock, das süße Herz.

Der Schaum trug ihrer Tränen Spur,
Ich leistet feierlich den Schwur:
»Du Traute wirst von mir geliebt,
So lang's noch Bock in Deutschland gibt.«

Wirts Töchterlein
Nach bekannter Melodie

Es zogen drei Burschen wohl über den Rhein,
Wirt's Töchterlein lag auf dem Todtenschrein;
Der erste, der zeigte ihr Blümchen-Kaffee,
Sie schielte zur Seite und hauchte: »Ach nee!«

Der Zweite bracht' Fliedertee eilig zur Kur,
Sie schüttelt sich heftig und plubberte: »Brrr!«
Der dritte schenkt Bockbier als einzigen Trost,
Schnell griff sie zum Glase und jubelte »Proost!«

Hierdurch ist der beste Beweis nun erbracht,
Der Bock ist's, der Todte lebendig oft macht,
Jetzt fülle ein Jeder auf's Neue sein Glas,
Unsterblichkeit liegt in dem Bockbierfass.

Gastliches Haus
Melodie: Sah ein Knab' ein Röslein stehn.

Sah der Bursch ein Fässlein stehn,
Ihm zur Augenweide;
Ging, es näher anzusehn,
Wirth hat d'ran geschrieben schön:
»Heute geht's auf Kreide.«
Fässlein, Fässlein, Fässlein voll,
Heute geht's auf Kreide.

Bürschlein nahm zwei Kännchen her,
Füllt sie alle beide,
Trank zuerst das eine leer,
Schnell das andre hinterher,
's geht ja heut auf Kreide.
Trinke, Trinke Bürschlein flott,
Heute geht's auf Kreide.

Aber trifft der Wechsel ein,
Macht Bezahlen Freude,
Wirt Du sollst befriedigt sein,
Mach zuvor den Wechsel klein,
Lösche ab die Kreide.
Aber warte bis er kommt,
Heute geht's auf Kreide.

Der König von Thule
Melodie aus: Margarethe von Gounod.

Es war ein König in Thule,
So rund wie'n Wagenrad,
Der auch in seiner Schule
Nicht viel gelernet hat.

Er trank aus gold'nem Becher
Wachholderschnaps und Grog,
Laut jubelt' der alte Zecher
Kredenzte man ihm Bock.

> *Es ging ihm nichts darüber,*
> *Er lallt: »O schenkt mir ein!«*
> *Bockbier trank er weit lieber,*
> *Als Sekt und Ungarwein.*
>
> *Er trank mit großer Wonne*
> *Erst alle Fässer leer,*
> *Dann sank er mit einer Tonne*
> *Zugleich in's tiefe Meer.*

Auch die stattliche Bändereihe der Münchner Fliegenden enthält viel Bierhumors. Zunächst sei zweier gelungener Parodien gedacht; die eine auf Heine:

> *Waren einst zwei edle Brauer,*
> *Brauer aus der Brauerei,*
> *Die berieten mit einander,*
> *Was nun wohl zu machen sei.*
> *Denn den Malzzoll abzuwälzen,*
> *Und natürlich mit Gewinn,*
> *Auf das Publikum, das gute,*
> *Strebten sie mit biederm Sinn.*
>
> *Da nun keiner wollte leiden,*
> *Dass der andre teurer sei,*
> *Und dass keiner als der andre*
> *Dünner mache sein Gebräu,*
> *So gelobten beide Brauer,*
> *Klopfend ihren dicken Bauch,*
> *Dünner zwar das Bier zu liefern,*
> *Dafür aber teurer auch.*

C. Busse ist der Verfasser dieser Parodie; Mikado parodiert Goethe in seiner »Sächsischen-Abendstimmung«:

> *Über allen Gassen ist Ruh,*
> *Im »Goldenen Fässchen« findest Du*
> *Kaum noch ä Bier.*
> *De Kellnerin hängt schon ihr Kebbchen;*
> *Nach diesem Debbchen*
> *Ruhen ooch wir.*

Die Nr. 1827 der »Fliegenden« brachte gelegentlich einer Brauindustrie- Ausstellung »Münchener Brauindustrie-Ausstellungs-Schnadahüpferln«:

In München da geht 'was,
Es kommt Schlag auf Schlag –
Auf's G'sammtgastspiel folgt gleich
Der Bierbrauertag.

Ja! Heut' in der Joppen
Und gestern im Frack!
In der Kunst und im Bier hat
Der Münch'ner viel G'schmack.

Wer vorig's Jahr z' München
Im Glaspalast war
Und geht heu'r wieder ‚nein,
Der schaugt wie a' Narr.

Wo Bilder und Statuen
Lockten so frech,
Sieht er Hopfen und Malz nur
Und 'was, das is Pech.

Die Wänd' aber, hat mir
A' Aufseher g'sagt,
Wenn aa nit so viel d'an hängt,
San do' nimmer so – nackt!

Dampfkessel, Maschinen,
Maischbottich und Rost',
Da sieht ma', was dees Bier
Für a' Mordsarbeit kost't!

Schrotmühlen, Malzdarren,
Dees is Alles zum seh'n,
Und b'sonders, wo 'pumpt wird,
Bleib'n d' Leut' so gern steh'n.

Wie 's Bier in ganz Bayern
Gesetzlich wird g'macht,

Von der Pfann' bis zum Flasch'l,
Sieht, wer sich's betracht't.

Die Kunst, wie man 's Bier macht,
Heißt Brauindustrie,
D' Leut' sag'n, 's wär' a' Bas'u
Von der neuen Chemie.

Aba dees is Verleumdung
Mit der Biermedizin!
Kei' Herbstzeitlose sieht ma'
Und kein Glycerin.

Nur Hopfen und Malz kommt
An Bräuer in's Haus, –
Oder nehmen s' noch sonst 'was
Und stellen's nur nit aus??

I' weiß nit, wie's is,
Und i' scher' mi' nix d'rum,
Aber Alles hab' s' ausg'stellt,
Nur kei' Bier nit. – Warum?!

Des wär' erst a' Gaudi,
Post Stern und Latern!
So von alle Musterbier
Schiedsrichter wer'n.

Und liegt aa die Münch'ner
Gar Manches im Mag'n,
So a' Musterbier-Gastspiel
Dees könnten s' vertrag'n.

Den Fliegenden entnehme ich auch Kobell's »Schnaderhüpfn zum Bock«:

Was waar's um 'n Mai
Mit fein bliemlet'n Rock,
Wann er Bloamen g'rad bringet
Und bringet koan' Bock;

Aber bringt er all'zwoa,
Nacha jux' mer ihm zua:

Grüß' di' Gott, grüß' di' Gott,
O du herzlieber Bua!

Der Bock is a' Dichter,
Wie ma' gar koan' so hamm,
Schau! Veigerln und Radi,
All's reimt er ihm z'amm.

Und der Bock is a' Maler,
Da halt i' 'was d'rauf,
Wie alt aar a' Kopf is,
Er frischt'n no' auf.

Und der Bock is mei' Speci,
Mir kennen uns lang,
Und macht ma', versteht si',
Sei' Stöß'n nit bang.

Und der Bock is a' Rößl,
Gar scharf in sein' Lauf,
Und wirft's mi' heunt' a',
Sitz' i' morg'n wieder auf.

Und der Mai is a' Pfarrer,
Der Bock a' Kaplan,
Und wann die zwoa predinga,
Freut si' All's d'ran.

Und der Mai is a' Vater,
Der Bock is sei' Bua,
Hätt' er mehra so Kinder,
Wie gaang's nacha zua!

Und a' Bock ohni Mai,
Es is dengerscht a' Freud',
Aber a' Mai ohni Bock,
Bua! desselbi waar' g'feit.

Der Bock hat an' Pemsl,
Den braucht er gar keck,
Was sorgli' und z'wider,
Dees pems'lt er weg.

Und der Bock, der ko' schliefa,
Wie's kaam a' Fuchs ko',
Er kimmt dir in's Glieger,
Du denkst gar nit dro'.

Mi'n Bock a' wen'g raaffa,
Desselbi nimm gr'ing,
Wirfst du eahm, wirft er di',
Es is ja oa' Ding.

Sowie der »Sang vom halben Liter« von H. Kruses mag:

Wer je im guten Dinge
Den weisen Kern erriet,
Der tue mit und singe,
Si sa, si sa, singe
Das nagelneue Lied.

Es dürsten die Gemüter
Nach Jugend-Lust und Schwung –
O Sang vom halben Liter,
Li Ia, li, Ia, Liter,
Du machst uns wieder jung!

Plagt Euch, Ihr Schwerenöter,
Der Durst in Permanenz,
So nehmt ein Dezimeter,
Mi ma, mi ma, meter
Zur kubischen Potenz.

Mit Vorsicht d'rauf halbiere
Man das erhalt'ne Maß,
Und füll' es an mit Biere,
Bi ba, bi ba, Biere,
Und trink' ohn' Unterlass.

Der Richtigkeit zum Zeichen
Empfiehlt sich als probat,
Das Biergeschirr zu aichen,
I a, i a, aichen –
Man weiß nun, was man hat.

Wir halten's hier in Händen
Das wohlgeaichte Maß –
O, dass doch Alle fänden,
Fi fa, fi fa, fänden,
Wie nett und handlich das! –

Das Liedel ist nicht länger,
Des Singens sei genug.
Es stärken sich die Sänger,
Si sa, si sa, Sänger
Mit einem kräft'gen Zug.

Der beliebte Volkssänger Michel Huber hat eine Reihe von Bier-Couplets verfasst, die ich aber in meine bereits angekündigte Anthologie der Bierpoesie verweisen muss.

Viel Humor liegt weiter im Dialekt, auch diesem sind wir bereits zahlreich begegnet. Aus einem eben erschienenen poetischen Werkchen, »Viel G'fühl«, in altbayrischer Mundart von Jos. Feller sei, ich kann alle hierher gehörigen Piècen nicht mehr aufnehmen, nur zitieren:

Die Milchstrass

Was da net in Kalender steht,
Sagt 's Wei' zu ihren Mo',
Da glaubt ja do' in unsrer Zeit
Koan oanziger Mensch mehr dro'.

Die Milchstraß', des waa(r)n lauter Stern'
Wie d' Sunn, so riesi groß!
Wo die nur Platz hätt'n allez'samm,
Does möcht' i wissen blos.

Und unser Sunn und mir dazua –
Dees leucht' mir halt net ei' –
Mir soll'n nu' in der Mitten drin
Auf derer Milchstraß' sei'!

Geh', hör' mir mit der Milchstraß' auf,
Sagt da zum Wei' der Mo',
Wenn i jetz auf ara Bierstraß' waar',
Dees waar' mir lieber scho'!

Gelegentlich der 1881 abgehaltenen Schlesischen Gewerbe- und Industrie-Ausstellung ist mir auch eine dem artistischen Institut M. Spiegel hervorgegangene Speisekarte der Altdeutschen Bierstube von Conrad Kißling in Breslau unter die Hand gekommen, welche nicht nur mit Illustrationen aus dem Braufachverfahren, sondern auch ein von Robert Rößler verfasstes humoristisches Poem enthielt:

DA UND SIE VO BRASSEL
Anne biergemüttliche Geschichte

Jedweden Obend üm holb achte
Do noahm a Hutt und Stoab zur Hand
Und hoat sich ei der Dunkelstunde
Der lieben Kneipe zugewandt.

Viel Joahre woar'sch asu gegangen,
Die Stunde poßte ihm und ihr.
Blus eemol boat se: »Liebes Mändel,
Gelt, heute bleibste doch bei mir?«

»Wos ihs denn lus, üm Gottes Willen?««
»Gedenkt Dich's nich? – 's ihs heut zähn Joahr… .«
»Nee, nischte!«
»Aber Herzens-Mändel!
Doß ich Dei schmuckes Bräutel woar?!«

»Schwernot, doas hott ich reen vertoapert;
Kumm, gib mir'n Schmotz, Weib, und verzeih! –
A bleibt ooch richtig; doch üm achte,
Do fährt der Satan ei.n-in nei.

A wittert's Echte schunt im Geiste;
Oan ollen Hooren zieht's in hien,
Der Huxttag koan dodroan niscnt ändern,
A muß zum Conrad Kißling giehn.

Zwoar steigt ir'sch Wosser ei de Ogen,
Doch bitt' a: »Lotte, luß mich lus;
Hie meine Hand, ich biehn nich lange;
's ihs uf a eensftig Seidel blus.« –

Do läßt s'in loofen, bleibt alleene,
Wiel heut partu nich brummig sein;
Macht im sugar sei Lieblingsässen,
Gebrotne Lunge; die schmeckt fein.

's wird neune, zähne, 's wird holb elwe;
Doch wär nich kimmt, doas ihs mei Fritz;
Denn's Bier ihs heut ooch goar zu süffi,
Und goar zu geistreich Woort un Witz!

Do wird se biese: »Söllt ma's denken?
Oon su em Tage noch derzu!«
»Se horrt nich länger, kroicht eis Bette,
Doch findt se durt ooch keene Ruh. –

Wies nu, doß's dressen zwölwe seegert,
Do fängt a sich, do quietscht de Thür;
Se richt't sich uf, reibt sich de Oogen
Und bindt sich in gleich urndtlich vür:

»Du kimmst ju heut su ei der Zeit?!
Bien oan Kernstück doch gekummen. –
Du gleebst Dir'sch goar nich, wie mich's freit,
Doß ich mir grade Dich genommen.«

Ihs suft der Fritze sihr geduldig,
Heut bleibt a keene Antwort schuldig.
»Wär'sch nich geschähn, mich träf's nich schlimm,
's bieß wingstens Keene uf mir rüm.«

Do lenkt se ei: »Sölltst doch bedenken,
Daß su a Wäsen een tutt kränken;
Ich hoa zum Beispiel hinte Nacht
Ooch noch kee Ooge zugemacht!«

Hie lacht a laut: »Du bist naiv;
Gleebst doch nich ernt, doß ich schunt schlief?«
Nu wird se giftig: »Weeßte, Fritze,
Derspoar Dir Deine tummen Witze,

Oll Deine Müh' ihs heut ümsust.«
Die Antwoort hott's im oangethoan,

A fängt vur Spaß zu turkeln oan,
Und brengt se su erscht vunt zur Bußt:

»Besuffen gar?! Verpuchter Moan,
Nu wirscht mir'sch uf der Stelle soan,
Wievielste heut getrunken hust?«
De Oogen macht a rund und gruß:

»Wos söld ich denn getrunken hoan?
Wie's obgemacht: ee Seidel blus!«
»Nee«, plotzt se raus, »asu zu lügen!
Doas ihs ju, doß de Bolken biegen.

A kleewing sölltst Dich doch genieren;
Ee Seidel blus? und nischte sufter!?«
»Doch, Lotte! luß Dich ock belieren:
Ee Seidel halt – und fuffzen Schuster!««

Nu is se still, se dräht sich nüm
Und tutt, wie wenn se thäte schloofen;
Ha schweigt erscht recht und ihs recht fruh,
Doß's heut nich tälscher abgeloofen!

Die bereits genannte große Fabriksfirma in Cartonnagen und Luxuspapierwaren von Gelbke & Benedictus in Dresden liefert allerlei Spezialitäten für Bockbierfeste, wobei phantastischer Humor die grötzte Rolle spielt, so allerhand Bierorden und Bierschilder, Bockmasken, Bierdiplome, Bockbierkarten, ja ganze Bier-Kostüme etc. Ich verweise auf die illustrierten Kataloge. Besonders originell sind die diversen Bockmützen und Hopfenkronen. Die mit allerhand komischen Bierallegorien versehenen Bockmützen tragen auch nette humoristische Biersprüche.

Auch bei unseren klassischen Humoristen findet sich Bierhumor eingestreut. So existiert bei Abraham a Sancta Clara folgende Abhandlung:

Der Bierbräuer
Schenkt Wolllust ein, – So trinkt man Pein.

»Der Noe hat zwar den ersten Weinstock oder Reben gepflanzt, welches Gewächs nachmals durch die ganze Welt ausgebreitet worden, weil aber etlicher Orten der raue Luft dem Weinstock zuwider, und folgsam solcher an dergleichen Orten nicht fruchten tut, also hat der Menschen Witz ein anderes Trank erfunden, welches nicht allein den Durst löschet, sondern gleich dem Wein, auch den Trümmel in den Kopf bringet. Diesen Trunk sollen, nach Aussag Herodoti, die Ägypter erfunden haben, und von etlichen genennet werden Zythus, Bryton, Turnu, Pelosiacus etc. Bey den Deutschen aber hat es den Namen Bier, und solches zu sieden, braucht es eine absonderliche Erfahrenheit, und wird bereits unter den Handwerkern nicht als das mindeste gezählet.

In ganzer heiliger Schrift geschieht gar keine Meldung von dem Bier, woraus dann glaublich zu schließen, dass zu selber Zeit dieser Trunk nicht Brauch gewesen. Es hat Noe einen Rausch gehabt, aber nur von Wein: Es hat Loth einen Rausch gehabt, aber nur von Wein: Es hat Holofernes einen Rausch gehabt, aber nur von Wein etc., vom Bier ist gänzlich nichts zu finden. Von dem heil. Bußprediger und Christi Vorläufer Joanne schreibt der Evangelist Lucas c. 1., dass er die Zeit seines Lebens keinen Wein getrunken, noch ein anderes Trank, welches den Menschen kann voll machen. Außer des Weins hatten die Ebräer dazumal einen Trank, so sie Secar genneten, die Lateiner aber Siceram, und war dieses ein gepresster Most aus den Äpfeln, wie dann in Ober-Österreich solches gar gewöhnlich, auch einer so großen Kraft, dass die Bauern mehrmahln hiervon bezecht werden.

Obschon von dem Bier und Bierbräuern die heil. Bibel keine Meldung tut, so ist es gleichwohl wahr und klar, dass sie gute, fromme und ehrliche Leute seyn, auch der ganzen Gemein allerseits wohlanständig. In Seeland ist ein Bierbräuer, mit Namen Tholen, wunderbarlicher Weiß von Toten auferstanden und hat nachmals einen so strengen und gottesfürchtigen Wandel geführt, dass er nicht ohne Mirakel und Wunderwerke von dieser Welt geschieden.

Cäsareus (lib. 3. c. 31.) schreibet was Denkwürdiges von einer Bierbräuerinn, die war eine Wittib zu Sousberg, in dem Kölnerischen Gebiet, hat aber das Handwerk gleichwohl durch erfahrne Leute getrieben, und zugleich Bier ausgeschenkt. Auf eine Zeit ist daselbst eine große Brunst entstanden, welche endlich auch ihrem Haus zunahte, und die wütende Flammen dasselbe schon gänzlich berührten; die bedrangte arme Haut sahe leicht, dass aller Menschen Hülfe umsonst, wollte also in solcher höchsten Not die göttliche suchen, aber auf eine sonderbare Weiß, dann sie in aller Eile die gesamten Geschirre, wormit sie um das Geld pflegte Bier auszumessen, vor die Haustür gestellt, nachmals mit aufgehebten Händen zu GOTT in diese Worte ausgebrochen: Allmächtiger GOTT ist es, dass ich einen einzigen Menschen an der Maaß wissentlich habe Unrecht getan, so verzehre das Feuer, gleichwie anderen geschehen, diese meine arme Behausung; habe ich aber Jedermann das Seine rechtmäßig, Und wie es das gute Gewissen fordert, gegeben, so seye deine göttliche Barmherzigkeit dermalen mit mir. Siehe Wunder! das sonst fressgierige Feuer, so um und um Alles in Asche gelegt, hat, in Ansehung der Gerechtigkeit dieser frommen Bierbräuerinn, nicht einen Strohhalm verletzt.

Obschon das Bier mit dem Wein sich in keine Kompetenz einlassen und demselben gern den Vorsitz gönnet, dennoch wird es mehrmahl von den verständigen Medicis manchem Patienten zugelassen, und darf der sonst redliche Wein nicht unter die Augen kommen, welches desto mehr die Ehr des Biers, und folgsam des Bierbräuers, vergrößert. So wird man auch nicht wenig Mirakul und Wunderwerke lesen, die GOTT der Herr mit dem Bier gemacht; wie dann unter anderen von dem heil. Harthaco, Bischof von Hybernien, geschrieben wird: dass GOTT in Ansehung seiner großen Verdienste das Bier an gleiche Art vermehret hat, wie vor diesem das Öl der Wittib zu Sarepta. (In vita Henchen. tom. 3. Maj.)

Aber nicht alle Bierbräuer, wann sie schon ein weiß Bier sieden, haben ein weißes Gewissen. Cerevisia heißet auf Lateinisch ein Bier, und will so viel sagen, als Cereris vis, eine Kraft des Waitzens, oder der Gersten: bey manchem Bierbräuer aber findet man so kraftloses Bier, dass auch bey dem Regen-Wetter die Dach-Tropfen, so ihren Marsch nur über die Schindeln nehmen, eine bessere Kraft in sich halten. Auch findet man einige so unerfahrne Truncos, welche einen so liederlichen Trunk machen, dass solcher mehrer schädlich als nützlich ist, und oft in dem menschlichen Leib nicht besser hauset, als ein Regiment

Hussaren in einem Land, und kommet solches meistens daher, weil sie das Handwerk nicht wohl verstehen, oder aber, so öfter geschieht, um geringes Geld ein verdorbenes Körnl und geschimmelten Hopfen einhandeln, damit sie die größeren Unkosten ersparen. Auch findet man bisweilen so gottlose Leute unter ihnen, welche mit Teufels-Künsten (aus purem Neid) zuwegen bringen, dass sein anderer Gewerbs-Genoss kein Glück im Sieden hat; ein Solcher aber kann dem Nächsten leicht das Sieden verhindern, ihme aber, wofern er nicht abstehet, und solches bereuet, wird das Braten in jener Welt nicht ausbleiben.

Den Durst nach Sachen dieser Zeit
Erwartet bittre Süßigkeit.
Such, Seele, deinen Durst zu laben
Im Brunnen, der vom Segen fließt,
Und gegen Arme sich ergießt,
Die um den Glauben Alles haben.«

Besonders auch bei Saphir fand ich mehrere diesbezügliche, uns interessierende Stellen. Der zweite
Jahrgang meines cerevisiologischen Kalendariums[4] weist selbe auf. So stellt Saphir die Sentenz auf: »Ein Mann von Geschmack schlürft nur den Champagnerschaum mit, den Bierschaum bläst er ab.« Nun ein ordentlicher Biertrinker wird es sich bei einem guten Biere überlegen, den Bierschmetten wegzublasen. Oder Saphir stellt die Frage: »Warum fallen die von Bier Betrunkenen auf den Rücken und die von Wein Trunkenen auf die Nase?« Die Berechtigung dieser Frage müsste erst die statistische Ziffer erweisen.

An einer andern Stelle schildert Saphir: »Die sieben Töchter umringten mich und aus allen Sieben ertönte es auf einmal, wie aus sieben Bierflaschen von denen der Stöpsel zu gleicher Zeit losging...«

Wo bleibt das Heer von Biersentenzen und Witzsprüchen, z.B. »Der Bayern Milch heißt Bier«; »Ein Bierkrug mit Deckel ist Der reinste Zeitverlust.

Ich erinnere an die »Katerthesen« etc. Ferner Wortspiele wie »Das Bier wird geschänkt – aber nicht geschenkt.«

---

4   Verlag B. Waldmann Frankfurt a/O.

Die verschiedenen humorvollen Vergleiche: z.B. in einem modernen, heute freilich der Zeit nach veralteten Liebeslied von Dr. Märzroth findet sich die Stelle:

> *Roth wie echte türkisch Pfeifen*
> *Ist der Lippen weicher Saum,*
> *Und so weiß sind ihre Zähne,*
> *Wie des Doppelbieres Schaum.*

Oder Karl Victor v. Hansgirg schildert in seinem Rundreisebild in der Egeria (1875) von Fels die Ruhmes- und Siegeshalle von Kehlheim: »... es ist etwas, das sich uns vorerst in allgemeinen Umrissen darstellt und uns allzu sehr an die Konturen eines Bierfasses gemahnt ... «

Und wo bleibt das Heer von Bieranekdoten?

Einer sei noch hier erwähnt: Der Gast frägt den aus einer wertvollen Meerschaumpfeife rauchenden Wirt: »Wo haben Sie den schönen Meerschaum her?« Der Wirt entgegnet: »Vom Bierschaum!«

Der Bieranekdoten verschiedenen Genres und Tendenz gibt es eine Legion. Wie viel humoristische Seiten der Bierbetrachtung abgewonnen werden können, zeigen zerstreute einzelne Skizzen, doch ich will mich begnügen, eine hier am Schluss dieses Kapitels zu reproduzieren, sowie das folgende als Exempel einer humoristischen Bierskizze vorzuführen.

Buch und Krug

Zwar gibt es, seit Herr Gutenberg so gütig war, die Buchdruckerkunst zu erfinden, sehr viele Bücher; wir haben aber jeglicher nur eine Nase, und können sie leider nur in ein Buch auf einmal stecken, was oft mit der Aufklärung etwas aufhält.

Aus Unwillen aber über den so langsam befriedigten Drang nach möglichst schneller Aufklärung geschieht es, dass so mancher unserer lieben Mitmenschen und Mitbenasten seine Nase am ungernsten ins Buch, sondern viel lieber in den Krug steckt, wo er die Aufklärung viel rascher und genießbarer findet! –

Buch und Krug!

Das sind die zwei Reime unserer ungereimten Zeit, die zwei seltsamen Akkorde unserer Tage!

Buch und Krug!

Diese zwei Worte bezeichnen den Kampf, den die Zeiten kämpfen; den Kampf, den auch unsere Zeit kämpft; den Kampf des Geistes mit der Materie; den Kampf der Intelligenz mit der Verdummung!

Buch und Krug!

Gutenberg und Gambrinus, ihr beiden Großfürsten vom Buche und Kruge, was habt ihr für Heil und Unheil in die Welt gebracht?!

Gutenberg und Gambrinus, ihr Fürsten der Träume und der Schäume, – wie inhaltschwer sind eure Wappen: »Buch und Krug!«

Ein eigentümlicher Wink des Schicksals liegt in dem merkwürdigen Umstand, dass der eigentliche Name des großen Letternkönigs Gutenberg ein ganz anderer war. – Sie alle wissen aus der Geschichte, dass Johann Gutenberg diesen seinen Namen erst von seiner Wohnung zu Mainz erhielt. – Er hieß, wie Sie in jedem Geschichtswerke nachlesen können:

Johann Gänsefleisch Sorgenloch!«

Was sagen Sie dazu? – Aber es ist ebenso abscheulich wahr, als prophetisch und fatalistisch!

Johann Gänsefleisch Sorgenloch, der große Erfinder der geistigen Weltposaune, – er wurde, weil sein kleines ärmliches Wohnhaus auf dem sogenannten »guten Berge« zu Mainz stand, hiernach getauft und »Gutenberg« genannt.

Er, der Ritter vom Geiste, der Herold des Lichtes, – er hieß Sorgenloch!

Welch ein Fatum! Welch ein Fingerzeig des Geschickes!

Ja, Fürst Sorgenloch, die meisten deiner Vasallen und Jünger, die Männer des Buchs, die hommes des lettres, die Ritter vom Geiste und nicht vom Fleische, die Poeten und Propheten, – sie verbrachten und verbringen, gleich dir, ihr edles Leben in dem Sorgenloch ihrer engen vier Wände und ihrer beengenden Verhältnisse, ja oft in dem feuchten Sorgenloch der Kerker! – Ihr Kopf wurde ein Sorgenloch, ihr Herz ein Sorgenloch; ihr Beutel, ihre Zukunft, die ganze Welt war ihnen ein Sorgenloch! –

Allerdings sind die Fürsten Gambrinus und Gutenberg Verbündete. Sie gehen Arm in Arm, die Fürsten des Geistes und der Materie. Aber die Welt, – und ganz besonders die deutsche Welt – hat dieses Bündnis sehr schief verstanden, übertrieben und das Gleichgewicht verloren.

Denn bedenken Sie:

Den Altar des vergötterten Gambrinus hatte man seither in die Nähe der Studierstuben, Parlament Häuser und Ständekammern gebaut; und den Altar für Gutenberg, für Geist, Politik und Aufklärung, baute man in jüngster Zeit in die Kneipen!

So ist natürlich alles verkehrt gegangen!

Denn woher alles das Pech, was seither über Deutschland gekommen?

Antwort:

All' dieses Pech stammt aus den Biertonnen und Bierkrügen!

Unsere nationalen Feldzüge waren nichts weiter als Züge ins Gerstenfeld!

Wir führten keine Kriege, sondern Krüge!

Und worin liegt der Deutschen Hauptzug?

Im Bierkrug! – Die Züge, die wir in die Krüge tun, sind leider unsere Heldenzüge, unsere Charakterzüge!

Aber trotz dieser langen Züge ziehen wir dennoch immer den Kürzesten!

O, Buch und Krug!

Es gibt zwar viele gute Zeitungen, aber schlechte Zeit; – viele Taschenbücher, aber nichts in den Taschen! – viele Handelsbücher, aber keinen Handel! – viele gute Sittenbücher, aber schlechte Sitten; – viele Gebetbücher, aber kein Gebet! – viele Kochbücher, aber nichts zu kochen; – viele Komplimentierbücher, aber nichts als Grobheit; – viele Rechenbücher, und doch verrechnet sich die ganze Welt, wenigstens jeder, der auf Besserung rechnet; jeder, der auf Hilfe rechnet, – jeder, der auf Freunde rechnet!

Das wird nicht eher anders in der Welt, als bis Alles von Oben nach Unten gekehrt wird, d.h. als bis vor allem die Krüge umgekehrt und umgestürzt werden und bis man etwas ähnliches auch von den Büchern sagt. Zum Beispiel:

»Ach Gott es gibt so viele Strafbücher und… keine Spitzbüben!« etc. –

Gutenbergs erhabenstes Lebensbild war der Druck der heiligen Schrift, der Bibel, welche Luther zum ersten male übersetzte. Aber in unserer Zeit ist die Bibel zum zweiten Mal übersetzt worden. – Die neueste Bibelübersetzung besteht aber darin, dass jeder sich über die Bibel hinwegsetzt. – –

Buch und Krug sind in unserm engen, begrenzten Leben 1) die zwei Luftlöcher, aus denen der beengte und gekränkte Menschengeist in die reineren Regionen irdischer Seligkeit hinausschlüpft.

Buch und Krug sind 2) die besten Mittel der Lebenshomöopathie, durch welche Gleiches durch Gleiches geteilt wird.

Denn: Vermittelst der Presse wird der Druck durch den Druck gehoben. – Und in der Bitterkeit des Hopfens zerfließt die Bitterkeit des Lebens! – Nur mit der Hopfenstange können wir dem argen, herben Leben »die Stange halten«, »die Stange bieten!«.. Und auch der leichtsinnigste, flatterhafteste, charakterloseste Mensch, der sonst nie »bei der Stange bleibt«, – bei der Hopfenstange bleibt er!!...

Buch und Krug sind aber 3) die zwei Wagschalen, in denen uns ein möglichst ungetrübter Lebensgenuss zugemessen wird. – Unsere Nase aber ist der Perpendikel des Gleichgewichts: Wir dürfen sie nicht zu tief versenken, weder in die Wagschale »Buch«, noch in die Wagschale »Krug«.

Die ganze Menschheit kann man nach Belieben für ein großes Buch oder einen kolossalen Krug halten!

Warum ist die ganze Menschheit z.B. ein großes Buch?

Sie ist ein Buch, denn sie ist gebunden und beschnitten, nach stets wechselnden Moden.

Sie ist ein Buch, denn sie ist gepresst und gedruckt!

Sie ist ein Buch, denn sie besteht aus lauter Lumpereien und vielen Lumpen!

Sie ist ein Buch, denn auf den Titel kommt alles an!

Sie ist ein Buch voll Biographien, Anekdoten, Intrigen, Kalembourgs, Possen, Charaden, Rätsel und

Märchen, z.B. das Märchen von Treu und Glauben, das Märchen von christlicher Liebe, das Märchen von Freiheit!

Ja, das große welthistorische Buch, – die Menschheit – ist die ungeheure Anthropologie, die jeder Sterbliche zu lesen anfängt, aber nicht zu Ende liest, weil er vorher dabei einschläft, für ewig jedenfalls!

Die lebensphilosophische Lektüre »Menschheit« ist ermüdend, tödlich ermüdend. – Wir buchstabieren, wir lesen und lesen, verstehen den Sinn nur halb und nicken nach und nach ein, nachdem wir die paar Zeitworte zusammen buchstabiert haben:

Ich lebe, ich liebe, ich hasse;
Ich arbeite, ich dulde, ich fürchte;
Ich hungere, ich friere, ich sorge;
Ich sterbe – du erbst, er erbt!

Der Mensch selbst ist eine Anekdote! Eine Anekdote, deren Pointe der Tod ist!

Wenn er noch mehr ist, der Mensch, so ist er, wie gesagt, ein inhaltschweres Buch, in Menschenleder eingebunden; ein Buch ohne Vorrede: ein Buch, dessen Tendenz, Zweck und Absicht erst in einer Nachrede zur Sprache kommt. – Was wird dem Menschen nicht alles nachgeredet!

Das Vorwort zu dem Erscheinen eines literarischen Prachtwerkes, wie der Mensch, eines Werkes mit so vielen Illuminationen, Illusionen und Einbildungen, das Vorwort hierzu ist das Ja-Wort, was die Geliebte dem Autor gibt!

Und so entstehen denn diese zahllosen Zeitschriften, die Menschen, kommen in's Publikum, werden kritisiert und malträtiert, oft ohne gelesen, gekannt und verstanden zu werden; machen einige Jahrgänge mit, kommen aus der Mode, werden Makulatur und zuletzt, wenn sie zerlästert, verknillt und vergelbt sind, – – werden sie mit der Aufschrift, was sie eigentlich waren, mit ihren armseligen Titeln und Widmungen, sowie mit der Jahreszahl, wann sie herausgekommen,… in den Schrein gelegt, in das Fach, in den Sarg!!

Das sind die, in Menschenleder eingebundenen Prachtexemplare, die Menschen!

Das ist das große Buch!

Aber wie ein ganzes Haus oft »Krug« genannt wird, so ist auch die ganze Erde ein kolossaler »Krug«.

Und der ist bald mit Nektar und treibendem Lebenssaft angefüllt, bald mit gährender Jauche, bald mit Blut! Meist aber mit trüber Hefe und Bodensatz!

Dieser Krug muss einmal ausgescheuert werden, damit man die Lacrimae Christi, die Tränen des Erlösers, besser schmeckt, welche dereinst hineinfielen.

O, Krug und Buch!

Wir drucken die Bücher und die Bücher drücken uns!

Es leben jetzt mehr Bücher als Menschen, obgleich so viele Bücher kein Leben und so viele Lebende kein Buch haben.

Die Meisten haben ihr Buch in dem Krug. Das ist ihre Lektüre.

Nur in den Krug stecken sie wissbegierig die Nase! Nur aus diesem holen sie ihre Weisheit, ihren Mut, ihren Patriotismus, ihre Begeisterung und ihre Röthlichkeit!

Aber nicht allein seine Nase versenkt so mancher unserer teuern Mitbenasten in den Krug, sondern seinen ganzen Leib und seine ganze Seele; seine Ehre und sein Gewissen; seine ganze Familie, Haus und Hof, Magd und Knecht, Acker und Vieh, und Alles was sein ist!

O, Krug!

Zum Kruge gehen wir, wenn uns das Schicksal zu dunkel wird. Wir öffnen, anstatt den Schleier der Zukunft, den Deckel des Bierkrugs, blicken hinab, finden Aufklärung und verschlucken die harten Schläge des Schicksals, wenigstens ganz sicher die paar harten Thaler, die uns das Schicksal gelassen hat!

O Buch!

Man spricht von einem Buche des Schicksals, so dass das Schicksal nur ein Buch hat; die Bücher haben aber auch nur ein Schicksal! – Man weiß schon welches!

Auch fällt kein Sperling vom Dache, ohne dass es im Buche des Schicksals geschrieben steht. – Gerade so ist es mit den Büchern der Erde: Es fällt kein Sperling vom Dache, ohne dass darüber geschmiert wird!

O Gutenberg, Fürst Sorgenloch!

O Gambrinus, Fürst Sorgenbrecher! Wie inhaltschwer sind eure Wappen:

Buch und Krug!

Buch und Krug verhalten sich zu einander wie Traum und Schaum!

In den Büchern träumen wir von den großen Dingen, die da kommen sollen; von deutscher Zukunft, Macht und Größe!

Bei den Krügen schäumen wir vor edlem Zorn, dass aus allem dem nichts geworden ist!

In den Büchern träumen wir von deutscher Treue und deutscher Weihe!

Bei den Krügen schäumen wir oft über das Gegenteil.

In den Büchern klagen und jammern wir über den Mangel an deutscher Nationalität, Energie und Einheit.

Bei den schäumenden Krügen trösten wir uns, dass in Deutschland doch noch nicht Hopfen und Malz verloren ist!

Und wir singen, – nicht mit Goethe:

Kennst du das Land, wo die Zitronen blühen?«
sondern ein ganz anderes Lied, mit welchem wir unsere Seufzer über
Buch und Krug ganz würdig beschließen können; wir singen:
Kennst du das Land, wo Malz und Hopfen blühen?
Pausbäck'ge Wangen für Gambrinus glühen!
Wo Freiheit, Gleichheit aus den Büchern sprühen,
Und Heldentaten aus den Krügen ziehen?
O ja, o ja!
Es ist bekannt, ist weltbekannt,
Das liebe Land,
Ach ja – :
Es ist Germania!

XXVIII.

Das Bier und unsere fünf Sinne

Die fünf Sinne?« höre ich so Manchen verwundert fragen, der bisher nur zwei seiner Sinne, den Geschmack und allenfalls das Gefühl – das Gefühl des Wohlbehagens – beim Genuss des edlen Gerstensaftes in Aktion glaubte. Ja, die fünf Sinne, wiederhole ich, denn sowie wir, obwohl wir wissen, dass die Chemiker an nahezu hundert Elemente kennen, noch immer gewohnt sind, von vier Elementen zu sprechen, so bleiben wir bei der Fünfzahl unserer Sinne; wer nur die immer alle beisammen hätte!

Böswillige Zungen behaupten sogar, dass starke Bierzufuhr den Menschen seiner fünf Sinne beraube, dem aber ist nicht so, es findet höchstens eine kleine Verwechslung statt, wie es z.B. in dem Studentenliede heißt:

Das Auge lallt, die Zung' ist schwer,
Und meine Nase sieht nichts mehr,

wobei die Konfusion denn doch schon ein wenig gesteigert erscheint. Doch im Ernst zur Sache.

Tatsächlich ist beim Biergenuss der Geschmack geradezu der Hauptsinn, darüber sind alle Biergelehrten, die Produzenten sowie die Konsumenten, einig, darüber sind die Akten geschlossen, darüber werden wir uns also auch nicht des Näheren einlassen; genügt es doch, dass wir als erste Forderung an ein gutes Bier stellen, dass es süffig sei, und schon der Gedanke an ein saueres Bier macht uns erschauern.

Der dem Geschmack nächstverwandte Sinn, der mit demselben ein ähnliches Dioscurenpaar bildet wie Gesicht und Gehör ist der Geruch; bedeutet doch provinziell schmecken auch riechen und wird scherzweise die Nase ein Schmecker genannt. Beim Genuss jeder Speise, jeden Tranks sind Geschmack und Geruch alliiert.

Kaiser Julian hat, wie wir bereits wissen, ein griechisches Epigramm verfasst, das Erasmus in's Lateinische übertragen, und in welchem er behauptet, nur der Wein rieche nach Nektar, das Bier aber stänke wie ein Bock. Er zieht freilich gegen den Gerstenwein der Gallier, einen Vorläufer unseres Bieres, zu Felde, die Deutschen könnten aber diese Verleumdung nicht sitzen lassen. Julian muss an Geruchsverwirrung gelitten haben, und auf seine Stelle scheint einer der Sprüche im Münchener Keller gemünzt zu sein, der da scherzend lautet:

> *Das klassische Altertum spottet herfür,*
> *Nur Wein riecht wie Nektar, es stinket das Bier,*
> *»Quod non, e contrarion,« ruft der Professor,*
> *Und der hat studiert, der weiß es besser.*

Da äußert sich, das Aroma betreffend, Hugo Littauer in seinem Epigramm »Gambrinus und Bacchus« schon zarter und sinniger, wenn er sich vernehmen lässt:

> *Nicht will ich kürzen an Gambrinus Ruhme,*
> *Doch Bacchus hat weit größ'ren Stein im Brett;*
> *Beim Biere spricht der Trinker von der Blume,*
> *Beim Weine aber lobt er das Bouquet.*

Blume aber wie Bouquet sind für den Geruch berechnet. Man sage, was man wolle, auch die Nase hat ihre Rolle beim Biergenuss zu spielen:

> *Ein Liter frisches, braunes Bier,*
> *Wie prickelt's durch die Nüstern,*
> *D'rum ruf' ich, Heil, Gambrinus, Dir,*
> *Nach Deinem Trank stets lüstern.*

Und Müller von der Werra singt von der Gose:

> *Steckt man die Nase in das Glas,*
> *So prickelt kohlensaures Gas, etc.*

Endlich wäre der Studentenausdruck »bichen« für Biertrinken herein zu beziehen, welcher vom Substantivum Bich – Pich d.i. Pech für Bier abgeleitet ist, womit wahrscheinlich ein nach Pech riechendes Bier bezeichnet werden soll.

Ich wende mich zu dem Gesichtssinn, um zu untersuchen, in wie ferne dieser beim Bier beschäftigt ist.

Es ist ja bekannt, dass man das Bier auf seine Farbe und Helligkeit prüft, es wird nicht nur in's Glas geguckt, sondern zuvor durch's Glas geschaut, es wird das Bier gustirt. Die Farbe des Bieres ist, wie wir gesehen haben, ein hochinteressantes und langes Kapitel; wie schön sagt z.B. Wander vom Pilsner Biere, das er blond nennt wie die Heldin einer Ballade , und wie sinnig ist das Volksrätsel vom Biere »Es liegt was im Keller, hat ein weißes Mützchen auf und ein braunes Kleid an«. Das weiße Mützchen ist natürlich der Schaum, von dem ein Köthener Sprichwort sagt: »Das Bier habe fatale Visitator- oder Polizei-Augen«. Die Augen aber sind das Organ des Gesichtssinnes, und die Farbe unterscheidet man mit den Augen. Mancher liebäugelt mit seinem Bierglas, und es ist bezeichnend, dass der Bayer sagt »das Bier ist gut« und dasselbe aus Krügen trinkt, indes der Norddeutsche lobend behauptet »das Bier sei schön« und selbes aus Gläsern schlürft.

Gut – das ist der Gesichtssinn gewesen, inwiefern aber soll auch das Gehör beim Biere beteiligt sein?

Beim Brauen muss man singen,
Nur dann gerät das Biers,

sagt Sterzing. Ein alter Aberglaube das, aber dass beim Biertrinken viel gesungen wird, ist eine alte Erfahrung. Die Spitznamen mancher Biere, wie »Singe wohl« in Frauenburg 'oder »Lurley« charakterisieren dies zur Genüge. Wird das Singen auch oft zu einem ohrenbeleidigenden Lärm, so ist es aber doch nur eine Wirkung des Bieres und nicht das Bier selbst, welches ein Geräusch verursacht. Aber kann man das Bier selbst nicht gehren hören? Ist das Glu-glu des Einschenkens und des Schluckens nicht hörbar? Das Entpfropfen einer Flasche deshalb so genannten Champagnerbieres kein Geräusch? Und wo bleibt das Anstoßen mit den Gläsern? Ich habe früher zweier Biernamen Erwähnung getan, darf ich der gewiss onomatopoetisch benannten Cacabulla vergessen?

Endlich haben wir unter den böhmischen Bieren ein Gegenstück, auch Seitenstück zum deutschen Bock, den Samec gefunden, welcher seinen Namen davon haben soll, dass dieses Bier, der Mischung wegen in andere gegossen, mächtig aufbrauste und gleichsam männlich befruchtend wirkte. Damit hängt wohl auch zusammen, dass man solch' ein Bier im 17. Jahrhundert »masculus« nannte, eo, quod allis collata vere masculescere videtur.

Und nun endlich das Gefühl, davon zu sprechen kann mir wohl erlassen bleiben. Wer kennt nicht das Wohlgefühl des Biergenusses, ich will von speziellen Gefühlen gar nicht reden. Wir wissen, dass manches Bier geradezu als Aphrodisiakum wirkt, ein anderes deshalb den Spitznamen »Wo ist der Magd bet?« führte, und dass auch hier die Worte des Mephisto aus Faust ihr Recht behalten:

Du siehst mit diesem Trank im Leibe
Helenen bald in jedem Weibe;

während auch umgekehrt das Bier als Remed gegen die Liebe angeraten wurde. Lautet doch ein Rezept:

Hast Du Kummer, Liebesschmerz,
Drück' ein Seidel Dir an's Herz.

Und dass es mit Bier gefüllt sei, besagt eine andere Stelle:

Trifft Amors Pfeil Dich, rat ich Dir,
Wasch' aus die Wunde gut mit Bier.

Aber welch' Dutzend auch diverser anderer Gefühle erweckt das Bier! Am besten freilich ist es, wenn die verschiedenen einzelnen Gefühle als Komponenten gefasst, die Resultierende als Ergebniss ein allgemeines Wohlgefühl ergibt. Dazu aber gehört, dass man die Mahnung eines anderen Biersprüchleins nicht aus dem Auge lasse, sondern beherzige:

Trinke nie gedankenlos,
Nie gefühllos trinke!

XXIX.

Cerevisiologie

Ursprünglich hatte ich auch für die erste Auflage die Absicht, den Schluss meines »Buches vom Bier« ein eingehendes Literatur-Kapitel bilden zu lassen; doch das »Bier in der Literatur« mit einem Zweigkapitel »Das Bier in der Journalistik« ist so ergiebig, dass ich selbe für eine zweite Auflage aufbewahre, in welcher durch Ausfall des Poesie-Kapitels, das durch eine selbständige Anthologie der Bierpoesie ersetzt werden soll, Raum geschafft werden wird. In diesem Schluss-Kapitel, in welchem ich nur noch ganz kurz auf das weit verzweigte Brauvereinswesen hinweise, sowie auf die Fachlehranstalten und Brauakademien (ich werde in der zweiten Auflage auch darauf des Näheren eingehen), möchte ich noch mit wenigen Worten den wissenschaftlichen Charakter einer Spezialwissenschaft samt ihren Hilfsdisziplinen betonen.

Der Bestand von Braufachschulen und Brauakademien an und für sich, die reichhaltigen Programme der einzelnen von Fach-Koryphäen und Celebritäten tradierten Fächer sind schon ein Beweis für den scientifen Charakter.

Zwischen allen Wissenschaften herrscht ein gewisses Kondominium, die einzelnen Wissenschaftskreise tangieren sich nicht nur vielfach, sie schneiden sich auch und deshalb zählt gerade die Lehre vom Bier, abgesehen vom praktischen Moment im theoretischen eine große Kette von Hilfsdisziplinen, welche sich zumeist aus der großen Gruppe der Naturwissenschaften rekrutieren. Ich kann, da ich für diesmal schon zum Abschluss eilen muss, nicht mehr das ganze System der zahlreichen cerevisiologischen Wissenschaften tabellarisch vorführen, nur möchte ich daran erinnern, dass man für die Brauchemie und Brautechnik die Termine Zymochemie und Zymotechnik angeführt hat und auch von einer Zymologie spricht.

Wollte man nun einen passenden Ausdruck für die gesamte Bierwissenschaft also Zymochemie und Zymotechnik plus dem übrigen aufstellen, so eignet sich, nachdem der Name Bierologie nicht nur veraltet, sondern auch zu drollig klingt, nach dem Muster von Önologie als Gesamtausdruck: »Cerevisiologie.«

Auf wissenschaftlicher Basis fußend, aber in feuilletonistischem Style gehalten, habe ich mich nun bemüht, meine cerevisiologischen Studien und Skizzen zu einem Werke zu vereinen, das ich, um meine Tendenz an die Stirngiebel meines Gebäudes zu schreiben, man achte auf den Titel, nicht überschrieben: »Das Buch vom Bier, sondern:

»Ein Buch vom Bier!«